当代齐鲁文库·20世纪"乡村建设运动"文库

The Library of Contemporary Shandong

Selected Works of Rural Construction Campaign of the 20th Century

山东社会科学院 编纂

/25

项定荣 等著

中国乡村建设考察记(上)

中国社会科学出版社

图书在版编目（CIP）数据

中国乡村建设考察记：全二册 / 项定荣等著. —北京：中国社会科学出版社，2022.10

（当代齐鲁文库. 20世纪"乡村建设运动"文库）

ISBN 978-7-5227-1026-6

Ⅰ.①中… Ⅱ.①项… Ⅲ.①城乡建设—山东—文集 Ⅳ.①F299.275.2-53

中国版本图书馆CIP数据核字（2022）第216536号

出 版 人	赵剑英
责任编辑	冯春凤
责任校对	张爱华
责任印制	张雪娇
出　　版	中国社会科学出版社
社　　址	北京鼓楼西大街甲158号
邮　　编	100720
网　　址	http://www.csspw.cn
发 行 部	010-84083685
门 市 部	010-84029450
经　　销	新华书店及其他书店
印刷装订	北京君升印刷有限公司
版　　次	2022年10月第1版
印　　次	2022年10月第1次印刷
开　　本	710×1000　1/16
印　　张	34.75
插　　页	4
字　　数	576千字
定　　价	188.00元（全二册）

凡购买中国社会科学出版社图书，如有质量问题请与本社营销中心联系调换
电话：010-84083683
版权所有　侵权必究

《当代齐鲁文库》编纂说明

不忘初心、打造学术精品，是推进中国特色社会科学研究和新型智库建设的基础性工程。近年来，山东社会科学院以实施哲学社会科学创新工程为抓手，努力探索智库创新发展之路，不断凝练特色、铸就学术品牌、推出重大精品成果，大型丛书《当代齐鲁文库》就是其中之一。

《当代齐鲁文库》是山东社会科学院立足山东、面向全国、放眼世界倾力打造的齐鲁特色学术品牌。《当代齐鲁文库》由《山东社会科学院文库》《20世纪"乡村建设运动"文库》《中美学者邹平联合调查文库》《山东海外文库》《海外山东文库》等特色文库组成。其中，作为《当代齐鲁文库》之一的《山东社会科学院文库》，历时2年的编纂，已于2016年12月由中国社会科学出版社正式出版发行。《山东社会科学院文库》由34部44本著作组成，约2000万字，收录的内容为山东省社会科学优秀成果奖评选工作开展以来，山东社会科学院获得一等奖及以上奖项的精品成果，涉猎经济学、政治学、法学、哲学、社会学、文学、历史学等领域。该文库的成功出版，是山东社会科学院历代方家的才思凝结，是山东社会科学院智库建设水平、整体科研实力和学术成就的集中展示，一经推出，引起强烈的社会反响，并成为山东社会科学院推进学术创新的重要阵地、引导学风建设的重要航标和参与学术交流的重要桥梁。

以此为契机，作为《当代齐鲁文库》之二的山东社会科学院"创新工程"重大项目《20世纪"乡村建设运动"文库》首批10卷12本著作约400万字，由中国社会科学出版社出版发行，并计划陆续完成约100本著作的编纂出版。

党的十九大报告提出："实施乡村振兴战略，农业农村农民问题是关系国计民生的根本性问题，必须始终把解决好'三农'问题作为全党工作重中

编纂说明

之重。"以史为鉴,置身于中国现代化的百年发展史,通过深入挖掘和研究历史上的乡村建设理论及社会实验,从中汲取仍具时代价值的经验教训,才能更好地理解和把握乡村振兴战略的战略意义、总体布局和实现路径。

20世纪前期,由知识分子主导的乡村建设实验曾影响到山东省的70余县和全国的不少地区。《20世纪"乡村建设运动"文库》旨在通过对从山东到全国的乡村建设珍贵历史文献资料大规模、系统化地挖掘、收集、整理和出版,为乡村振兴战略的实施提供历史借鉴,为"乡村建设运动"的学术研究提供资料支撑。当年一大批知识分子深入民间,投身于乡村建设实践,并通过长期的社会调查,对"百年大变局"中的乡村社会进行全面和系统地研究,留下的宝贵学术遗产,是我们认识传统中国社会的重要基础。虽然那个时代有许多的历史局限性,但是这种注重理论与实践相结合、俯下身子埋头苦干的精神,仍然值得今天的每一位哲学社会科学工作者传承和弘扬。

《20世纪"乡村建设运动"文库》在出版过程中,得到了社会各界尤其是乡村建设运动实践者后人的大力支持。中国社会科学院和中国社会科学出版社的领导对《20世纪"乡村建设运动"文库》给予了高度重视、热情帮助和大力支持,责任编辑冯春凤主任付出了辛勤努力,在此一并表示感谢。

在出版《20世纪"乡村建设运动"文库》的同时,山东社会科学院已经启动《当代齐鲁文库》之三《中美学者邹平联合调查文库》、之四《山东海外文库》、之五《海外山东文库》等特色文库的编纂工作。《当代齐鲁文库》的日臻完善,是山东社会科学院坚持问题导向、成果导向、精品导向,实施创新工程、激发科研活力结出的丰硕成果,是山东社会科学院国内一流新型智库建设不断实现突破的重要标志,也是党的领导下经济社会全面发展、哲学社会科学欣欣向荣繁荣昌盛的体现。由于规模宏大,《当代齐鲁文库》的完成需要一个过程,山东社会科学院会笃定恒心,继续大力推动文库的编纂出版,为进一步繁荣发展哲学社会科学贡献力量。

山东社会科学院
2018年11月17日

编纂委员会

顾　　　问：徐经泽　梁培宽

主　　　任：李培林

编辑委员会：袁红英　韩建文　杨金卫　张少红
　　　　　　张凤莲

学术委员会：（按姓氏笔画排序）
　　　　　　王学典　叶　涛　田毅鹏　刘显世
　　　　　　孙聚友　杜　福　李培林　李善峰
　　　　　　吴重庆　张　翼　张士闪　张清津
　　　　　　林聚任　杨善民　周德禄　宣朝庆
　　　　　　徐秀丽　韩　锋　葛忠明　温铁军
　　　　　　潘家恩

总　主　编：袁红英

主　　　编：李善峰

总　序

从传统乡村社会向现代社会的转型，是世界各国现代化必然经历的历史发展过程。现代化的完成，通常是以实现工业化、城镇化为标志。英国是世界上第一个实现工业化的国家，这个过程从17世纪资产阶级革命算起经历了200多年时间，若从18世纪60年代工业革命算起则经历了100多年的时间。中国自近代以来肇始的工业化、城镇化转型和社会变革，屡遭挫折，步履维艰。乡村建设问题在过去一百多年中，也成为中国最为重要的、反复出现的发展议题。各种思想潮流、各种社会力量、各种政党社团群体，都围绕这个议题展开争论、碰撞、交锋，并在实践中形成不同取向的路径。

把农业、农村和农民问题置于近代以来的"大历史"中审视不难发现，今天的乡村振兴战略，是对一个多世纪以来中国最本质、最重要的发展议题的当代回应，是对解决"三农"问题历史经验的总结和升华，也是对农村发展历史困境的全面超越。它既是一个现实问题，也是一个历史问题。

2017年12月，习近平总书记在中央农村工作会议上的讲话指出，"新中国成立前，一些有识之士开展了乡村建设运动，比较有代表性的是梁漱溟先生搞的山东邹平试验，晏阳初先生搞的河北定县试验"。

"乡村建设运动"是20世纪上半期（1901到1949年间）在中国农村许多地方开展的一场声势浩大的、由知识精英倡导的乡村改良实践探索活动。它希望在维护现存社会制度和秩序的前提下，通过兴办教育、改良农业、流通金融、提倡合作、办理地方自治与自卫、建立公共卫生保健制度和移风易俗等措施，复兴日趋衰弱的农村经济，刷新中国政治，复兴中国文化，实现所谓的"民族再造"或"民族自救"。在政治倾向上，参与"乡村建设运动"的学者，多数是处于共产党与国民党之间的"中间派"，代表着一部分爱国知识分子对中国现代化建设道路的选择与探索。关于"乡村建设运动"

的意义，梁漱溟、晏阳初等乡建派学者曾提的很高，认为这是近代以来，继太平天国运动、戊戌变法运动、辛亥革命运动、五四运动、北伐运动之后的第六次民族自救运动，甚至是"中国民族自救运动之最后觉悟"。[①] 实践证明，这个运动最终以失败告终，但也留下很多弥足珍贵的经验和教训。其留存的大量史料文献，也成为学术研究的宝库。

"乡村建设运动"最早可追溯到米迪刚等人在河北省定县翟城村进行"村治"实验示范，通过开展识字运动、公民教育和地方自治，实施一系列改造地方的举措，直接孕育了随后受到海内外广泛关注、由晏阳初及中华平民教育促进会所主持的"定县试验"。如果说这个起于传统良绅的地方自治与乡村"自救"实践是在村一级展开的，那么清末状元实业家张謇在其家乡南通则进行了引人注目的县一级的探索。

20世纪20年代，余庆棠、陶行知、黄炎培等提倡办学，南北各地闻风而动，纷纷从事"乡村教育""乡村改造""乡村建设"，以图实现改造中国的目的。20年代末30年代初，"乡村建设运动"蔚为社会思潮并聚合为社会运动，建构了多种理论与实践的乡村建设实验模式。据南京国民政府实业部的调查，当时全国从事乡村建设工作的团体和机构有600多个，先后设立的各种实验区达1000多处。其中比较著名的有梁漱溟的邹平实验区、陶行知的晓庄实验区、晏阳初的定县实验区、鼓禹廷的宛平实验区、黄炎培的昆山实验区、卢作孚的北碚实验区、江苏省立教育学院的无锡实验区、齐鲁大学的龙山实验区、燕京大学的清河实验区等。梁漱溟、晏阳初、卢作孚、陶行知、黄炎培等一批名家及各自领导的社会团体，使"乡村建设运动"产生了广泛的国内外影响。费正清主编的《剑桥中华民国史》，曾专辟"乡村建设运动"一节，讨论民国时期这一波澜壮阔的社会运动，把当时的乡村建设实践分为西方影响型、本土型、平民型和军事型等六个类型。

1937年7月抗日战争全面爆发后，全国的"乡村建设运动"被迫中止，只有中华平民教育促进会的晏阳初坚持不懈，撤退到抗战的大后方，以重庆璧山为中心，建立了华西实验区，开展了长达10年的平民教育和乡村建设实验，直接影响了后来台湾地区的土地改革，以及菲律宾、加纳、哥伦比亚等国家的乡村改造运动。

---

① 《梁漱溟全集》第五卷，山东人民出版社2005年版，第44页。

"乡村建设运动"不仅在当事者看来"无疑地已经形成了今日社会运动的主潮",①在今天的研究者眼中,它也是中国农村社会发展史上一次十分重要的社会改造活动。尽管"乡村建设运动"的团体和机构,性质不一,情况复杂,诚如梁漱溟所言,"南北各地乡村运动者,各有各的来历,各有各的背景。有的是社会团体,有的是政府机关,有的是教育机关;其思想有的左倾,有的右倾,其主张有的如此,有的如彼"②。他们或注重农业技术传播,或致力于地方自治和政权建设,或着力于农民文化教育,或强调经济、政治、道德三者并举。但殊途同归,这些团体和机构都关心乡村,立志救济乡村,以转化传统乡村为现代乡村为目标进行社会"改造",旨在为破败的中国农村寻一条出路。在实践层面,"乡村建设运动"的思想和理论通常与国家建设的战略、政策、措施密切相关。

在知识分子领导的"乡村建设运动"中,影响最大的当属梁漱溟主持的邹平乡村建设实验区和晏阳初主持的定县乡村建设实验区。梁漱溟和晏阳初在从事实际的乡村建设实验前,以及实验过程中,对当时中国社会所存在的问题及其出路都进行了理论探索,形成了比较系统的看法,成为乡村建设实验的理论根据。

梁漱溟曾是民国时期宪政运动的积极参加者和实践者。由于中国宪政运动的失败等原因,致使他对从前的政治主张逐渐产生怀疑,抱着"能替中华民族在政治上经济上开出一条路来"的志向,他开始研究和从事乡村建设的救国运动。在梁漱溟看来,中国原为乡村国家,以乡村为根基与主体,而发育成高度的乡村文明。中国这种乡村文明近代以来受到来自西洋都市文明的挑战。西洋文明逼迫中国往资本主义工商业路上走,然而除了乡村破坏外并未见都市的兴起,只见固有农业衰残而未见新工商业的发达。他的乡村建设运动思想和主张,源于他的哲学思想和对中国的特殊认识。在他看来,与西方"科学技术、团体组织"的社会结构不同,中国的社会结构是"伦理本位、职业分立",不同于"从对方下手,改造客观境地以解决问题而得满足于外者"的西洋文化,也不同于"取消问题为问题之解决,以根本不生要求

---

① 许莹涟、李竟西、段继李编述:《全国乡村建设运动概况》第一辑上册,山东乡村建设研究院1935年出版,编者"自叙"。
② 《梁漱溟全集》第二卷,山东人民出版社2005年版,第582页。

为最上之满足"的印度文化,中国文化是"反求诸己,调和融洽于我与对方之间,自适于这种境地为问题之解决而满足于内者"的"中庸"文化。中国问题的根源不在他处,而在"文化失调",解决之道不是向西方学习,而是"认取自家精神,寻求自家的路走"。乡村建设的最高理想是社会和政治的伦理化,基本工作是建立和维持社会秩序,主要途径是乡村合作化和工业化,推进的手段是"软功夫"的教育工作。在梁漱溟看来,中国建设既不能走发展工商业之路,也不能走苏联的路,只能走乡村建设之路,即在中国传统文化基础上,吸收西方文化的长处,使中西文化得以融通,开创民族复兴的道路。他特别强调,"乡村建设,实非建设乡村,而意在整个中国社会之建设。"① 他将乡村建设提到建国的高度来认识,旨在为中国"重建一新社会组织构造"。他认为,救济乡村只是乡村建设的"第一层意义",乡村建设的"真意义"在于创造一个新的社会结构,"今日中国问题在其千年相沿袭之社会组织构造既已崩溃,而新者未立;乡村建设运动,实为吾民族社会重建一新组织构造之运动。"② 只有理解和把握了这一点,才能理解和把握"乡村建设运动"的精神和意义。

晏阳初是中国著名的平民教育和乡村建设专家,1926年在河北定县开始乡村平民教育实验,1940—1949年在重庆歇马镇创办中国乡村建设育才院,后改名中国乡村建设学院并任院长,组织开展华西乡村建设实验,传播乡村建设理念。他认为,中国的乡村建设之所以重要,是因为乡村既是中国的经济基础,也是中国的政治基础,同时还是中国人的基础。"我们不愿安居太师椅上,空做误民的计划,才到农民生活里去找问题,去解决问题,抛下东洋眼镜、西洋眼镜、都市眼镜,换上一副农夫眼镜。"③ 乡村建设就是要通过长期的努力,去培养新的生命,振拔新的人格,促成新的团结,从根本上再造一个新的民族。为了实现民族再造和固本宁邦的长远目的,他在做了认真系统的调查研究后,认定中国农村最普遍的问题是农民中存在的"愚贫弱私"四大疾病;根治这四大疾病的良方,就是在乡村普遍进行"四大教育",即文艺教育以治愚、生计教育以治贫、卫生教育以治弱、公民教育以

---

① 《梁漱溟全集》第二卷,山东人民出版社2005年版,第161页。
② 《梁漱溟全集》第二卷,山东人民出版社2005年版,第161页。
③ 《晏阳初全集》第一卷,天津教育出版社2013年版,第221页。

治私，最终实现政治、教育、经济、自卫、卫生、礼俗"六大建设"。为了实现既定的目标，他坚持四大教育连锁并进，学校教育、社会教育、家庭教育统筹协调。他把定县当作一个"社会实验室"，通过开办平民学校、创建实验农场、建立各种合作组织、推行医疗卫生保健、传授农业基本知识、改良动植物品种、倡办手工业和其他副业、建立和开展农民戏剧、演唱诗歌民谣等积极的活动，从整体上改变乡村面貌，从根本上重建民族精神。

可以说，"乡村建设运动"的出现，不仅是农村落后破败的现实促成的，也是知识界对农村重要性自觉体认的产物，两者的结合，导致了领域广阔、面貌多样、时间持久、影响深远的"乡村建设运动"。而在"乡村建设运动"的高峰时期，各地所开展的乡村建设事业历史有长有短，范围有大有小，工作有繁有易，动机不尽相同，都或多或少地受到了邹平实验区、定县实验区的影响。

20世纪前期中国的乡村建设，除了知识分子领导的"乡村建设运动"，还有1927—1945年南京国民政府推行的农村复兴运动，以及1927—1949年中国共产党领导的革命根据地的乡村建设。

"农村复兴"思潮源起于20世纪二三十年代，大体上与国民政府推动的国民经济建设运动和由社会力量推动的"乡村建设运动"同时并起。南京国民政府为巩固政权，复兴农村，采取了一系列措施：一是先后颁行保甲制度、新县制等一系列地方行政制度，力图将国家政权延伸至乡村社会；二是在经济方面，先后颁布了多部涉农法律，新设多处涉农机构，以拯救处于崩溃边缘的农村经济；三是修建多项大型水利工程等，以改善农业生产环境。1933年5月，国民政府建立隶属于行政院的农村复兴委员会，发动"农村复兴运动"。随着"乡村建设运动"的开展，赞扬、支持、鼓励铺天而来，到几个中心实验区参观学习的人群应接不暇，平教会甚至需要刊登广告限定接待参观的时间，南京国民政府对乡建实验也给予了相当程度的肯定。1932年第二次全国内政工作会议后，建立县政实验县取得了合法性，官方还直接出面建立了江宁、兰溪两个实验县，并把邹平实验区、定县实验区纳入县政实验县。

1925年，成立已经四年的中国共产党，认识到农村对于中国革命的重要性，努力把农民动员成一股新的革命力量，遂发布《告农民书》，开始组织农会，发起农民运动。中国共产党认为中国农村问题的核心是土地问题，乡

总 序

村的衰败是旧的反动统治剥削和压迫的结果，只有打碎旧的反动统治，农民才能获得真正的解放；必须发动农民进行土地革命，实现"耕者有其田"，才能解放农村生产力。在地方乡绅和知识分子开展"乡村建设运动"的同时，中国共产党在中央苏区的江西、福建等农村革命根据地，开展了一系列政治、经济、文化等方面的乡村改造和建设运动。它以土地革命为核心，依靠占农村人口绝大多数的贫雇农，以组织合作社、恢复农业生产和发展经济为重要任务，以开办农民学校扫盲识字、开展群众性卫生运动、强健民众身体、改善公共卫生状况、提高妇女地位、改革陋俗文化和社会建设为保障。期间的尝试和举措满足了农民的根本需求，无论是在政治、经济上，还是社会地位上，贫苦农民都获得了翻身解放，因而得到了他们最坚决的支持、拥护和参与，为推进新中国农村建设积累了宝贵经验。与乡建派的乡村建设实践不同的是，中国共产党通过领导广大农民围绕土地所有制的革命性探索，走出了一条彻底改变乡村社会结构的乡村建设之路。中国共产党在农村进行的土地革命，也促使知识分子从不同方面反思中国乡村改良的不同道路。

"乡村建设运动"的理论和实践，说明在当时的现实条件下，改良主义在中国是根本行不通的。在当时国内外学界围绕乡村建设运动的理论和实践，既有高歌赞赏，也有尖锐批评。著名社会学家孙本文的评价，一般认为还算中肯：尽管有诸多不足，至少有两点"值得称述"，"第一，他们认定农村为我国社会的基本，欲从改进农村下手，以改进整个社会。此种立场，虽未必完全正确；但就我国目前状况言，农村人民占全国人口百分之七十五以上，农业为国民的主要职业；而农产不振，农村生活困苦，潜在表现足为整个社会进步的障碍。故改进农村，至少可为整个社会进步的张本。第二，他们确实在农村中不畏艰苦为农民谋福利。各地农村工作计划虽有优有劣，有完有缺，其效果虽有大有小；而工作人员确脚踏实地在改进农村的总目标下努力工作，其艰苦耐劳的精神，殊足令人起敬。"[①] 乡村建设学派的工作曾引起国际社会的重视，不少国家于二次世界大战后的乡村建设与社区重建中，注重借鉴中国乡村建设学派的一些具体做法。晏阳初 1950 年代以后应邀赴菲律宾、非洲及拉美国家介绍中国的乡村建设工作经验，并从事具体的指导工作。

---

① 孙本文：《现代中国社会问题》第三册，商务印书馆 1944 年版，第 93—94 页。

总起来看,"乡村建设运动"在中国百年的乡村建设历史上具有承上启下、融汇中西的作用,它不仅继承自清末地方自治的政治逻辑,同时通过村治、乡治、乡村建设等诸多实践,为乡村振兴发展做了可贵的探索。同时,"乡村建设运动"是与当时的社会调查运动紧密联系在一起的,大批学贯中西的知识分子走出书斋、走出象牙塔,投身于对中国社会的认识和改造,对乡村建设进行认真而艰苦地研究,并从丰富的调查资料中提出了属于中国的"中国问题",而不仅是解释由西方学者提出的"中国问题"或把西方的"问题"中国化,一些研究成果达到了那个时期所能达到的巅峰,甚至迄今难以超越。"乡村建设运动"有其独特的学术内涵与时代特征,是我们认识传统中国社会的一个窗口,也是我们今天在新的现实基础上发展中国社会科学不能忽视的学术遗产。

历史文献资料的收集、整理和利用是学术研究的基础,资料的突破往往能带来研究的创新和突破。20世纪前期的图书、期刊和报纸都有大量关于"乡村建设运动"的著作、介绍和研究,但目前还没有"乡村建设运动"的系统史料整理,目前已经出版的文献多为乡建人物、乡村教育、乡村合作等方面的"专题",大量文献仍然散见于各种民国"老期刊",尘封在各大图书馆的"特藏部"。本项目通过对"乡村建设运动"历史资料和研究资料的系统收集、整理和出版,力图再现那段久远的、但仍没有中断学术生命的历史。一方面为我国民国史、乡村建设史的研究提供第一手资料,推进对"乡村建设运动"的理论和实践的整体认识,催生出高水平的学术成果;另一方面,为当前我国各级政府在城乡一体化、新型城镇化、乡村教育的发展等提供参考和借鉴,为乡村振兴战略的实施做出应有的贡献。

由于大规模收集、挖掘、整理大型文献的经验不足,同时又受某些实际条件的限制,《20世纪"乡村建设运动"文库》会存在着各种问题和不足,我们期待着各界朋友们的批评指正。

是为序。

2018年11月30日于北京

编辑体例

一、《20世纪"乡村建设运动"文库》收录20世纪前期"乡村建设运动"的著作、论文、实验方案、研究报告等,以及迄今为止的相关研究成果。

二、收录文献以原刊或作者修订、校阅本为底本,参照其他刊本,以正其讹误。

三、收录文献有其不同的文字风格、语言习惯和时代特色,不按现行用法、写法和表现手法改动原文;原文专名如人名、地名、译名、术语等,尽量保持原貌,个别地方按通行的现代汉语和习惯稍作改动;作者笔误、排版错误等,则尽量予以订正。

四、收录文献,原文多为竖排繁体,均改为横排简体,以便阅读;原文无标点或断句处,视情况改为新式标点符号;原文因年代久远而字迹模糊或纸页残缺者,所缺文字用"□"表示,字数难以确定者,用(下缺)表示。

五、收录文献作为历史资料,基本保留了作品的原貌,个别文字做了技术处理。

编者说明

1935年,中国地方自治学会出版项定荣编述的《山东邹平之乡村建设事业》;同年,湖北地方政务研究会出版吴景洲等编著的《调查乡村建设纪要》。1936年,乡村建设研究会出版阎珀玉编著、阎若雨校阅的《山东乡村建设概观》;同年,《行政研究》创刊号发表马博厂编著的《邹平定县等地考察印象记》、成都开明书店出版袁植群著《青岛邹平定县乡村建设考察记》。1937年,县市行政讲习所印行仇鳌、孙慕迦编写的《考察济宁菏泽邹平定县日程》。本次编辑,将上述史料合为一卷,以《中国乡村建设考察记》为名,收入《20世纪"乡村建设运动"文库》。

总 目 录

上 卷

山东邹平之乡村建设事业 …………………………… 项定荣编述（3）

山东乡村建设概观 ………………………………… 阎珀玉编著（49）

邹平定县等地考察印象记 …………………………… 马博厂编著（149）

青岛邹平定县乡村建设考察记 ……………………… 袁植群著（179）

考察济宁菏泽邹平定县日程 ……………… 仇鳌 孙慕迦编（245）

下 卷

调查乡村建设纪要 ……………………………… 吴景洲等编著（261）

上　卷

山东邹平之乡村建设事业

项定荣　编述

中国地方自治学会

目 录

（壹）乡村建设运动之理论及其沿革 …………………………（9）

（贰）邹平县乡村建设事业之发动机关山东乡村
　　　建设研究院之概况 …………………………………（13）

（叁）山东乡村建设研究院之主要工作 …………………………（21）

（肆）邹平自治实验县之工作实验计划 …………………………（35）

（伍）考察感想 ……………………………………………………（46）

去岁定荣奉浙江省政府命，考察各地地方自治，历时一月，经邹平、定县、青岛等处，当时曾缮具报告，对于各地实验事业之现况沿革，颇有相当详尽之叙述。兹将邹平一部分之报告录寄本刊，借供国内关心此项问题者之参考。

二十三年十月　定荣志

（壹）乡村建设运动之理论及其沿革

　　山东邹平县之乡村建设工作，有其独特之方法与一贯之理论，与一般所谓地方自治或民众教育，目标虽无大异，然其根本性质与着手方法，则显有判殊。故欲究明此项乡村建设运动之动因与内蕴，不得不对于其所持之论据及历史的演进，先作一番大体上之探索，作者此次赴邹平考察时，先后与山东乡村建设研究院之主办人等数度谈话，并参证该院及北平村治月刊社出版之著作，始知此项乡村建设运动，非仅为局部事实之救济，抑且有极强烈之政治哲学之论据，非仅为治标的一时的设施，抑且有治本的悠久的远大计划。而其由胚胎而生长，由酝酿而成熟，由理论而实践，更绝无限波折，无限演变，始达今日之境地也。

（甲）乡村建设运动对于中国社会之根本认识

　　（一）中国社会，本一自给自足之农村社会，在闭关自守时代，虽治乱相循，且屡受外来蛮族之侵入，然农村社会之结构始终未遭崩溃，且外来蛮族，亦往往不旋踵而为我所同化。逮与欧西文化接触以来，物质之落后，武力之绌陋，相形之下，自愧不如。兵临城下割地赔款之辱，深中于人心，于是有心人士，相结而为广大的民族自救运动。最初欲仿效西洋之坚甲兵，而甲午一战，幻梦打破；于是冀以欧西立宪政体之输入，为改革政治之不二法门，然戊戌政变，证明平和改革之不可能。迨辛亥革命运动成功，专制政体，虽横扫无余，然民主政治，则亦始终未能建立，扰攘十余年，演成军阀割据之局。至民国十五年而有国民党北伐之举，思以一党训政之方式，救虚伪民主政治之弊。不幸外扼于列强，内阻于匪贼，行之数年，未能尽如所期。是故五十年来之中国民族自救运动，皆欲以欧西之文化政教，强行于中国，不知民情风俗，格格不入，屡试屡败，良非无由。

（二）过去事实之昭示，证明欧西之政教文化，非尽适合于中国，而固有之政教文化，亦不尽为糟粕，弃之一无足惜者。我国之农村社会，既与欧西之工业社会截然不同，而民族之历史，又如是雄伟悠久是则立国之道，当返求诸己，不能专模他人。斯即总理所谓恢复民族精神是也。中国民族有迷信而无宗教，其精神之借以维系者，厥惟儒家之伦理。儒家之伦理，为中国农村社会之产物，对于中国之民情风俗，实能有最切适之契应。如主张以中庸处世，以礼代法，以乐调情，皆为古代政教最崇之原则。周公固以之治周而获大效者。我民族之陶冶于此种精神涵育之下，既深且久，潜移默化，非一朝一夕之所能致。与其勉强移植欧西之文化政教，造成枘凿不容纷乱迷离之病态，曷若就中国民族固有之心理基础，唤起其自信力，加以逐步适应新环境之改革，必知后者之事半而功倍也。

（三）中国民族之自救运动，不仅为一政治问题或经济问题，抑且为一文化问题。世界之文化有三大系统，而人类之文化亦有下列三期次第之不同：

第一态度是两眼常向前看，逼直向前要求去，从对方下手改造客观境地以解决问题，而得满足于外者。持此态度走去，即成就第一期文化。

第二态度是两眼常转回来看自家这里，反求诸己，尽其在我，调和融洽我与对方之间或超越乎彼此之对待，以变换主观自适于这种境地为问题之解决，而得满足于内者。持此态度走去，即成就第二期文化。

第三态度是以取消问题为问题之解决，以根本不生要求为最上之满足，持此态度走去，即成就第三期文化。

古希腊文化属于第一类，古印度文化属于第三类，而古中国文化则属于第二类。依照天然顺序，文化之演进，应由第一期而进至第二期，不幸中国文化在第一期文化初开始后，即转入第二期文化，故为早熟的，失序的。欧西文化承接古希腊文化而来，迄今方发挥征服自然之极致，犹在第一期状态之中。中国民族自强运动之文化的意义，即为努力接受西洋之文化，以充实第二期文化之内容与基础，同时与西洋文化相协调，以诱导其进入第二期之文化。唯此项问题，涉及文化哲学之范围，易为一般人士所忽略，实则关系至为重大也。

（四）中国社会，既为一农村社会，农民人数亦占全人口百分之八十以上，且民族工业为资本主义经济侵略力量所扼抑，不能自由伸展。故今后中国问题之解决，唯有从事乡村之建设，发展农业经济，以为立国之基础。如丹麦之以民众高等教育与合做事业挽回国家之厄运，即我国最良好之模范也。惟今日中国之农村，莫不濒于破产之状态，而过去国家种种设施，均以城市为本位，不啻加催农村之崩溃，一百年来之中国近代史，即一部农村破坏史，大多数农民因贫愚二魔之逼迫，已陷于水深火热之困境。挽救之道，唯有鼓励觉悟之知识分子，到农村去，第一步恢复农村社会之组织，第二步扶助农民改善农业经济并以而必要之知识，庶几逐步改革，由一村一乡，由一乡而一授县，由一县而一省乃至全国，由下而上，由小而大，行之既久，不难观成。救国之法，舍此别无他道矣。

以上所述，均散见梁漱溟先生之著作，盖梁先生为乡村建设运动最著名之理论家，其论述自足代表此项运动之一般见解也。

（乙）乡村建设运动之沿革

乡村建设运动之沿革，可分三时期述之：

（1）研究时期

当民国十一年十二年之交，国内思潮奔澎汹涌，竟以欧化俄化为宗，而政治则益趋无办法。当时惟山西村政稍有足称，同时朱迪刚父子在定县翟城村办理地方自治，亦颇负盛名。北方一部分有心人士，颇笃信村治之实施，因于民十三年有中华报之发起，以王鸿一、朱迪刚二人董其事，并组织研究部，联合友朋，讨论具体之建国方案，结果有中华民国治平大纲草案十七条之刊布，虽颇得一部分人之同情与参加，但终不能引起广大之运动。厥后国民革命军北上，冯玉祥所领导之西北军与阎锡领导之晋军先后表示赞助革命，迨十七年东北易帜，全国统一告成。村治思想积数年之研究讨论，渐次成熟，且山西之村治制度，亦渐为国人所认识，而为订定地方自治制度时之重要借镜。王鸿一等遂出以积极之态度，鼓吹宣传，创办《村治月刊》，编印丛书，以扩其村治之运动。同时梁漱溟先生亦弃其东西文化与哲学之比较研究，在广东着手筹办乡治事业，并先北上至昆山徐公桥、河北定县、山西等处考察，发为言论，与王鸿一等南北呼应。村治运动之声势为之一振。加以河北定县实验之成功，益增择地将主张贯彻实施之决心。于是此项运动遂由研究时期而进于实践时期矣。

（2）河南村治学院时期

王鸿一等倡导村治运动时，得主要同志数人，如彭禹庭、梁仲华、梁式堂、王恰柯等，皆志行纯洁学识湛深之士，对于村治鼓吹甚力。彭禹庭旧为西北军张之江将军之参谋长，与西北军有旧，以彭氏之宣传，西北军中人亦有笃信此项理论者。民国十八年，韩复榘主豫，彭等之主张遂得实现。经数度之筹议，决定在河南卫辉百泉创办河南村治学院，以彭为正院长，梁仲华为副院长，叶剑昆为总务主任，王恰柯为教务长，梁漱溟等为教授。由省政府拨三万元为开办费，招收学生二百余人，予以严格之训练，以为村治运动之干部。并附设农场，没收袁世凯之产田一百顷为农场基地，经营一年，初具规模。民国十九年阎、冯叛变后对于村治学院颇形不满，因倡改组之议，于是成立经年之村治学院，即行宣告结束，将学生提前毕业，组织毕业同学会，继续村治工作。彭禹庭氏嗣亦返镇平县办理地方自卫，主持人员，泰半星散。当该院开办之初，曾发表旨趣书，颇能代表村治运动之理想。

（3）山东乡村建设研究院时期

河南村治学院，成立于韩复榘主豫之时，厥后韩改主鲁省，而村治学院即遭停办，韩因电召彭禹庭、梁仲华、梁漱溟等来鲁，商讨赓续村治运动之办法。商议结果，决在鲁省成立一类似村治学院性质之训练机关，以为着手之初步，并以村治含义，过嫌混龙，改称为乡村建设运动，故校名即定为山东乡村建设研究院，以梁仲华为正院长，孙则让为副院长。于二十年三月间，开始筹备。择定邹平县为院址，并划邹平县为该院试验县区。于四月二十八日派员分赴旧济南道属二十七县办理报告事宜，六月间正式上课。二十一年五月第一期学生结业，由省政府分派原县服务乡村事业。七月五日招考第二期新生，本年六月间亦告结业。同时以东省政府更依照中央内政会议之决议案，自本年七月一日起，正式划定邹平、菏泽两县为自治实验县，直属于省政府，而受研究院之指导。于是该院之工作，益趋实际。刻正筹备招考第三期新生，开始其二十二年度之新计划。至盖此乡村建设运动，始成一大规模的强有力的运动，而一脱书斋研究室之习气焉。

（贰）邹平县乡村建设事业之发动机关 山东乡村建设研究院之概况

邹平县之乡村建设事业，非以县行政机关为中心。在本年七月一日以前，邹平县政府以下，虽依照中央自治法令，有各级自治机关之组织，闾邻编制，一若浙省，但如奉行功令外，对于该县各种乡村建设事业，不发生直接关系，所由发踪而指使之者，厥为山东乡村建设研究院。并该院之性质，自当以全省为其工作范围，但为研究实验原利于推行起见，先就邹平县区内，将研究结果，逐一实施，待其获得成效，即推行于旧济南道二十七县，更渐次推广至全省。缘是邹平县区内所有之乡村建设工作，均由该院直接主办，事实上此种事业之发动机关，固非县政府而为研究院。兹将该院之内部概况分述于次。

1. 组织

其系统如下页第一表。

去年十月十三日，经该院院务会议议决，添设乡村服务指导处，以为第一届学生乡村服务之指导机关，其组织系统如下页第二表。

2. 主持人员

正院长　梁仲华　河南孟县（前北京大学教授）

副院长　王绍常　山东曹县

研究部主任　梁漱溟　广西桂林（前北京大学教授）

训练部主任　陈亚三　山东郓城

农场主任　于鲁溪　山东淄川

总务处主任　叶剑星　河北大城

秘书处秘书　徐树人　江苏吴县

邹平县实验县区主任兼代县长　王怡柯　河南汲县（前河南大学教授）

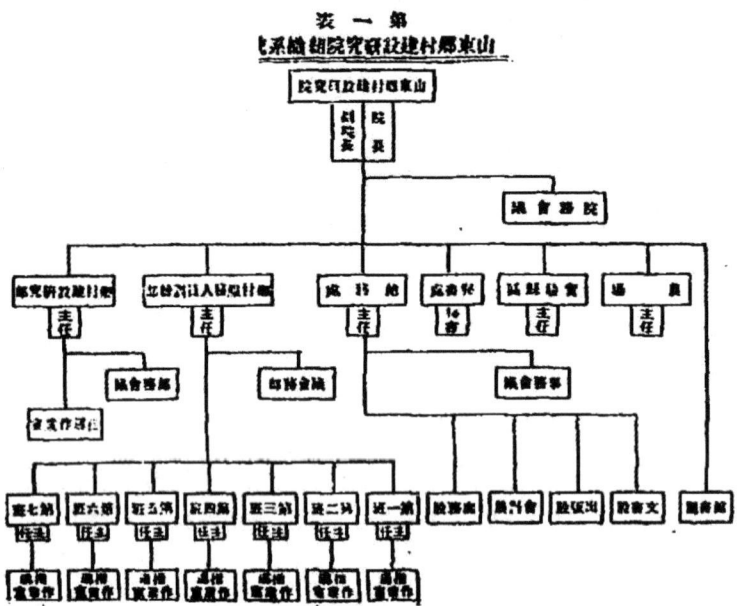

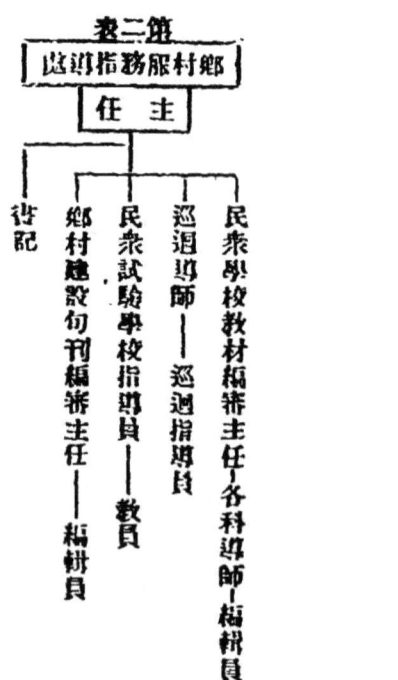

菏泽县实验县区主任兼代县长　孙则让　山东鄄城

邹平县政府教育科长　杨效春　浙江义乌

至乡村服务指导处职员，概由研究部主任或其他教职员结业学生担任，不另载录。

3. 经费预算

该院经费，系由山东省政府直接拨给，二十一年度规定每月八千九百六十五元。其支出预算约如第三表所列：

第三表

科目	概算数（以一年计算）	备考
第十五款 山东乡村建设研究院经费	107,580元	
第一项　俸给费	58,304	
第一目　俸薪	50,664	
第一节　院长俸薪	4,560	院长一员月支200元　副院长一员月支180元
第二节　职员俸给	26,520	研究训练两部主任各一员农场主任一员各支150元副主任七员农场技师一员月各支120元总务主任一员月支150元事务员四员月支90元者二员月支85元者二员医生一员月支50元图书馆管理员一员月支40元
第三节　教员酬金	18,504	教员九员月支200元者一员月支180者一员月支140元者三员月支100者二员月支80者一员月支72元者一员助教七员各支30元军事训练主任一员月支80元教官二员各支50元
第四节　录事薪金	1,080	录事三员月各支30元
第二目　工资	3,640	
第一节　夫役工资	2,610	勤务十人，农场工夫12人，月各支10元
第二项办公费	24,456	
第一目　文具	3,360	
第一节　纸张	1,200	各种纸张卷夹封套等月需100元
第二节　笔墨	960	
第三节　薄籍	600	
第四节　杂品	600	铜钉浆糊橡皮木戳丝棉撇针图钉印泥等费月需50元

续表

科目	概算数（以一年计算）	备考
第二目 邮电	720	
第一节 邮费	240	
第二节 电费	480	
第三目 消耗	4200	
第一节 灯火	1440	电灯费及煤气灯油灯所需之燃料费月需120元
第二节 茶水	600	
第三节 薪炭	2040	
第四节 油脂	100	机车机件所需各种油脂费月需10元
第四目 印刷	10000	
第一节 刊物	9600	编印乡村建设旬刊及各种讲义之印刷费月需800元
第二节 杂件	600	布告规章图表单据票照凭证等印刷费月需50元
第五目 租赋	480	
第一节 房屋	276	院舍二赋税及农场办公处之租金月需28元
第二节 土地	204	农场及操场地亩之租金月需17元
第六目 修缮	1896	
第一节 房屋	960	
第二节 器械	936	
第七目 旅费	2400	
第一节 旅费	2400	关于调查视察及其他因公出差所需之旅费月需200元
第八目 杂支	1200	
第一 广告	480	（上年度计1800元，今减1320元）
第二 报纸	360	
第三 杂费	360	（上年度计1080元，今减720元）
第三项 购置费	4200	
第一目 器具	1800	
第一节 家具	1200	桌椅几橱衣架铁柜火炉电灯帷帐等之购置月需费100元
第二节 器皿	300	墨盒水盂砚台笔架算盘刀尺茶壶痰盂之购置费月需25元
第三节 机件	300	
第二目 图书	2400	
第一节 图书	2400	供参考及研究用所用各种书籍图表杂志之购置费月城200元

续表

科目	概算数（以一年计算）	备考
第四项 特别费	25620	
第一目 膳费	19200	
第一节 学生膳费	19200	研究部一现，训练部七班，共学生320名，每名月给膳费5元，全年共计如上数。
第二目 补助费		
第一节 学生补助费	3600	研究部学生30名，每名月给补助费10元，月需300元
第三目 学术研究费	2820	
第一节 标本	480	采购各种关系农业方面标本，月需50元
第二节 仪器	600	关于农作物应用各种仪器，月需40元
第三节 种籽	420	关于采集中外农作物种籽，月需35元
第四节 饲料	840	牲畜饲养，月需70元
第五节 肥料	480	

说明：

1. 所有学生远途修学旅行调查费暨研究训练两部学生单棉服装等费，临时另案请领。

2. 特别费第三目饲料一节，系喂养农场畜养，皮支猪力行鸡瑞士乳羊等所用，此项牲畜，预备换种。以资提倡证明。

闻自二十二年度起，该院经费将每月增加为一万零零五元，全年计共十二万零零六十元。因内部增设秘书处（秘书一人，月支一百五十元）学生人数亦将增多，一切津贴等开支，自不能不稍有增加。其余临时建筑及事业等费，于必要时，尚可请求省政府拨给临时费或向邹平县政府洽商补助。该院一切支用，均极撙节，故经费尚无窘迫之虑。

4. 学生人数及学级编制

该院学生分两部分：

（甲）乡村建设研究部（简称研究部），内有学生三十人，外省附学生三人。此项学生，规定须有大学或专门学校毕业程度或有同等学力经服务社会相当年数者，并以山东籍者为限。在校研究时，除由该校供给膳宿外，并每月给予津贴十元。两年结业，第一期研究生已于本年六月间研究期满，结业人数二十五人。

（乙）邹村服务人员训练部（简称训练部）此为该院之主体，已办两期，第一期有学生二百八十人，内邹平县籍者四十人，其余旧济南道属二十七县每县八人至十人不等，并有附学生二十一人。第二期有学生二百九十人，除旧济南道外，其余八十一县份两次招考，先就鲁西鲁南等四十一县，每县平均各录取七人，盖该院抱定就地取材及返归本乡服务之原则，均派员分赴各县区就地招生，并先由旧济南道而逐渐推广至全省各县也。入学资格，以曾在中等学校毕业或具有同等学力，年在二十岁以上，三十五岁以下者为限，暂不收女生。膳宿制服讲义等费，概由院中供给，一年结业。现正在招考第三期新生。此项学生，平时上课训练，均编分为班，每班四十人，共七班，班设班主任一人，由学校聘请教授担任，与学生同起居饮食，以身作则，负有指导学生言行及心身修养之责任。

5. 训练要点及课程大意

该院研究部学生，无固定之课程，纯由各人就兴趣注意之所趋，择题作专门之研究（如农业改良研究，乡村教育研究等）修业期满，即将研究结果提出论文，以资结束，盖其目的纯在普泛地提倡乡治之研究，以为学术界开风气，一面并具体地研究鲁省各地乡村建设之方案，以为实施之参考也。至训练部学生，则目的在造就实际乡村服务人才，故其训练原则，约计有三：

第一，实际服务之精神陶炼——要打动他的心肝，鼓舞他的志趣，锻炼他的吃苦耐劳，坚忍不拔的精神，尤其要紧的，是教以谦抑，宽和，处己待人之道。

第二，为认识了解各种实际问题之知识上的开益——非有一番开益其知识的工夫，则各种实际问题，恐尚不易认识了解。

第三，为应付解决各种实际问题之技能上的指授——例如办公事的应用文，办合作的应用簿记，办自卫的军事训练等。

为实施第一原则，因有精神陶炼之设，各班学生每日举行朝会三十分钟，由各班主任或教授对学生作精神陶炼之谈话，其内容不出下列三方面：

（1）中华民族之民族精神。

（2）历史上伟大人物之言行事业。

（3）建设乡村之理论。

同时以师生间之人格感化，潜移默化学生人性情态度。坚其意志，劳其筋骨，每日之工作至忙，（不放寒暑假星期假），而日常之生活又极简陋困苦（开学生每月膳费，仅四元半至五元），故其学生大多能耐劳吃苦，对于乡村建设为民族自救之唯一方法，持信弥笃，悉力趋赴，有不能自己者，皆此种精神锻炼之收效也。

为实施第二原则，故其所设课程，均富实际性，且随时变动，不以学期或学年为单位。如在此数月专门教授关于经济政治等课程，在其他数月又专教关于合作自卫等课程，流动迁易，均视实际需要情形以为晰，大致包括下列诸方面：

（1）党义之研究，概括三民主义，建国大纲，建国方略及其他等目。

（2）乡村经济方面问题之研究，概括经济学大意，农村经济，信用，生产，消费各项合作，簿记，社会调查及计统，农业常识及技术，农产制造水利，造林及其他等项目。

（3）农村政治方面问题之研究，概括政治学大意，现行法令，公文程式，乡村自治组织，乡村教育，户籍，土地登记，公安，卫生，筑路，风俗改良及其他等目。

于结业之三个月前，更由学生择定自己所欲专心研究之问题，分科研究，以期利于应用，如凿井、棉业、畜牧、蚕桑、乡农教育等。

为实施第三原则，则有下列事项之注意：

（1）军事训练——学生初入学时，即授以严格之军事训练，每日上操三小时至四小时不等，枪械由山东省政府发给九十余支，尚足应用。并间授以拳术，盖一以锻炼学生之身体，二以训练办理农村自卫之必要技能也。三个月后，上操时间始渐减少。结业前则选组一自卫班，专从事于农村自卫之研究。

（2）实际活动——技能之指授，不能于课堂上耳提面命，于实际活动中获得之经验与训练，实为最宝贵最实用之技能。故该院对于学生，除上课外，并随时利用机会，使学生参与各种实际工作，如办理乡农学校合作社及农产品展览会等。在活动时所发生之种种问题，亦往往鼓励学生自动思索解决。

（3）自治团——该院指导学生组织自治团，管理伙食，买菜，值夜，购置书籍用品，并规定公约互相监督遵守，俾其对自己之日常生活，能自己管理，自治团之组织，系分七班，班设一班长，两室长，三炊事，对于演说脚踏车及煮饭等技术，赴乡村工作时颇为需要，或由自治团以竞赛方式鼓励练习。

以上所述，仅其大概。作者此次赴该院考察时，适该院第二期学生已经结业，第三期新生尚未招考之际，所有学校内部训练工作，均在停顿状态之中，故未能耳闻目击，获知其活动之真相。惟该院特殊精神之所在，固不出上述之数端也。

6. 结业与服务

该院学生修业期满，称曰结业，结业者，学业暂时结束之义，学无止境，固无终毕之期也。研究部学生两年结业，计二十五人，训练部学生一年结业，共两期，计五百七十人，至结业后之工作，概由院中分配，兹分述如下：

（甲）研究部卒业学生之服务分配状况

（1）留院服务，如指导处书记、训练部助教等。

（2）在乡服务，如各乡学村学辅导员，各县民众学校巡回指导员等（月薪约二十二元至三十元）。

同时并呈请山东省政府准予以行政人员资格登记任用。

（乙）训练部卒业学生之服务分配状况

（1）在邹平县各乡村服务者（如各乡学村学教员等）约占全人数十分之二。

（2）在菏泽县各乡村服务者（如各乡学村学教员或在县政府工作等）约占全人数十分之五。

（3）在旧济南道属二十七县办理民众学校者，约占人数十分之三

以上学生，其每月生活费不过十元至二十元，仅能维持简单之生活而已，一部分并由该院以津贴名义支给，不在县行政经费或乡村教育经费内开支。

（叁）山东乡村建设研究院之主要工作

山东乡村建设研究院之性质与一般学校迥然殊异者，在于其不仅以学生为工作对象，而以广大的乡村社会为其对象，且其工作范围亦超过教育而涉及政治经济文化三方面，学院内部之工作，不过为造就乡村服务人才之整备，初非工作重心之所寄托。而该院于训练学生之际，亦时时将眼光注射于周围之乡村，每以研究之所得，实验于兹，行而有成，即以推广于其他各县。故欲觇悉该院之全部面目，自不能仅于其学院内部求之。邹平县所属各乡村之种种事业，莫不为该院全体师生之心血所培灌，虽时间不过二年，愿其成就之荦荦大者，亦殊有称述之价值焉。

（甲）工作三大原则
（1）师统政治

中国古代，政治与教育本属合一，执掌教育者即为当地政治之领袖，而政治之一切设施，亦每每照教育之方式出之，以理服人，不以力服人，民众陶育于此种环境之下，不感政治之可畏，而惟觉其可亲。（按周礼大司徒令，五家为比，五比为闾，四闾为族，五族为党，五党为州，五州为乡，又曰：乡人夫各掌其乡之政教禁令，州长各掌其州之教治政令之法，党正各掌其党之政令教治，并规定各种条目甚详，皆为司徒教官之职，足见周代之政治，乃政教合一之师统政治也。）厥后政教渐次分离，形成官统政治，横征苛索，人民对于政治，久已厌恨，即有良好之设施，亦每加怀疑，莫敢信从，甚且消极的不合作或积极的反抗破坏。故今后改革政治惟有将政治与教育打成一片，先照教育之方法祛除民众之愚惑，而后逐步施以政治的改革，培养其自动处理公共事务之兴趣与能力，坚强其社会的组织，使适合于政治与经济之需要。迨其自力逐渐恢复长成，于是自治之意义即告完满。斯即所谓政教合一，寓政于教，亦即师统政治之要旨也。

（2）富卫合一

农民之生命财产，唯有农民自己能确实保障之。处此兵乱匪祸内忧外患之际，农民自卫之迫切需要，已为无待申说之事实。过去仰赖军队之保卫，因武器与农具分离之结果，形成不生产之有枪阶级，转以剥削压迫农民，为农民生命财产之重大危害。甚至兵匪不分，内以催速农村经济之崩溃，外以召至列强之侵凌，国本民生，均受莫大之影响，惩前毖后，惟有唤起农民，授以初步之军事训练，造成自卫之力量。无事时为生产之农民，有事时即为御侮之军士。农民时从事耕种，农隙时上操打拳，使人人能执戈自卫，集农具与武器于一身。因其有产业，故有饷，妻孥所在，故效死勿去，生斯长斯，故地理熟悉，攻虽不足，守则有余，凡此皆非普通军队之所能及。山东莱芜县、河南镇平县之民团，成绩显著，收效奇宏，具征农民自卫必与生产打成一片，始能免除已往之流弊，而因自卫训练之结果，间接足以增强农民之组织，促进农民守望相助之意识，生产方面亦得因以确立合作之规模焉。

（3）经济改善

乡村建设，千头万绪，内容至为繁复，工作亦极颐伙，举若教育自卫水利诸端，举为必不可缓之要区，同时着手，既为时间精力所不许，弃彼舍此，更乏选择去取之标准。农民知识本属简单，昧于远见而切于近利，如徒见政令粉披，势必目迷五色，以为事不干己，淡焉漠焉，不闻不问。乡村建设工作即将无法推动，陷于搁浅之境地，盖农民眼光，仅注重其本身之生活问题，生活不改善，其他教育政治，均无从谈起。故由经济改革以进于政治改革，势顺而易举，此即孔子所谓富之而后教之之义。乡村建设运动，以改善农民经济为第一步之首要工作，主张一面萃力于农业改良试验，以新式农业介绍于农民，一面训练人才，提倡合作，一面设为农民银行，吸收都市资金而复输于农村，三者连环为用，苟所介绍于农民者其效不虚，则新式农业必由是促进，合作组织必由是促进，银行之吸收而转输必畅遂而成功。中国农业经济问题之解决，或即肇端于是，亦未可知也。

持上列三大原则，以为工作之准绳，寓兵于农，寓农于学，而以教育之方法替代政治之运用，以政治之权力加强教育之力量，政教富卫合一，首先从事于农民生活之改善，因地制宜，因时应施，如多山之区，即提倡造林，多棉之区，即改良棉种，多匪之区，先办自卫，游惰之民，教刑兼施，务使地无旷利，人无旷力，斯即乡村建设运动之正轨也。

（乙）乡村学校

乡学村学为县以下之教育兼自治机关。邹平县政府之下级自治组织，在本年七月一日以前，本为区公所乡镇公所及闾邻等编制，与浙省各县情形，大致无异。唯在七月一日以后，因鉴于过去政教分离之不妥，农民对于区公所等行政机关，始终不能发生有机之关系，而对于教育人员，则弥感亲切，因本政教合一之原则，施行根本之大改革。将以前划编之七个区一百五十七乡镇一律废止，其各区乡镇公所监察委员会调解委员会一律裁撤，改划十四乡，乡以下置若干村，其余各闾邻之编制，仍存旧贯，不加变动，于乡设乡学，村设村学，（各乡之名称区划四至及乡学所在地点，另有地图）

1. 乡学村学之组织

乡学村学各设学董会，学董会之学董，在乡学方面则分两种：

（1）各村村理事及未设村学之各村村长，均为当然学董。

（2）该乡人士资望素孚热心公益者，经县政府礼聘一人至三人为聘任学董。

在村学方面则学董由县政府就各该村人士中遴得相当人选，经邀集村众开会咨询同意后，由县政府函聘之。乡学学董会人数不定，并由全体学董互推常务学董一人或二人，住会执行会务。村学学董会人数，三人至五人，推定常务学董一人。并各推举学长一人，主持学务，聘请教员若干人，办理教务。学长以齿德俱尊为地方人士素所信服者担任。教员□多由山东乡村建设研究院训练部结业学生充任。该院并于每一乡学各派辅导员一人，负指导辅助之责任。

2. 乡学村学之工作

A. 教育方面：

乡学村学教育之对象，为全体民众，故于村学设下列诸班：

（1）儿童班——学龄儿童入之。

（2）妇女班——失学妇女入之。

（3）成年班——失学成年男子入之。

乡学则程度较高，亦设青年成人妇女等三班，凡村学卒业之学生得入之。必要时，得开特殊训练之班，如自卫班等。

儿童班白天上课，成年妇女等班于工作余暇时如冬季或晚间上课。

课程无具体规定，惟均以切合实用为主，除精神陶炼外，尚有识字、工艺劳作、音乐、自然、史地、时事报告等课程。

B. 社会改进方面：

由各乡学村学循应环境之需要，相机倡导各项社会改良运动（如弃缠足戒早婚等），兴办各项社会建设事业（如合作社凿井等），期于一村一乡之生活逐渐改善，文化逐渐提高，并以协进大社会之进步。

C. 政治方面：

关于各项地方自治工作，由各乡学村学因应机宜试为进行之，以斯从事实上逐渐发展其地方团体生活，养成其公民机能组力，而后其自治组织自然形成出现，国家乃从而正式承认之。

3. 乡学村学之经费

乡学村学之学董，均为义务职，一切日常开支，亦甚节省。教育事业经费，即以旧小学经费拨充。学生在村学不纳费，乡学每名每年纳费二元，贫苦者可减免，办理其他事业所需之经费，或由县政府补助，或由地方自筹。

4. 乡学村学办理情形之一斑

该县各县乡学村学，均属成立不久，尚在草创时期，且值秋收农忙之际，一切工作，尚未着手办理。此欲作者赴该县考察，曾下乡多次，对于各该乡乡学村学，颇加注意。兹就见闻所得，略叙如下。

（1）王伍庄乡学——此为第十一乡学，地址设于王伍庄小学，离城三十余里。八月十四日晨六时，偕王怡柯县长及石霁云先生等坐人力车往，九时半抵达。十时参加开学典礼，到会者七十余人，皆朴实农民，且多六七十岁之老年。对于听讲均颇注意，学长石锦堂，年已七十五岁，善技击，优爽正直。是庄尚有一老义士徐召棠先生，素热心公益，庄上小学，即其一手创办，今年已八十一岁，病居在家，当予等住访时，徐谓：办公事只要□钱远一点儿就行啦。闻者咸为感动。

（2）辉里庄乡学——此为第十二乡学，地址设于辉里庄小学，离城亦三十余里，予等参加王伍庄乡学后，即坐车转至辉里庄。学舍极宽大盖旧五子登科第，后捐作学校校舍者，学长李北辰，极热心兴学，曾伐屋前大树两棵（计价约六百余元），为修理校舍之木料，邀集乡人，义务兴工，不动一文公款，将校舍修理一新，其热忱操守，往往类是。举行开学典礼时，参加人数约一百五十余人，秩序甚形严整，校内各种设施，亦颇可观。过去办理地方自治，闻极著成绩云。

（3）郭庄村学——系在离县城西南十里许之山阴。成立已有一月，经村人公议，将庙像拆毁，扩充校址，已设儿童班、成年班、妇女班等，学生均极发达，且要求入学者，纷纷不绝。路旁山麓，村人自动植树颇多。当余等抵彼处时，已暮色苍茫，家家晚膳方毕。虽与学董等谈话约半小时，彼等对于村学乡学意义，尚能了解，并谓办事亦不感多大困难。见研究院中人，竟以老师呼之，为状殊为亲谁，该学计有教员二人，其中一人系研究院结业学生，与地方人士极能合作，故该村学前途，颇多发展之希望。

其余若李家庄、朗君庄等村学，均与上述情形大同小异，故不多赘。

（丙）乡农学校与民众学校

乡农学校者，乡学村学之前身，而为该院师生与实际乡村建设工作接触之第一声也。因乡农学校试验结果之成功，乃有乡学村学之创制。故兹事虽成过去，仍有略加申述之必要。

1. 乡农学校之办理情形

当该院第一期学生肄业时，学当局决定以三个月之时间，进行乡农学校之工作，冀一面联结乡村运动者乡村领袖及成年农民于一学校形式下，以乡村运动者为推动力为引发力，而其谋乡村建设事业之推行，一面领导学生，作大规模之实习。因于二十年十一月上旬间，分派学生赴邹平县各自治区，开始办理。乡农学校之编制计分高级与普通两部，均以修业三个月为一段落。其课程如下：

（1）高级部　党义，精神陶炼，国学，史地，自卫，农业问题。
（2）普通部　党义，精神陶炼，识字，自卫，农业问题。

教材概由该院自编，并注重在实际事情上教导，不重书面之灌授，于每区设一中心乡农学校，以为活动之中枢，每一学校均有校董会之组织。

办理结果，总计全县区共设乡校九十一处，高级十六处，普通七十五处，学生三千九百九十六人。第三区有蚕桑班一班，学生三十人，学生之职业，商占百分之一，工及备工占百分之一，农占百分之九十八。

2. 乡农学校之收获

此次办理乡农学校之结果，堪称优良，而于下列三方面之收获为尤大。

（1）乡村人民方面，在乡农学校办理之初，尚怀疑虑，后见办理人态度之恳切，讲解之明晰，循循善诱，渐生信任。其后推行各种事务，亦渐次能得农民之赞助。

（2）该院师生方面，于办理乡农学校时，获得许多宝贵之经验，且与农民同处既久，丁其性情疾苦知之更深，他若对于农村实际情形之调查，对于自己身体及精神之锻炼，均为在院时与在书本上所万不能获得者。

（3）在政治方面，因乡农学校之能深入民众，且能为乡村建设事业之中心，于是证实政教合一主张之正确性，乡学村学之制度，即由此而形成。

3. 乡农学校之推广

乡农学校办理既告成功，因于第一期学生结业后分派至旧济南道属二十七县仿照推行，于是乡农学校之活动范围，遂由邹平一县而扩展至二十七县，每县成立四校或八校二十校不等，总计不下二百余校。该院亦特设巡回指导员轮流赴各县视察指导，所有乡农学校经费，均由省政府予以补助，同时邹平县境内之乡农学校亦由第二期新生赓续办理。

4. 民众学校

本年山东省教育厅鉴于乡农学校办法之良善，颇欲助以推行，因与研究院商议，为节省经费与集中人才起见，由研究院与教育厅合办各县之社会教育。名称一律改为民众学校，以符中央法令，经费仍由省政府补助，先就旧济南道二十七县实施，逐渐推广至全省。商议既定，即于本年五月间将旧有乡农学校改正名称并充实内容，至邹平县所存之乡农学校亦于本年七月八月间先后改组为乡学或村学焉。

（丁）农业改进工作

该院以改进乡村经济为乡村建设之基本工作，故学院成立之初，即附设农场一所，在县城东南一里许之黄山下，租地七十余亩，为育种试验之区，其旁旧有房舍，略加修理，作为办公室及畜牧育蚕之所。另有地亩两处，一处广顷余，为苗圃及播种场所在，一处广三十余亩，为养蜂及植林之用。规模虽不甚大，但其工作性质极合实际，并能以研究及改良所得，随时传教推广于农民，不若国内其他农产之专于闭门做研究工作也。作者此次赴邹平考察时，因时间关系，仅参观黄山农场一处，与该场主任于鲁溪先生，详谈过去农场之工作，于主任前在定县办理农场，经验非常丰富，而言语忼爽，对于其工作失败处，亦不稍讳言。举其工作之稍有成就者，计有下列数端。

1. 推广改良美棉

邹平县东北部，地势平坦爽燥，本为产棉之区，惟农家所种之棉，多为已退化之美棉，产量稀少，织维不长。该院农场因广选各处之棉花佳种，予以试验，结果得晚字美棉一种，最适宜于该处土地之繁殖，于是第一步赴各植棉区作改良棉种之演讲，第二步选取卷证农家，贷予晚字美棉种子，使其种植，并时时派员悉心指导，待第一年收获后，将此种改良棉种子加以搜集，分散与普通农家种植。二年以来，大获奇效。因此项美棉产量极丰，与本地棉花相形之下，优劣判然，兹就棉铃枚数论之，改良美棉，棉铃一百五十枚，即可收籽棉一斤，而本地棉，则须二百二十余枚，方能收取籽棉一斤；就地亩论之，改良棉每亩可收至一百四十斤以上，本地棉，每亩多则不过一百二十斤；就品质论之，改良棉可纺三十支以上之细纱，本地棉仅可纺二十支左右之纱。计去年共推广美棉种子四七八八斤，散布二十七村，一百七十四户，种地八七四二亩，共收籽棉九七七二二斤。农场更组织产销合作社，收集此项棉花，一总售与济南中棉历记公司，市场价格较普通棉花，每担多售五六元之谱，农家咸获大利，故今年更有飞速之推广，前此怀疑不信之农民，咸纷纷改种改良美棉，预卜今年产量必有特殊之增加。果能循此底于成功，对于该县农业经济，实有极大之贡献也。

2. 育种试验

除美棉外，对于其余农产品，亦分别作育种之试验，以期选取优良品种，推广改良。小麦曾将金陵大学之品种试验而失败，玉蜀黍亦已渐有改进，惟尚未加以推广，大豆育种试验结果，以山东产之牛角黑为最佳良。

其余蔬菜（如茄子、蒜、葱、冬瓜、花椒等）果树等，亦有试验惟均尚在研究时期耳。

3. 提倡并改进副业

农家利用农隙，饲养家畜，所费无多，而获利奇宏，故提倡并改进农家副业对于农业经济，最有裨益，该院农场已着手下列各事：

（1）改良猪种：中国猪食量颇大，而生肉缓少，波支猪则食量较小，而生肉快多，大概饲养一年，中国猪不过体重一百四五十斤，而波支猪则体重超过二百斤以上，故该农产购置波支猪三头二牡一牝，鼓励农民将中国母猪与波支猪交配，以期逐渐改良品种。农民因获利颇多，以是甚感兴趣，（因改良种猪每年较土猪多肉六十余斤，每斤以一角半许计算，可多获利九元也）同时并购养曹州猪数只，以作比较研究。曹州猪生肉亦快而多，惟不及波支猪之优耳。

（2）改良鸡种：中国鸡生蛋不勤，蛋亦奇小。农场特购养意大利种力行鸡数十头，此种力行鸡平均每年产卵多至二百四十个，每一蛋重六十至七十克（中国鸡之蛋仅重五十余克）。力行公鸡与中国母鸡交配所产之杂种母鸡，一年可产卵一百九十个，较中国鸡增加一倍以上。现已将此种鸡分发农家，配种改良，此外又购寿光鸡十三只，此种鸡每年生蛋二百二十余个，每一蛋有重至九十余克者，拟加以改良试验，冀造成卵肉两用之佳种。

（3）改良羊种：提倡繁殖瑞士奶羊，此项瑞士羊每日可出奶四磅，足供一家之食用，所费极少，而利益不贷。但农家尚无养羊习惯，推广无甚成绩。

此外若提倡养兔、养鸭、改良农具等，均已着手进行，养蜂试验结果，不甚良好，因该农场附近缺少花木故也。

（4）改良蚕丝

邹平县地多桑树，本为养蚕之区，在最盛时，（即在五年前）每村平均产茧可达三千五百余斤，售茧所得，可抵耕地面积二分之一农作收入之半，其后因桑多病害，饲育不良，重以丝业失败，故育蚕事业一蹶不振。该院农场有鉴于此先后延请山东大学农场主任济民先生及养蚕专家郑普一先生来县指导，成立蚕桑表证所七所，用新法饲育改良种，试验结果，成功失败各居其半，惟农民已渐有信仰，今年正添做改良蚕种，预备明年无代价分发农家饲育。

（戊）合做事业之提倡与推广

合做事业为改善中国农业经济最主要有效之方法，已尽人皆知，无待烦言。该院既设农场以事试验研究，又以组织各种合作社作为农场与农民间之联锁，集合农民间之明理分子，合作经营各种农业改良，俾其获得显著之成绩，以推广于其他农民，第一步从生产合作着手，其他若信用合作等，因易使农民误认组织合作社即为便于借款，故暂时不加推行，免滋流弊。

1. 梁邹美棉运销合作社

该院农场推广晚字美棉既告成功，因进一步组织美棉运销合作社，事前各乡农学校广事宣传，俟农民稍有了解，即着手草订章程，从事组织，于二十一年九月三十日在震家坡开总社成立大会，下面分社组织成立者，计有孙家镇等十五处，总计社员二百十九人，共收集改良美棉花衣六千七百六十二斤，普通美棉花衣五千五百三十二斤半，两项合计一万二千二百九十四斤半，于十月二十日榨包完毕，雇定船只，由小清河运往济南。事前早与济南中国银行接洽售花，并先借到洋三千五百八十三元，贷给各农民，后其中棉历记公司（中国银行附设）订立售花合同，每担改良美棉花衣价值四十八元，普通棉四十六元，按当时当地市价，每担花衣至多不过售洋四十二元，故改良美棉所得售款，除去各项杂费，较诸本地棉，每担可有四元九角之长款，此外加上二百斤之种籽价值五元内除去轧花工资一元二角，总计农民多获八元三角。缘是，今年加入合作社并改种晚字美棉者，大为踊跃，此为该院所办合做事业中之最成功者。闻中国银行因是项美棉成色整齐，已来信继续订购矣。

2. 机织合作社

男耕女织，此为农村家庭之天然分工，邹平县产棉而无布厂，衣服原料，均购自外县，日货布匹亦有大量输入，实为农村经济之极大漏卮，该院因派员至济南购置新式织布机，劝导人民组织机织合作社，从事家庭织布，合作销售，并由该院聘请机师三人，每人每月工资洋二十元，轮流至合作社教导。总计成立信义机织合作社及印台乡机织合作社等数处。

（a）信义机织合作社——计九村，共得社员四十九人，定购石瓦机二十一架，轮线机三架，织造普通白布粗布及面粉袋等。营业结果，支出纱洋四百五十六元五毛一分，卖货收入洋四百八十七元四毛八分，但除去开支消耗，净亏洋六元四毛。故一部分已陷于停顿状态。

（b）印台乡机织合作社——计五村，社员三十四人。购有铁机十四架，分散各社员家中，每一铁机计价洋八十元，另有流动资金六十元，以作购纱之用，故资本见少，销路发生阻滞即不能流转，作者前往考察时会晤该社社长韩□西君，据谓现已能织造白哔叽及蚊帐料等，惟因日货布匹大倾销之结果，以前每匹卖九元者，现已减售六元，合作社所出布匹虽每匹价仅五元，但出品不多，难与竞争，故存货堆积，负债已达七百元之巨，下半年全县学生及警察制服拟购用此项布匹，销路当有起色。

3. 蚕业合作社

成立蚕业合作社者，计有景家庄等十村，包括二百七十一户，饲养改良蚕种五百九十三张。分下列步骤，从事推进：

（a）蚕种催青合作——在农场附设合作催青表证室
（b）稚蚕饲育合作——在农场附设饲育表证室
（c）蚕茧运销合作——在农场附设烘茧灶

同时并遣派指导员赴各合作社社员家庭随时指导饲育，惟因是年茧价始终不能提高，乃就农场内丝车，加工缫丝，再行出售，售卖结果，除去一切杂支，合每斤鲜茧售洋二毛八分，较诸最初每斤鲜茧最底售价（二毛二分），尚多售洋六分。但终以农民获利无多，本年遂不易推广。

（己）造林

邹平县西南两区，长白山脉由崂山东来，蜿蜒于斯，山岭重叠，颇适于造林。该院特设造林一科，聘请专家导师，从事推广造林，二十年十月间，在黄山东坡，指导学生播种橡树种子二万余坑，每坑五六粒。二十一年三月间，指导近山各村庄农民，组织林业公会，计成立者，有郎君庄等九处，共有会员四千五百余人，造林面积一千五百余亩，种植柏杨，槐，河楸，榆，洋槐一万九千四百五十枝，苗木均由农场给发，保护则由林业公会负责，成绩较著者，如郎君庄、李家庄、抱印庄、崔家庄等，均各播种树苗七八千枝不等，但往往栽种时兴高采烈，厥后看守无人，不加培灌，为牛羊践踏或枯亡者，不可胜计，仅崔家庄林业公会办法稍善，其法以社员，登由樵刈草木，将售草所得之款，积存会中，以购麦谷，贷借与社员，偿还时稍加利息，同时，于去年冬播种杏树极多，盖以果树出息较佳也。对于所种树木，亦分班轮流看护浇灌，故生长颇速，枯死极少，作者赴该处考察时，确见上山林木均有欣欣向荣之概，并闻该林业公会已积存公款五十元，再越数年，其数定有可观，沿途墙上悬贴"赶牛四头，赏钱八吊"之纸条颇多，皆保护林木之表现也。

（庚）水利及凿井

邹平县虽濒近小清河，但灌溉之利，终不甚溥，农民对于水旱天灾，几于无法救治，朱迪刚先生及平教会在河北定县凿井八千余眼，定县农业生产额，为之突然增加，成绩昭著，为一般人士所乐道，因凿井之利，不但便于灌溉，且旱时有所调剂，淫雨时又有所宣泄也，该院鉴于水利为农业之命脉，因欲仿效定县办法，提倡凿井，延请李子棠先生，青县教授凿井方法，并在各处试凿，在学院内凿一眼，费洋八十八元，水量充足，可供四百余人之用，二十年十一月间，在辉里庄石门庄开凿，凿至三十八九丈，始获淡水，费洋三百余元，用费太昂，不易推行，不若定县之费二三十元，即可凿井一眼也。故现时对于凿井事业，尚在研究改进之中，短期间内殊无进展之希望。

（辛）农品展览会

该院为明了全区农业情况，调查旧有农品种子之优劣，以为推广种子及改良耕种方法之准备，同时以实际事物，广为农业改良之宣传，引起农民互相观察，自动采用科学的农业方法，兼及于农家副业，乡村手工业产品之提倡起见，特举行农品展览会，计二十年二十一年举办两次，成绩颇著，兹分述于下：

1. 第一次农品展览会

二十年十一月五日开幕会场即设在乡村建设研究院内，计分表证展览，普通展览两部分，并加演推广农业之电影，及音乐等以助兴，出品中有该院农场之波支猪，力行鸡，各种标本，及前青岛大学农学院山东省立第二棉业试验场之标本等数百种，此外有田艺一千六百三十五种，园艺七百九十三种，家庭工艺三百七十四种，暨农具畜产多种，原定会期三日，临时展期一日，四日间，参观人数共计四万六千余人，几占全县人口三分之一，内男子23193，妇女9518人，儿童12671人，男子团体573个，妇女团体105个，展览会闭幕后，即将所有出品予以评判，分别给奖，以资鼓励。

2. 第二次农品展览会

于二十一年十月二十五日闭幕，会场仍设该院内，展览室共分八处，一田艺室，二园艺室，三家庭工艺室，四棉作室，五蜂蚕室，六选种室，七表证室，八土壤肥料病虫害室，此外更有金陵大学之农学电影，济南民众教育馆之电影团化装演讲团等。惟出品征集范围，已由邹平一县推广至旧济南道二十七县，国内各农林机关参加出品者计五十四团体，出品四百七十一种，普通展览，计有田艺四千二百十八种，园艺七百〇四种，家庭工艺五百二十七种，畜牧三十九种，农具二十二种，总数较第一次展览，增加一倍，会期三日，参观人数，约有五万七千余人。出品评判结果，得特奖者，计有捕蝗器，四十一斤大冬瓜，轮穗纺车，五斤重之甘榄，五斤三两大茄子，陈立柱种之小麦，翟连陶种之黄棒子，王广可种之棒子，杨文杰种之黑豆，刘成业种之黑豆，安锦亭制之藕粉，烟台新农种植公司之苹果等十二种。其余亦分别得一等奖二等奖有差。

3. 农品展览会之收获

农品展览会办理之结果，获得意外之成绩，在开始办理时，一般农民尚抱疑虑不肯将出品送会，其后开会结果，见奖品美多，加以说明员之切实讲解，农民对于农业新方法，大感兴趣，颇能引起竞进之心理多有悔不出品，致失得奖之机会者，故第二次展览会，开幕时，出品即突增一倍，农民携老挈幼，来会参观者，户限为穿，对于美棉之推广，波支猪之推广，纺穗机之改进，均收莫大之效果，农民因刺戟而发愤改良农业，农业研究者因展览而与农民破除隔阂，共同携手，且一般农民对于研究院乡村建设之工作，由此获得进一步之认识，凡此皆其显著之宝贵收获也。故该院本年尚拟继续办第三次云。

（壬）兴办农村自卫

邹平非多匪之区，地方秩序，颇称安定，故农民对于自卫，需要不感迫切，即加提倡，亦难引起浓烈之兴趣。山东各县，本有联庄会之组织，邹平县联庄会属于第二路。由每家出壮丁一人,如无丁可出,另雇农民一人替代,其编制以九人为一排,每一村庄有一排两排不等,无枪械,平日担任更巡等职务,每越二三日放哨一次,然在事实上,往往徒成虚名,不过临时凑集,以掩官听耳目而已。研究院王怡柯先生,对于农村自卫,夙极研究,颇欲加以整顿,因于各乡办理乡农学校时,指导各学校酌量地方需要情形,设立自卫班,召集成年农民,以三个月之期间,授以初步之军事训练,如第二区乡农学校成立两班:

(1) 山东自卫班——学生三十三名(共十一村,每村保送三人)

(2) 山西自卫班——学生三十三名(共十一村,每村保送三人)

第五区成立忠义社自卫团,自行制造枪刀四十余件,先训练团丁六十七名,昼则持枪操练,晚即入校听讲,维持地方治安,颇称得力。第六区乡农学校则于辉里庄成立国术团,孙家镇成立自卫联合会,在郊外演枪比赛,颇能唤起一般农民之注意。第七区则有四里自卫联合会之组织,共有壮丁三百五十九人,规定每十日总集合一次。因过去该处办理红会,防御土匪,颇著成绩,故农民类多能踊跃从事,总观该县已往办理农村自卫,无一贯之统系,村与村间,彼此不相联系,各区情形亦极不一致,故无良好成绩表现。闻今后将由县政府办理民团干部训练所,第一期召集学生三十名,予以四个月之训练,卒业后分赴各乡学村学办理自卫,并兼司调查户口等户籍事宜,一年以后,即可得一百二十名之下级民团干部人才,且该县农民,颇好拳术,身体早有锻炼,极具尚武天性,办理自卫,自更较易。

(癸) 编辑及出版

该院除从事实际工作外,并为扩大乡村建设运动宣传研究乡村建设理论及方案起见,对于出版事业,亦颇注意,计有下列数种:

1. 定期刊物

乡村建设旬刊,每月出版三次,现已出版至第二卷三十期,由该院研究部主任梁漱溟先生编辑,内容计分乡村建设理论,乡村建设具体方案及实施报告,该院消息,各地乡运消息及状况,法令规章,书报介绍及通信等栏,有时出特大专号,已出者有乡农学校专号,第二届农品展览会专号等两种。

2. 乡农小丛书

此为乡农学校应用之教材，由该教院杨效春先生主编，已出版者，有御侮救国，识字明理甲集，识字明理乙集，中华民族故事，国学教材，史地教材，自然教材等数种，此外又有民众军事小丛书，已出版者有文武合一一种。

（肆）邹平自治实验县之工作实验计划

（甲）邹平自治实验县之一般情况

1. 邹平县之自然环境

邹平县在济南东一百七十里，距胶济铁路之周村站约三十里，有人力车通行其间，约三小时即达。县境东西四十三里，南北八十里，全县面积二千六百方里，住民三一三二一户，男女计十五万五千七百六十八人，学龄儿童二万〇六百九四人，每方里平均居民五十二人，每七人中有学龄儿童一人。地势西南皆山，其南最高者为摩诃山，东为白云山，摩诃迤北之最高峰曰会仙山，诸由涧水汇而为泽，曰浒山泺，北抵小清河。虽县境方圆不过百里，而陵沼沃瘠，兼而有之，大河细流，横贯县境，山冈起伏，风景秀美，为伏生故里及范仲淹修学读书之处。农产以麦豆高粱，玉蜀黍棉花，麻，丝等为大宗，亦有荠产鱼蚌水果之□。商业极不发达，土地分配至为平均，无大地主，亦少失业农民。人民皆聚族而居，庙宇不多，然祠堂牌楼，到处皆是，民风淳朴，勤俭耐劳，无争无欲，犹有上古之遗风焉。山东乡村建设研究院之择此作为实验区域，良非无由。

2. 划为实验县区之经过

当山东乡村建设研究院成立之初，为谋理论之与实际相印证，且训练学生不徒在口耳之间，更须使其有实地练习试做之资，并以此作为各县乡村建设之示范，为鲁省乡村建设之起点，因呈请山东省政府指定一县为该院之试验县区。以地点比较适中，县份不过大，不甚苦而亦非富庶，不太冲繁，而交通亦非甚不便者为合适。结果，邹平县遂膺其选，正式划为该院之实验区，县长由该院实验县区主任徐树人先生担任。但在实质上，邹平县政府之地位既与普通县政府无异，上受各厅命令之牵制，下受各级自法组织之固限，改革计划，不能爽快进行，故除办理例行公务之外，不能有所作为，居实验之名而无其实际。迨去岁中央内政部召集内政会议，通过县政改革案及各省设立县政建设实验区办法。山东省政府根据是项办法，颁布山东县政建设实验区条例，并指定邹平、菏泽两县为该省之县政实验区，于今年七月一日成立。研究院并订定山东县政建设实验区条例实施办法，呈奉省政府核准公布，以为实施之根据。（办法另附）于是邹平县政府遂于七月一日重行改组，以王怡柯先生为县长，改组之后，县政府直接属于山东省政府，不受各厅之节制，对于各厅命令，亦不加接受，故规订实验计划，大事改革，此后该县乡村建设工作之推进，当以该县政府为重心矣。

3. 县政府与研究院之关系

在本年七月一日以前，研究院与县政府几为两个并行之系统，前者下级有乡农学校，后者则有区公所乡镇公所等，二者之间，不能发生有机体之关系。迨县政府改组后，下级自治行政组织，亦有极大之变革，除县长仍由研究院实验县区主任兼任外，其余办事人员，均由研究院院长委任省府各厅，亦不能对该县政府直接行文，系统划然，有运用自如之妙。故前兹所有乡村建设工作，均由研究院主办，一方固含有试验实习性质，一方亦实以县政府无自由设施之可能也。兹为易于了解起见，特绘图以表明县政府研究院二者间之有机关系（见第四表）。

（附注）自治实验县政府之组织，与其他县政府同，除公安局外，分设五科，第一科科长兼秘书，司理民政事宜，第二科司理省财政，第三科司理县财政，第四科司理建设事宜，第五科司理教育事宜。此外得组设各种专门委员会，并以县政会议为商决一切进行事项之议事机关，此项县政会议，由研究院院长，县长，各科科长及地方人士，各乡代表组织之。

4. 县财政

邹平县政府经费，与其他三等县之县政府同，应解省款，仍照常缴解，不受省库分文补助，盖为便于推行他县且表示以同样金钱可以多做事情起见，故决定经费不增之原则。邹平财政之情形，可分省税县税两部分述之。

第四表

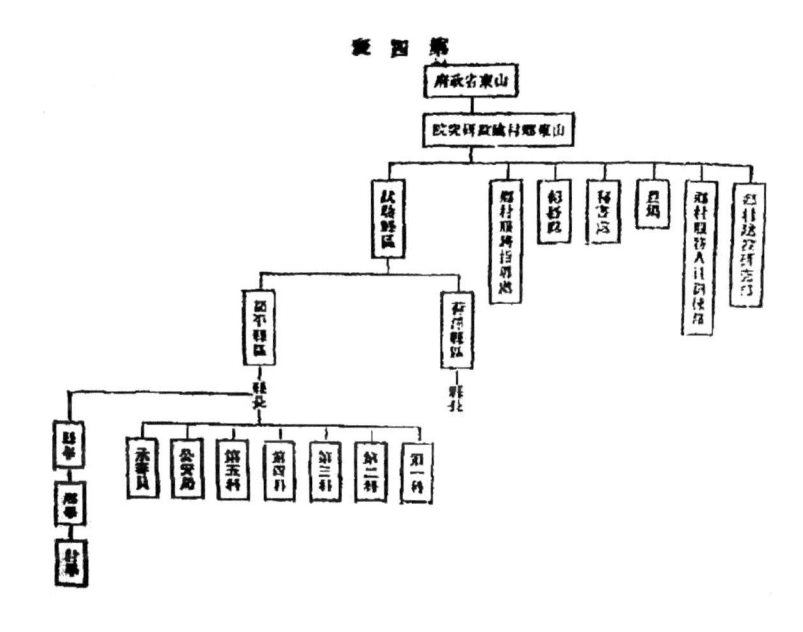

（此处为组织结构图：府秘书长东山 — 研究讨论或咨询事项 — 状况特区、乡村服务指导处、秘书处、督学、县府、乡村服务人员训练处；因不特区、各特区、队长；县府、财政、村长；承审员、公安局、第五科、第四科、第三科、第二科、第一科）

（1）省税　每年田赋等税收共三万六千七百两（每两以四元之计算）。

（2）地方税　每正税一两附征地方税二元八毛五，总计每年约可得十万余元。

除田赋外，其他税收，几绝无仅有。

县政府行政经费，由省库拨发，规定全省三等县共三十四县每年总计四十一万〇四十元，其预算规定如第五表。

其余如公安教育建设自治民团等所需经费，均在地方款内开支。惟预算尚未编造。省政府对于自治实验县之地方经费，准予酌量变通。闻县政府对于每一乡学，每月补助洋八十元，村学之小学教员生活费，（约每月二十元）由县款开支，其余均由地方自筹。

第五表

科目	二十一度概算数	备考
第八款 山东省三等县政府经费	410,040 元	
第一项 俸给费	362,304	
第一目 俸薪	257,040	

续表

科目	二十一度概算数	备考
第一节 县长俸给	81600	县长每县一员，按34县计县长34名，每员月支200元，全年合计如上数。
第二节 秘书俸给	32640	秘书兼第一科长，每员月支80元。
第三节 科长俸给	32640	第二科长每员月支80元。
第四节 科员俸给	36720	科员每县三员，各员月支30元。
第五节 录事薪金	73440	录事每县十员，每员月支18元。
第二目 饷项工资	105264	
第一节 饷项	93024	警长各县一名，警目二名，警察26名。警长每名月支30元，警目每名月支8元，警察每名月支7元。
第二节 工资	12240	警务每县5名，每名月支6元。
第二项 办公费	47786	
第一目 文具	16320	
第一节 纸张	8160	纸张每县月支20元
第二节 笔墨	4080	笔墨每县月支10元
第三节 杂品	4080	杂品每县月支10元
第二目 邮电	12210	
第一节 邮费	6120	邮费每月支15元
第二节 电费	6120	电报费每县月支15元
第三目 消耗	9792	
第一节 灯火	4896	灯火每县月支12元
第二节 茶水	4896	茶水每县月支12元
第四目 旅费	9384	（原有13068减3684）
第一节 出差旅费	9381	出差旅费每县月支23元

合计每县月支洋1005元，年支12060元

（三等县政府政警28名，每名年支4元，每县年112元）

此外尚有三等县，县政府政警服装费每年3808元

5. 县行政现况

自治实验县成立伊始，未及两月，一切工作，均在草创。先在县政府内部，设立联合办公室，修理房屋（费去洋六百元）以便各科联合在一处办公，免除科与科间之隔阂，一面草订详细实验计划，为将来工作时之重要依据，一面则观察地方之需要情形，着手办理几项先决工作。约略言之，计有下列数项。

（1）禁烟——鲁省禁烟本极严厉，顾以日人贩卖之关系，终未能肃清。据调查结果，邹平全县吸烟者虽不多而，食白面者不下一二千人。一年消耗在五十万元以上，浪费荼毒，莫甚于此。因筹设戒烟所一所，本年六月一日成立，所长由医生兼任，月支八元。捉到烟犯，概强制留所限期戒绝，并由县党部民众教育馆派员作拒毒演讲，烟犯日支伙食洋一毛，成立二月余，总共用去五百元，得罚款七百余元，作为戒烟所经费，收支两抵，尚余洋二百元，戒烟人民，六月份有114人，七月份有111人，颇多有父兄送子弟来所戒烟或自行投案者。同时并提成奖给告发烟犯之人员，县长亦时时至戒烟所向烟民恳切劝戒，收效颇宏，惟稍有资产之人民，尚多不肯来所戒烟，现正在强制执行中。

（2）改革司法——设问事处，所需经费，由烟酒印花税手续费拨充，便利乡民对于诉讼手续之咨询。同时采用口头诉讼，当庭判决，以免延搁时日，使当事人为讼事所累。地方琐细纠纷，则由乡学村学学长就地调解。又采用巡回裁判制，由县长或承审员下乡审判，对于法律之纯符模仿西洋足以破坏中国农村者，则加以变通，俾适合国情民俗焉。

（3）整理赋税及流通金融——邹平县地税，计分上中下荒芜五等户名二万七千，票数则有八万之多，名票不粹，显有流弊。现第一步着手清理粮目，使其与地主之姓名符合，以为改革税制之初基。同时并已设立地方金融流通处，将地方公款拨充为资金，贷与各种合作社，以流通该县之农业金融并免除外埠银行家之剥削。

（4）整顿公安警卫——该县原有警士三十八人，每名每月饷银七元至八元半，巡官每月三十五元。现已将服装枪械加以整顿，人数不主增添。并将孙家镇分派所裁撤，以节经费。同时积极办理地方自卫，训练民团干部，树立农村自卫之基础。

当作者赴该县县政府考察时，曾询问王怡柯县长，"从事县政，究应从何处着手？"据王答谓："应以立信为先。使县长能取信于人民，然后人民始能信任县长而无疑，一切设施，即能得人民之同情与赞助。如日前率领城内民团赴黄山实习打靶，中途遇一老农，愿将子弹呈缴县府，以作打靶之用，非先立信，其孰能致之？否则，上下无信，则分崩离析，猜疑怨复庸恨，有政治之可言乎？"秉此认识，以观该县之新政，庶几能探索其成功之真因矣。

（乙）邹平县政府建设试验区实验计划

邹平实验县政府于成立之初，即草拟实验计划，对于工作进行原则及具体方案，规定甚为详尽。经呈请山东省政府鉴核，因兹事体大，故由省政府委员会议决议交付各委员审查，迄今仍在审查之中，尚未核准通过。缘是一切工作，无从实施。计划全文，长达五六万言，作者曾获先观，觉其关于县政建设诸要端，几于应有尽有，颇足供各县施政者之参考。爰将其纲要摘录于下，其理由说明，因篇幅过长，概行省略。

1. 行政原因

（1）树立信用，（2）尊崇贤能，（3）调查户口，（4）去除蠹害，（5）撙节费用，（6）扩充生计，（7）整顿自卫，（8）政教合一。

2. 改善下级自治组织

即将原有区公所乡镇公所一律撤销，改为乡学村学，以实现政教合一之原则，其详已具见前述。县政府就各乡学村学常务董事中，聘任一人为乡理事或村理事，处理日常事务，其性质等于以前之区长或乡镇长，不过一由于人民推举后再行聘委，一则迳由县政府委派而已。此项机关之设置，既因其地方原有之社会情势。又即以其地方社会中人为组织主体，居于推进社会之最前线，而实施其推进社会之功。

3. 改组警团及充实民众武力

（1）设立民团干部训练所

（子）经费——八百三十五元

（丑）组织——如第六表

（寅）征训队——每乡二名四个月一期，毕业后充各乡学户籍户及军事训练员。每一乡学召集农民一百名在冬季实施军事训练。总计十四乡共得民团一千五百名，如此转辗实施，越数年即可达全县皆兵之目的。

（2）组设成人自卫训练班

（3）组织国术会

（4）提倡射击会

4. 诉讼改进

（1）成立息讼会　由各村乡学长倡导，自行推举耆老组织之。采取古乡饮酒精神，敬老明让。

表 六

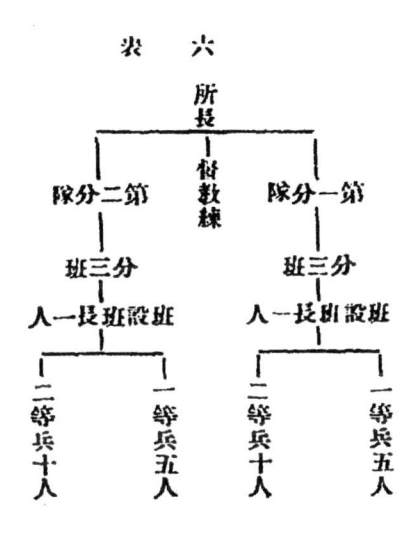

```
                    所长
                     |
                   教练
         ┌───────────┴───────────┐
       第一分队              第二分队
         |                       |
       分三班                 分三班
    ┌────┴────┐           ┌────┴────┐
  班设        班长         班设       班长
              一人                    一人
   |          |            |          |
  一等兵    二等兵        一等兵    二等兵
  五人      十人          五人      十人
```

（2）励行简易诉讼程序——陈述起诉，以言词为之。

（3）实行巡回裁判——添设候补承审员一人，书记一人，录事承发吏共二员，每月约增经费一百五十元。

（4）调查民商事习惯。

5. 省税收及县乡财政整理

（1）整理田赋——

消极方面

（子）改实粮名（丑）股票包封，取消劈庄及申总货等（寅）组织纳税合作社（卯）规定滞纳处分（辰）核实推收

积极方面

设立整理田赋研究委员会，调查民有耕地荒地及官荒等。

（2）田房契税　　设契税管理处，附设查催员勘丈员

（3）县地方财政——（子）实行统收统支（丑）励行预算决算制度

（4）乡村财政之监督

（子）各村乡非经呈准，不得以任何名义，派收款项。

（丑）派员巡回查账

6. 设置金融机关

将所有建设存款二万余元，教育存款五万一千八百三十二元，作为基金，设金融流通处。（按此项机关，现已组织成立）

7. 教育改进计划

（1）调查全县教育状况

（2）改革教育行政——将教育委员三名取消，改设辅导员，共十四名，内七名系该县研究院研究部结业生。

（3）充实师资——

（子）本县之师范毕业生，一律实习二月，期满酌予任用。

（丑）筹备乡村师范班——拟于本年九月间招收学生五十人，不限资格，大概小学或初中毕业程度，训练一年或二年，期满分派如见习员或村学乡学助教，学杂费不收，并每年津贴膳食洋二十元。训练方法，学做合一，文武合一，使其有教师学识，农人身手，（如木工，机织，农事等）军人气魄，不以教师为唯一专门职业。

（寅）续办假期小学教师讲习班（按该县于二十年秋季曾举办一次，共有学生二百七十人，成绩甚佳。）

（卯）设立全县教育工作人员同学会。

（辰）试行艺友制，行教学做合一之方法。

（4）设立实验学校。

（5）改良乡村小学。

（6）创设乡学村学，发挥学治精神。（群前）此项乡学，现已完全成立，村学本年度至少可成立八十处。

（7）改进成年教育，女子教育，社会教育。

（8）实施各学校教育用品及阅报之合作与统制。

8. 农林畜牧水利道路工艺之改计划

（Ⅰ）成立农业试验场

（子）将邹平县原有苗圃89亩3分1厘2毛（城东北东范家庄前）改为第二农场

——果园16亩8毛（城西张家庄村后）改为第一农场

林场　39亩4分5厘（张家庄东村）

林场　510亩（城南黄山）改为第一林场

林场　200亩（三区于兹山上）改为第二林场

（丑）组织分（1）农艺生产部（2）畜牧生产部（3）农业推广部（4）农业经济部（5）农场事务部

（1）作物改良组，园艺组，病虫害组，土壤肥料组，森林组，水利组，农具改良组，农艺化学组。

（2）役用畜种改良组，乳用畜种改良组，本地绵羊改良组，猪种改良组，鸡种改良组，兽疫防治组，水产组，蚕桑改良组，养蜂组。

（3）宣传组，表证组（办农品展览会，表证农家训练学校等）

（4）农村调查组，农产贩卖组，合做事业组。

（5）会计股，文牍股，庶务股，出版股，气象观测股。

（Ⅱ）改良棉业 小清河流域及浒山泺明家集东西一带，有棉田52,500亩，划定五六两区为纯种美棉推广试验区，以脱里司棉为推广品种。

（1）设立表证农家（2）种子交换所（3）开棉产品评会（4）轧花及运销

（Ⅲ）改良蚕业

（1）设立桑树苗圃（2）设立养蚕传习班（每期四十人，设在乡学所在地）（3）提倡稚蚕饲育合作（4）制造蚕种（5）筹设烘茧社（6）组织蚕业合作社（7）买新式缫丝机二架改缫洋经

（Ⅳ）改良猪种

（1）将波支公猪用纯杂交法改良土猪（2）繁殖曹州猪种（与波支猪作一代杂交成绩之研究）

（Ⅴ）改良鸡种

（1）意大利产力行鸡每年产蛋197枚，本地鸡92枚，杂种鸡154枚每十枚市价一毛，杂种鸡较本地鸡可多六毛二分。

（2）改良繁殖寿光鸡潍县九斤黄，寿光鸡较九斤黄为少，年产卵180枚为卵肉兼用种，拟养300余只。

（Ⅵ）栽植果树

二区面积65250亩，山岭占三分之二，共37500亩，内中十分之六石子太多不能种树，可种者14000亩，未植之地尚有12600亩。

（1）育苗，每年育成十万八千八百枝（共50亩地，一亩一苗床，每床680枝）

（2）造林　第一期　二十年度　142000枝
　　　　　　第二期　二十三年度173000枝
　　　　　　第三期　二十四年度171000枝

（3）组织造林合作社植林，由县府第四科森林警察保护。

（Ⅶ）兴办水利

（1）疏理河流　杏花沟，浒山泺，猪龙河，黛溪河，白条河。

以各该沟渠五里或八里内居民所有之丁银额数为标准□工，各村民夫之饭食费由村自筹，必须公用者，由县建设特捐补助之，不足，再由县款补助。

（2）分期凿井

旧有井眼4530眼，可供灌溉者不过1000眼，全县农田540553亩，平均每540亩有井一眼，兹拟定50亩凿井一眼，尚须凿4405眼，分三期办理。

（3）设凿井工程处。

（4）举行凿井贷款。

（Ⅷ）整理道路

（1）整理城里街道，筑砾石煤渣混合土路，旁置深一市尺宽二十五公分流水坡度百分之七之排水沟。

（2）整理县境汽车路（济烟台羊潍惠及周青路之南段即济烟路之东段）均新筑以廿四尺为宽。

（3）整理县道（二丈宽）镇道（一丈六尺宽）村道（责令各村长在二十三年四月底前筑完）。

（4）栽植行道树，以固路基。

（Ⅸ）添设电话　第一期　电线　48里
　　　　　　　　第二期　电线　13里
　　　　　　　　第三期　电线　45里

（Ⅹ）提倡工艺　设工艺传习所

（Ⅺ）划一度量衡　设推行委员会，乡设分会。

9. 合作社之进行计划

第一期（二十二年七月一日至九月底止）

（1）增加指导力量（2）制订单行规程（3）编制应用书表账册（4）调查旧有钱会

第二期（二十二年十月至十二月底）

（1）指导组织信用合作社三十处（2）扩大棉花运销组织二十处（3）

举行钱会登记改称信用预备社

第三期（二十三年一月至三月底）

（1）开设合作社职员训练班　共合作社50处，每社职员5人，计200人，施以训练，设在乡学地点。

（2）倡办林业合作社（由林业公会改组）。

（3）指导农民纳税合作（税交信用合作社汇解县府）。

（4）提倡土布运销合作社　五区明家集一带，向以土布著，年产三四千匹，少亦千余匹，拟加救济，并宣传土布运动。

第四期（二十三年三月至六月底）

（1）筹办公共消费合作社　以机关学校，为法人社员，公务员军警为自然社员，照月薪十分之一抽认社股。

（2）倡办合作仓库　（择麦产较丰之信用合作社20处，兼办）照麦价七成贷款再由农村金融流通处向外间接洽运销。

（3）发行定期刊物。

（4）编制年报。

（伍）考察感想

一、此次赴邹平县考察时，适逢该县新实验计划开始实行，虽其成效如何，未可逆观，但其一般工作之主要趋向，实不能否认其为正确。而在乡间奔走辛勤之乡村建设运动者，莫不能与当地农民推诚共处，打成一片。一般农民，遇见乡村建设研究院师生，辄呼老师而不名，其一种敬爱亲热之态，溢于言表。故其推行一切农村改进工作，亦易得农民之同情与赞助，阻力既少，成功自易。返观他省乡间情形，则大异于是。各级自治行政机关，虽完整无以复加，但此种人为的乡村编制，是死的，静止的，不能与农民发生有机体之关系，恍如铁制之机器，未加汽油之原动力，丝毫不发生作用。推究其原，厥有二因：

（1）过去自治机关所做之工作，均为奉行功令之行政工作，人民视若衙门，咸取畏而远之之态度，其甚者，区长乡镇长惟知向民人派款勒捐，或摊募公债，于是人民更感头痛。

（2）过去自治机关之人员，以官吏自居，颐指气使，高坐堂皇，不能深入民间，与民众共处，了知其疾苦，解决其困难，一般公正仁义之士，亦每为恶势力所压，往往洁身自好，不肯顾问自治工作。

国家兴办地方自治数十年，始终成为官治之局，与一般人民毫不相干，皆缘此故。邹平县诸君子洞悉此项情弊，因建立下列两原则，以为对症之良药：

（甲）竭力避免衙门官吏之形式，以学校及教育之方式，推进自治。

（乙）聘请当地公正热心之士为学长或学董，主持一切事业，而自己退居于辅导地位，所有地方应兴应革事宜，均由学董开会议决施行，有时发生困难问题，则代为解决，如有意见，亦可随时建议。总期以他力培植自力，使其逐渐能自行处理乡村之事务，助长地方自治之真正力量。同时，利用政治之压力，裁抑恶势力（如土劣氓痞等）之渗入，并革除大多数农民之乡愿态度。

两者相较，优劣判然。邹平县乡村建设运动之真谛，即在于斯，此其可注意者一也。

复次，政治之上层组织，虽趋重分工，但下级行政组织，则宜于简单总集。目前国内一般情形，所有下级自治组织，工作项目虽规定有二十一目之多，但事实上能做到者，不过寥寥一二项。盖一则受经济财力之限制，二则各种事务，均别有所属，权力人财均不能集中也。如除虫害则属昆虫局及治虫专员，兴水利则有水利局，改良农产则有农业改良场棉业改良场，造林则有林场等。此种机关，平时独立于县行政机关之外，与下级自治组织若秦越之漠不相关，而其本身又缺乏于人民联锁之组织与作用，故其工作，均属闭门静修，与一般人民，丝毫不生影响，即研究有所获得，亦不能推行于民间，下级自治机关更属无法取资利用。因此农林等机关感于工作之无实际，而下级自治机关欲谋改良农业或兴办水利，则感无从借箸问道之苦，其结果，一切精力才力均等于浪费。邹平县之情形则异于是，研究院县政府立于上，农场等研究机关附于侧，乡学村学等在其下，乡村建设运动之人士辅导贯通于其间，系统分明，运用自如，一切改良农业等计划，上有计议，下即推行，如臂使指，有顺流行舟事半功倍之乐。用是益能取得农民之信仰，而收上下合作互信之效果。此其可注意者二也。

二、政治者，一运用力量之手段，其终极目的，固人民在求经济生活之改善与解决。是故地方自治，如不以经济作为重心工作，则一切均归虚空。由经济而引入政治，其势顺而易举，由政治而引入经济，其势逆而难行。譬如四权之运用，设单纯的开国民讲堂，或使民众练习试做，必致劳而无功，但若于组织合作社时，借讨论选举之机会，予以指导，即为最良好最自然之四权运用训练。举此一端，可概其他，河北定县江苏徐公桥等处，虽均以教育工作为主体，但各附设农场，着手农业改进之研究与推广，其注重于经济方面之工作，由此可见。邹平县之农业改良工作，更为该县全体人士注意力集中之所在，其成绩表现，已具如上述，虽有成有不成，但在间接方面，使农民对于乡村建设运动之意义，有真切之了解，同时对于其工作之进行，均抱相当关心之态度，即此农民心理之转换，已不知给予彼等工作时多少助力。虽然,各地方之风土人情迥然殊异,人民之需要亦彼此不同,当视时地之适调,为应时应地之设施,未可刻舟求剑,强求一致。至如土匪众多,秩序不安之区,尤须仿照河南镇平县之办法,以自卫为地方自治之中心工作焉。

三、徒法不能行,有治法而无治人,则良法美意,盖归泡幻,甚且为宵小所假借,转为害民病国之具。邹平县诸君子,自治即注意于乡村服务人才之训练。设院址于简陋乡僻之地,一切极具设备,朴质无华。衣服寝舍,均极劣陋,膳食不过馍馍数事,极不讲究,有时且须自行购菜炊煮。务使欲望降低,养成刻苦耐劳之习惯,俾适于农村之生活。不放星期假寒暑假以合于乡民习俗,并教以立身处世待人接物之道,戒除其骄浮之气。同时更特别注重人格之精神陶炼,恢复古代仁侠之风,并以古伟人之事业德行,振起学生向上精进之勇气。而为其师长者,亦复以身作则,衣大布之衣,服粗粝之食,与学生同坐卧,以不己之人格及学识化育学生,所有功课,均以切合实际为原则,重技能而轻空论,重实行而忽清谈。故其学生大多质朴诚厚,特富北方慷慨侠义之气,对于乡村建设之主张,笃信无间,以服务乡村,引为终身之事业,其苦行笃志,论者以为有印度甘地学院之风焉。其所以不致与一般农民格格自相入者,即缘于是。惟其缺点,在乏工作之实际社会经验,偶遇障碍,常苦无法解除。(如土劣之作梗,农民之反对破除迷信,乡村居民之彼此仇恨不能合作等等,作者与该县第三乡辅导员张晶波君谈话时,曾获闻不少关于是项之消息。)但此仅为一时的现象,而此种训练乡村服务人才之方法,终有其可注意之人员训练机关之重要参考也。

山东乡村建设概观

阎珀玉　编著
阎若雨　校阅

乡村建设研究会

目 录

序 一 …………………………………… 吴家象（53）
序 二 …………………………………… 张丙南（54）
序 三 …………………………………… 阎若雨（55）
自 序 …………………………………………（56）
第一章 总论 …………………………………（57）
第二章 邹平地方自卫之组织与历程及办法 …………（68）
第三章 邹平户籍之组织与历程及办法 ………………（72）
第四章 邹平教育之组织与历程及办法 ………………（77）
第五章 邹平合作社之组织与历程及办法 ……………（87）
第六章 邹平农村金融流通处之概况 …………………（104）
第七章 山东第一行政督察专员区之概况 ……………（108）
第八章 山东第二行政督察区之概况 …………………（115）
第九章 山东省立乡村建设专科学校概况 ……………（129）
第十章 山东乡村建设研究院之组织与历程及办法 ……（132）

序 一

为治必本于民,唯富与教莫之与先。松亭还自邹平,以所得于乡村者,综观论思成为是编。观其据词殚思,兹行盖不负矣。国之危殆源自民贫。衣食不谋,逞言荣辱。振振之术,固有责者所急国,而是编六庶资考。

镜马吴家象敬识
时民国二十五年十月

序　二

张丙南

　　同乡阎松亭先生近以赴山东视察乡村建，结果编为山东乡村建设概观，见示详阅，内容总括政、教、养、卫为一体，以伦理为基础，以情义为中心，与新生活要旨若合符节，正针对我全国民众之散漫病提醒而团结之，诚为救亡图存缓中急进之不二法门，盖以中国社会，完全寄托于乡村，而治者每多忽视，仿东效西，莫衷一是，独不思中国四千余年立国之精华所在、良属可惜，阎君不辞劳怨，亲赴山东考察，以其所得编印成书，贡献社会，愿国人手此一本，熟读深思而施行之，不但可挽救危亡，且能奠定复兴基础，行将付梓嘱余为序，南本武人何敢弄墨，然大义所在，敢不从命，谨凑数语以介绍有志救国同袍之前，词之工拙非所计也，是为序。

桓台张丙南于长安旅次

序 三

阎若雨

余居邹平前后将近五载，凡山东之乡村建设粗略知之，所出版之乡村建设书籍，亦皆涉猎过，大都各部有各部之工作报告书，尚未有总的编纂。往往致参观人士不易明了其线索，不能窥见其全豹，未免使人有美中不足之感，今松亭阎珀玉先生以此书嘱吾校阅，并为之序。一阅再阅，文字虽不过七八万言，山东全部乡村建设事业，宛然在目中矣。凡未至山东者得此书可以明了鲁省乡村建设之本末，免得千里跋涉，即至山东者读此书，可以融会贯通，而明了其整个情形。此书之内容简明翔实，读者自知，毋庸再来介绍。不过有一言相告：此书之背景，可以证明吾中国民族，是最富于创作性，最勇于为善，实不亚其他任何民族，或超越其他民族。山东偏在东陲，当此风雨飘摇之际，而能以沉着应付，埋头苦干，开出此一线曙光，即此力也。（指创作为善之力）凡读此书者应当相信我们本身实具有最大之创造力，应当及时发挥之，庶几乎可以自立立人，自达达人，而开出无限生机来。并应知我们惟有在创造中才能生存，否则万丈浩劫，难关重重，永无生存之路矣。余校阅完毕，有感有斯，故并及之。

中华民国二十五年十月七日序

自　序

　　珀生长乡间，民众疾苦曾亲身备尝，及宰双山，更觉当时政治机构不良，不惟不能解除民众疾苦，反足以增加民众疾苦。后历长城之役，又亲见民众迁徙流离，玉石俱焚，不觉浩歉，继以流涕，自恨侧身军政有年，上不能献佳猷于当局，下不能道达民意，躬身自问，罪不容诛。乃旋里闭门思过。斯时梁漱溟先生正在鲁讲学，得以相识。聆其民族自觉之说，乡村建设之意，期期然若有所获。因追究其道，益知今日之国难非民族自觉不能以应付，而自觉之路，又非从乡村组织入手，别无良途。越年由鲁至鄂，又出鄂转陕，历见各地之乡村日趋于崩溃，民众日不了生，又倍于昔日，急急待哺之状，实目不忍睹。使珀追究乡村建设之心益切。遂有往山东考察乡村建设之举，时值伏暑，辗转七十余日始完竣，凡昔日闻诸梁先生之所言者，已施诸鲁省。一两年间竟有如是之发展，益足证明吾中国社会需要乡村建设，甚切。回长安后，同仁等咸以此事意义重大，有关治理，纷纷向珀索取原稿，以资参证。珀亦极乐与同仁共同研究广为传播。乃检叠书夹，编为此书，以作同仁之参证，兼以就正于国内乡村建设专家。书成，得米公题书面，邵公赠题词。吴公及张同志皆欣然为序。又得舍弟若雨详为校阅并序。凡此盛意珀皆甚是感激，在此一并致谢。

民国二十五年，双十节，序于长安

第一章 总论

第一节 缘起

"乡村建设"这个名词,是在民国二十年山东乡村建设研究院标出来的一个名词。是与九一八事变同年发生的一个名词。为什么在这一年才发生乡村建设这个名词呢?从横的方面说,华北之内战及讨石之役,刚才完毕,长江水灾又漫延六七省,所谓天灾人祸之巨,未有过于是年,而整个中国民族之精疲力竭,亦未有过于是年。所以外患才乘机而入,发生九一八事变,可是否极泰来,举国人士就不能不转回头来,看看我们国家是建筑在那里,而请求根本治法,此乡村建设之应运而生也。从总的方面说,我们中国立国世界将近五千年之久,自有其颠扑不破之真理在,可是自八国联军入北京以后,我们中国民族完全失了自信力,生活中心全被摇动了,今日模仿西洋,明日抄袭东洋,直到民国二十年,才知道舍己从人是不成功,非反身自省无以为力了。在这一反省间,正看到我们中国,完全建筑在一个乡村社会上边,可是这个乡村社会,是已破烂不堪了,此乡村建设之所以应时而生也。因为这个名词是应运应时而生,所以二三年间,举国人士皆愿意谈谈乡村建设这个名词,讲求讲求乡村建设这步工作。现在已经是脍炙人口了,这实在是我们民族一个最大的觉悟,而值得庆祝的一件事情。可是这个名词是发源自山东,而乡村建设的工作在山东也最久,最努力,自有其特放光彩之处,所以各地往山东参观的人是络绎于途,但是未到山东的人,不免有向隅之感,而有介绍之必要。

第二节　理论

我们要明白乡村建设的理论,应当站在整个中国民族之尖端上(即最高峰)来观察乡村建设,才能以见到乡村建设之真理论。若是站在局部的工作里边,来观察乡村建设,就见不到乡村建设全部理论,而生出种种误解来。所以研究都市工作的人,就误解乡村建设只看到乡村和农业,而忘记了都市和工业,是一种管头不顾尾的工作。曾不知中国的都市全是许许多多的乡村支撑起来的。如天津是华北一带乡村支撑起来的,上海是长江南北一带乡村支撑起来的,广州是珠江流域一带支撑起来的;如华北长江珠江一带的乡村崩溃了,天津上海广州三个都市又将何以维持呢?所以乡村建设直接的是建设乡村,间接的就是建设都市;直接的开发乡村间的农业,间接的就是培养都市中的工业。

研究西洋文化的人,就误解乡村建设是提倡东方文化,主持精神文明,忘却了西方文化,放弃了科学知识物质文明。曾不知人类之所以为人类而异于其他动物者,就在于具有特殊的精神和灵性,才能超群出众而为万物之灵,才能化无为有,发明出种种科学来以利人生。假如是我们不把中国民族精神复活起来,使他自己相信自己有建设新中国的能力,虽日日讲说洋楼洋房住着舒适,合乎卫生,他实在没有心血来建筑洋楼洋房。虽日日提倡牛肉面包好吃能以强健身体,他实在没有消化牛肉面包这副肠胃。这是乡村建设之所以着重在精神建设,使我们中国民族相信自己有建设新中国的能力,而渐渐的到物质建设。再进一步言之:建设新中国的人,总是用中国人来建设新中国,才是我的意思。绝不喜欢外国人来代替我们建设新中国。若果是要我们自己来建设新中国的话,就得要依靠着我们中国的旧习惯,慢慢的蜕化出一套新习惯来。可是这套新习惯,绝不是西洋式的那套机械生活,也不是中国旧日所有的那套旧习惯,而是崭新的,活泼的,富于生机的,一套新习惯。乡村建设就是要从中国这个老社会中,建设出一套新习惯来。这套新习惯,是最善于应用科学,使用物质,来滋养人生,而不像现在专门拿着科学,恃仗物质,来戕贼人生这个样子。

研究军事的人就往往误解中国民族是太不要好了,太好作乱了,奴隶性太大了，在租界地里的中国人，都是俯首帖耳，规规矩矩的受外国人指挥，听外国人使用。一离开租界地，不是为匪作乱，就是烟酒嫖赌无恶不作。曾不知中国的民族性，是最喜欢为善，最喜欢有秩序，最要好，最爱和平。比方从中国南部到北部，西部到东部，凡是为父母的无不慈爱其子女，无有不愿其子女向上学好求进步者；凡是为子女的没有不知道孝顺其父母，恭敬其兄长，是件好事情，是应做的事情，其余如尊师，敬友，吃苦耐劳种种，无一不是中国人的美德。可是自从西洋文化侵入中国以后，西洋的好处没学会，坏处可是全学来了，父子之间要讲平等，男女之间要讲恋爱，兄弟之间要讲权利，师不师，友不友，把中国旧有的为善的途径全都破坏了，都堵塞住了。好好的一个民族，不从他的向善的路途中找办法想出路，反而把他的向来所走的路堵塞住，岂不四溢为匪么？"及其为匪也"又不求其本而齐其末，曾不知本不清，其流也永远是浊的，所以是今日之匪，不是中国人喜欢为匪，实在是没有路走逼出来的，乡村建设就是要为中国民族开出一条正确的大路来，让整个的中国民族，人人有路走，人人有事做，人人有饭吃。

那么，乡村建设是不是和三民义一样呢？乡村建设正是完成三民主义的一步基本工作，没有超乎三民主义以外，怎能说不和三民主义一样呢？先总理在世的时候，是整日的忙着上层政治的安排，实在是没有工夫来作这步下层政治，作这步乡村建设的工夫，所以先总理临危的时候，犹接见农工代表，而恳恳切切的嘱托我们，继续努力以完成革命，乡村建设就是服务先总理之遗嘱，来为农工开辟出路，以完成整个革命工作，并没有另外的意思。

第三节　做法

山东乡村建设的做法，第一步是教人民的心平放下来。中国人民的生活，这几年来是太不稳定了，"全是提心吊胆过日子"，找不出相当的出路来，所以蒙头转向，不知道自己的生活归落到一个什么地步，所以是过了今天不管明天，没有心血作久远的计划。把活活的一个心，弄成一团死灰了。试问我们对着这团死灰，无论讲什么好方法，好道理，他能接受么？不但是不能接受，反而引出相当的反感来，这是我们做乡村工作的人所共同感受的一个困难问题。所以是乡村建设第一步做法，就是把人民的心平放下来。人民心平放下来，才能以发生灵机，感觉到何者是对，何者是不对，而有所适从，才能以接受外界的新知识新方法，才感觉到空乏，才有所要求，才能取以人之长补己之短。

但是如何使人民的心平放下来？能以保障人民的生命财产，就可以平放下来。谁能以保障人民的生命财产呢？人民自己能以保障人民自己的生命财产，其他皆不能。先前的时候我们曾经走过错路，认为人民的生命财产，应当由官府用兵力来保障人民的生命财产，人民也是这样着想，曾不知我们中国有三千多万方里的面积，将近五万万人口，所有兵力一方面抵御外侮，一方面平定内乱，哪里再有闲余的兵力保障人民的生命财产呢！不可靠而靠之，不可用而用之，岂不两败而俱伤吗！山东办乡村建设的人，已经明白过这个道理了，深知道人民是有自卫的能力，毋庸借重外力。所以第一步就办乡村自卫，一方面训练自卫的人，一方面就能以防御土匪，当场人民的生命财产就有了保障。鼎鼎大名的流寇刘桂棠经过菏泽边境外的时候，不敢入菏泽境内房一人采一木，其余的小匪便不用说了。民众经过这次训练才豁然大悟，知道今是而昨非，已往靠官兵全是错路，靠自己才是正办法呢。这才明白我们民众的力量大于一切。乡村建设的作法，不是别的，就是这样启发人民的心灵，要人民自己用自己的心思，用自己的力量来保卫自己。

大家没到过山东的或者认为山东的乡村建设，办自卫的时候专办自卫，不作别的事呢！其实不然！经过山东乡村建设所训练出来的自卫壮丁，不但是能以办自卫，还能以办合作，办户籍，作军事教员，作宣传工作呢！先前不孝不悌有不良习惯的人，经过这次训练，不良的习惯没有了，也知道孝顺父母，恭敬师长了。大家或者要疑问，乡间的人用什么方法训练到这个地步呢？到此我要说明人类的心灵，是多方面的，方方面面都通，学什么都能以学得通，所以我们的先哲周公是多才多艺，孔子是无所不知无所不晓。因为他们两位是善会发展他们的心灵，善会使用他们的心灵，所以能造其极。山东作乡村建设的人，已经看透了人类的心灵是如此。所以在训练自卫的时候，已经把合作的意义，农业的知识，户籍的办法，给他们讲明了；已经是把良好的习惯，尊师敬长的心理陶冶好了。所以是有事的时候能以荷枪自卫，无事的时候能以办合作社，当户籍警，并能以改良农业，劝人为善呢！所以在乡村建设之下，人人的心灵是有所系属，是平放着。

乡村建设做到这一步，第二步做法就是引导着他们来办合作社兼改良农业。在一般人办合作社，只是办合作社就算完了。山东乡村建设所领导的合作社，却不是这个样子，是为改良农业组织民众，而办合作社。比方要改良棉种推广美棉的时候，就组织棉业运销合作社，棉业改良一步，美棉推广一步，合作社也随着扩大一层，严密一层，所以是棉业改良成功了，推广成功了，棉业合作社也随着组织成功了。大家都知道合作社是人与人结合，不是资本的结合，"是具有平均财富的功效。"然而实际上的功效还不止于此。还能以滋养都市中的工业呢。比方山东的棉业未改良的时候，济南的纺纱厂全得买外国的棉花，现在呢，只要和各棉业合作社定好契约，就可以得到大量而质美的棉花。不特此也，先前视乡村为危途的银行界，现在竟很乐意的向乡村投资，无形中给银行界找出来一条出路，而乡村间的高利贷也完全消灭了。棉业是如此作法，其他如小麦，大豆，也全是这样做法。

"富而后教"，这是先哲孔子指示给我们的一个作法。山东的乡村建设对于乡村教育，也是遵照着这个做法来做。不过是一般做乡村教育的人，全是枝枝节节，片面的来做。在山东乡村建设所办的乡村教育却不是这样的作法。乃是以整个乡村社会为对象，无论男女老幼，都在教育之中陶冶着，所以儿童方面有儿童部，成人方面有成人部，妇女方面有妇女部，愿意升学的有升学预备部，愿意学职业的有职业讲习部，老年人有老人会。所以乡村建设下的教育，是要人人都有向上学好求进步的机会，而不是对着某一部分人所作的教育。大家或者要问，这样全民教育，在这个人力财力困之的时候，能作得到么？在山东乡村建设区域内是可以作得到，每一处村区有妇女部教师一位，儿童部教师一位，就足矣。这两位教师白天可以教育男女儿童，晚上就可以教育成年男子，成年女子，星期日的这一天，就可以召开老先生会和老太太会。由这两位教师来作，是很顺利，没有滞碍。此外有田园生活指导，意思就是指导着农民怎样经营田园，怎样看护，怎样收获，皆应用合作的办法，而纳于组织之中。所以乡村建设的教育，无论是时间方面，空间方面，全都教育化了，组织化了。

那么，山东这套作法，是不与中央所行的保甲制度不相契合呢？是正相契合，而且更能以发挥保甲制度的效能，使之成功更速，在组织方面山东之乡区正相当于区制，其乡校当相当于区署；其村区正相当于联保区，其村理事即兼联主任；村区下即是保长甲长，完全同中央所规定的保甲制度一样，没有不同处。其不同之点，就是在村区有村学学董会，共同商量与办本村内之事业，及推行乡校之政令，又如息讼，戒烟，戒赌，劝子女入学，村学学董，皆负相当责任。在乡区有乡校校董会，共同商量进行本区内之事业，有推行县政府之政令，而兼有息讼，戒烟，戒赌种种义务。总之，山东的乡村建设，是趋重于团体组织，引导着人会过团体生活，会自己管理自己，与中央推行的保甲制度，并没有不契合处。

第四节　实施

1. 组织方面

山东实行乡村建设各县是采用三级制，县政府为一级，乡学为一级，村学又为一级（兼联保主任）。村学之下即为保甲。其所以名为学的意思，是采取以师统政的意思，政教合一的办法。所以村学一方面办理一村之政治，同时又办理一村之教育；乡学办理一乡之政治与教育；县政府办理一县之政治与教育。政治人员不只是办政治而已，还得以身作则为民众之表率。古人云："政者正也，其身正不令而行，其身不正虽令不行。"乡学村学的意思即在此。分述于下：

甲、县政府：采合署办公制，第一科行政，第二科省财政及地方财政，第三建设，第四教育。大县有秘书，小县秘书第一科兼，皆承县长之意办理各科事务。属于公安者有公安队，属于税捐田赋者有经征处，属金融者有金融流通处。除金融流通处半属于地方半属于县政府外，公安队，经征处皆直属县政府。关于自卫，则第一科设自卫指导员一人；关于建设及合作，第三科设技术指导员一人；关于教育，第四科设教育指导员一人。此三位指导员，以巡回各乡区视察指导为主要任务。

乙、乡学（亦名为乡农学校）：乡学为乡村建设之中枢机关，在邹平为一地方团体组织，以学董会为最高机关，内聘请年高德尊一人为学长，负监督教饬之责；内公推常务学董二人或三人，由县政府委派一人为乡理事，负事务之责。教员若干人，乡队长副各一人，辅导员一人（兼管两乡），皆以受过乡村建设训练为原则。内分升学预备部（即高级小学），普通部（含有职业训练性职）自卫训练班，及卫生所，户籍室。其他实行乡村建设县份，则为校长制，全以乡村建设研究院毕业生充之，凡乡校所组织之校董会仅居辅助地位。校长下设教育主任一个，主管全乡区之教育，军事教练一人，主管全乡区之自卫；指导员一人，主管全乡区之社会活动及合做事业；事务一个，主管上下文件，及会计庶务事项。皆兼任教员。内所设之部分，如邹平之乡学。

丙、村学：村学之组织在邹平与乡学同，但无辅导员。内分儿童部，成人部，妇女部及卫生室。在其他各县村学尚未成立，仍为乡镇长制。惟菏泽县村学区已划好，每村学并设儿童部及成人部，村理事已选派出，但学董会尚未成立。邹平村学下为闾邻制，菏泽村学下则为保甲制，而村理事相当于联保主任。

总之村学为一教育政治之单位，合若干处村学，为一乡学；而乡学又为一教育政治单位，合若干处乡学为一县，而县政府为全县之教育政治之统治或推动机关。自下而上，全是以师统政，政教合一之机关。

2. 经费方面

除邹平实验县截留田赋百分之三十（民国二十二年中央政府通令实验县得截留全县田赋百分之五十以上作实验费）作实验经费外，其他推行乡村建设县份，皆就原有之治安经费办自卫，县政府缩减经费及区公所之经费办乡学，村学。在邹平除教员外皆为义务职。菏泽之村理事则由县政府，每年予以三十元酬劳金。教育经费，则仍以原有之教育经费，重新加以规定而已。据当事人云"校长制之乡学做到相当程度，办归各乡区自办。"

3. 自卫方面

皆是在乡学内设自卫训练班，以警卫各乡区之治安。惟邹平县原来地方平静，只在秋后春初农隙训练两期，每期二个月为限。其受训壮丁之伙食费由各村自筹，每闾出壮丁二人，以首富先受训，挨及次富之户。其已受训之壮丁每村编为一组，置村组长一人，称为联庄会员。每乡编为一队，置乡队长副各一人，受乡理事之指挥负全乡区警卫之责。每月乡会一次，县长（或县长派代表）到会训话，乡理事报告月内之事及下月应进行之事，各村组长亦得报告本村之事。然后打靶或野外实习，至夏防，冬防，则轮流至乡学值班放哨。其他各县，则规定百亩以下至五十亩之户，出壮丁一名到乡学受自卫训练；百亩以上至二百亩出壮丁二名快枪一支，二百亩以上增加五十亩，即多出壮丁一名，快枪一支，若无壮丁每一名则出登记费十二元以作子弹消耗之用，快枪一支，归无枪之壮丁使用，但主权仍归于物主。其伙食制服皆由县政府供给，四个月为一期，每年训练三期；凡受训壮丁即为联壮会员，按村区或班级，编为一队，队设队长；每乡区编为一联庄会分会，分会会长乡学校长兼任，每县编为一联庄总会，会长县长兼任。遇必要时县长指挥全县联庄会会员防御土匪。其乡会办法亦同邹平，但县城总会操四个月一次。此外邹平之警卫队（其他县份名为公安队）队员皆由已受训之壮丁选充，四个月一期，轮流至警卫队受较高之训练，其他县份亦有此种用意但尚未实行。不过菏泽现在受训壮丁已近八千名，治安已不成问题，已改为农隙训练两期，三个月毕业，所余经费拟作职业训练之用，但乡学内每月有十名已受训之壮丁轮流值班，并受较高之训练。由此而知自卫之实施办法并不十分固定，在相当情形下，亦能适用更恰巧之办法。

4. 教育方面

在邹平每月举行教育研究会，各村学教师及乡学教师必须出席，由辅导员主席讨论教学方法，管理方法，及社会工作。并由辅导员勤往各村学视察指导之。而县政府教育指导员，亦不时至村学视察指导，每季并举行观摩会一次，评定甲乙，择其优者，由县政府予以奖励。在第二行政区，则明定奖惩办法！在教学方面，讲解合法，态度良好，而学生总成绩在七十分以上者；在管理方面，庭院清洁，布置适宜，学生礼貌周到精神活泼，课外运动合度者；在社会方面，能辅助乡校推行政令，提倡合作，改善附近居民生活，及革除当地不良习惯者。甲等奖三十元，乙等奖二十元，丙等奖十五元，但必须连任教师三年不犯过，成绩不倒退者乃全数发给。若有一年犯过或成绩有倒退形情，则减去其前一年之奖金，但已得之奖金全由县政府在指定银行为之存蓄，届时本息，全数发给。此考成由乡学之教育主任及县政府教育指导员平时之视察及会考评定之。因之各小学之学生皆甚有礼貌，而且整洁，参观某乡学时，各小学正作会操比较，皆由小学生自行指挥操练，口令动作皆正确灵敏，俨然一良好之童子军。此外并拟办特种教育，利用短期义务教育之经费，在村间农暇时教育失学儿童以文字教育，在农忙时则作田园生活指导，应用合作办法，使乡间生活，皆入于组织。现在第一行政区（济宁等十县）此项师资已经训练完毕，第二行政区（菏泽等九县）亦将训练完毕。此外凡推行乡村建设之县份皆办青年训练凡十岁以上十八岁以下之青年，皆须受训。现正在计划推行。总之，乡村建设之目的，是在社会学校化，生活教育化，现在已颇具规模矣。

5. 经济方面

关于经济方面包含合作社，金融，农场三项。兹为便利起见，分述于下：

甲、关于合作社，邹平以美棉运销合作著，第一行政区以小麦运销合作称，第二行政区以大豆运销合作名，其实施情形大致相同。但以邹平之棉业合作社历史最久，而成绩最佳。兹述邹平之棉业合作社，以概其他。邹平之美棉合作社，其组织每村区有棉业运销合作社一处，每乡区有联合会分会一处，县则有美棉运销联合会总会以总其成，皆为地方人组织。县政府仅居辅导地位而已，因此县政府特设合作指导委员会，办理合作教育及介绍借款。因此各乡学常举行合作训练班，以训练合作社干部人员，凡村学教师必须经过合作函授班毕业，高级小学以上，及成人部加入合作课程，每年中国银行至邹平贷款，棉苗贷款每官亩地七元，棉桃贷款每官亩三元。花衣运销后，本息偿清。棉业合作之实施如此，他如信用庄仓，林业，蚕业，亦次第推行，其实施办法，亦以村学，乡学为实施中心，因性质不同而办法亦略有不同，兹因篇幅所限不再述。

乙、金融：关于金融方面亦以邹平办理最早较为完备，其他推行乡村建设县份，亦正在筹措举行。兹亦只述邹平金融之实施，以概其他。其组织：有董事会，董事由各乡学学长中聘任七人，由商界中聘任二人，县政府建设科教育科两科长为当然董事。监察员由乡理事中聘任三人，县政府财政科科长为当然监察员。经理一人由县长提出人选经董事会通过任用。其经营业务如下：

（子）经营农民银行业务：贷款各信用合作社或农户，不用任何担保抵押，只好严密考察用途，务使其用在生产方面。

（丑）经营商业银行业务：凡固定资本，皆放于农村救济生产，其余各种存款（除定期外），则放给商号，作为活期生息，并做外埠汇兑。

（寅）经营县金库：所有赋税悉由该处征解保管。县地方教育建设各项基金，亦由该处保管，并由该处经发县属各机关各学校之经费。

丙、农场：关于农场亦以邹平为最（因乡村建设研究院之农场，即在邹平故也），县有县农场各乡区有乡农场，凡关于品种改良，如棉花，蚕桑，果树，猪鸡，豆麦，高粱等皆由县农场分配于乡农场，能应用合作社方式推行者，则利用合作社之组织推行之，如棉业，蚕业，林业是也。现尚有不能应用合作社者，则设标准农家直接推行于农户。如猪种改良，鸡种改良是也。刻下菏泽县已仿此办法施行。

丁、经征处，即征收田赋糟粮及税捐机关，直属于财政科，所有税额及票纸钱皆明载于串票上，人民持串票交纳粮税，分文不多出，而经征处每日所收之银数，必须送交于金融流通处，不准过宿。凡推行乡村建设县份皆如是。

6. 户籍方面

关于户籍邹平县正在试办期间，尚未推行其他各县。其组织：县政府设户籍处，直属于行政科，总管全县之户籍事项。各乡学设户籍室置户籍主一人，由乡队副兼任之。各村学置户籍员，村组长兼任之，置户籍警一人或二人，就联庄会会员中选充之。于村学中置户籍簿，凡村中之人口异动及冠婚生死存亡之事，随时登记，由户籍警随时送至乡学登记。据当事人云凡关于窃盗及诉讼之应证事项在一个钟头内可查理清楚。

7. 卫生方面

关于卫生之实施亦以邹平为完备，菏泽现在亦设有县医院内分中医部西医部对照研究医治，用意颇佳。但不如邹平有乡村建设研究院之协助，范围大，组织亦完备。故仅就邹平言之以概其他。邹平县城内设有医院兼卫生院，设院长一人，保健，医务，总务三组每组各设主任一人。第一期工作为一方治疗病人，一方训练工作人员。第二期工作各乡学设卫生所

（现在已设有四处）每所置卫生员二人，推行卫生教育（由学校卫生入手），加入卫生课程，治疗简单及急病，重病仍至城内医院诊治。村学设卫生室现尚未正式成立。并设辅导委员会置巡回医师，赴各乡学巡回视察指导之。

总观乡村建设之实施，是以县政府为总区机关，乡学或乡农学校为推行乡村建设之中心机关。村学为乡村建设之基本组织，故各行政区皆设有指导处，专门往各县指导乡农学校之作法以推进之，并设金融流通总处于行政专署以利实施。设各种师资训练班，以培养乡区村区中各种师资，以利乡村建设之实施。

第五节　结论

山东之乡村建设已如上述，其效果，现在以客观言之，才能做到使人民心平放下来，而相信村乡建设，是条出路。所以省政府已决定采用菏泽的办法，施诸全省。所患者只是人才不足耳。目下只推行了三个行政区，其余各行政区，尚待人村充足后，才能推行。所以现在山东设了两处乡村建设师范，一处乡村建设专科学校。预备大规模培养乡村建设人才。同时并将今年山东全省师范毕业生调至济宁（训练男生处）及邹平（训练女生处）予以六个月乡村建设之训练，以济目前之急需。观此，山东的乡村建设像是实验已经成功。不过据当事人云："山东乡村的建设刚作完第一步实验工作，才踏入第二步实验工作。若是完成第三步工作的话，还得五年或六年呢。"因为乡村建设这步工程太远大了。就我们所见到的情形，全部工作人员全是埋头苦干，脚踏实地来作，从早到晚都听到他们工作的声音，看到他们努力的情况。像这样心无二意的来干，实在是我们中国民族最好的一个希望。

第二章　邹平地方自卫之组织与历程及办法

第一节　组织

邹平地方自卫，乃由村而乡而县，成为有系统有生机之组织并非一呆板机械之组织。所以邹平之自卫是由小而大，由简而繁，日见充实，日见发扬，富于弹性之自卫组织。兹分述如下：

（甲）村之自卫组织：凡一村之壮丁，已受军事训练者，编为一组，设组长一人，承村理事（相当于村长）及乡队长之命，督率本组之组员，稽查无业游民为非作歹及形迹可疑者。并督率本村之人轮流值更守夜，凡烟赌奸邪等事，皆归其劝导纠查或举发。

（乙）乡之自卫组织：凡一乡之壮丁，已受军事训练者，编为一乡队，设乡队长副各一人，承乡理事（相当于区长）之命，督率本乡之壮丁，办理本乡之警卫，并纠查本乡之烟赌等事。每届夏防冬防，即督率本乡壮丁轮流至乡学内值班，夜间放哨，或与邻乡或邻县会防。

（丙）县之自卫组织：县政府第二科设有行政警察队（另文说明），及地方警卫队，该警卫队即属县之自卫组织，设队长一人，教官二人，队员四十人，巡回纠察全县之盗匪。并承县长或科长之命，调动各乡之壮丁，以保卫全县之治安。

以上为邹平之自卫组织，彼此成为一连索形，是以运用自如，而没有丝毫障碍介乎其间。列表于下以明之：

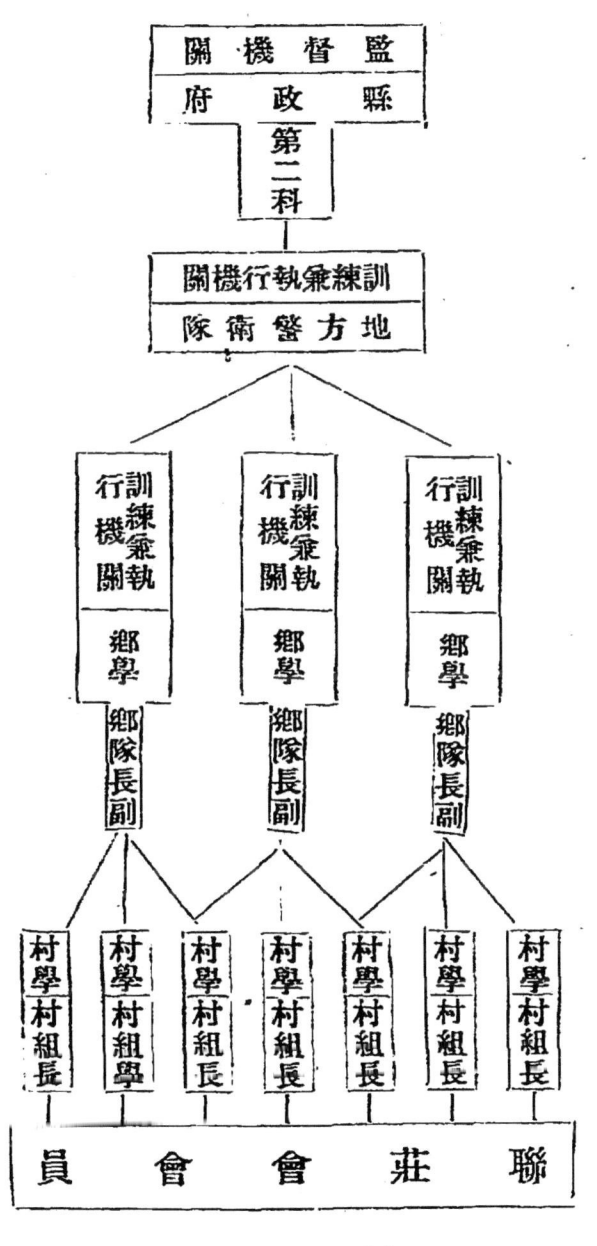

```
           ┌─────────────┐
           │ 監 督 機 關  │
           │ 縣 政 府     │
           │   第二科     │
           └──────┬──────┘
           ┌─────────────┐
           │ 訓練彙執行機關│
           │ 地方警衛隊   │
           └──────┬──────┘
       ┌──────────┼──────────┐
   ┌───┴───┐  ┌───┴───┐  ┌───┴───┐
   │訓練彙執│  │訓練彙執│  │訓練彙執│
   │行機關 │  │行機關 │  │行機關 │
   ├───────┤  ├───────┤  ├───────┤
   │ 鄉學  │  │ 鄉學  │  │ 鄉學  │
   ├───────┤  ├───────┤  ├───────┤
   │鄉隊副長│  │鄉隊副長│  │鄉隊副長│
   └───┬───┘  └───┬───┘  └───┬───┘
    ┌──┴──┐   ┌──┴──┐   ┌──┴──┐
  ┌─┴┐ ┌─┴┐ ┌─┴┐ ┌─┴┐ ┌─┴┐ ┌─┴┐ ┌─┴┐
  │村學│ │村學│ │村學│ │村學│ │村學│ │村學│ │村學│
  │村組│ │村組│ │村組│ │村組│ │村組│ │村組│ │村組│
  │ 長 │ │ 學 │ │ 長 │ │ 長 │ │ 長 │ │ 長 │ │ 長 │
  └─┬─┘ └─┬─┘ └─┬─┘ └─┬─┘ └─┬─┘ └─┬─┘ └─┬─┘
    └─────┴─────┴─────┴─────┴─────┴─────┘
           聯 莊 會 會 員
```

邹平自卫组织系统表

第二节　历程

邹平自民国二十二年七月一日起，正式成立实验县，即将原有之民团大队部取消，创立干部训练所（所长乡长兼）。以原有大队部之经费为经费，由每乡考选五人至六人，文理通顺，体格健全者，送县政府再遴选二人至三人，入所受训，并担负本县之自卫。四个月毕业后，即派往各乡充任乡队长副，并担任联庄会分队班长及训练壮丁工作。于每年冬春农隙训练壮丁两期（即联庄会会员下仿此），每间出二人，二个月结毕。二十二年冬及二十三年春，训练两期，共计受训壮丁一千二百余人，即分别将各村已受训之壮丁，编为若干组（一村或数村为一组不等），由受训之壮丁中选拔其精明强干者再受训练两个月，派为村组长，归乡队长指挥监督。同时并由已受训之壮丁中选拔四十人，编为地方警卫队队员，归地方警卫队队长指挥训练之，并担任城乡之警卫。

二十三年开始训练第三期壮丁，原拟在各乡区之乡学所在地训练之，乃以人才不敷分配，仅有两乡需要警卫，在乡学所在地训练，其余各乡仍集中县城训练之。

二十四年春，因枪械不足，将第四期之训练费，称作购买枪械用，未正式训练，乃改为青年训练，由县政府督率全县各乡之乡理事乡队长，训练全县之青年（十六岁以上三十岁以下男子），由各村组长及已受训之壮丁担任术科，乡学及村学教师担任学科，由早五点钟起至七点钟，为精神讲话及军事训练；由晚六点半钟起至八点半钟止为室内授课，以三个月为限。是年秋后又开始训练第四期壮丁，全在各乡区之乡学所在地，举行训练工作。二十五年春举行第二期之青年训练，先后经过训练者有八千余人。

第三节　办法

训练壮丁之办法：其负责训练人员，在县城训练时为乡村建设研究院教师（系兼任），警卫队之队长及乡队长。后改为在乡训练，其负责人则为乡理事，辅导员，乡队长及村组长。其课程均为军事训练，精神讲话，识字，珠算，合作大意，及乡村建设问答。其经费，壮丁膳费及制服费，皆由各村自行筹划。如甲村一百户，即为四闾，应出壮丁八名，即筹划八名费用，每名十一元，由全村公摊之。以村中之资产最多者先受训练，挨次及于次多者，轮流训练之，不得冒名顶替。

各乡之乡队长副，皆为有给职。一方为地方警卫队之队员，每月领队员薪俸七元；一方为乡队长副，受乡学之津贴每人每月八元，计共月薪十五元。常驻县城之警卫队共四十名，亦为有给职，每名每月七元。该队员一方负警卫责任，一方又有受训义务，故为期只四个月。期满再重新就已受训练之壮丁中遴选四十名，更迭充当警卫队队员，其已受训之队员，遇村组长有缺，即递升村组长，乡队长副有缺，则由村组长递升之。如此轮流训练，全县之受训壮丁，皆有入警卫队之机会，受最精确，最长久之训练，而成为最精练之地方自卫团体。

最紧要者，其自卫办法，最寓卫于教，教育无止境，其自卫训练由浅而深，亦无止境。故各乡学每月举行乡会一次，会集全乡之受训壮丁，至乡学所在地举行。届时县政府派员训话，乡学学长训话，辅导员讲解乡学村学须知，乡理事报告本月之工作情形及下一月应进行事项。各村组长及组员亦得报告各村中所发生之问题，然后练习操法，实弹射击，或野战实习，由县府备有简单奖品，择其优者奖励之。是以在乡之受训壮丁，不至懈惰，而刻刻要自修求进步。

除各乡每月举行乡会以外，每年春两季举行大检阅，全县壮丁集中县城内，分别操演其素日之所习，并分别优劣，以定奖惩，故全县之自卫，不止于如臂使指，运用自如，并兼收公民训练之效果矣。

第三章 邹平户籍之组织与历程及办法

邹平户籍，较自卫晚些，但是与自卫相辅而行，几乎与自卫成为一体。这是我们于自卫后记述户籍之意，以便明了自卫要依靠户籍，效率更速；户籍依靠自卫，才能做得好。

第一节 组织

邹平户籍之组织，在表面上是自成为一系统，实际上则是办自卫的人兼办户籍。所以在行政上，是属于县政府第一科；在办事上，则是受第二科之警卫队资助不少。兹为明显起见，先将其直属系统说明，然后及其协助机关。

甲、直属系统：因为户籍是一种专门工作，所以在县政府第一科下，特设户籍室，置户籍专门技术员一人，事务员若干人，主管其事。每乡区，设户籍处于乡学，置户籍主任一人，承县政府之命，主管一乡之户籍事宜，户籍主任由乡队副兼任。主任下设户籍员，以村组长兼任，承主任之命，主管一村区之户籍事项。村以下置户籍警，凡已受训皆为户籍警，（现改为地保充当），受户籍员之指导，办理各住户之登记事项。

乙、协助机关：在人民知识尚未达到相当程度以前，是不能完全依照户籍法之规定办理，必须于户籍法不冲突之范围内，依照当地情形习惯变通办法，方才适宜。邹平乡队副，村组长及已受训之壮丁，共同形成一户籍系统，其目的即在使户籍与自卫打成一片，使两者互相为用。故户籍有时利用自卫之组织，以查访人民之应行登记事项，有无遗漏，而自卫组织无形中，成为一协助机关。户籍法规定区长有襄助户籍事务之责，邹平之乡理事相当于区长，故乡学又户籍之一协助机关。

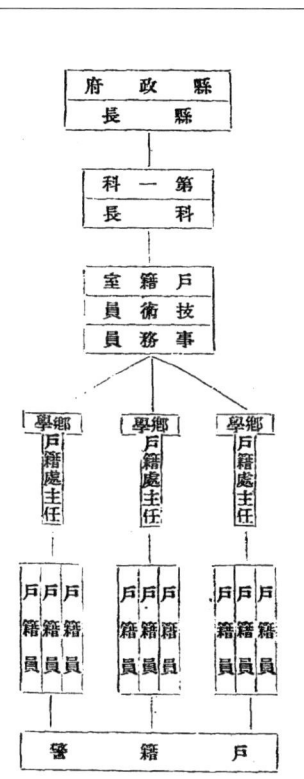

邹平户籍行政组织系统表

第二节　历程

凡是一种事业，不是突然间长成的，必须经过相当时间，才能以推行到社会，而发生作用。户籍亦是如此。兹将其发展之阶段，分列如下：

甲、准备工作：自民国二十四年一月八日，举行一次极详明的户口调查，在户籍法上虽没有多大的联系，可是在事实上已经开了相当风气，而成为户籍之先声。同时并征调各乡学之乡队副至县政府受训。一方面学习户籍的合理办法；一方面整理这次户口调查，以作实习。各乡之户籍处及各种表册，亦在这个时间筹备好的。

乙、开始工作：一方由县政府布告周知施行户籍法，举办户籍及人事登记；一方派员至各乡区，召集村理事及首事人等，讲明户籍的利益；应

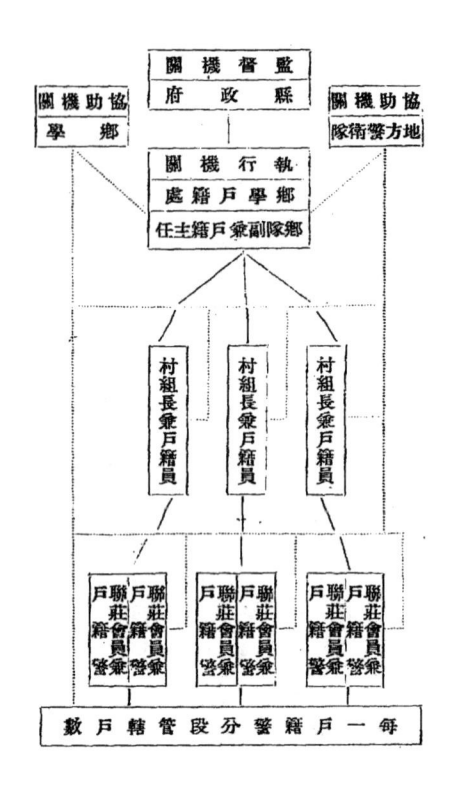

邹平户籍行政之协助机关系统表

说明　——代行政系统
　　　……代协助机关

记登不记登受罚，应负责而不负责者亦受罚。自是年四月一日，开始人事登记并编贴门牌。

丙、登记情形：在初次举办时，不但人民之户籍观念弱，即办理户籍的人也是生手，不时发生错误，经过了半年之久，才上了轨道。据当事人云：在邹平境内，凡关于人口异动及人事变迁，县政府三天以内，可以知之。凡关于籍贯不明之人，不过五分钟，可以查出。

丁、变迁与发展：在初办时，所有村组长皆为户籍员，每月津贴二元。现在则每乡中设二人至四人为户籍员，月俸十元，就村组长中之精明熟练者选充之，或另选派人员。在初办时，凡是已受训之壮丁及甲总（一名地保，又名地方，下仿此）皆为户籍警，现在则只限于甲总为户籍警。并以甲总原有之俸给（邹平习俗甲总之俸给为本村供给）为俸给，不另外加添。初办时户籍室只有技术员一人，事务员一人。现在则有主任一人，助理员一人，事务员一人，统计员四人，巡查员三人。

由上之历程可以明白邹平户籍之实况，是逐步扩大，按着事实进展，而不是先有安排，而后有事实，故无削足适履的弊病。

第三节 办法

邹平的户籍，在方法上，是依照户籍法来作；在办法则是因地制宜，有的地方与户籍法不同。兹分述于下：

甲、经费：依户籍法之规定："户籍及人事登记之经费，由县市政府税收项下支出之。"关于这一点，邹平并不适用，其经费是由实验费项下支出。兹将其开办费及二十四年度预算列于下：

邹平户籍开办费分配表（自四月至六月三个月）

科目	银数单位元	百分数备
印刷费	一、四〇〇、〇〇	四〇、三〇 视各乡户口之多寡而定
器具费	八九五、〇〇	二四、七〇 亦以村庄之多寡而定
开办杂费	三五六、三七	一〇、三〇 每一户籍处二十元共十四处余为县政府户籍室开办费
各乡公费	二二〇、二九	六、四〇 每一户籍处每月五元
户籍员津	六四二、〇〇	一八、三〇 每户籍员每月两元全县一百零七人
共计	三、四七七、六六	一〇〇、〇〇

由上表而知器具费百分之二十四，如无意外，无增加之必要。开办杂费，亦不会再有。印刷费虽有，亦不能如开办时之多。兹将二十四度经常费列表于下：

邹平二十四年度户籍经常费预算表

科目	全年度预算数	每月预算数	备考
户籍经常费	四、二〇〇、〇〇元	三五〇、〇〇元	
（一）津贴费	二、五六八、〇〇元	二一四、〇〇元	全县户籍员一〇七人每人二元
（二）办公费	一、六三二、〇〇元	一三六、〇〇元	

续表

科目	全年度预算数	每月预算数	备考
一、文具	六一二、〇〇元	五一、〇〇元	
（1）纸张	二〇四、〇〇元	一七、〇〇元	户籍室每月三元户籍处每月一元
（2）笔墨	二〇四、〇〇元	一七、〇〇元	同上
（3）杂品	二〇四、〇〇元	一七、〇〇元	同上
二、印刷	二四〇、〇〇元	二〇、〇〇元	
（三）消耗	五四〇、〇〇元	四五、〇〇元	
（1）灯油	一八〇、〇〇元	一五、〇〇元	户籍室各户籍处各一元
（2）茶水	一八〇、〇〇元	一五、〇〇元	同上
（3）薪炭	一八〇、〇〇元	一五、〇〇元	同上
（四）杂支	二四〇、〇〇元	二〇、〇〇元	

这是二十四年度的情形，现在（二十五年度）各乡户籍员的待遇多了，可是人数减少了。以长补短，经费还是相等。户籍室工作人员加多，皆自县政府拨用，尚未正式列入户籍经费中。

乙、登记：按法各户如有婚丧生死人口异动情事，应向村学索取登记声请书，将应登记之事项，填写好交于村学。即由户籍警送交乡学户籍处。户籍处即于当日之规定时间，报告县政府户籍室，编入统计。但是户主尚有不了然的，往往不肯登记，即由户籍警督催登记，若户主不会写字，即由村学中之教员代为填写。

丙、罚则：各户主如经过督催仍不登记，即呈报县政府惩罚之。若户籍警有怠于职务处，则由户籍员抽查，加以惩戒。若户籍员有怠于职务处，则由户籍室之巡查员抽查，加以戒饬。

总观邹平之户籍，已经走上轨道，斐然成章矣。不只是乡间不能窝藏匪类，即教育方面，行政方面，亦多利赖。如邹平之禁早婚，禁缠足，在未办户籍之前，是无法彻底办理。可是在户籍举办以后，了若指掌，无丝毫蒙蔽矣。又如征工役，查考学龄儿童，皆可应用户籍，而彻底举办，并增加其效率。

第四章　邹平教育之组织与历程及办法

按梁漱溟先生"社会本位教育设施"称县有县学资籍于上级学府之辅导，视其力之所及，又事之所宜进行下列工作：甲：在职能上以技术训练人才教育为主。在程度上为当地社会所办区学（乡学）之高一级教育。在编制上酌设升学预备部，职业训练部，自由研究部，乡村师范部等。自由研究部指导有学术兴趣者之自由研究，乡村师范部则训练区学及乡学（此乡学等于邹平之村学）教员，旧制之中学，职业，师范等学校，应分别归入前项编制中。乙、在设备上酌设科学实验室，农场，工厂，大会堂，图书馆等，为区学进一步的设备。在方式上以学校教育为主，兼用社会教育方式。邹平现有山东乡村建设研究院，又有县立乡村简易师范，故县学迄未成立。兹仅就其所设之乡学村学列述如下：

第一节　组织

邹平教育之组织，与一般教育不甚相同。一般的教育组织，是政教分离，彼此不相连贯。如小学只管教育儿童，不管其他；而中等学校则只管教育少数青年不管其他；社会教育又往往不与学校教育联络。如此来办教育，不但是在组织上不周缘，即在效率方面亦甚低。邹平的教育，则是以整个邹平社会为对象，不是以某一部分为对象。所以邹平的教育组织是一个完整的教育组织，彼此间之机构，皆是息息相关，互相连贯。从分数看，各部分各成为单元，有其特殊作用。从总处看，又是彼此连环，成为一体。故村设村学，乡设乡学，县设县学。现在县学虽未正式完成，而乡学村学则已成立三年矣。兹分述如下：

甲、村学之组织：村学是以学董会为议事机关，及执行机关。内设儿童部，妇女部，成人部，凡村中无论男女老幼，完全被教育笼罩起来了。村学之总则是如此。

村学学董会之组织，是以学长为最尊，公推村中之年高德尊者一人，由县政府礼聘之，为一村之师长，名曰学长。学董三人至五人，由村众公选之，县政府加聘。并互推一人，由县政府加委，负村学事务之责，名曰村理事。学董则负襄助村理事办理事务之责。

村学教员二人至三人，内中由县政府介绍一人，负辅导全村民众之责。如学董不开会，不会商量着办事，教员应当设法诱导，使之会开会，会商量着办事。学长有不明白其地位时，教员亦当委婉申明学长之任务。至于儿童如何教育，方合乎儿童身心之发展；妇女如何教育，方合乎社会之潮流；成人如何训导，才能以团结；村众如何劝勉，才能以向上学好求进步。

逐如此类，皆是纳整个村众于教育组织之中，亦即是村学之组织。换言之，就是从老人至幼儿，从男人至女人，不是学生，就是师长，无一不是村学中之构成分子。

乙、乡学之组织：乡学亦是以学董会为议事机关及执行机关，与村学之方式相等，内设级等小学部，职业训练部，联庄会训练部等，凡村学不能举办者皆归乡学举办之，故乡学亦是以全乡民众为对象，领导全乡民众"向上学好求进步"。

乡学学董会之组织：亦是以学长为最尊，为一乡之师长，名曰乡学学长，学董若干人凡村理事或村长为当然学董，其品学兼优，素孚众望者，得为聘任学董。并互推一人至三人为常务学董，再由县政府委派一人为乡理事，负乡学中事务之责。各学董有襄助乡理事及商讨本乡应与应革之事项。

乡学设辅导员一人，教员若干人。辅导员由县政府委派，辅导全乡民众"向上学好求进步"。教员若干人，负教育乡学内各部学生，并有一人兼办事务。乡队长亦为乡学中之人员，平时担任乡学军事教练及负一乡警卫之责，至训练壮丁时则为军事教官。所以自乡学学长至乡队长以及户籍人员卫生所等，皆以教育为住脚点。即各种社会事业，亦皆是由教育方式推动而富于教育意味。兹列表于下以明之。

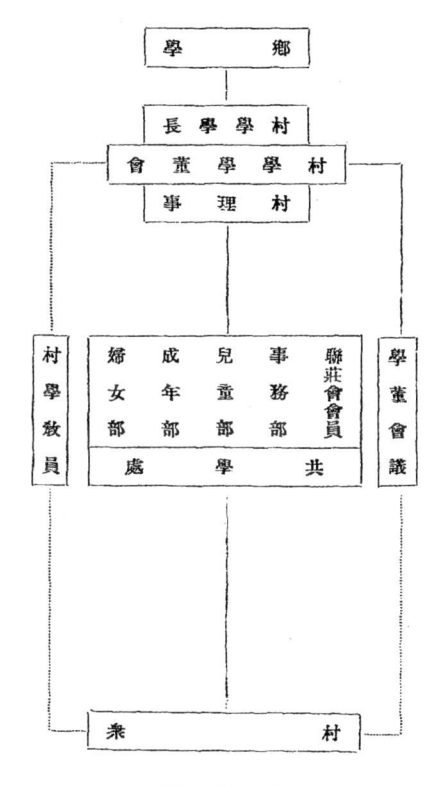

```
            ┌─────────┐
            │  鄉 學  │
            └────┬────┘
         ┌───────┴───────┐
         │  村學學長      │
         │  村學學董會   │
         │  村理事       │
         └───┬───────┬───┘
    ┌────────┼───────┼────────┐
    │        │       │        │
┌───┴──┐ ┌───┴───────┴───┐ ┌──┴────┐
│村學  │ │聯事兒成婦    │ │學董會 │
│教員  │ │莊務童年女    │ │會議   │
│      │ │會部部部部    │ │       │
│      │ │員            │ │       │
│      │ │  處 學 共    │ │       │
└───┬──┘ └───────┬───────┘ └───┬───┘
    └────────────┼─────────────┘
            ┌────┴────┐
            │  村 兼  │
            └─────────┘
```

村学组织系统表

丙、县教育之组织：自划为实验县，即改教育局为第五科，设科长一人，督学二人，教育指导员二人，科员二人。凡乡学不能举办之教育，皆归县办理之。设简易乡村师范以培养师资；设实验小学，以促进小学教育；设小学教师讲习会，以训练小学教师；设地方警卫队，以抽训壮丁；成年训练委员会，举办全县之成年训练班；设卫生助理员训班，培养卫生工作人才。似此种种，大有各自为政，不相连属之势。但是以县学之组织与理论来讲，则整个县政一方面为行政机关，一方面又为教育机关，彼此连贯，不能划然分开。兹列表于下以明之。

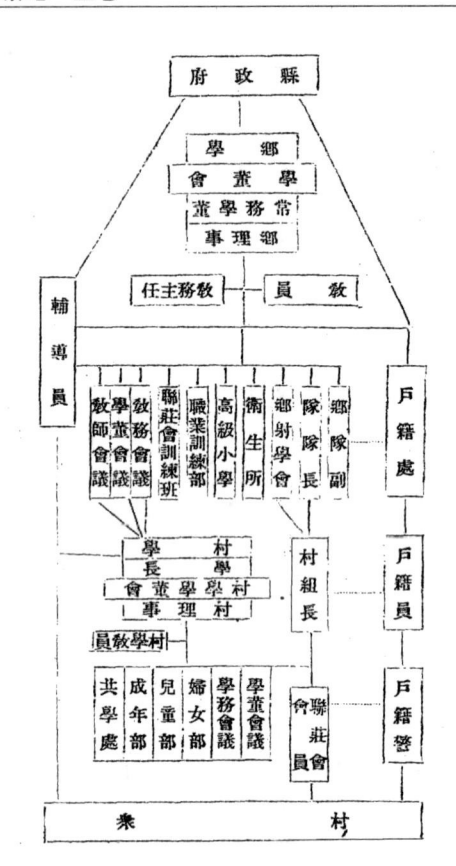

乡学组织系统表

第二节 历程

甲、创办时期：乡学在表面上是一件平常的事，可是在骨子里是件最新的事业，最远大的一套工程。兹先将其创办情形，略述于下：

（1）划分乡区：邹平于民国二十二年四月奉令划为实验县，即将原有区制重新划分，依照邹平之自然形势，划为十四乡。乡之大小，完全依照自然形势，历史习惯及经济中心，为根据。至七月一日，则完全将区公所，乡镇公所撤销，一律设立乡学村学，由政教分离之局面，变而为政教合一之机关。

（2）访问乡村领袖：设立乡学，必先组织学董会。此事非先得乡村领

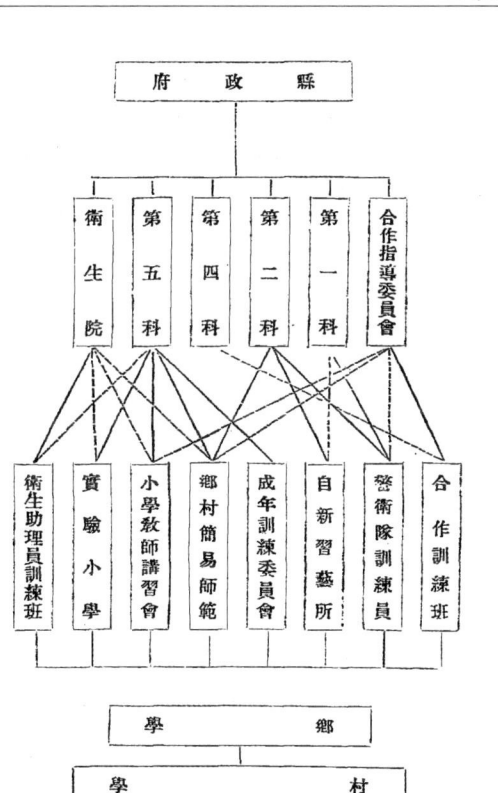

```
                        ┌─────────────┐
                        │  縣 政 府   │
                        └──────┬──────┘
        ┌──────────┬──────┬────┴────┬──────┬──────────┐
     ┌──┴──┐   ┌──┴──┐ ┌──┴──┐  ┌──┴──┐┌──┴──┐  ┌────┴────┐
     │衛生院│   │第五科│ │第四科│  │第二科││第一科│  │合作指導 │
     │     │   │     │ │     │  │     ││     │  │委員會   │
     └─────┘   └─────┘ └─────┘  └─────┘└─────┘  └─────────┘
```

县教育组织系统表

袖之同意与帮助，则无法作起。尤其是学长。所以乡村建设研究院及邹平县政府，特为派员分赴各乡，拜访有乡望之人，约他们出来主持乡学的事情。

（3）组织学董会：乡学学董，以各村区之村理事为当然学董，本乡人士资望素孚，热心公益者，由县政府礼聘一人至三人为聘任学董。至于学董之多寡，则以乡区之大小为定。

（4）推选学长及常务学董：学长学董之任期皆为一年，在第一任学长，皆由县政府拜访加以礼。第二任起，则由学董公推一人再由县政府礼聘之。常务学董，则由学董中公推一人至三人，由县政府择定一人为乡理事。

81

（5）设置辅导员及教员：乡学实为一新办法，大家尚不明白。不能不请几位有研究的人帮助办理，故又有辅导员及教员之设置。教员是由县政府介绍，学董会聘请。辅导员则直属于县政府，常川驻乡。

乙、改进时期：乡学自成立迄今已三年矣。理论虽同，而办法则因事实之难易，而有所变通，以求其切合实际。兹分述如下：

（1）组织之改进

（子）县教育：邹平改局为科即设辅导员十四人（内首善乡辅导员由乡师校长兼任），督学二人。至今年（二十五年）因为协助辅导员增加行政效率起见加添教育指导员二人。其经费系由缩减辅导员之人数及经费而来。似有以指导员代替辅导员之趋势。

（丑）乡学：乡学成立时，每乡有辅导员一人，至二十四年度，感觉辅导员待遇微薄，不能羁留学术专门人才。乃改一乡二乡为一辅导区，六乡七乡为一辅导区，十一乡十二乡又为一辅导区。其余各乡仍旧。至二十五年度，闻辅导员又减少之说，察其形势，是提高辅导员待遇，减少辅导员名额。而实际是含有蝉脱龙变之象征。二十三年度乡学设乡队长副各一人，二十四年度设户籍处，二十五年度设卫生所。乡学内之各部分粗具。

（寅）村学：民国二十二年度至二十四年度，村学有八十余处作实验工作。其教员由县政府直接支薪者八十余人。后因待遇薄弱，力量不集中，乃从二十四年下半年起，改为四十个村学实验区，集中实验。是年村学中增设户籍员一人户籍警若干人。考其实现在各村区皆有儿童部成人部，联庄会村组长之设置，无形中皆已逐渐变为正式村学矣。

（2）内容之充实与修改

（子）县教育：邹平自划为实验县，即将县立小学改为儿童部，县立女子小学改为妇女部，民众教育馆改为成人部，初级职业学校合作并于儿童部，民团大队部改为干部训练所，另外添设县学师范部，特别训练班。二十三年春，曾举办合作训练班。是年七月县学师范部改为乡村简易师范；成人部取消，所有图书经费合并于简易乡师；妇女部儿童部，合并于简易乡师之实验小学，干部训练所改为地方警卫队，并举办小学教师讲习会，其他仍旧。至二十五年特别训练班，改为自新习艺所；简易乡师范归入省立第一乡村建设师范；实验小学仍为县立。其中之所以有如许变革者，实因在实验期间，新陈代谢，不得已有此蜕变情形也。

（丑）乡学：乡学初办时，只有高级小学部。二十三年举办合作训练班并添设乡队。二十四年添设户籍处，联庄会会员训练班，及共学处。二十五年添设卫生所。其所以如此逐年增多者，实以风气未开，人才缺乏，不得不然耳。

（寅）村学：村学初办时皆有儿童部，成人部，而有妇女部者尚少。至二十四年各村学之妇女部次第成立，村组（即联庄会）及合作社，亦次第举办，而成年训练班尤有特色。据云："村学为最基础之乡村建设"，特以人力财力皆感困难，故其发展也亦较迟。

总观邹平之教育历程，是有其特殊性，几乎与政治混合成一体了，而不难分开。但是在考察教育工作内，即偏重在教育方面。

第三节　办法

邹平之教育历程与一般不同，前已言之。其办法虽是从多方面着手，而其中心，仍是不离乎县区，乡区，村区。兹分述于下：

（甲）县教育之办法

（1）关于全县有二：即指导监督及青年教育两种。负指导监督之责者，第五科设督学二人，教育指导员二人，将全县划分四个教育区，分别负责巡回视察指导，并协助辅导员解决各乡之教育问题。关于成年教育，县政府设成年教育委员会，每届春初，即全县总动员，凡十五岁以上，三十岁以下之男子，必须参加受训。由成年教育委员会分别担任各项职务（如编辑教村巡回指导等），督率全县之小学教师及联庄会会员，训练全县之成年。

（2）关于局部者有三：即乡村简易师范，特别训练班，警卫队之训练员，分述于下：

（子）乡村简易师范：是采取教，学，做，合一办法，内设图书馆，为全县巡回图书之总机关，凡有志研究图书之师范生合为一组，即实际参加图书馆工作。内设实验小学部，分高级，中级，低级，幼稚园四部分，凡有志研究师范教育之师范生，即参加实验小学，各部实际教学；有志研究幼稚教育者，则实际参加幼稚园工作。其余如农事，音乐，艺术等，皆可由此类推。

（丑）特别训练班：现在已改为自新习艺所，是采用强制管教办法。一面陶冶品性，一面学习工艺，凡村中不孝不悌，为匪作歹不务正业，经学长之教诫而不改者，即拘传来县，送入该所，俟其悔过自新，即取保释放。

（寅）警卫队训练员：是采取轮流训练办法，以军训为主，以乡村建设为归宿。凡受训者，能以担任自卫，并能以促进乡村教育及地方自治（详见自卫章）。

（3）关于临时设置者有三：即合作训练班，小学教师讲习会，及卫生助理员训练班。兹分述于下：

（子）合作训练班：是由乡村建设研究院及邹平县政府合组之合作指导委员会主办，划分邹平为六个训练区，每区设一合作训练班，亦名为合作训练队。每区设合作主任教员一人，兼任教员若干人，以训练区内合作社职员，限期为十日，并设合作函授班，凡邹平境内之小学教师必须参加，其他有志研究合者，亦得参加。

（丑）小学教师讲习会：是利用秋假期间，集合全县之村学教员至县城内，授以乡村建设大意，各种科学常识，各种教学方法。以冀由教育力量推进乡村建设。

（寅）卫生助理训练班：是招收邹平籍之中等学校毕业生，受训一年分派各乡区内，办理卫生工作。现在已经毕业一班，在各乡区成立卫生所，而为乡村建设之一部分工作矣。

（乙）乡教育之办法

（1）关于全乡者有三：即乡射学会，青年训练，教师会议。分述如下：

（子）乡村学会：在每月规定日期，召集全乡之联庄会会员于乡学内，先作步法，枪法，变换队形之补习。即开会行礼如仪。一、由乡理事报告开会宗旨及本月内之事项；二、县长训话并申明本月内之政令；三、学长训话；四、辅导员训话；五、户籍主任报告本乡之人事异动事项；六、各村组长报告各该村之问题。午饭后作实弹射击，或野外实习，并评定甲乙发奖。故乡会之作用有四：（1）警卫训练，以卫地方；（2）集合训练，上下通情而政令彻底；（3）组织训练，纳军事于礼乐之中；（4）学习训练，明政教于长老之前。皆含有乡村建设之情义。

（丑）成年训练：每年春季，受县政府之监督指挥，举办青年训练，自学长以下至联庄会会员，皆负有训练工作之任务，以训练全乡之成年男子。

（寅）教师会议：每月于规定之日，召集各村之小学教师于乡学内。由辅导员主席报告上月之工作情形，并公布教令。再由各教师报告村学之教育问题。然后继之以商讨研究，以促进各村之文化。

（2）关于局部者有三：即高级小学部，联庄会训练班，及职业训练部。分述于下：

（3）高级小学部：小学部亦采用教学做合一之办法，于乡学之农场作农业实习，并在乡学附近办共学处。招收各村学儿童部毕业生，由教导主任主管之，二年毕业。

（丑）联庄会训练班：于每年十一，十二，两个月期间，选派本乡之壮丁四十人以上，至乡学内受军事训练，道德训练，以及简单科学常识。以乡队长为军事教官，乡组长为班长，乡学教员兼任学科教授。并由县政府派一人以董督其事。至翌年，则以乡学为总部巡回督察作成年训练。

（寅）职业训练部：于每年春季或冬季，召集全乡之合作社职员及社员，施以短期之合作教育，由合作指导委员会派员至乡学主办之。其他如蚕业，机织等，皆因地制宜举行之。

（丙）村教育之办法

（1）学童会议：于每月之规定期间，召集各学童至村学内，由村理事主席报告上月之已办未办完事项及账目等。然后讨论商议本村内例行及应兴办等事项。并由村学教员，讲解村学须知及敦厚情谊之办法。

（2）儿童部及妇女部：由村学之男教师女教师分别主办之。在课程上得互相帮助。但妇女部除教授本村之幼年女生外，并相机办理主妇会，及妇女识字班。而儿童部除教授本村之男生外，并办成人夜班。

（3）成人部：分为两段，每届农隙即成立夜班，召集本村之成年男子，授以精神陶炼，农业常识，写信记账等课目。每年春季则举办成年训练，村组长为军事教官，联庄会会员为班长，村学教员担任学科，于早晚间举行，以不妨害农事为原则。

（4）共学处：其办法是采取小先生制，由儿童部及妇女部之高年级生，于午饭后一段时间，至约定之地点（庭前屋角或树下），集合乡中之失学儿童或妇女，教以识字唱歌等课目。据云："最近已能彼此互相要约，不斫丧苗木，不打架，不骂人，不摘取他人稼禾矣"。

总观邹平教育之办法：在村会归于村学；在乡会归于乡学；在县会归于县政府。全是从总着眼，分处入手，彼此互相依附，互相推动，息息相关。而不是头痛医头，脚痛医脚的办法。自表面上看效率是不怎样快。可是从内部观，则是最经济，最迅速的一个良好办法。

第五章　邹平合作社之组织与历程及办法

第一节　组织

邹平合作社之组织，全是因地制宜，因时而举。应用政治力之处甚少。同时又是从下层向上层组织起来，由分的组织向总的组织里走，这是与一般办理合作者之不同处。一般办理合作者，多半是为合作而合作，内容是空洞些；邹平的合作，则是为推广农业而办合作。农业离开合作社则推广力薄弱，合作社离开农业又无法使人民相信，所以邹平工作人员，认为推广农业与兴办合作社，是一件事情的两方面。如推广美棉，有梁邹美棉运销合作社的组织；改良蚕业，就有蚕业合作社的组织；遂如此类，全是先有合作社的事实，而后有合作社的组织。可是事实有先后缓急之别，而组织系统，亦略有差别。现在为划一起见，已汇归于合作指导委员会矣。该会之组织，包含下列四部分人员：

1. 山东乡村建设研究院合作导师，
2. 山东乡村建设研究院农业推广人员，
3. 邹平实验县第四科合作指导人员，
4. 邹平实验县金融流通社工作人员，

为何由此四部分人组织合委会（合作指导委员会之简称，下仿此），因合作导师为指导合作之最高人员；农场为推广农业而办合作社之开创者；第四科则为主管邹平合作社之机关；金融流通社又为邹平信用合作社之发源机关。在未成立合委会前，是各有其特属性，彼此关系并不密切，工作上自然效率低，不甚经济，实在有统一组织之必要，此合委会之所由产生也。在此组织内县长兼委员长，乡村建设研究院合作导师二人，及第

四科科长为常务委员。常务委员兼组长,组长下设干事若干人,助理干事若干人。如下表:

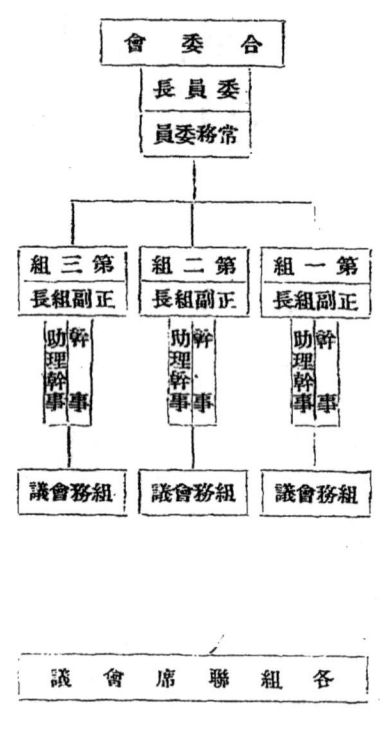

合作指导委员会组织系统表

(一) 梁邹美棉运销合作社

邹平之合作社以该社之组织为最大,面积包括全县,工作从播种,贷款,轧花,打包,运销,合部皆由合作社来经营。在名义上为运销合作社;而实际上含有生产,信用,利用等合作社之作用。如打包厂,村社中之轧花机,是利用合作性质;棉苗育种场,是生产合作性质;总务部每年办苗贷款,棉桃贷款,是信用合作性质。按之合作原理,似不甚相合。然其运用之妙,组织之贯串,甚合乎中国民族性。较诸支离破碎的做法,利未得,而手续繁杂,令人不耐其烦,实有天壤之别。兹列表于下以明之:

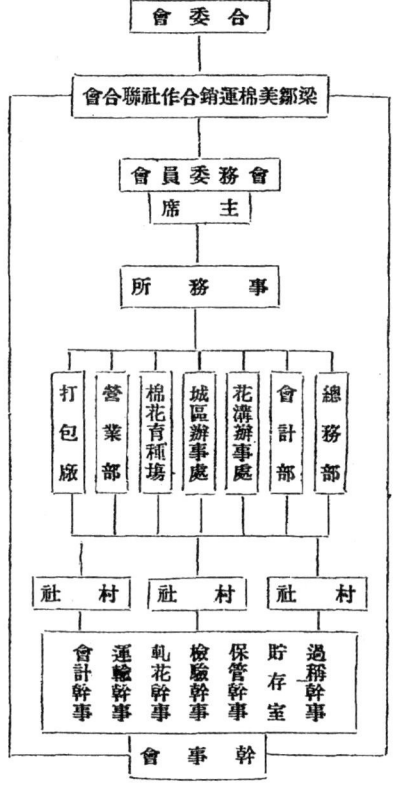

梁邹美棉运销合作社组织系统表

（二）蚕业合作社

邹平的蚕业合作社，也是由于饲育，烘茧，缫丝，以至于运销，有整个的组织。唯机会不嘉，丝价低落，不如美棉之发扬。但自催青起，即有合作表证室，稚蚕饲育合作及表证，大蚕饲育表证。刻下亦渐入于坦途，兹列表见下页。

（三）信用庄仓合作社

邹平的合作社，处处表现有机性，信用庄仓合作社亦然。其普遍做法：庄仓合作与信用合作，全是分别组织。在庄仓方面往往呆滞陈腐，不

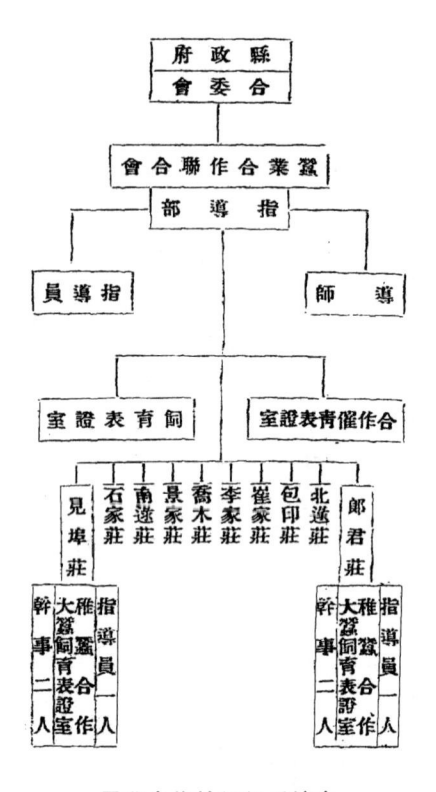

蚕业合作社组织系统表

能开展；在信用方面又往往用途不正而至枯萎。邹平的信用庄仓合作社，实在是一个新的组织。一方可以积谷备荒，一方可以调剂金融，平准粮价。前途开展，添上了无限生机。其组织之范围，又适合于村学之组织。刻下虽正在推行试办之期，其结果之良好，可以预定也。见91页表：

（四）信用合作社

邹平之信用合作社，已有合并于庄仓合作社之规定。据理说：既设有信用庄仓合作社，勿须再成立信用合作社，不过在未合并之前，已成立信用合作社三十六处。因为时间关系，尚难化为一体。故有叙述之必要。在邹平其他合作社是有其中间机关，以尽联络之妙用。信用合作社，是没有中间机关的组织，皆是直属于合委会。见92页表。

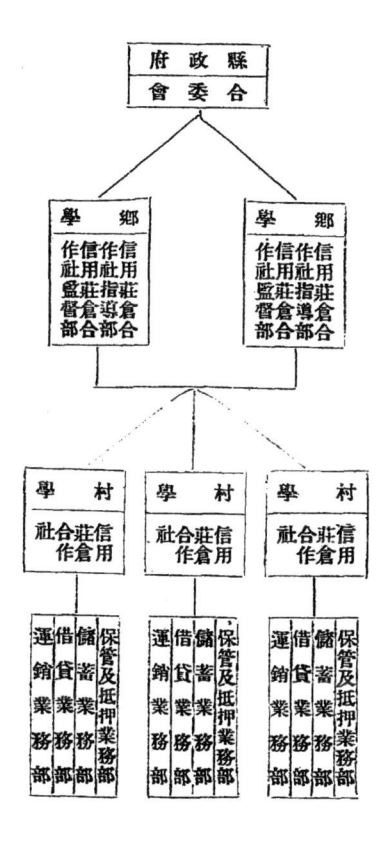

信用庄仓合作社组织系统表

（五）林业合作社

邹平林业合作社，均在西南山区部分，其组织亦以村为单位，成为一处林业合作社。内有林业管理部，社务管理部，直属于县政府第四科林业指导员，间接受合委会统辖，并受县农场及乡村建设研究院农场之协助。如下页表。

统观以上五种合作社之组织，以梁邹美棉运销合作社为最普遍最健全，其次为信用庄仓合作社，虽较普遍，但未至健全。蚕业合作社虽较健全而不普遍。林业合作社则是局部组织。信用合作社则逐渐归并于信用庄仓合作社。总之，各种合作社之组织，已经引发起一般人之信心，由被动而入于自动组织之途矣。

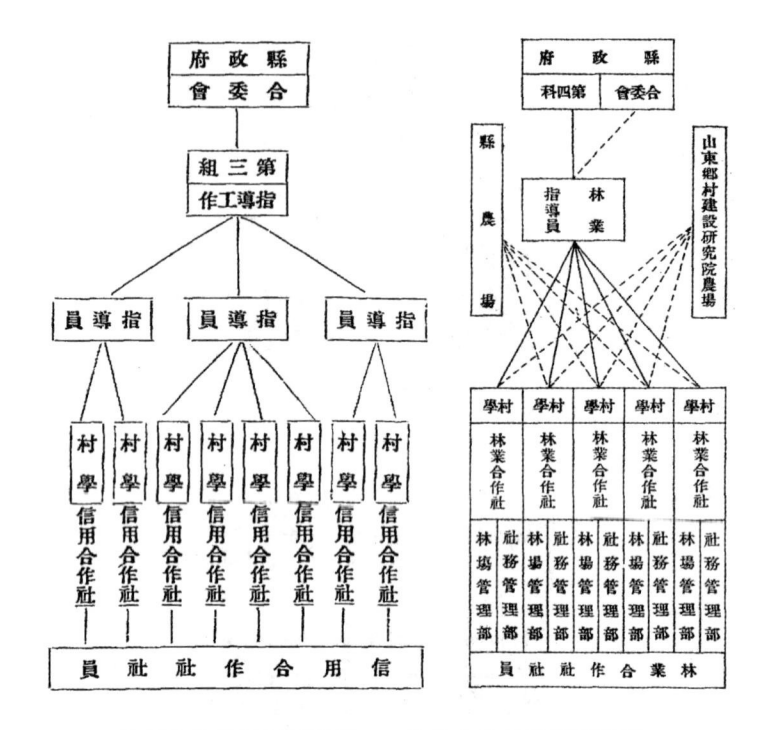

信用合作社组织系统表　　林业合作社组织系统表

说明：——直属性质　……协助性质

第二节　历程

从组织上来观察，邹平的合作社皆是因势利导，向来不用固定的方式。所以最富于生机。其历程尤足供吾人之参考。兹分述于下。

甲、梁邹美棉运销合作社之历程

梁邹美棉运销合作社，自民国二十年即开始调查工作，认为邹平东北孙家镇一带乡村，素为产棉区，农民多以经营土棉为业。但质量皆劣，又无组织。乃决定以孙家镇为起点，组织棉业合作社，并美国之脱里斯棉种为推广棉种（此棉在定县已经过实验质量皆佳，甚适宜于华北气候）。二十一年开始工作，斯时风气未开，各农户皆半信半疑。经过多方劝诱，始成立棉社十五处，社员二百九十人，棉田六百七十亩。斯时乡建院（山东乡村建设研究院之简称，下仿此。）成立伊始，各方信用尚未树立，而棉业贷款又无先例。各银行皆不愿冒险实验，经过多方交涉，中国银行始委托中棉公司作三千五百八十三元之棉花抵押借款。适逢是年棉花产量最佳，运至济南市，质量货色皆高出于一切，以六千七百六十三斤之花衣，售得三千二百四十五元七角六分之高价。于是梁邹美棉始驰名各地，而信用树立矣。

民国二十二年棉社增加五处，共二十处，社员增至一千二百零六人，棉田增至三千四百六十四亩，中国银行直接派员来邹平放款二万四千一百二十八元，运销花衣八万九千四百九十六斤，售价三万八千八百五十二元，各地纱厂至邹平购买花衣者已有数起，而声势始彰。

民国二十三年始走上康壮之途径，而棉区扩至邹平全县矣。共棉社一百一十三社，社员二千八百一十人。棉田二万一千三百四十一亩。中国银行临时在邹平设办事处，放款达十三万零五百七十七元，运销花衣二十七万四千一百八十九斤半，售价十五万一千七百八十八元四角八分。日本纱厂曾以高价竞买而未得，是为邹平梁邹美棉与国际贸易接触之始。是年除孙家镇联合会外并设城区、高洼、花沟三个办事处。

民国二十四年由发展期渐入充实期，较上年增五社共一百一十八社，社员二千七百四十九人，棉田三万零一百一十一亩，棉苗贷款七万九千四百七十二元，旋以天旱成灾，棉苗半数枯死；又继以雹灾秋季水灾，八月间估计收量贷一万二千零八百四十五元九万三千零一十七元。运销花衣只九万二千零五十二斤，售价四万三千零九十七元一角五分。是为第一次受天灾之打击。但中国银行借贷部分全数偿清。是年购地百五十亩，成立棉花育种场，以保持优良之棉种。

民国二十五年入于充实期，由宣传推广工作进入教育工作矣。一方面督促成立新社充实旧社，一方面锻炼培养各社之领袖人才，以巩固社之组织。是年共计新旧社一百五十六处，社员三千六百人，棉田三万八千九百八十七亩，棉苗借款已达十一万四千四百二十五元。加之今年风调雨顺，各处棉苗已达二尺多高，肥茂充实，秋后棉花之收获量，必打破历年来之记录。兹将历年来情况，列表如下：

梁邹美棉运销合作社历年情况表

年度\项别	二十一年	二十二年	二十三年	二十四年	二十五年	备考
社数	一五	二〇	一一三	一一八	一五六	二十五年度至七月十五日止
社员人数	二一九	一二〇六	二八一〇	二七四九	三六〇〇	
股金 社股			一四八〇元	二五六二元		
股金 会股			五二五元	七二〇〇元		会股为村社加入联合会所认之股
棉田面积	六六七亩	三、四六四亩	二一、三四一亩	二六、四七五·七亩	三八九八七亩	
放款数额	三五八三·〇〇元	二四一二八·〇〇元	一三〇五七·〇〇元	九〇一七·〇〇元	一一四四二五·〇〇元	
运销额 花衣	六七六二斤	八九四九六斤	三七四一八九·五斤	九六〇五二斤		二十四年因旱灾棉花产量减收低
运销额 价值	三、二四五·七六元	三八、八五二·〇二元	一五一、七八八·四八元	四三、〇九七·一五元		
全年营业费	一三四·〇五元	六八一·〇三元	四、三一一·〇一四元	一、六四三·一八元		
盈余 社员盈余		八三二·四六元	一、〇三九·二九元	二六〇六·六八元		
盈余 公益金		八三·二四元	一五八七·一三元	四〇一·〇三元		
盈余 公积金		二三七·八五元	三一七四·二六元	八〇二·六〇元		
盈余 职员酬劳金		三五·六八元	七九三·五五元	二〇〇·五一元		
村社职员奖励金						
特别公积金			二四七七·〇〇元	三〇三一·八三元		

乙、蚕业合作社之历程

邹平之蚕业合作社,亦发端于民国二十年,其西南山区一带向为养蚕区,经过乡建院农场调查后,乃决定计划从防除蚕桑病虫,并指导农民组织蚕业合作社入手,以谋救济。民国二十一年邀请青岛大学农学院派专家来邹平各乡讲演,并成立蚕业合作社十处,社员二百七一户。二十二年分别成立"蚕种催青合作"及"稚蚕饲育合作"两部。蚕业合作社增加二处,共十二蚕社,社员增至二百四十一户。二十三年除各社有专人负责外,并由乡建院农场派员分赴各乡指导进行建筑烘茧灶一座,以利公共烘茧。各社社员并得以蚕茧市价百分之八十,向农村金融流通处借款,俟蚕丝售出后,再行结算归还。是年增至二十七社,社员三百三十九户。二十四年由乡建院农场指导设备脚踏缫丝车,共同缫丝,共同运销,并令各合作社派员实习,以谋改良。是年合作社减为十处,但社员增至五百二十二户,实为一大变革。二十五年成立联合会,质的方面更为进步,一切社务全可由联合会负责进行。农场仅负指导之责而已。是年合作社增至二十一处,社员则更加精练淘汰,减至二百五十六户。兹列表如下:

蚕业合作社历年情况表

年度 项目	二十一年	二十二年	二十三年	二十四年	二十五年
成立蚕业合作社村数	一〇	一二	二七	一〇	二一
社员户数	二七一	二四一	三三九	五二二	二五六
推广改良蚕种张数	五九三	七四〇	七一五	一六八五	五〇
蚕茧量数	五一二斤	五〇七斤	八三七一·五斤	六五三一·一斤	四八九〇·五斤

丙、信用庄仓合作社之历程

邹平之信用庄仓合作社,自民国二十二年办起,成立二十个社,社员一千二百余人。二十三年增为八十社,社员一万四千五百余人。以上两年皆由县政府按照庄仓合作社办法,用政治力量督催办理,数量虽多,质量则不佳。考其内容,大多数庄仓合作社全无仓房,组织甚不健全。二十四年乃改变方针,拟由庄仓合作社蜕变为信用庄仓合作社,可以积谷备荒,亦可以活动金融。是年增至一百四十七社,社员则缩为九千四百六十五人,二十五年正式创立信用庄仓合作社,内容较前充实,组织亦严密。至今(二十五年七月)已成立六十个社,社员三千二百五十人。兹列表如下:

信用庄仓合作社历年情况表

项别 年度	二十二年	二十三年	二十四年	二十五年	备考
社数	二〇	八〇	一四七	六〇	二十五年自一月至七月
社员人数	一二六九	一四五四四	九四六五	三二五〇	
地亩总数	一五二五八·〇九亩	八六八九三·一二亩	一四八六四五·九九三亩		廿五年度起不论地亩数社员入社较前活动些
储粮总数	六三〇四九八斗	二七二二七二六斗	五三〇二八二〇·五斗	社服六五〇〇元	廿五年度起积谷或积钱皆因地制宜

(注)据当事人云:"信用庄仓合作社,先由一乡二乡作起,次第推及全县"。

丁、信用合作社之历程

邹平之信用合作社,开办于民国二十二年,由农村金融流通处指导组织。至二十四年邹平遭遇旱灾,一般农户公私债务无法偿还。唯一希望只有组织信用合作社,以资救济。并由合委会加以指导训练,而信用合作社之风气始大开。兹将其情况列表于下以明之:

信用合作社历年情况表

项目 年度	二十二年	二十三年	二十四年	二十五年	共计
社数	一	一	三三	一三	四八
社员人数	一五	一〇	五八九	三〇七	九二一
社股 已缴		二〇元	一一七八元	六四九元	一九八〇元
社股 未缴			二七〇元	二一〇元	未详

续表

项目 年度	二十二年	二十三年	二十四年	二十五年	共计
借款数目	三〇〇·〇〇元		九四八六·〇〇元	二七三八·〇〇元	未详
备考			一月至四月	自二十二年至二十五年七月之合数	

戊、林业合作社之历程

邹平林业合业社，自民国二十一年经乡建院提倡，组织林业公会，筹备树苗，设置林场，共同栽树，共同保护。二十二年改组为林业合作社。二十三年共成立三十处。二十四年县政府特设林业指导员。赴各村指导，并为村众规划林场，共成立二十五处，预备社三处。兹说明如下表：

林业合作社历年情况表

项目 年度	二十一年	二十二年	二十三年	二十四年	二十五年
社数	五	五	二〇	二五	预备社三处
社员数	二三九	二三九	一六三六	一九四〇	
预植树株	二三〇〇〇	二三〇〇〇	五二六〇〇〇	六八九一五	
已植树株	二六九〇	二六九〇	二四四五〇	三一五〇〇	
林场面积	四一五	四一五	六七八〇	九〇八〇亩	

己、合作指导委员会之历程

邹平合做事业，皆由乡建院倡导而起，分属于各部，力量甚不集中，指导每多费力，乃有统一指导之计划。二十四年春有筹设合作指导室之建议，因不恰合实际情形，未即成立。延至是年七月间，始正式成立合作指导委员会。划定指导区域，由合作教育入手，以充实划一全县之合做事业。兹将其指导区域列表如下：

合作指导分区表

区别	属乡	指导人员	各区之属性
第一指导区	第一乡 第二乡 第三乡 第四乡	甲某 乙某	本区位县境南部,多山,林业合作社,蚕业合作社多在此区。棉业合作社亦有。首善乡设棉社办事处。
第二指导区	第五乡 第六乡 第七乡	丙某 丁某	本区位县境东部,六七两乡渐多棉业合作社。
第三指导区	第八乡 第九乡 第十乡	戊某 己某	本区位县境西北部八十两乡多棉业合作社。第十乡之崔镇设办事处。
第四指导区	第十一乡 第十二乡 第十三乡	庚某 辛某	本区位县境北部小清河横贯其中,为棉业中心,联合会即设于孙家镇。花沟设办事处。

统观邹平合作社之历程,是采取"因势利导"的办法。因时因地因人作起。虽有迟速之不同,而其向前进展则一也。结果会归于合作指导委员会,更见各种合作社性质虽不同,而其要求组织则一也。古人云:"殊途而同归。"盖如此欤。

第三节　办法

甲、关于合作指导委员会之办法

(一)合作教育方面

(1)训练合作社职员,是采取集中训练法。由各社选派职员一人,至县城内授以专门知识,如簿记,组织,经营及章则之类。(2)训练社员,则采取分乡训练法;就各乡乡学设合作训练班,召集各社社员,授以合作要义,会议须知,社员须知及科学常识之类。(3)训练成人,于各村学中之成人部增加合作课程,联庄会之训练队亦加授合作课程。(4)训练小学教师,采用函授办法;由合委会编辑合作讲义,分配于各小学教师自由研究;遇有问题用通讯方式解答,或直接解答。(5)训练青年及儿童,凡高级小学，初级小学高年级，酌量程度深浅，加入合作课程。

（二）合作指导方面

（1）专科指导，如林业合作，蚕业合作，仓库合作，棉业合作，皆设有专门指导人员，随时往各乡巡回指导。（2）分区指导，凡关于一般合做事项，由各区指导员，负责指导。（3）临时指导，凡关于合作社之特殊问题，则由合委会遴派专员前往指导解决之。如棉业贷款，美棉运销之类。（4）请求指导，凡合作社发生问题，本身不能解决，应请求合委会派员指导，又如请求成立合作社之庄村，即派员指导成立之类皆是。

（三）合作贷款方面

凡社员借款，必须填写借款愿书，呈合委会核准后，方能至法定金融机关，领取借款。

乙、关于美棉运销合作社之办法

（一）设置预备社：凡新发起组织之村社，俟经过一月，许可设立；经一年后，得按其社务之优劣，分别成立为正式村社，以期从中训练，达到合作社健全普遍之目的。

（二）股金之征收与处理：联合会会股为国币五元，于入会时一次交纳。如遇灾荒，得暂缓缴纳。其处理法，由联合会存款，周息一分，年度终了时提给。村社社股，每股金额国币二元，二次缴清，如遇灾荒得暂缓缴纳。其处理法，由社长提交干事会，共同决定。

（三）考察社务：于每年春秋两季，派员至各乡举行之，以为业务进行之根源。

（四）会务委员：每年改选二分之一。

（五）村社之考成与奖励：本会为奖励村社办事职员，于每届利息收益下，提出若干元充作奖励金。

（六）春季棉苗贷款：由联合会备文，呈请县政府转函济南中国银行，拨款来邹平发放，每亩棉苗可借款三元。秋季棉桃贷款（亦名运销贷款），每亩可借七元。其办法如棉苗贷款。

（七）棉花之收集及加工：由村社收集社员之棉花，分别等级，自行轧花，送交联合会加工打包运销。联合会包装完竣即待价出售。

棉花分级表

等级＼项目	天然潮分	织维长度	纯洁	种籽
特等	百分之八以下	$1\frac{1}{8}$时以上	纯净洁白	白籽粒大而整齐
甲等	百分之九以下	$1\frac{1}{16}$时以上	洁白	间有灰绿籽
乙等	百分之十一以下	1时以上	间有黄瓣	灰绿籽较显

（八）棉花之运输及销售：原则上生产者与消费者直接交易以免除一切中间人之剥削，不得已时要与大规模棉业公司接洽，以免除商人之舞弊破坏合作社之信用。据以往经验，运销工作，以直接运至购买人所在地为宜，虽曲折较多，而价格实较优。并足以增加运销知识，锻炼运销技术。

（九）年度结算：（1）收回贷款：棉花运销后，即将各社社员借款本息如数扣下，交还放款银行。如有特殊情形，不能缴清，由联合会暂为设法缴清。（2）盈余之处分：分六项，即村社职员奖金，会股利息，公积金，公益金，特别金。如下表：

二十四年度利息分配表

项目	分配元数/元	百分数	备考
会股利息	七三〇·〇〇元	八·一〇	
社股利息	八一·八六	〇·九〇	
公积金	三四一二·一一	四〇·〇〇	
公益金	一七四八·九二	二〇·〇〇	
特别公积金	二五〇二·〇九	二八·二〇	
村社职员奖励金	二四五·〇〇	二·八〇	

丙、关于蚕业合作社之办法

（一）防除害虫：每年由乡建院农场派员指导农民防除桑树害虫办法。现在已皆能自行防除。

（二）蚕种改良：连年由乡建院农场自制无毒蚕种，分送蚕户饲养。并由镇江购到杂种千张，经合作社催青后，分发各户饲养，成绩皆好。

（三）指导工作：各村合作社，皆设合作催青表证室。由乡建院农场派员巡回指导。几时催青表证室，因蚕大不能容，各蚕户即分别取回家中，各自饲养。并设饲育表证室，仍由指导员分别指导，以为其他蚕户之榜样，便于学习观察。

（四）烘茧工作：在相当之中心地点，建筑烘茧灶，集合各蚕户之茧，分别等级，共同烘制，以免鲜茧上市，茧商操纵之弊。

（五）蚕业借款：在茧丝未出售，各村社得以茧丝市价百分之八十，向合委会借款。俟茧丝出售后，再行归结。

（六）缫丝工作：（1）乡建院农场因各蚕户缫丝不精，丝质低劣，难得善价。乃设脚踏缫丝车，共同缫制。（2）用包工制，由缫丝工人承包合作社之茧，定期缫制。联合会派员常川监督丝之成色，粗细，数量，若超过标准量，承包人即受奖，不及标准点，承包人即受减薪之处分。以上两办法，以包工制为最经济，最适宜。

（七）结算办法：大致与美棉运销合作社相同。不重述。

丁、关于信用庄仓合作之办法

（一）办理信用庄仓之原则：（1）注重实质，不求速效；（2）多下教育工夫，少用政治力量。（3）各村社与乡学切实联络，共求发展。

（二）办理信用庄仓之步骤：（1）由合委会派员往各乡学会同辅导员，乡理事，召集各乡学董，讲明信用庄仓合作之要义，同时发给信用庄仓合作社章则，职员须知，庄仓设备须知，保管规程等浅近材料，并详为讲解。（2）选举职员，划定仓房，订立社牌，将组织情形呈报合委会。（3）入粮数额，原定每官亩五升，遇有灾荒酌量减少，现改为社员交粮固可，交钱亦可通融办理。

（三）办理仓社之业务：（1）借贷业务：可向金融流通处抵押及信用借款，贷于社员。（2）储蓄业务：社员或非社员，无论粮或钱，均可在仓社储蓄，由本社予以相当利息。（3）保管及抵押业务：社员或非社员，有粮均可托仓社代为保管或向仓社抵押借款。如系保管时，应抽极少数之保管费。（4）运销业务：仓社存粮，俟价高时，可取粮样陈诸市上，售出后来仓取粮。

（四）金融周转：邹平一乡二乡，各发行二千元庄仓证券（当作货币使用)。向金融流通处，用仓粮各抵押借款一千三百元，为准备金，作兑现之用。并由流通处代为兑现，甚称便利云。

戊、关于信用合作社之办法

（一）许可设立：即由发起人呈请合委会，请求许可设立。合委会即派人调查经过一个月之指导，认为合法，方可设立。即施以训练工作，务期养成社员之团体习惯与组织能力。此种办法，实因过去信用合作社往往偏重经济利益，社员只知获利，不愿组织与训练。因此故在未放款前，必须经过一番许可手续。

（二）正式成立：经合委会派员同村学教员指导完毕，再呈请登记，合委会即根据出席指导人员之报告，以决定可否，然后发给登记证。

（三）借款办法：取得许可证之社。即可按贷款手续呈请贷款，经合委会之核准，然后向金融流通处领款，月息一分。如逾期不交，则月息加二厘；再逾期则加月息三厘；三次越期，除特殊情形外，由社负责偿还。

（四）社员额数：每社社员至少以十五人为度，以免少数人把持之弊。记账均由旧式簿记加以新式整理，以期清楚为主，稍为社员讲解即可应用。

己、林业合作社之办法

（一）组织办法：邹平林业合作社，系采用折中办法，一方面县政府奖励指导组织之；一方面利用村有林制度，使人民合力经营，乐于投资。无论官有荒山，或其他林业区，均可由合作社承领，而予以保障。

（二）设置林场：县政府就县境内之所宜，划一、二、三各乡为林业改进区。在区内各村附近荒山，皆由县政府派员划定山场准许村民合作造林。并于多山各地，划定林场数处，由县政府直接经营，以为村民之模范。至于奖励及保护事项，亦均系县政府制定规章，严厉执行。或由各社自动拟定公约，呈请县政府核准施行。

（三）指导办法：县政府特设林业指导员，代村众划定林场，组织林业合作社，遂时前往指导，及解决特别问题。

（四）奖励办法：县政府无价分给各社苗木，除县苗圃实行育苗外，并规定乡学设苗圃一所，实行育苗。现已成立有四处。

（五）村有林及混合林之办法：村有林应按实施办法，切实进行，务期林业合作社，渐次发展。同时对于固有林等之整理，新开山场之土地整理，皆因势利导以谋改进。混合林之办法，系利用已垦之梯田，就□之边旁种植果木，以增加沿山各村之生产。宣传爱护林木之意义。

统观邹平各项合作社之办法，现已统属于合委会，分属于乡学，而达于村学，如纲在纲，以教育为训练之基础，借政治为推动之力量。不只在经济上日见起色，即人品之修养，团体之组织亦日见优良。如美棉运销合作社，已树立不拔之基；其他各种合作社，虽不及棉社健全，然已走上正轨。遍观邹平境内，人民安居乐业，壮年荷锄耕田，妇孺栽培棉株，剪除余枝，自朝至暮，家家如此。虽非纯粹合作社之功效，而合作社实大有关系。更有进者，从合作社中可以看出教育工夫；从教育中，亦能透出合作色彩。实为邹平办管合作社之特殊精神，而堪令人深味之处。

第六章　邹平农村金融流通处之概况

第一节　沿革

邹平农林金融流通处，成立于民国二十二年八月，由县政府第三科兼办。因无资金未能向农村放款。其业务只限于经征赋税，为单纯之县金库。二十三年十月，因各种合作社日见发达，急需金融机关之资助，乃扩充业务，独立经营。经县府议定，三年内分期筹资十万元。二十四年合作指导委员会成立，凡关于信用庄仓合作社等，借款事项，皆至流通处领款交款，兼成为合委会之出纳机关。

第二节　意义

（一）免除征收处挪用之弊：田赋征收处，每日终了，必须结算，将征收现金移交流通处保管。以前挪用之弊完全避免。

（二）减少教育建设等基金之损失：邹平教育及建设等基金，以前多在钱庄商号存储，或由绅士保管，不仅不能将此基金流入农村，且往往因私人信用不健全，损及公款。该处成立以后，负保管各种基金之责，运用合理，毫无损失之虞。

（三）加大货币流通效率，减少资金缺乏之苦：邹平全境商业经济极不发达。一面现金缺乏，一面钱号放款利率太高，不顾及农村民众之苦痛。若禁止高利贷，则农村金融，更易陷于停滞状态，该处成立后，即成为全县金融汇划总枢，运用保管之公款，加大货币流通之速效，随时控制金融情况，压低市面利率，农村金融为之一变。

（四）减少高利贷之剥削，增进农业生产与运销之机能：邹平农民负债者居大多数，一切农产品，多被高利贷所操纵。每年麦秋二季，农民以低价粜粮，偿还高利借入之债。该处成立后，以低利贷款，一面供给农民与合作社资金，同时即以合作社之作用，以促进农民生产与运销之机能。

（五）增进人民与政府之关系：人民不关心政治之原因，多由于政府向来与人民隔阂之故。欲使人民关心政治，须使人民与政府发生经济关系。该处成立后由放款及指导人民经济活动之作用，得到人民与政府之信任。乡村事业之改进及一切政令之推行，皆感顺利。

第三节 组织

该处采用银行组织制度，设有董事会，监察员。董事由邹平各乡学学长中聘任七人，由商界中聘任二人，县政府建设科科长，教育科科长为当然董事。监察员由乡理事中聘任三人，县政府财政科科长为当然监察员。经理由县长提出人选经董事会通过任用。经理以下分三股：一为出纳股，一为会计股，一为业务股，每股设主任一人，股员二人。唯业务股事务繁杂，多添股员二人。如下页表。

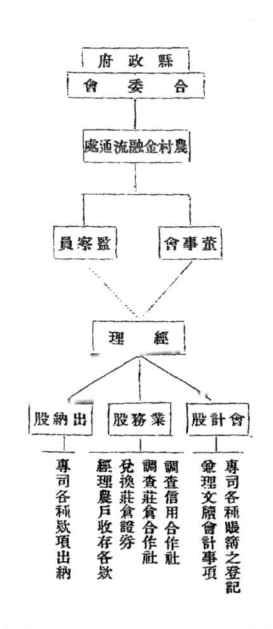

农村金融流通处组织系统表

说明：——代表直属机关　……代表监督机关

第四节　办法

（一）经营农民银行的业务：各信用合作社借款，或农户借款，不用任何担保抵押，只好严密考察用途，务使其用在生产方面。如凿井贷款，购买耕牛家畜贷款，购买肥料种籽贷款，以上各种贷款，期限较长，其最长有至二年者，月息不过八厘一毫左右。

（二）经营商业银行的业务：流通处的固定资本大概全部放于农村救济生产。其余所收各种存款（如田赋每年征收四十多万元），除定存款之一部，亦可放给信用合作社外，如短期存款，暂时存款，为准备存户临时支取，不便放给农村。有时放给商号作为活期生息，或存于各银行找日利，作为往来透支，或做外埠汇兑。

（三）经理县金库：所有赋税，悉由该处征解保管。县地方教育建设各项基金，亦由该处保管，并由本处经发县属各机关各学校之经费。

第五节　金融现状

（一）银币：银币多存于乡间，乡人每有蓄积，多存银元。普通花费，多用钞票。在手头存有钞票之时，绝不挪用现洋支付。非至万不得已时，不将其积存之现洋支出。故每见市面现洋多时，即农家开支最多之时。

（二）铜元：因官厅对各商号发行铜元票，严令兑现准备，要足六成，须取具铺保。以故商家铜元准备丰富，而市面亦不感缺乏，此为一好现象。

（三）生银：除妇女首饰匠工所用之少数生银外，乡间之富户，尚有存"元宝"者，唯市面已不见流通。

（四）钞票：市面通行中国银行钞票占百分之六十，交通银行钞票，占百分之十；中央银行钞票占百分之八，实业银行钞票占百分之七；山东省库券占百分之十；地方商号发行辅币占百分之五。因中国银行每年至邹平放款，为数常在十二万元以上。故乡间流通之钞票，以中国银行为最多。

（五）银元与铜元交换状况：邹平乡间，仍沿用九八京钱制。每吊小铜元四十九枚，一切交易，仍以吊为单位。以银元换铜元，行市无定。自二十三年至二十四年，通年在五百枚以上，自法币通行，至二十五年七月，法币一元折合铜元五百枚，忽涨忽落之势，较前稳定多，钱商从中取利之势亦减轻若干。

（六）利息：流通处放款，以农村放款为限。以低利为原则。所以规定利息，最高不得超过一分五厘。市面上利息上涨时，流通处亦不能涨至一分五厘以上。唯市面利息下落时，则随之下落。似此情形，每年预算，应收利息，颇难如数符合。二十三年十一月间行息涨至二分二厘，流通处仍为一分五厘放款。二十四年以后行息回低至四厘，流通处亦无法放至五厘。按该处预算，无论农户，商户，合作社，平均利息在一分以上，颇能维持开支。自二十五年度起，该处放款，除信用庄仓合作社，农户贷款仍照一定之利率外。其商户余贷款及其他贷款，皆随行市起息。

第七章　山东第一行政督察专员区之概况

第一节　缘起

山东为推行乡村建设起见,在民国二十四年即划出济宁等十四县为实验区,设区长官公署于济宁,菏泽实验区裁撤,合并于十四县内,管辖较为广大。现在之行政专员公署,即为区长官公署之后身。彼时所属各县一律照菏泽实验县办法,普设乡农学校,下级行政为之一变。县政府原为五科,并为三科。即将管理省款之第二科,与管理县地方款之第三科,并为第二科;管理建设之第四科,与管理教育之第五科并为第三科;第一科仍旧。而公安局除必要外,均改为警卫队,另开指导室设主任一人,设教育,自卫,技术指导员各一人。县政府之组织又为之一变。及至今年(二十五年)三月间改划济宁曲阜等十县为第一行政督察区,专署设于济宁。菏泽等九县为第二行政督察区,专署设于菏泽。临沂等八县为第三行政督察区,专署设于临沂。悉以政教养卫为原则。而普设乡农学校。县政府方面,又将建设教育划分为三四两科。第一科设自卫指导员一人,第三科设技术指导员一人,第四科设教育指导员一人。此行政督察区设立之原因,及近来变革之梗概。

第二节　组织及意义

行政督察区之组织,其着眼点在下级行政组织,而下级行政又曾归于乡校(乡农总校之简称下仿此)。故乡校一面为行政机关,一面又为乡村建设之基本组织。换言之,即一方为政治组织,一方又为地方自治团体,凡教育，自卫，经济，以及各种社会事业，全以乡校为发动中枢。校内设校长一人以总其成；设教育主任一人办理校内及乡区内之教育事宜；设指导员一人指导乡区内办理合作改良农业及其他各种事业之进行；设军事教练一人，担任自卫训练班主任及办理乡区内之自卫事项；设事务员一人办理乡校内之文牍，会计庶务等事项；设教员若干人，担任乡校内高级小学部教师。并组织校董会为乡校之咨询机关并协助其进行。其组织系统如下表：

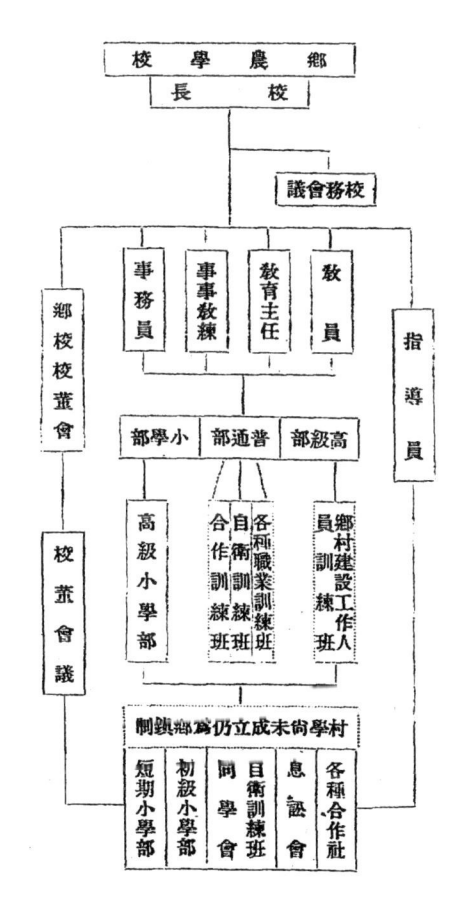

乡农学校组织系统表

说明 ——代表已经成立之机关　……代表尚未成立之机关

乡校既为下级行政中枢，包括整个乡区事务，县政府之工作因之减少，而乡校之工作加多，故县政府之组织得以缩减。所有公安局或公安队均较前减少，民团大队部完全裁撤。以自卫训练班，担任各乡区之自卫，公安局或公安队担任城区之治安。县政府前五科制，现缩为四科制；各科科员亦皆减少一人或二人。而民众教育馆裁撤。其组织如下表：

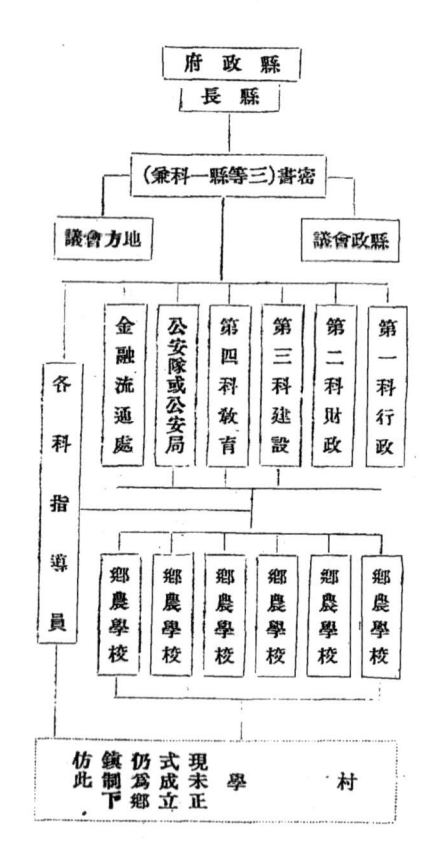

```
                    县政府
                    县长
          ┌──────────┴──────────┐
          │  密书（三等县一科兼）  │
     ┌────┴────┐            ┌────┴────┐
     │地方议会 │            │县政议会 │
     └─────────┘            └─────────┘
     ┌───┬───┬───┬───┬───┬───┐
  各  │金 │公 │第 │第 │第 │第 │
  科  │融 │安 │四 │三 │二 │一 │
  指  │流 │队 │科 │科 │科 │科 │
  导  │通 │或 │教 │建 │财 │行 │
  员  │处 │公 │育 │设 │政 │政 │
     │   │安 │   │   │   │   │
     │   │局 │   │   │   │   │
     └───┴───┴───┴───┴───┴───┘
         ┌───┬───┬───┬───┬───┐
         │乡 │乡 │乡 │乡 │乡 │
         │农 │农 │农 │农 │农 │
         │学 │学 │学 │学 │学 │
         │校 │校 │校 │校 │校 │
         └───┴───┴───┴───┴───┘
     ┌──────────────────────────┐
     │ 村   现未学成式仍为乡镇制下仿此 │
     └──────────────────────────┘
```

考汶上、嘉祥各县曾有高级自卫团之训练，拔取各乡校已受训之壮丁，加以三个月之高级自卫训练。回乡后作自卫训练班班长，其办法虽与邹平之警卫队办法不同，而其用意则相同。

行政督察公署之设立，是为整饬吏治，增进行政率，并察监督指导人民自卫而设。故其内部组织，亦分行政，财政，建设，教育四科。密书，视导，参谋，军法四处。为调剂金融起见，最近又添设金融流通处。其组织如下表：

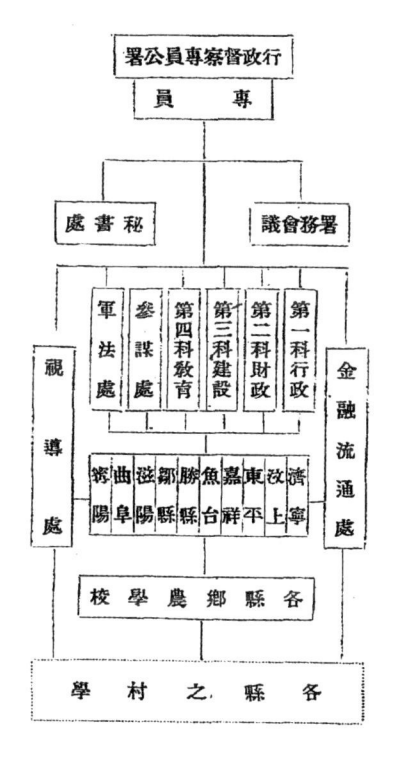

行政督察专员公署之组织系统表

考专署最近工作，是集中于乡校之充实。属于长久方面者：设特种师资训练班，训练师资，以办理各乡区内之短期小学；设自卫师资训练班，以充实各乡校之自卫训练；设区立乡村师范，以培养各乡内之一般教师。属于临时性质者：有乡村建设服务人员训练处，召集今年（二十五年）全省师范毕业生，施以乡村建设六个月之训练，作乡校内之干部人选；设灾区暑期教员讲习班，以改进灾区内之小学教育。

统观行政督察区内之组织，而知其意义是以整个社会为对象，从自卫做起，而次第及于教育建设，经济建设。方方面面无不包含在此组织内，可以紧缩，可以扩张，上上下下成为一有机性的组织，较之支离破碎之机械组织，实不可同日语。

第三节　经费及办法

按乡校之组织，其人员较多，而待遇亦较优，加之以自卫等训练，经费似成问题。然取消民团大队部之经费，民众教育经费，及县政府减缩所腾出之部分，再加原有区公所经费，统收统支，足供乡校及自卫等训练之经费。故各县自实行乡校制，民众之负担，并未增加。自县政府以下之经费颇不成问题。专署经费，系由省款支出，亦未增加民众负担。

经费既不成问题，办事方面自减少若干困难。兹将其办法胪列于下：

（甲）关于乡校之办法：行政督察区所属各县之乡校校长均由乡建院训练部毕业生遴选委派，教育主任，指导员，军事教练，事务员，由校长就训练部毕业生聘任之。其办法皆从自卫入手，次第及于教育建设，再次及于经济建设。故现在各乡校皆办有自卫训练班，每班四十人至五十人，四个月一期，一年训练三期。凡受训壮丁，每名每月发给膳费三元（原规定为四元三元即足用）制服一套。若此数不足，则由受训壮丁自行筹备。在受训期间并担任各该乡之自卫责任。其已受训壮丁，必须组织同学会，而称之为联庄会会员，分会长乡校校长兼，总会长县长兼。每一个月必须至乡校会操一次，每四个月（可以临时酌定）至县城内或相当地点总会操一次。其征训办法，先及村中之首富，再及次富，按次训练，不准雇觅代替，若征训之户无壮丁，则交纳十二元，以作子弹消耗之用，可以免训，若查出代替情形，则下期自费受训。此外各该乡区之合作社，小学教育，社会教育，以及民诉事项，皆有受乡校之指导监督，及调解之义务。

（乙）关于县政府之办法：除没例行公事外，随时由各科派指导员往乡校巡回指导。其中教育指导员，多为乡建院研究部毕业生，由专署委派充任。并举办有高级自卫训练班，从各乡区内已受训之壮丁拔取至县城内，受高级自卫训练，同乡充任自卫训练班班长。据当事人云："各县之壮丁，在三年内可以训练完毕"。然后专致力于教养工作。但考其实际，现在第一行政区内，已有信用合作社六十三处，生产合作社十二处，兼营合作社六处，小麦运销合作社已大规模着手办理，灾区已开始办互助社，是经济建设已着手矣。此外短期义务教育亦正在进行中。

（丙）关于专员公署之办法：除各科例行公事外，视导处设主任一人，视导员六人，专门视察各县政府各乡校之失职违法事项，指导各项建设之改进推行，及组织训练事项。参谋处管理各县之公安队，及各乡校自卫训练班之考成检阅等事项，以及配备各县联防会剿绥靖地方等计划。此外设特种师资训练班，以培养短期义教，及自卫训练两种师资。其办法：凡各县二百户以上之村庄，保送二人，就其中考选一人，受训为短期义教师资；按各县之大小，就自卫训练班中，拔取二十人至四十人，受训后为自卫训练师资。以上两种皆训练过一期。第二期正在开始。培养小学师资有区立乡师。据当事人云："拟采用田园教学办法"即一方面讲习学理，一方面亲身经营田园，管理田园。毕业后即利用各村之公共田园，推行田园教学制。此办法能否推行，姑且不论，而意味则甚佳云云。关于经济方面，已由中国银行借款二十万元，在未被水灾五县成立农村贷款处（即金融流处之初步）办理小麦运销合作社。由民生银行借款十万元，在被水灾五县办理互助社，一年后改为正式合作社。专署亦设总贷款机关（即金融流通处尚未正式成立但第二行政区刻已正式成立），虽不直接经理贷借金钱，但手续方面则全由总处负责办理。

统观专署以下之办法，与其所办之事，与其他县份并无多大差异。其不同者，则是彼一办法与此一办法，皆有密切关系，先后成为一螺旋形。恰似倒立之锥体。如从自卫入手是其尖端，而经济教育紧摄其后，正是愈来愈大，而成为后盾。所谓由小而大，由简及繁，实此办法之结晶点。

第四节　结论

从形式上观察，是直属于省政府，不与邹平之乡村建设发生关系；但自内容观之，则是与邹平之乡村建设，一件事两种办法。据梁漱溟之解释："邹平之乡学村学是从组织入手，以养成其自治能力，自动的来建设自己的乡村。乡农学校之办法，则是从编制入手，用政治力来建设乡村，人民多半是被动的。"两相比较，乡学村学之办法，是从治本入手，进行难，而效率亦较迟。乡农学校之办法，是从治标入手，进行易，而效果亦较速。以今日之国势论，人民极需要自卫力量，从易处入手，自属得法。换言之，就是由编制入手，较为顺利。但是永远采用此作法，则人民成为被动者，而缺乏自动能力，民族精神是不容易发扬。故从编制入手则可，止于此则不可。乡农学校虽是从编制入手,而其目标仍在此于组织。盖不如是,便不是彻底作法,便不能以使人民真正觉悟起来。故曰:"乡农学校与乡学村学,是一件事情两种作法。"而其归宿则一也。

第八章 山东第二行政督察区之概况

第一节 缘起

　　山东第二行政督察区之组织与办法，大体与第一行政督察区相同。不过第二专员区所在地之菏泽县为乡农学校之发源地。从民国二十二年七月一日开始创办，历经该年之黄河水灾，二十三年刘桂棠股匪过境，皆全赖乡农学校之力量，平治水灾，防御匪患，境内居民得以安居乐业。鲁省当局深感觉乡校办法之良善。乃划出鲁西济宁等十四县，为县政建设实验区。是年黄水又泛滥鲁西，十余县灾民皆赖乡校之调查，组织，救护，乃将百万灾黎转运于鲁东，以免于死亡。此皆其荦荦大者，其余之细小部分，实不可胜举。

　　如各县之田赋漕粮征收，向为办粮柜之师徒制度抱持，而无法清理；县政府对于征收提成制度，究为多寡，外人亦无从知其定额；诸如此类，皆予奸吏以作法弄弊，遗人民无限痛苦，无处告诉。邹平（因邹平与菏泽同时作此实验，故及之）菏泽有鉴及此，乃设经征处，将正税，附加，详载税单上，人民照单纳税，分文不再多出。于是历年来之征收积弊，扫除一清，而提成制度，亦无存在之余地矣。

　　又如以前官吏多居县城，而以下乡为苦事，遂演成能造表册，以应付上级官厅者为能手，至于民间疾苦，究至于何种地步不问也。因此上方之善政不能下达于民间，而民间之苦衷无法上达于政府。是以政府与民间截然成为两段，彼此间声气隔隔不通矣。此历来奸民能以作奸犯科于下，而伪吏敢舞弄文墨以罔上也。经过菏泽县之实验，县政府备位食禄之人员，完全裁去。而乡校工作人员增多。所谓："朝中多官则乱，乡间多官则治。"经过此番实验，乃知古人之言，皆从经验中得来，不欺人也。

所以在推行乡村建设之县份，其政治皆次第更新。至今年遂划鲁境为十二个行政督察区，遍设乡校，只以人才关系，未易短期办到。故现在一方积极培养人才，他方则积极推行乡校制度。时至今日，乡校已成为鲁省一法定制度。饮水思源，菏泽之乡校，实有从本至末详述之必要。

第二节　菏泽乡校之理论方面

菏泽乡校与邹平乡学，其根本原理是一样。只以两地之环境不同，故其做法亦异。在邹平历代多出名儒，人民习于文弱，无匪患之苦，故从教育入手，以启发人民之自觉自救心。菏泽则为黄巢故里，宋江等梁山泊之遗风犹在。习俗强悍，人民苦于匪患，故从政治入手，盖不如是不足以戡定匪患，推陈出新，以立建设之基础。故其第一步工夫即着重下列之三点：

（1）用政治力量开辟新局面：因自清末以来，贪官污吏，已经为社会造成一种恶局面，使好人不敢出头做事。而出头做事者，又皆是贪污之辈，故采用政治力，大刀阔斧先开拓出一个新局面来，然后好人才敢出头问事。

（2）完全用外力：第一，因为乡村建设，是套新理论，新制度，一般乡民不明白个中情形，不能够担负起这个责任来，非用曾受训练之人员来担任不可。第二，因当地之派别复杂，良莠不齐，彼此掣肘，最易形成一捣乱局面。非用外人不能以起人民之敬仰心，及化除其畛域之念。

（3）采取包办法：因为人民知识低下，可与乐成难于谋始。此古之明训，至今亦然。若与无识见之群众相谋，则将众意纷纭，一事难成矣。故取包办法，一面可以减少民众许多麻烦，一面且容易成功。

第一步做到相当程度，然后进行第二步工夫，向自觉自救路上走。在二步工夫里边，应注意之处，亦有三点：

（1）多用教育功夫，少用政治力量：因为至此时人民生活安定，无外顾之忧。所谓衣食足，然后可与治礼义，正此时也。不可再用政治力，以养成其被动性，而致有"人亡政息"之弊。应当多做教育工夫，以启发其自觉之智慧，培养其自救之技能。

（2）用外力引发内力：在此时期应当一方面为地方培养干部人才，如乡村服务人员训练所之类，即是此种用意，一方面从事实中锻炼乡村领袖，如联庄会之队长班长，有事率领会员，巡逻剿匪，无事则标榜向上学好求进步，即是引发内力的办法。

（3）提引地方问题，辅导人民自作：人民对于乡村建设，已有相当之了解，乡村领袖亦渐渐培养出来，凡是人民能以自办之事业，能以自己解决之问题，均应提引之辅导之，使之自动来作，不能再取包办形势。

第二步功夫做到相当程度，即进行第三步功夫，由人民自己来办理地方事业，乡村建设专家，仅居辅导地位而已。应注意之处亦有三点：

（1）完全用教育功夫：此时人民对于乡村建设已经多半了解，乡村领袖，大体具备，纯用教育功夫，领导人民向前工作足矣。但万一事情不顺，发生阻碍，仍须将政治力存蓄于后，以备不虞。

（2）由外力过渡到自力，此时可以完全采用邹平乡学之辅导制度，将地方事业，完全交到地方人自己办理。原有之乡村建设专家，仅居辅导地位而已。

（3）乡校完全化为地方团体之自治机关：此时乡村组织已经有了坚固之基础。乡村领袖已经锻炼的差不多了。凡是应与办之事，人民皆能以乡校作发动机关，毋庸再借外力了。

菏泽完全根据这条线索来做乡村建设功夫。现在第一步功夫已经作完了，第二步功夫正在进行中。但是此处应注意的，是上述三步功夫是连贯在一气的，不是划然分开的，在第一步功夫里，已经含蕴着第二步功夫。第二步功夫里已含蕴着第三步功夫了。所以彼此含蕴，是一件事情，不是三件事情。

第三节　菏泽乡校之实施方面

（甲）经费之实施：将原有之机关，改组合并，腾出之经费办乡校。其实施情形如下：

（一）原有地方治安之机关及经费：

（1）大队部：菏泽县大队部，除鲁西民团指挥部调去五十名外，尚有三百一十名，全为招募而来，每年经费四万八千七百六十八元。

（2）公安局：菏泽县公安局，警士共七十员名，每年经费为一万二千九百四十元。

（3）菏泽县奉省令训练联庄会会员，每区四十名，十区共四百名。此项训练经费，全年统计约摊派四万元。

（二）以上三种治安经费，约十万一千七百余元，为统一权限，增大效力起见，只设警卫队，一百名为干部，其经费全年约二万五千余元。

（三）其余之七万六千余元，悉为各乡校自卫训练之经费。每名发给蓝布裥一身，裹腿一付，约一元五角，膳费每月四元。以现有之经费，每年计可训练四千二百名。

（乙）训练之实施：将原有之十个区公所取消，划全县为二十一个乡区。每乡区设乡校一处，先从办自卫训练入手，兼管地方行政及教育事项。其实施情况如下：

（一）乡校地址：在乡间筹划适当的校址，是件难事。各乡校皆就寺庙为校址，当时风气未开，神像不能移动，僧道亦不肯并居。只好在神像间办公并寄宿，树林下做讲场而已。历经黄灾之救护，匪患之扫除，乡校之信用大著，寺庙皆由民众自动整理，并将僧道迁居他处，涣然成为宽大之校舍矣。

（二）职教员之安排及其待遇：在菏泽乡校创办时，校长全是乡建院研究生，及第一届训练部学生之优秀者充当之，月薪四十元。校长以下之职教员，皆是训练部第二届毕业生充任，在半年内为实习期间，除在院原有之膳费外，菏泽县政府再补助四元。实习期满，教育主任月薪二十八元，军事教练月薪二十五元，指导员月薪二十二元，事务员月薪二十二元，班长二人，月薪每人九元，传递一人月薪八元，工友二人月薪每人七元。办公费每月三十元，共计二百零七元。

（三）征训学生之办法：原规定五十亩至百亩农户，出壮丁一名，若无壮丁，则出登记费十二元，以作子弹消耗之用。一百亩至二百亩农户，除加倍出登记费外，并买快枪一支，供给无枪之壮丁使用，但枪之主权仍归物主。二百亩以上之农户每增加五十亩，多出登记费十二元。多买快枪一枝。但当时民众皆误解当局练兵，皆不肯出而受训，乡校初立，亦无法调查清楚，只有采用强制办法，指定甲村应出几名，乙村应出几名。此第一届学生类皆出于雇觅，幸师生间感情甚为融洽，凡各村农户耕地多寡，皆从学生口中调查清楚矣。是以自第二届起，自卫训练班无雇觅情形矣。

（四）训练课目之实施：不识字者成为一组，自千字课第一册教起。识字者又成为一组，自千字课第三册教起。此外珠算，精神讲话，军事训练，唱歌，皆一律教导之。

（五）毕业后之编练与实施：凡受训之壮丁，毕业后，每自卫训练班，组成一队，合乡区各队组成一联庄会分会，乡校校长兼分会会长。全县为一总会，县长兼总会会长，由分会长择品学兼优者充正副队长。队长之下按会员居住区域分为若干班，各设班长一人，每月在乡校会操一次，四个月（可以临时酌定日期）在县城总操（或按路程远近择定适当地点，分二次或三次会操。）至今（二十五年八月）已训练至第七届，约计七千余人，自卫问题已完全解决矣。只以各队重叠组织，指挥不便，现将各乡校，各届自卫班毕业生，混合组织，因地区之所宜，分别组为若干队矣。

（丙）校董会之组织及村区之成立：

（一）校董会：乡校成立伊始，不能全靠地方人士，又不能不借助于地方人士。于是有乡校校董会之组织，一方可以协助乡校，一方可以促进乡村事业，校董即以声望素孚，及乡镇长充当。每月在乡校开会一次，讨论乡区中应进行事宜，并由乡校教师讲解乡村建设大意，由是情谊日趋于融洽，彼此间成为一个团体，实新旧交替之一良好办法。

（二）村区：乡校下原为村学，因人才关系，不能即时成立，乃仍沿用乡镇长旧制。及至今年（二十五年）乡校之信仰已著，好人已出头任事，乃于春间将菏泽县境划为五百处村区。每村区正副理事各一人，负村区内政教养卫之责。由县政府每年补助村理事三十元，并就村区内买卖不动产"中人佣金"内，抽留五分之二，及小契纸之收入，均为村理事之酬劳金。每村区皆设儿童部及成人部，教师兼辅导村理事，推行政令与办村区内之社会事业。

（三）村理事之简拔及训练：菏泽各村区之村理事，皆为自卫训练班学生。其办法：由村区人民就已受自卫训练粗通文理者或对于乡村建设有相当认识者共推五人，经由乡校简拔二人送县经过村理事训练班及格，然后由县政府加委，在乡校举行就职典礼。旧有乡镇长事务移交于村理事，乡镇公所裁撤，而村学制成立矣。

第四节　灾患中之菏泽乡校

　　八月间乡校创立不及一月，黄河决口，泛滥成灾，当时各乡校全体总动员，督率民伕日夜抢险，被淹没者固有，因防御得力，而保全生命财产者实占最大多数。及至水势已定，日则调查灾民放赈，夜则乘船放哨维持治安，历来灾后劫掠之祸，完全免除。至九月间水落后，即办灾民收容所，凡十亩地以下之灾民，皆入所受赈，由赈济会发给粮米，共同炊食。由乡校派人管理，每日为之讲话看病识字。其不能至收容所之灾民，则以钱放赈，在灾期内每灾民可得六元赈款并赈衣一套。此次办赈全赖乡校之力，虽涓滴灾款，亦到灾民身上，为历来所未有。由是乡校之名誉大扬。民众认乡校为生活上不可缺之机关矣。

　　至十月间，灾民遣散，各回家乡，并每位灾民发给相当款项，以作目前救饥之用。十二月间各乡校成立灾童学校，以乡校教员二人及县政府一人担任教导及管理之责。每位灾童每月由赈济会给银一元五角，五个月为限，唱歌体操，俱大有可观；识字，劳作，亦皆勤慎有序，观者无不称赞。至二十二年四月间，灾童学校结束。每二十余名编为一队，就灾童中推一人为队长，每月至乡校集会一次，练习操法，报告村中情形，听教师讲话，并给银一角（为赈灾余款）唱歌而归，如是经一年之久，乡间风气为之一变。

　　是年三四月间，刘桂棠自冀豫间拟窜回鲁省，菏泽以四个乡校之武力守城，其余全数开至边境，且防且御，刘匪竟闻风而逃，绕菏泽县境而他窜。省当局极端赞赏，而推行于其他各县，即见端于此。

第五节　关于教育方面之实施

　　菏泽现有初级小学（即儿童部）五百处，每村区一处。高级小学二十一处，每乡区一处，而城区之县立小学，私立小学，尚不在内。凡村区小学必须兼办成人夜班。凡是小学教师皆经过师资训练班毕业，受过乡村建设之陶冶。所以菏泽之小学，一方是教育机关，一方又是乡村建设之推动机关。兹将其实施情形列举于下：

（一）经费：各乡内之高级小学，每月由县款支给八十九元。各村区之初级小学甲等由县政府每月补助八元，乙等七元，丙等六元，再由十亩地以上之农户，出小麦一千二百斤，以作教师之饭伙用。

（二）教材：凡小学四年级以上，一律补充实用教材，如国语科之买卖交契，典当字约，及婚丧柬帖等。算术科之买卖粮价，合算地亩等，以及日常生活之应用题，以作毕业后不能升学家居渡日之用。

（三）视察：各乡校对本乡区之小学及成人夜班，须勤加督察，县教育指导员须巡回至各乡区考核，每年作一次考验比较，以定其优劣等级。

（四）奖惩：在教学方面讲解合法，学生全体成绩平均在七十分以上，而算术，国文，又切于实际生活者。在管理方面，须庭院衣服清洁，礼貌周到，精神活泼，而课外活动合度者。在社会方面，能辅助乡村推行政令，提倡合作，改善附近居民生活，及革除地方不正当习惯者。在此三方面考核及格：甲等三十元，乙等二十元，丙等十五元。但此款由县政府代为指定银行生息存储，必满三年不去职，不犯过，成绩不退步，届时本息一并领出。否则不惟本期无奖，并扣除过去一期奖金。如遇成绩过差者，应即撤换之。

考此项实施办法，除经费一项外。其他已推行第二行政区各县矣。其次菏泽所设乡村服务人员训练班，系专门培养村区小学师资，现已归并于山东省立第二乡村建设师范矣。此外菏泽专署设特种师资训练班，现在正训练单县、定陶、曹县、成武四县学生，共四百八十名。其目的在利用农暇时办短期小学，在农忙时，则作田园生活指导，以期村中生活皆入于组织。换言之，即是社会学校化，生活教育化。

第六节　关于经济方面之实施

菏泽自二十二年黄水为灾，田禾淹没，村落为墟，虽经一度之急赈与收容，而住室之修复，与播种之费用仍属无着。乃由民生银行，中国银行，华洋义赈会，各出贷款组织互助社。至二十三年春，开始贷款，经三个月办理完竣，共一百五十四社，贷出款十一万九千二百八十七元八角二分。至十一月底，农民唯一办法，多半卖豆偿款。当时豆价陡跌，农民吃亏甚大。乃由县政府商同民生银行，再贷款四万元，作为储粮抵押贷款。

计共储黄豆一百五十万斤，出售后借款本息俱清，结算盈余一万三千余元，农民喜形于色，县政府及乡校之信用大著。二十四年继续开办伊始，黄水复至，完全停顿。今年豆又丰收，已准备作大规模之农仓合作。

在农业方面，县有县农场，各乡校亦设有小规模农场。其组织用意至为美备。乃三年间两次黄灾，棉业蚕桑皆未推广成功。然各乡校皆饲有波支猪，以改良猪种，亦颇有利于农民。然杯水车薪，为益有限，是以乡间私人借贷，利息仍高。专署有鉴及此，在菏泽特设金融流通总办事处，所属各县皆设金融流通处，仿照邹平办法，发行仓库证券，以增进乡村间经济力。然后次第从农家副业入手，以改进农业。如曹县之耿饼，菏泽之木瓜，牡丹，葡萄，皆为鲁省特产。今拟用合作社办法，加以制造整理，运销，据当事人云："其利源当十倍于今。"

第七节　关于卫生方面之实施

菏泽在民国二十三年，已着手筹备医院。由县政府每年拨五千元，作为经常费。至二十四年正式成立。内分中医部西医部，对照研究，分别诊治，颇为得势。并各设练习生一班，以备到各乡区内作保健工作。刻下门诊每日不下七十余人。现正检定县境内之中医，以求改进。并对于各乡校之职员，施以种痘之技术，每逢春季，购大宗痘苗，分发各乡校，普遍施种。

第八节　结论

第二行政区与第一行政区，其组织相同，故略而不叙。仅将其路线，及实施经过，详述于下，以证明乡村建设之路程远大。在菏泽所完成者，仅系第一步功夫，其所属各县正在推行第一步功夫。其次，各部工作人员皆着布衣布鞋，日出即作，日暮后始息，埋头苦干之精神，奔赴事实之毅力，处处见出惟日不足之象征。尤足令人钦佩者，即菏泽之乡村，皆筑有宽厚之土团，可以防水灾，可以避匪患，兼能以御外侮。虽三尺童子，皆能以唱军歌，练兵式操，精神焕发，颇有独立之气概。所谓军国民教育，窃于菏泽见之矣。

附 文

山东省行政督察专员公署所辖各县设立乡农学校暂行办法

第一条　为训练民众，改进乡村，完成县政建设起见，特根据政、教、富、卫、合一之原则，在各行政督察专员公署所辖各县，各划为若干乡区，设立乡农学校，受县政府之指挥监督，处理该乡区之行政，并运用教学方式，谋该乡区之文化，政治，经济，及保安各问题之合理的解决。

第二条　各县每一乡区设乡农学校一处，其校址要在各该乡区之经济及交通中心地点。

第三条　乡农学校及乡区内，酌量情形，划为若干村学区，设立村学其办法另定之。

第四条　乡农学校设校董五人至九人，组织学董会，其规则另定之。

第五条　乡农学校设高级，普通，及小学三部。

一、高级部招收年在十八岁以上二十五岁以下，粗通文理者，就乡村现实生活培植其解决实际问题之能力，以期养成各县乡村中领导民众自动办理乡村建设工作之基本人才。

二、普通部召集一般农民，就乡村现实生活，引发其自立互助之精神，培养其参与政治，增加生产，及改进组织之能力，以期养成乡村中之健全国民，并按事实之需要，如自卫训练，合作组织，农业改良，农产制造等，因时因地设班训练。

三、小学部遵照教育部之规定，设立小学或短期小学各班级并视导乡区各小学，就乡村现实生活，养成学生之良好习惯，引发其向上志趣，教导其基本知能，培植其生活能力，以期完成国民基本教育之建设。

第六条　乡农学校设校长　人，主持全校校务并办理该乡区一切行政事宜，由专员公署遴选合格人员分发各县由各该县县长任用之，呈报专员公署备案。

第七条　乡农学校设教育主任一人，秉承校长办理本乡区一切教育行政及视导事宜，各部班各设主任一人，秉承校长主办各部班之训练及其他分科教导事宜，设指导员及教员若干人，担任指导乡村工作及各部班教学事宜，设军事教练一人，助理自卫训练班主任，办理本乡区自卫训练及学生日常生活管理事宜，设事务员一人，秉承校长，办理本校一切事务，（包含文书，会计庶务等）教育主任，各部班主任，指导员教员，军事教练，事务员，均由校长就合格人员中呈请县长委任之，并须呈由县府转报专员公署备案，其合格人员名册由专员公署颁发各县以备遴委。

第八条　乡农学校每周举行校务会议，讨论本乡区关于政、教、富、卫各事宜，校务会议由全体教职员组织之，以校长为主席。

第九条　各县乡农学校校长，须出席各该县县政会议。

第十条　各县乡农学校经费由县政府筹拨之。

第十一条　乡农学校之各部班，除自卫训练班须尽先设立外，其余得斟酌地方情形，次第设立之，自卫训练征训办法及其他各部班实施办法另定之。

第十二条　乡农学校各部各班之课程标准教材，及教学方法等均由专员公署颁发之。

第十三条　乡农学校得施行教育测验，甄别学生程度，以便分组教学，其办法另定之。

第十四条　乡农学校各部班之教学要则另定之。

第十五条　乡农学校各部班结业生须加入毕业同学会，毕业同学会简章另定之。

第十六条　乡农学校设调解委员会，其办法另定之。

第十七条　本办法如有未尽事宜，得由专员公署呈准省政府修正之。

第十八条　本办法自公布之日施行。

山东省行政督察专员公署所辖各县乡农学校自卫训练班学生征训办法

第一条　本办法根据山东省行政督察专员公署所辖各县设立乡农学校暂行办法第十一条规定之。

第二条　凡年满十八岁以上、四十岁以下之男子，身体健全素无嗜好者，均须入乡农学校自卫训练班，受军事训练。

第三条　凡入班受训学生，均须自带快枪一支，子弹五十粒，暂以地方原有枪支为限，其有公枪者得轮流使用；各乡村学生出发入学时，须先由村长在乡农学校领取临时符号，由各该学生佩戴到校。

第四条　自卫训练期限，定为四个月，在每期开学一月前，即须筹备征调，学生务于开学日到齐。学生均须住校，除亲丧或本人重病外，概不准请假。

第五条　自卫班学生每校每期训练六十名至一百名。

第六条　各乡选送学生按财产之多寡（以地亩或银粮计）依次轮递受训，其较多者，先行征训。

第七条　各村农户应按地主，自耕农，佃农依次受训，不准雇觅，佃农受训时，按照佃地多寡递次受训，其佃农无枪支子弹者得向其地主借用。

第八条　选送学生凡系地主或自耕农以亲属人为原则，如系佃农则以属地为原则，倘有地亩为佃农不能指出地主者，则认为自耕农。

第九条　应出学生受训之户在本届经查明确无合格人丁者，五十亩以上之户，应缴子弹出发费一次一十二元，一顷五十亩以上者，缴子弹出发费两次，两顷以上者，缴费三次，以下凡增五十亩者，即增纳子弹出发费一次，但可每年分期缴纳，凡交免训费者，即免予征训，轮递次户。

第十条　凡地亩在一顷五十亩以上者，应征训学生两名，递增五十亩即多征训一名，其合格人丁不足时，即按照前条缴纳子弹出发费办法办理。

第十一条　学生之伙食费每人每月由公家发给大洋四元，此外每人每期所需之蓝色单制服一套（内有裹腿，军帽，子弹袋）及书籍等亦均由公家供给。

第十二条　如经查出有雇觅学生受训者，须本人于次期完全自费到校补受训练。

第十三条　自卫班学生因捕烟，赌，盗，匪……等公务出发（会操不在此例）所需旅费及子弹消耗费如存款用尽时，得由各村十亩以上之户，按地亩均摊；但出发费每人每日在本乡境外者不得过三角，在本区境内者不得过二角。

第十四条　本办法如有未尽事宜，得由专员公署呈准省政府修正之。

第十五条　本办法自公布之日施行。

山东省行政督察专员公署所辖各县乡农学校自卫训练班教学要则

第一条　本要则根据山东省行政督察专员公署所辖各县设立乡农学校

暂行办法第十四条规定之。

第二条　各县为维持地方治安，奠定自治基础以便推进乡村工作，促进县政建设起见，各乡农学校得尽先设立自卫训练班，定名为第几行政督察专员区某县某乡农学校第几期自卫训练班。

第三条　各县乡农学校自卫训练班分初级训练与高级训练两种。

第四条　各县乡农学校初级自卫训练定期四个月结业由各乡校直接训练。

第五条　各县乡农学校高级自卫训练由各校分期征调初级结业生升送各该行政督察专员区内之民众训练监部，于指定地点集合训练，定期三个月结业（高级训练教学要则另定之）。

第六条　各县乡农学校初级自卫训练班课程，除军事学术各科教学进程另有规定外，其余课程如下：

（一）精神陶炼，包含：（1）乡村建设讲话：（教材如乡村建设问答之类）（2）时事讲话，（二）国语：教材如乡农识字课本，农农应用文等，（三）珠算，（四）唱歌，（五）生计训练，和（六）公民活动。

第六条　各县乡农学校校长对于自卫训练班宜担任政治方面的课程，如（一）精神陶炼，（二）乡村建设讲话，（三）时事讲话，（四）公民活动等。

第八条　各县乡农学校教育主任及教员，对于自卫训练班宜担任教育方面的课程，如（一）国语，（二）注意符号，（三）唱歌等。

第九条　各县乡农学校指导员对于自卫训练班宜担任生计方面的课程，如（一）生计训练，（二）珠算等。

第十条　各县乡农学校职教员对于教学上政，教、富、卫，各种性质的课程，虽采分工形式，责任划分清楚，而实际教学与教育内容上，须共同负责彻底合作联锁进行，以实现政，教、富、卫合一的原则。

第十一条　各县乡农学校自卫训练班学生教育课程甚不整齐，除军事学术各科外，应按程度分组教学，课程分量与教材内容，皆须略有分别。学生程度差别最显明者莫如国语，此系符号教育应先教学注音符号，以作工具，则易于辅导自修。

第十二条　各县乡农学校自卫训练班之课程在作用上可以分为（一）符号教学，（二）观念教学，（三）技能教学，（四）行动教学等。

注音符号，识字课本等课程，偏于符号教学；乡村建设讲话，时事讲演等，偏于观念教学，珠算，生言训练，唱歌等，偏于技能教；公民活动则偏于技能兼行动教学；而精神陶炼训话则偏于观念兼行动教学。

第十三条　各县乡农学校职教员与学生等皆须明白自卫训练班各种课程之性质与作用，则教学效率自易增高。

第十四条　各县乡农学校第一期学生结业后即须筹备组织毕业同学会，以后各期各班结业生，须随时加入同学会（同学会简章另定之）。

第十五条　本要则如有未尽事宜，得由专员公署修定之呈准省政府修正之。

第十六条　本要则自呈准公布之日施行。

山东省行政督察专员公署所辖各县乡农学校校董会暂行办事规则

第一条　本办事规则根据行政督察区各县设立乡农学校暂行办法第四条规定之。

第二条　各乡校学董会由乡校校长选聘本乡区热心公益乡望素著者担任之，以便随时咨询意见，相机讨论乡村自治事项，渐次促进民众自动举办乡村建设事宜。

第三条　每一乡校选聘学董五人至九人，组织学董会，并互推常务学董三人，开会时轮流担任主席，并随时协助校长，办理本乡区一切事宜。

第四条　学董会书记由乡农学校教育主任担任之，以便负责收集会议提案，编制会议程序，发送开会通知，并于开会时担任记录。

学董会每次会议完毕时，书记应将决议案逐条当众宣读，并询问有无错误或修正之处，然后由主席宣布散会。

第五条　学董会之职权如下：

一、商榷乡区内一切改进计划供校长之采用；

二、协助校长推动一切改进工作并执行校长委托之事项；

三、负责筹划并得保管本学区之公款与公产；

四、监察乡校工作随时陈述意见。

第六条　常务学董之职权如下：

一、代表学董会协助校长执行决议事件；

二、代表学董会执行校长委托之事项；

三、随时协助校长提倡并推行本乡区之一切乡村建设事项。

第七条　学董之任期一年，连选得连任。

第八条　学董会于每期乡农学校自卫训练班开学前开全体大会例会一次，于必要时得由常务学董召集临时大会。

第九条　常务学董每半月开例会一次，于必要时乡校校长得随时邀请常务学董开会，商讨本乡区工作进行事项。

第十条　本规则如有未尽事宜，得由专员公署呈准省政府修正之。

第十一条　本规则自公布之日施行。

第九章　山东省立乡村建设专科学校概况

第一节　缘起

考乡村建设专科学校之设立，是山东教育一大转变。往日培养乡村建设人才机关，只限于山东乡村建设研究院一处，教育部尚未正式立案，在功用上是毫无问题，但在正式教育系统内，究无正当名位。及至今年，山东省当局益感觉目前之教育，不甚恰合，而乡村建设人才，只取就于乡建院，尤感不足。乃有乡村建设专科学校及乡村建设师范学校之设立。第一乡建师范是因缘建院之训练部及邹平简易乡师而成立。第二乡建师范是因缘菏泽分院，及菏泽后期师范而成立。至于乡建专校（山东省立乡村建设专科学校之简称下仿此），则是因缘济南乡村师范，及高级农业学校而成。并皆经省政府咨请教育部，在教育系统上已取得正式名位。经此演变，由小学校至专科学校，宛然成立一新的教育系统，为中国教育开出一条新路线来，是值得庆祝的一件事情。最令人注意者，是整个教育皆以乡村建为中心，有总的组织，有总的安排，不是盲目的只管教育人才而已。现在不是最讲究统治么？教育也得按着社会转变之动机，而占在前面来领导社会。应当有相当的统治，不能不变，亦不能多头转变，这才能以领导社会，而使社会汇归于一，山东的教育这一转变，似是以乡村建设为中枢，来统治山东的教育。乡建专校就是应此时会，而转变出来的。

第二节　组织及意义

近年来山东努力于乡村建设，已设行政督察区三处，普设乡农学校，对于政教合一，与自卫等工作，确已有相当效果，现在为各项技术人才，尚感缺乏。经教育厅，建设厅及乡建院数次会商，认为有从速设立乡村建设专科学校，培养各项技术人才之必要。乃拟定办法，经省政府会议通过咨请教育部立案，现已正式开学矣。其内之组织分下列各部：

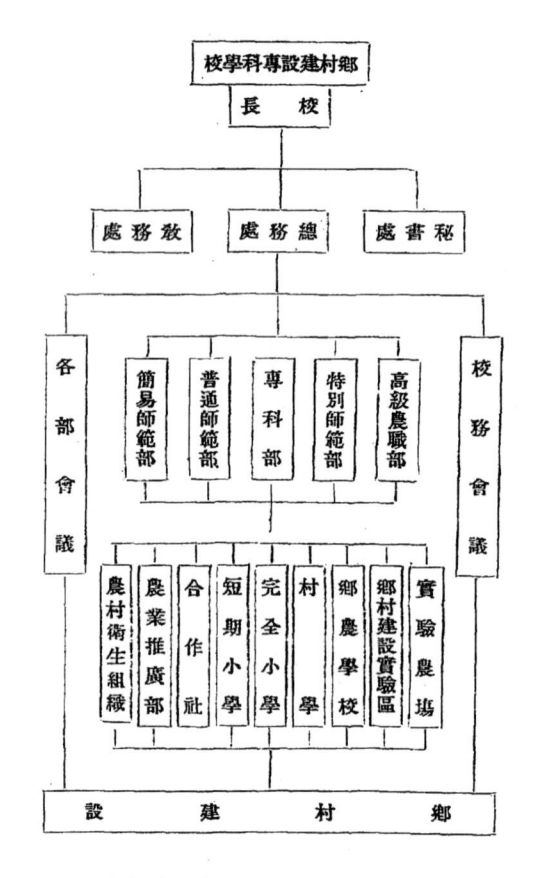

乡村建设专科学校之组织系统表

（一）乡村建设专科：专门培养乡村建设行政人员，以备毕业后充当各乡农学校校长。招收高级中学毕业生，四年毕业。

（二）高级农职部：专门培养关于农业技术及农村经济人才，以备毕业后，充当各乡校之技术人员，招收初级中学毕业生，三年毕业。

（三）特别师范部：专门培养乡农学校内佐治人员，以备毕业后充当乡农学内之自卫训练教员及教育主任等职员，招收高级中学毕业生，一年毕业。

（四）普通师范部：专门培养乡农学校内之高级小学部师资，毕业后充当高级小学部教师。招收初级中学毕业生，三年毕业。

（五）简易师范部：专门培养村学教员及辅导村学人员。毕业后充村学各部教职员。招收高小毕业生，四年毕业。

（六）实验部分：设实验农场，以供各部之农事教学实习。设乡村建设实验区，以供专科之教学实习。

（七）附设部分：设乡农学校，完全小学，短期小学，村学，合作社，农业推广部，农村卫生组织，以达乡村建设之整个教学做合一之目的。

统观乡建专校之各部分，全是就当前社会之需要，而培养乡村建设各部基本人才，而成为一套新的教育组织。在意义上实为最相当。虽是创办伊始，成绩未见，而其组织之用意，实有足供吾人参考处。

第三节　经费及办法

乡建专校之简易师范部，为前山东省立济南乡村师范之改组，原有经费三万余元，划为经费之一部。高级农职部，为前山东省立高级农业职业学校之改组，原有经费三万余元，划为经费之又一部。此外由教育厅建设厅各筹两万元。合计常年经费十一万三千余元。其办法则归建教两厅指挥监督。一面讲授，一面实习，故各部学生除校内学习实验外，皆有其实习场所。如行政则有各行政督察区，供其实习，农业则有山东省立第一农业试验场划归该校，作为实习场所；研究小学教育，则有完全小学之设置。其他皆可由此类推。最堪令人注意者，是专科学生之分年教学办法：第一、第二学年在校修业，第三学年分往各行政督察区实习，第四学年，则回校研究实习所遇之问题，分别科系讨论研究，以期达到学以致用之目的。

统观乡建专校之办法，总合各校而成为一校，一转变间，全盘皆活，而成为最有力量，最有生机之教育机关，可谓极尽组织之妙用矣。

第十章　山东乡村建设研究院之组织与历程及办法

第一节　组织

山东乡村建设研究院（以下简称为乡建院），自表面观之是一个学术机关，自内容观之也是一个学术机关。然而观察其改革县政任免县政府职员，又是一个政治机关。所以乡建院是以学术为主体，而带有政治属性的一个机关。其所以如是者，实在是因为有其理想中的新社会，非具有各种机能的组织，是不能将其改革社会的计划，实行出来。其理想为何？乡建院之旨趣书云："我们要认清我们的题目，握定我们的纲领。题目便是开造正常形态的人类文明，使经济上的'富'，政治上的'权'，综操于社会，分操于人人。其纲领在如何使社会重心，从都市移植于乡村"。因为实现这个理想，所以要设立乡村建设研究部，专门研究乡村建设理论及办法，以养成乡村建设之高级人才。设乡村建设服务人员训练部，以培养在乡服务之下级行政人员。设乡村建设实验部（如邹平县菏泽县等实验区皆是），任用已受训之人才，推行并实验一切新计划，由研究部至实验部成为一套组织。为完成此组织，而设农场以改良农业；设医院以讲求卫生；设指导处，以指导在乡服务人员之问题解决办法；设社会调部，以研究社会之实况；设编辑室以编纂乡村建设各种出版品；设总务处以管理一切事务，凡文书，出版，庶务，注册，会计，稽核皆归之。凡此各部皆统属于院长，而有院务会议，属于各部者则有部务会议。院与部之间，设院务办公处，置秘书一人，办理院长交办事件。其组织如下表：

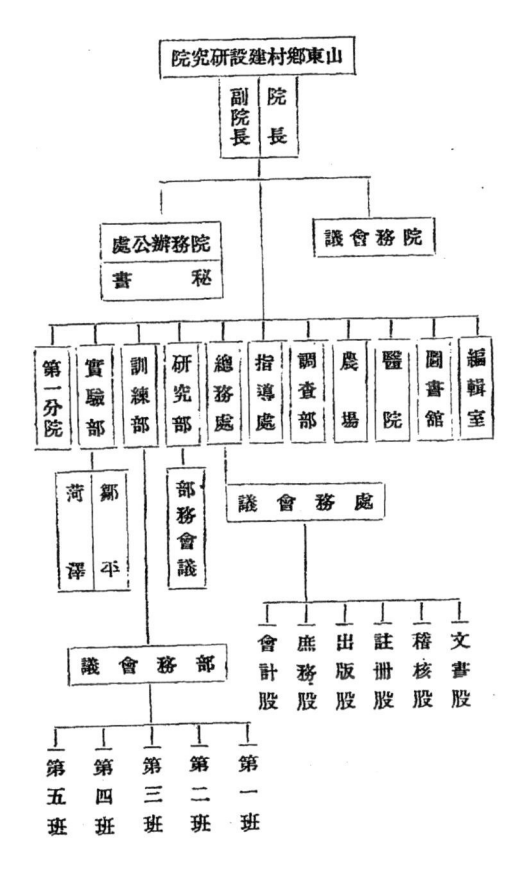

山东乡村建设研究院组织系统表

第二节 历程

山东自民国十九年后政局极为稳定，延至今日，人民已有安居乐业之象。年复一年，皆有其新的发展，乡建院即是推进此新发展之主要机关，同时其自身亦日在开展中。老子言："无极而太极，太极生有无。"吾人观察乡建院之历程颇有此种象征。兹分别言之于下：

(一) 民国二十年之乡建院

乡建院为河南村治学之后身，该学院成立于民国十八年，十九年因故停办，主办学院诸先生，即被山东当局电召来鲁，商办乡建院事宜，是为乡建院之萌动期。民国二十年三月即开始筹备，选定邹平为实验县，院址即设在邹平。六月正式成立，梁耀祖为院长，孙则让为副院长，梁漱溟为研究部主任，陈亚三为训练部主任，梁秉锟为实验部主任兼邹平实验县县长。研究部学生一班三十人以鲁籍为限。训练部学生五班共二百八十余人，全为旧济南道属二七县籍贯。皆正式开课。是为乡建院之草创期。其概况如下表：

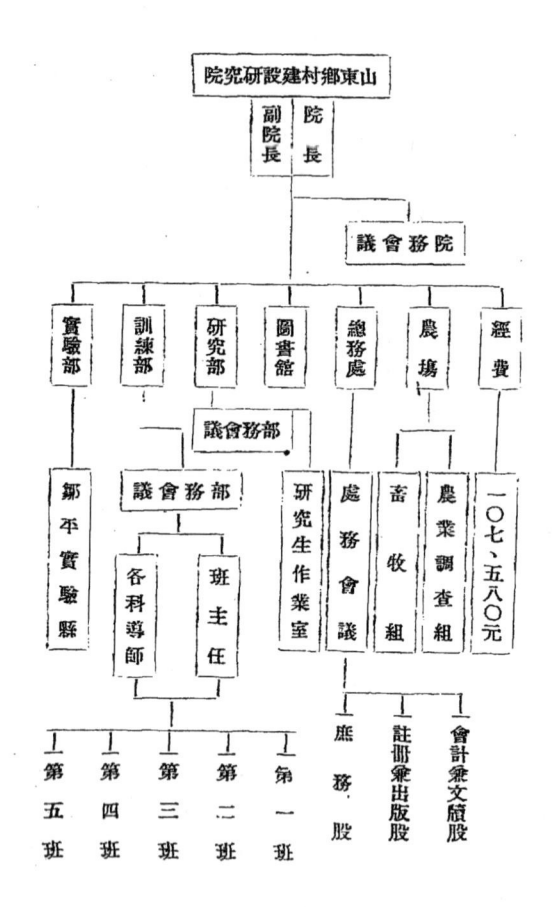

民国二十年乡建院概况表

（二）民国二十一年之乡建院

民国二十一年乡建院已渐趋于稳固，第一届训练部（乡村负务人员训练部之简称下仿此）学生于六月间毕业，除留院及实验县服务外，全数返本县担任区长兼办民众学校。为指导工作起见，设乡村服务指导处。农场添设养蚕组，园艺组，农艺组等。研究部学生亦因其素日所学及性之所宜，而分为政治组，经济组，教育组。训练部则招收鲁西鲁南四十一县学生，二百八十余人，是为第二届。在组织上略有增进。如下表：

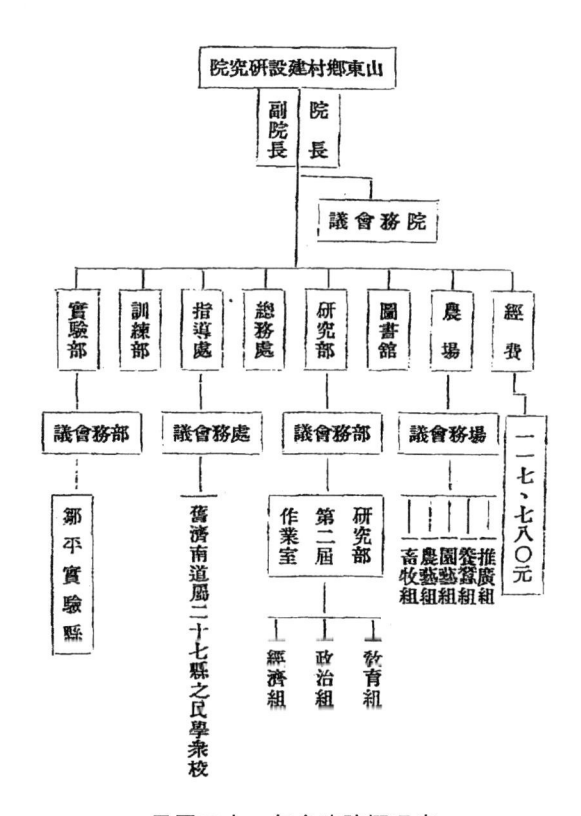

民国二十一年乡建院概况表

说明：各部下之组织，凡见于前表者从略，下表仿此。

（三）民国二十二年之乡建院

民国二十二年为乡建院之最大发展期，在菏泽县设立第一分院，并划该县为乡村建设实验区。依照中央政府通令各省得设实验县办法，与邹平同时取得实验权，在与中央政令不抵触之范围内，有创设法规及变更县以下行政组织之权。滨县、利津、沾化，三县亦仿照菏泽办法试行新政。第一届研究部学生及第二届训练部学生，皆于是年六月间毕业，全数分发邹平、菏泽、沾化、利津、滨县等县服务。在此新发展中，乡建院之工作加倍忙碌。乃于院之下设院务办公处，置秘书一人主理之。总务处下增设文书，稽核，会计，注册，出版，庶务六股。农场添设兽医组。院下并添设社会调查部及编辑部。是年因实验工作忙碌，研究部及训练部皆停止招生一年。

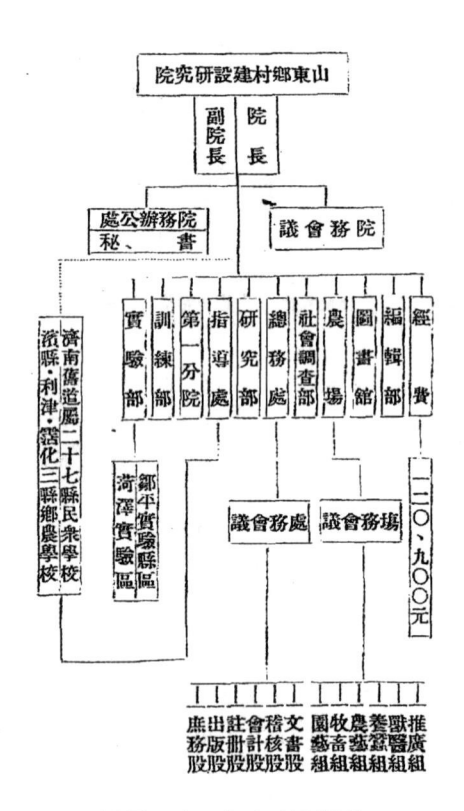

民国二十二年乡建院概况

说明：……代表关系机关　——代表直属机关　下表仿此

(四) 民国二十三年二十四年之乡建院

民国二十三年招收第二届研究部学生十五名，由二年毕业改为一年毕业。招收训练部第三届学生二百九十名，以完成全省各县之训练。内胶东潍县等二十县学生，在乡建院本部训练。鲁西北德县等十四县学生归菏泽分院训练。属于院方者，添设医院，办理卫生及医药事项。属于农场方面者，添设济南辛庄合作农场，科学酱油场，黄山养鸡场，唐李菴养蜂场。是为乡建院之充实期。

民国二十四年山东试办县政建设实验区，划济宁菏泽等十四县为实验区，设区长官公署于济宁。其所属各县悉按照菏泽乡农学校办法办理之。菏泽实验县取消，归并于县政建设实验区。第二届研究部毕业生，第三届训练部毕业生，全数派往县政建设实验区服务。并招考第三届研究生及第四届训练部学生。其概况如下表：

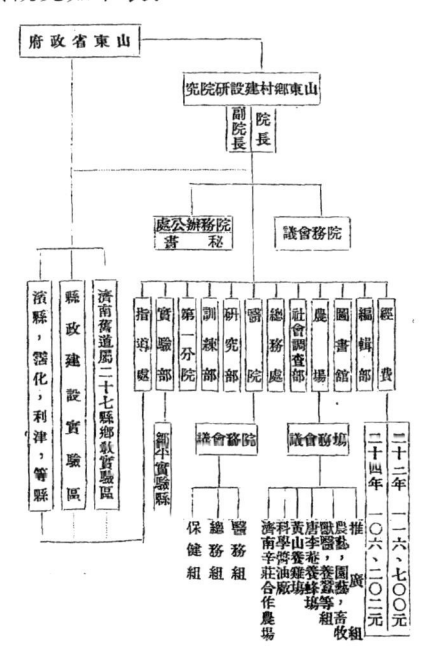

民国二十三年二十四年乡建院概况表

注、济南旧道属二十七县之民众学校，至民国二十三年改为乡村教育实验区，直属于省政府教育厅，与乡建院只有相当关系。

(五) 民国二十五年之乡建院

民国二十五年之乡建院，在实验工作由县政建设建实验区蜕变为第一，第二，第三行政督察专员区。济宁等十县为第一行政区，梁耀祖为专员。菏泽等九县为第二行政区，孙则让为专员。临沂等八县为第三行政区，张里元为专员。皆依菏泽县办法，普设乡农学校。此外寿光莱阳等县亦推行乡农学校制度。全省各县皆裁撤原有之民团大队部，依照邹平菏泽之自卫办法以训练壮丁。并将县政府原有之五科制，改为四科制，裁撤原有之民众教育馆，而于四科内设教育指导员掌理之。在乡建院之本身方面，亦有很大之变化，原有之乡村服务人员训练部，蜕变为山东省立第一乡村建设师范，菏泽第 分院蜕变为山东省立第二乡村建设师范，内部皆设特别师范部招收高中毕业生，一年毕业；普通师范部，招收初中毕业生三年毕业；简易师范部，招收小学毕业生四年毕业。此外并于济南设乡村建设专科学校，培养专门乡村建设人才。乡建院原有之研究部仍继续招生，总务处合并为四股。其概况如下表：

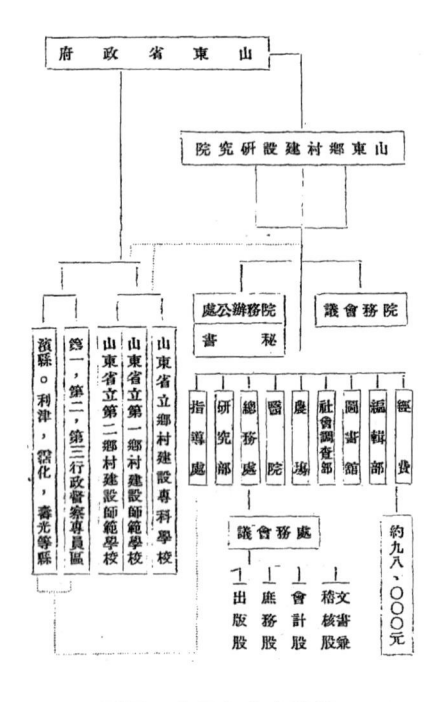

民国二十五年之乡建院

统观乡建院之历程，其发展之迅速，实出乎一般人之意外，即乡建院之当事人，亦作如是感。使吾人倍觉中国社会转变之切未有如今日之急迫。其趋向基本建设（即乡村建设），亦未有如今日之甚也。乡建院适当其潮流之尖端，是以日新月异，年年开展，大有一泻千里之势。此非乡建院有如许之力量，实因中国社会有如是之迫切要求，而乡建院不得不应社会之需求，向前奔赴。虽然乡建院倡之于前，尤急待后起之秀以完成之。

第三节　办法

甲、乡村建设研究部之办法

（一）要旨：招收曾受高等教育之青年，培养其研究乡村建设之兴趣，引归于乡村建设之路。

（二）入学研究程序：基本研究为乡村建设理论；专科研究，根据已往各研究生肄习之学科，再做进一步之研究。课程之进行，除间有必要外，不取讲受方式，或各别谈话，或集中讨论。凡邹平实验县政府及乡建院之各部工作，均分别为研究生之参证实习场所。在修业期间（第一届为二年第二届后为一年）得有研究结果，提出论文，经部主任及导师评定合格者，得请求院长提前毕业。

（三）待遇：除制服费，膳费，讲义费，寄宿费，由院方供给外，第一届研究生，每月每人津贴银十元，第二届以后每月每人津贴银二十元。毕业后分别委派至实验县及院方服务，担任指导工作，或教师，班主任，股长，科长等职务。

乙、乡村建设服务人员训练部之办法

（一）要旨：招收受过中等教育曾在乡服务之青年，授以基本训练，实地工作训练，以作本省乡村建设之基本人才。

（二）分区训练：山东一百零八县，因财力人力关系，不能同时并举，乃分期次第举办。第一届招收旧济南道属二十七县学生二百八十余名，皆为官费生，附学生二十余名为自费生。第二届招收鲁南学生二百八十余名，皆为官费生。第三届招收胶东及鲁西北共三十五县学生二百九十余名，亦为官费生。第四届在邹平乡建院训练者一百名，完全不限省籍，皆为自费，但设奖学金名额九十名，以奖助家境清寒成绩优良之学生，亦不限省籍。菏泽分院则招收县政建设实验区，济宁等十四县学生二百八十名，学生费用由济宁等县自行筹备之，为公费生。

（三）训练程序：将一年时间分为三段，前一段为基本训练，注重精神陶炼，军事训练。第二段为普通训练，注重实习工作。第三段为组织训练。前二期各以三个月为限，余为第三段。如下表。

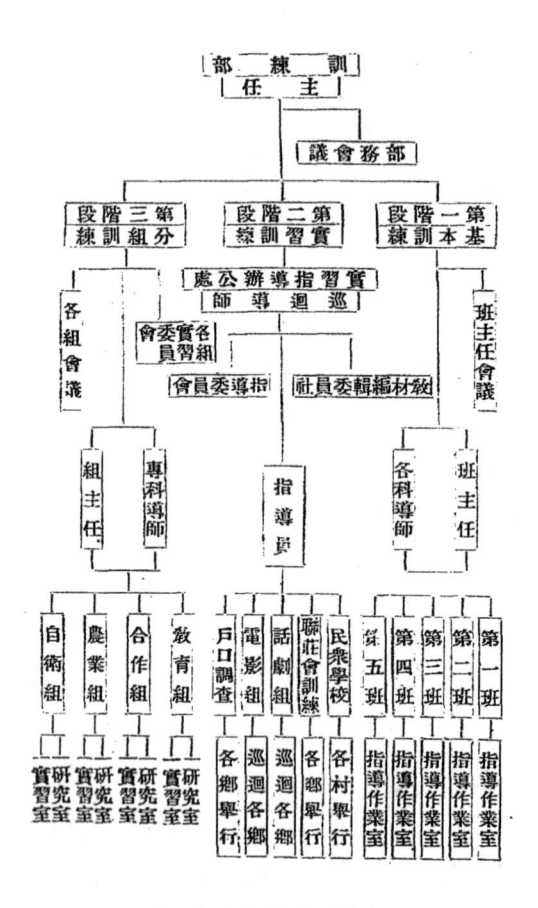

训练部分段教学系统表

丙、乡村建设实验部之办法

（一）邹平实验县之办法：

（1）关于县政府者：裁局改科，合署办公，共分五科。第一科管行政事项，第二科管行政警察及地方警卫事项，第三科管省款出纳及地方款出纳事项，第四科管建设事项，第五科管教育事项，此外秘书一人承县长之意，分配各科工作。

（2）关于地方行政组织者：裁撤原有之区公所，乡镇公所，代以乡学村学制度。一面为下级行政组织，一面为地方自治团体，侧重社会改进工作，多用教育工夫，少用政治力量。

（3）关于经费经者：按照中央政府公布各省设立县政建设实验区第九条："实验区经费应就地方收入款内，保留百分之五十以上充之"之规定，酌减为百分之三十，充作实验县区之经费及事业费之用。其余百分之七十扫数解省，所有以前应请之省款，概不请领，各项税收提成之办法，亦一律剔除，共常年经费五万八千一百七十一元。除县政府全部经费支出外，并保留一部作为实验之用。又邹平之地方款为十万零九千八百一十九元，其中一部分向为第三、第四、第五科经费，今已腾出作为实验建设之用。以上各款皆取统收统支办法。

（4）关于公务员之任免办法：除县长由乡建院简拔呈请省政府委任外，皆由县长遴选适当人员，呈请乡建院委任之。乡建院对县政府行文用令，为其直属上级机关。

（5）凡乡建院院务会议，实验县长必须出席，参加讨论乡建院对于实验工作之方案及实施办法。

（6）关于会议办法：县政会议，由县长，秘书，各科科长及县长临时指定之人，开会时县长为主。地方会议，县长，秘书各科科长，各乡理事，各辅导员，商会代表，农会代表，教育会代表，及县长指定之人，开会时县长为主席。

注：菏泽实县区办法，在第八章内详细说明，此处不叙。

丁、乡村服务人员指导处之办法

（一）组织：由院长，副院长，研究部主任，训练部主任中指派一人兼任该处主任，由院务会议推定巡回导师二人，院长指派研究生若干人，充任指导员，组织之。

（二）巡回指导办法：凡各县之乡农学校，乡学，村学，及民众学校，由乡建院毕业生负责办理者，应按期巡回指导。遇有问题发生，即临时派员指导解决之。

（三）实验民众教育与编辑教材：曾在邹平之黄山前，韩家坊，霍家坡等村，设实验民众学校多处。由院务会议推定指导员三人，由处主任指派研究生若干人为辅导员，协助各校教员，负责实验民众教育办法，以备各县参考。又各县办民众教育多感觉教材困难。指导处曾一度负责编辑民众教育各处教本，以应当时之需求。

（四）关于同学通讯办法：因毕业学生逐年增加，散处各方，巡回指导，势难周到。特由指导处出版同学通讯，每月一期，登载各地同学之工作情形，自修情形，地方情形，特殊问题解答，书报摘要，本院消息，其他之临时选载，以赠各地同学，作观摩参考及联络情感之读物。

戊、总务处之办法

（一）组织：总务处置主任一人，承院长副院长之意，督饬所属各股，办理院内之事务。各股设股长一人，事务员，练习员，录事若干人，办理各股之事务。

（二）办法：文书股管理院中之收发，拟稿，缮写，校对，临时记录，及各种档案之保存事项。稽核股，稽核实验县区及分院之收支事项。会计股，管理院中之出纳及印信事项。庶务股，管理院中之修理建筑，购置，及其他杂务。注册股管理学生注册，各种表册，及关于登记事项。出版股经理院中之各种讲义，各种出版物，并发售，印行，校对事项。

（三）会议：凡关于总务处事项，或院长交办之事项，应召集处务会议商讨之。总务主任，各股股长，及总务主任邀请之人，必要时应请求院长副院长参加会议。开会时以总务主任为主席。但院长副院长参加会议时，亦得为主席。

己、社会调查部之办法

（一）组织：置主任一人，调查员二人，练习员若干人，秉承院长之意，办理社会调查事项。

（二）指导院内学生，调查邹平全县乡村概况。并就院中所办之小学教师讲习会，及邹平实验县所办之联庄会会员作普遍之访问及调查。

（三）编辑各种调查表册，已出版有邹平概况调查，邹平实验县概况诸书。

庚、农场之办法

（一）组织：置主任一人，技士人二，事务员一人，技术员若干人，练习员若干人，于必要时召开场务会议，除习练员外，皆得出席或列席，以主任为主席。

（二）关于农艺者：研究育种，驱除蚜虫，选择种子，美棉剪枝，经过实验有效即推行。之其办法，先设标准农家，次第至于一般农户。

（三）关于园艺者：邹平之果树，蔬菜，常有害虫，金龟子，蚜虫，瓜守，为害最烈。用亚砒霜，硫酸铜，樟脑粉，硫黄粉各五磅，苦树皮百磅，砒霜，烟草各五斤调制杀虫剂，以驱除之，为效甚大，已推行各乡矣。此外如葡萄，桃，杏，梨等果树已实验有良好结果，正在推行中。

（四）关于牧畜者：（1）猪种改良，用波支猪与曹猪及邹平猪，一方作交配及喂养实验，一方推广实验。并应各地之要求，出让波支猪，以资传播改良。（2）蜂群管理，每隔三日，即派人往唐李菴蜂场检查一次，以免发生意外。（3）鸡种改良，于黄山北麓新辟鸡场，已建鸡舍四所，以作改良鸡种，防治鸡虱及推广鸡种之用。现以围绕黄山数里之庄村已遍设养鸡标准家矣。

（五）关于兽医者：（1）病理部，绘制家畜病埋图九种，及制造家畜病理组织标本十种，以供群众参观宣传及预防之用。（2）诊疗部，各乡病畜得照规定时间，至兽医处医治，不收费用。（3）出诊，如波支猪脓疱性皮炎，或特殊情形，得出门诊治。

（六）关于蚕桑者：（1）每年监制蚕种，以求划一，并防止蚕病传染。（2）编印各种小册子，下乡宣传，以促进蚕改良。（3）训练蚕业合作社社员，以养成其自办能力。

（七）关于济南辛庄合作农场者：乡建院由山东省政府领得辛庄官地六百亩，作为扩充农场用。因限于人力财力之不足乃与洋义赈会山东分会，及金陵大学农学院早在济南齐鲁大学附近办有合作农场小麦育种等工作，三方面订立合作合同。由乡建院供给农地六百八十余亩经费一千元，以便于农业教学及办理推广事业。由金大供给经费一千元，及技术上研究，材料上之一切补助，并每年派专门技术人员来场指导，以作研究实验工夫。由义赈会供给经费二千元，以达其预防灾荒之目的。金大及义赈会，在济面原有农地八十八亩，一并加入，共同成为济南辛庄合作农场。

（八）关于推广者：派员巡回下乡宣传指导，于各种教育工作参加农业教育一项。并于各乡区设立简单小农场，以推广农场中已试验有效之品种。

辛、图书馆之办法

（一）组织：置主任一人秉承院长之意，管理馆中事务，下有事务员一人，练习员二人，分阅览，期刊，编目，登录，事务各组。于必要时开馆务会议。

（二）委员会：就院中之职教员组织图书委员会，商讨关于馆中重要事项，及审核图书馆各项章则。

（三）经费：除职员薪俸，及添购设备费，由院中支给外。原定每月购书费二百元。现因全院经费减缩，购书费亦减为每月一百一十二元。

（四）设备：有普通阅览室，杂志阅览室，书库，办公室，阅报室。在馆内浏览者，凡院内之职教员，学生皆可自由取阅，但阅后仍置原处。借出馆外者，必须按照借书规则，凭借书证借书。

壬、医院之办法

（一）关于组织者：在名称上有山东乡村建设研究院医院，及邹平县政建设实验区卫生院两个名词，实际上医院及卫生院之组织人员与经费并不分开，是一个机关，赋有两种作用。内分保健组，总务组，医务组，而以卫生教育，为共同之目的。见医院组织系统表。

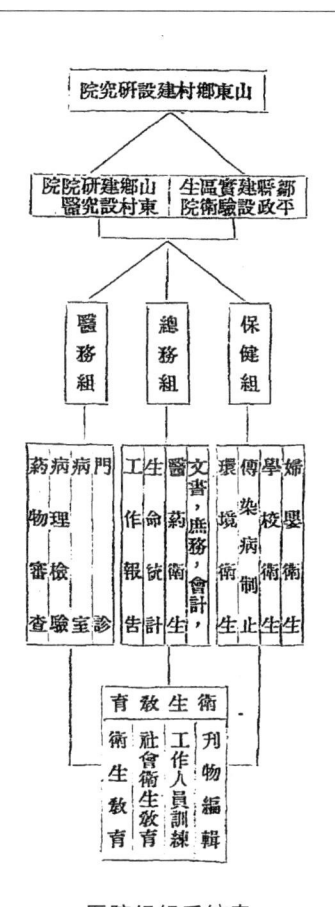

```
                    山東鄉村建設研究院
                   ／           ＼
      山東鄉村建設研究院     鄒平縣政府建設實驗區
            醫院              衛生院
                   ＼        ／
              ┌──────┼──────┐
             醫務組  總務組  保健組
```

医院组织系统表

属于医院者又有卫生所与卫生室之组织。卫生所设于乡学内，为乡学之一部，直属于卫生院。卫生室设于村学内，为村学之一部，直属于卫生所。更设辅导委员会，以补助指导卫生所卫生室之不足。见医院及卫生院行政系统表。

（二）关于经费者：每月经费一千一百八十五元。内卫生署协助一百八十元，以达其卫生计划；齐鲁大学医院协助三百元，以作该院学生实习场所；邹平县政府一百五十元，以办理该县卫生事业，乡建院五百五十元，以达其卫生建设之目的。院以下为卫生所每乡区一所，置助理二人，月薪及医药共七十元，由邹平县政府担任之。

（三）关于诊疗者：每日上午诊治男人，下午诊治女人。初诊门票铜

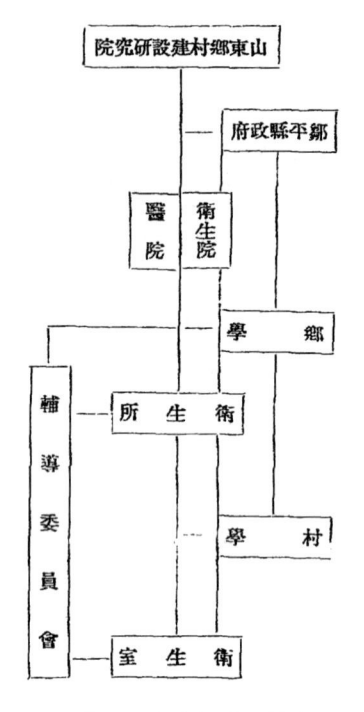

医院及卫生院行政系统表

元十枚,复诊四枚药费除注射九一四外概不收费。

（四）关于妇婴卫生者：以妇婴保健会为推行中枢。在城区设妇婴保健会，在乡区设分会。设会长一人，顾问一人，干事十人，除由院方派公共卫生护士，及助产护士，各一人担任外；其余职员，尽由当地妇女担任之。

（五）关于收生者：由妇婴保健会主办，从会员中选出若干人，加以训练，实行义务接生。但在未受训练之乡，接生工作，暂由护士为之。

（六）关于学校卫生者：在乡村师范之第一年级，卫生课程，每周二小时，理论与实习并重。第二年级，普通疾病治疗法，每周三小时，理论与实习并重。第三年级，预防医学，每二小时，理论与实习并重。第四年级，完全为治疗及预防之实习。分定期实习及不定期实习。定期实习，四人至六人为一组，每周二小时至四小时，以两个月为限。不定期实习，按照时令及卫生工作情形临时商定之。在小学内则由卫生助理员，在每周规定期间，施以卫生课程，训练卫生团，组织卫生队，作各种卫生活动，及救急法，与环境卫生。

（七）关于传染病者：由卫生助理员，分别在各乡布种牛痘，作霍乱预防注射，及传染病之发现。

（八）关于卫生教育者：由卫生院编辑浅鲜明了之卫生教材，分发各乡学及各县乡农学校，作普通之训练，以期人人皆有卫生知识及预防法。但以学校卫生为中心，渐次推及一般民众。推广此项教育之主要人员，在邹平为卫生助理员，及小学教师，在各县则为乡农学教职员。因为这些人员，全部都受过卫生工作之训练。

癸、编辑部之办法

（一）组织：置主任一人，承院长之意办一切编辑事宜。内设合作教材编辑组，民众教材编辑组，乡村建设半月刊编辑组，于每月内开编辑会一次，以主任为主席。

（二）合作教材编辑：由乡建院合作导师，及合作编辑员二人，编辑训练部，乡师，小学，及其他各部分合作教材，与合作丛书。现又兼办合作指导委员会之编辑事项。

（三）民众教材编辑：由主任指导编辑员若干人，编辑各县乡农学校及邹平乡学村学各种因地制宜之教材以教导民众。

（四）乡村建设半月刊：由乡建院导师及编辑员若干人，于每半月编辑一期。内分论著，工作报告，农村经济，乡运消息，各部门。

统观乡建院之办法，次第显明，秩序井然，而知主办此乡建院之人，早已成竹在胸，故在此风雨飘摇之际，能以百折不挠，步骤不紊，而有此整个办法之表现。处处皆因事拟法，因时而变。绝没有先拟定办法，要事实来迁就办法的弊病。常言道："随山刊木，遇江河则造舟梁，"窃于此办法中见之矣。并知如此创造出一套办法来，庶几乎合乎中国社会之实况，应乎人民之需要，而产生出一个新习惯，新制度来。然细绎其旨，非见定行坚，又难以砥中流而不移。在乡建院之办法中，故难以求全责备，一网不漏。然欲速则不达，乡建院之主办者，尽有鉴于兹矣。窃以谓愈在国难期间，愈当足踏实地来干，才可以使国基稳固，不可劣等而进，反而戕贼了元气，把国家弄坏了。结果求速反迟。倒不如从根本上作起，表面上似是迟慢，而实际上则是最速不过的办法。

邹平定县等地考察印象记

马博厂 编著

《行政研究》创刊号

目 录

导　言 …………………………………………………（153）
邹　平 …………………………………………………（155）
菏　泽 …………………………………………………（160）
济　宁 …………………………………………………（164）
青　岛 …………………………………………………（166）
定　县 …………………………………………………（170）
各地的展望 ……………………………………………（174）

导　言

考察的缘起和范围

作者个人对于县政研究，颇感兴趣，可是平时因为职务的关系，很少有机会到各地去实地考察，本年暑假，因受行政院的委托与协助，得能前往山东等省考察。这是个人很感觉欣幸的。本来我们的任务，仅在考察邹平一县实验的成绩，可是经过我们在邹平考察一月之后，使我们深深地感觉有分赴其他邻近各地，考察的必要，因为一方面使我们对于邹平县政，能用比较的方法，从不同的观点上，找出一个客观的认识来；另一方面可以使我们增加许多县政的知识，并且从此也可看出县政运动在建设新中国的过程中所处的地位，因此我们离了邹平之后，又分往莱阳、定县、菏泽、定陶、曹县、济宁、开封等县，继续考察；复以县政建设与整个的省政有密切的关系，所以在济南，开封两处，亦曾访问省政当局，探其对于县政建设之意见，并搜集一般县政的材料，同时在山东考察时，闻青岛市对于乡村建设，也很注意，并且有了相当的成绩，所以我们前去参观的念头格外坚定，而且我们认为市政府的乡村建设，或者足供县单位乡村建设的参考！

考察准备和方法

我们因欲考察邹平及其邻近各地的县政，所以在出发之前，曾将有关各该地的县政材料，尽量搜集，并加以相当的分析，制成调查纲目；同时为求考察便利起见，又拟订若干问题，研讨程序，准备与各政当局谈话；并计划到达目的地以后，先用几天工夫，观察县政各种机构和组织，希望对于该处的县政状况，先得一个概念，然后参考已经搜得的材料，进而研究该地的各种活动。所以我们每到一处，一方面在乡村建设研究机关，及县政执行机关，尽量地与负责当局作切实的讨论；一方面又分往各乡实地观测各种活动，与建设事业推进的状况。在我们访问各种负责人员时，我们纯粹以客观的态度，研究他们对于县政建设所具的思想，所用的方法，所抱的态度，所遇的困难，与所得的经验。有时我们也追问他们，这种试验工作，对于县政前途，国家建设，民族复兴，有何关系？经过我们用这种种方法，来缜密的考察以后，所以我们能够得到不少实在的利益。一则使我们得了许多宝贵的事实，一则很能引起他们地方当局，对于国家民族的整个问题的注意，甚至因我们对于事实的反复追问，而发生许多制度上或工作上的问题，更足以激发实际工作者的思想，振发他们的兴趣，这又是此次考察时所收到的一种副产品。

报告内容的概要

我这篇报告的目的，将要向读者诸君作以下的几种叙述：第一，我希望能将现在邹平等地县政或乡村建设的领导者，作一相当的介绍；第二，我希望能将各地乡村建设运动，所采取之路线，及其中心的办法，加以适当的说明；第三，我愿意将我这次亲目所睹，亲耳所闻的县政建设活动的状况，在我认为最有兴趣的，向大家作一简单的叙述；末了，我希望能将我对于邹平等处县政的印象和前途，做一个系统的纪要。关于所考察各地的县政或乡村建设个别的详细状况，我们另有记载这里所述，不过是一个鸟瞰式的观感而已。

邹　平

人物

　　我认为要报告这次考察县政和乡村建设的状况，必须先对那些领导或提倡的人物，加以相当的介绍，因为他们的思想，他们的态度，他们的方法，他们的精神，都是构成这种运动或建设的原动力，邹平等县县政之所以能有今日的生机，乃因完全由于他们在那里提倡推进的缘故，所以我们要明了各地县政建设的情形，必得先了解各地领导人物的意向，否则，根本就难认识许多事业的所以然了。但以作者短短时间的考察，要想将这许多领导人物一一介绍，难免不有遗漏，而且对于我所介绍的诸君，叙述尤恐难于详瞻，也未必即能十分准确，这是要请被介绍诸君和读者，曲加原谅的。

　　领导邹平县政实验的人物，是大家所知道的梁漱溟先生，梁先生是一位富于思想，沈潜笃实的学者，他所领导的乡村建设运动，就是根据他的思想，以建设乡村为起点，而谋整个民族的复兴。他的方法是用中国固有的道德，养成人民合作团结的习惯，大家和衷共济，力争上流。因为他注意旧道德，所以他重视精神上的陶冶，务使随他工作的人，都对于乡建工作，发生一个中心信仰，大家循着一定的目标，向前迈进；又因为他注重精神的锻炼，所以他那里办事，并不注重形式上的手续，对于责任的分配，极少彼此推诿的现象，所以在行政上，表现出一种特殊的风气来。因为他富于思想，所以时时刻刻，都要研究问题，总想得着一种最完备最彻底的解决办法，他研究问题，很能从高处大处着眼，所以他虽主持一县的县政，或一省的乡建事业，他的眼光，总时时注意到整个民族文化，整个国家问题的解决的。不过因为他的思想很深刻，研究的范围很广阔，所以发为议论或与人说话时，在短促的时间内，就很不容易了解，因此，他的理论，也有不免招致误会的地方，这是一件很不幸的事。

担任邹平实验县长的是徐树人先生（江苏吴县人），他因生长地方，故于地方情形，非常熟悉，他曾在河北省做过县长，嗣因研究梁先生的学说，发生兴味，遂来邹平乡村建设研究院工作，继乃担任邹平实验县长，我们从与他数度的谈话及一同下乡考察的当中，看出他对于县政推进的态度和乡建设论的信仰，可以说是梁先生的一个忠实信徒。他是以一种和蔼可亲的态度，对待他的秘书科长，辅导员，各乡学长以及其他各级工作人员，他曾说过："推进县政，不愿用政治力量，这就是说，他们完全是一种'师统政治'，以师生的关系，朋友的信义，来作县政治活动的中心。"我们在那里考察时，正是各乡乡学选举的时候，看他几乎每日下乡主持乡学选举的事宜，对于学董殷殷解释，正可表示他是一个很仔细，很诚恳，很有耐性的亲民县长。他的高级佐治人员，有秘书一位，科长五位，有的是大学教师，有的是大学毕业而在乡村建设研究院受过训练的，也有曾经做过县长富于实际经验的，我们都曾与他们分别详谈，在我们详细访问之后，得了一个很深的印象，就是对于他们的工作计划，乡建前途，以及他们所采取的步骤，都有了相当的认识。再从能力与精神方面来讲，他们办事，也都整齐一致，这种情形，在普通县政府内，似乎不很容易见到。因此，他们县政的推进，能够达到'身之使臂，臂之使指'的灵活境地。总而言之，邹平的县政，因为有梁先生在思想的领导，和徐县长有实际行政经验的推进，所以凡经训练而在各乡工作的人员，皆能注重人事的关系，造成一种和睦肯干的空气，练习商量办事的习惯，这种态度，很能使人感觉一种特殊的意味。

中心思想及其活动

邹平的乡村建设，目的在彻底训练人民新的生活习惯，注重团体的联络，使大家知道组织的意义和组织的方法，并且要利用这种团体的力量，使大家学习如何向上求进步的道理。他们相信民众组织若能做好，一切物质建设，教育建设，卫生建设，都可有办法，因为根本上如果人民的态度，习惯，精神，能够彻底改变过来，自然就会有一种新的气象，新的力量，也可以创造一种新的民族文化。这在他们认为是复兴民族国家的基本工作，所以领导建设者的责任，就是要将一盘散沙的民众，各扫门前雪的民众，逐渐的组织起来，训练他们，使他们知道大家商量办事的方法，得着团体生活的能力，发生新的社会力量来。他们为要达到上述目的，同时感觉现行自治组织及保甲组织，对于邹平地方情形有不适宜之处，所以单独施行乡学村学办法，做最下层的基本组织，一切事业，均以此为推进的枢纽。

乡学村学的组织是这样的：各乡村设有乡学村学的地方，有学董若干人，其产生有由人民推选的，亦有由县府聘任的，人民推选的，即各村村长，为当然学董，为办事便利起见，多由学董中推举三人为常务学董，再由县政府就此三人中，圈定一人为理事，处理日常事务；学董的主要任务，在辅助乡村理事，办理乡村事业，并定期举行会议，使大家学习讨论问题，练习议会辩论讨论的方法。我们在邹平曾参观第一第二乡学的活动，和第七乡学的选举，第七乡学有学董二十四人，内有当然学董二十一人，余为县府所聘任；这次选举（七月五日），是要在此二十四名学董之中，推举三人为常务学董，以备县政府于此三人之中，圈定一人为理事，当日所有学董，都能按时到会，县长徐树人，也亲自出席，学董中虽有许多年龄较大，识字较少的分子，但开会时很守秩序，在县长报告选举的意义及乡学目的以后，就各自开始投票选举，很平稳的产生三位常务学董，当然在事前他们也有相当竞选，终以辅导员（后面申叙）指导的得宜，所以这班乡村农民，都能选出适宜的人物，担任乡村的领袖。

学长之设，乃是利用他的年高德劭，向为乡村民众所信仰的缘故，来做地方精神建设的表率，有时也以他们的情感作用，协助乡村理事所不能调解的民众纠纷；非到不得已的时候，决不到县政府用政治力量去解决。

乡理事村理事，是乡村中实际行政及自治的领袖，由县政府就乡村学常务理事中圈定，专门监督领导乡学村学，办理一切兴革的事业，一方面又为民众调解纠纷。但县政府方面，仍恐学长年迈，思想不能进步，理事是各乡村的民众，能力和资望，或未必定能完全胜任，各个学董，不免缺乏团体办事的习惯，所以在此过渡时期内，各乡均由县政府派定辅导员一人，指导乡村建设工作，这班辅导员，多半受过中等以上教育，并且受过研究院的训练，思想清新，精神振作，对于乡村建设的意义，都很明了，所以他们与乡村建设是很有关系。此外在乡学里面，有教导部，设主任一人，教员若干，负教育儿童的责任。关于乡村成年农民补习教育，以及一切社会教育的设施，也都由教导部担任。

关于户籍行政，除在县政府第一科内，设户籍室，置主任一人，助手若干人，主任负设计监督责任，助手负登记人事变动（户籍簿以村分类），及编制统计等责任，总司全县户政以外，各乡学内亦设有户籍办事处，分别设置主任，户籍员，并以村为单位，各设户籍警。户籍警，均每天在乡村走动，遇有人事变动，随时报告乡学，以电话通知户籍室。乡学村学之联络，非常灵活，县政府对于人事异动，随时可在户籍室中查出，所以全县户口数目，生死迁移婚变等事，皆有精确的调查和记载，现在邹平户政，已经几次调查，成绩极为圆满，而所费之经费，亦极有限，只三四千元而已。如果继续保持这样很准确。很有效率的状态下去，将来对于壮丁训练，成年农民的教育，国民义务服役，及一切风俗习惯的改良，甚至于解决司法上的民事田产纠纷，刑事上风化盗匪等案件，都有了很好的根据。

至于自卫组织，邹平也是奉行山东全省联庄会的办法，数年之间，由各乡抽调农民，集中县城训练，共约三四千人。后来放回各乡，再训练其他壮丁，如此却减少许多费用，训练以后，将他们编组起来，各乡设队长副队长各一人，各村设组长副组长各一人，指挥乡村联庄会会员，负维持地方的责任，并以这种基本组织，为推动一切社会事业的力量。再由联庄会会员及乡学教员，利用早晚的时间，训练成年农民的军事技能及普通知识，这是量的方面；在质的方面，每月由县政府挑选各乡受训有成绩的壮丁四十名，编为警卫队，授以四个月的高级军事教育，在此期内，并担任城防工作，训练之后，遣回各乡，仍做训练工作，负责维持治安，兼为队长组长的候选人。另于每个月内，由队长集合一乡受过训练的联庄会员，在乡学地方，举行乡射礼一次，检阅军事训练，及演习打靶等军事动作，在这一天内，还有种种娱乐及聚餐，以资联络感情，增进团体力量；县政府自县长以下，也都参加典礼，予以训话，或报告县政情形，不断促进官民合作。如此辗转训练，质量双方并进，所以邹平的民众，已有了充分的自卫力量。

可是邹平起初为欲达到此种目的，很感觉这种基本组织领导人才的缺乏，和行政力量的单薄，所以他们决定实施的步骤，第一步开始训练乡村建设人才，第二步进而充实县行政的机构。关于乡村建设人才训练的责任，是由乡村建设研究院担负的，院内分设二部，一是研究部，专以训练高级人才为目的，招收大学毕业或相当程度的学生，入学之后，对于乡村建设理论，先使之有深刻的认识，然后作专题研究，卒业以后，分任县政建设较高级的工作，不过受过此种训练的学生，人数很少，服务表现成绩的也不多。一是训练部，招收中学生入学受训，在训练期间，有时注重教育，有时注重农业，有时注重生计建设，经过几年训练以后，他们都养成在乡村工作的技能；现在乡学村学的教员，户籍主任，多半系由他们担任。这类学生，四五年来，共有二千余人，除在邹平工作而外，余多散在鲁西各县服务。邹平因为有这两种基本干部，经过同样的陶冶，有了同样的观念和信仰，所以他们在各地工作，都能互相呼应，彼此合作，这是在县政工作上最基本的事业。

现在我们要说到行政机构的充实。邹平的行政人员与办事态度，前面已经提过，现在要将他的组织与合作方法，说明一下。他们的行政机构，已经合署办公了，县长秘书科长，以及司法各方面人员，都集在一起，虽然分科，但彼此很容易照应互助。合作方法，是每日早晨在办公开始之前，由县长秘书，将当日所收到的公文，以及一天之内应办的事，先支配各科，然后与各科长分别讨论办法，或报告前一日的工作情形，若有问题，彼此即可磋商，如此一至办公时间，即不必临时谈话，扰乱秩序，同时县长就可以将内部事务，完全交给秘书科长负责，无随时请示的必要，因此县长可以抽身下乡工作，县政领袖人员，分头担负内外工作，行政效率，自然增加。我们在邹平考察，看徐县长几于每日皆往乡间工作，实是此种办事方法的促成。在推进事业方面，他们利用各个乡学村学为领导中心，以各刈的联庄会会员，学校及成人班等为推动的力量，各方互相钩联成为一部整个的机器，顺序前进，若是指导得宜，各种事业的成绩，必定很有可观。

菏　　泽

人物

　　与邹平实验县关系最深，所受影响最大的份县，第一要算菏泽，第二要算济宁。在菏泽方面的负责者为孙廉泉氏，他是曹州附属邹城县人，曾在曹州中学毕业，后来毕业于北京农业大学，留学日本，是以本地人资格，做本地事的，不但对于地方情形，极为熟悉，就是对于地方事业，也很热心。我们这次参观菏泽，在未与他见面以前，听说他能以人民的力量，阻止刘桂堂过境并做到县内没有一个土匪的境地，可以想见他是很有勇敢很有魄力的一个人，我们想象中以为他是一个武人，或者是在日本军事学校毕业的，哪知见面之后，看他才不过四十上下，却是一位很文雅的书生，与我们谈话，大家都说："我们还免不了书呆子的脾气"，我们在菏泽区参观，讨论研究的时候，也很随便很坦白的报告县政的事实，提出许多有兴味的问题来，我们与他虽然初次见面，他却能很诚恳的将他内心的信仰，主张和方法和盘托出。有一天我们同他下乡参观三个乡农学校，看见他所办的农民自卫班，和各小学童子军的会操，从他对于老百姓，自卫班学生与乡校职员的公开演讲或随便谈话当中，很可看出他是一个很率真而富于同情心的人，他所说的话，几无一句不是为老百姓着想，一班普通民众（适因集会，故人数特多），听他的演讲，也都表现着很快乐很满意的神情，可见他与老百姓，是没有一点隔阂的。他到的地方，人们都称他为老师，处处表现师生的感情，我们感觉这也许是他政治成功的一个主因。佐理他的人，有一位皮达吾先生，是研究经济的学者，担任过大学教授，对于乡建理论，也有深切的信仰，现在他抛弃了大学教授的地位，来参加乡建运动，孙先生的事业，固然能够吸收人才，而皮先生的决心与勇气，亦颇足多。我们在菏泽区专员公署及县政府，参观四五日，好像与在邹平有同样的空气，觉着各方面的人，都很能注重师生关系，朋友信义，在和衷共济的合作办事，这也许是他们一贯的政策，或成功的原因罢！

中心思想及其活动

菏泽是与邹平差不多时成为县政实验区的。主持菏泽县政的人孙廉泉，曾任邹平乡村建设研究院的副院长，所以他治理菏泽的办法与精神，与邹平大同小异。不过因为菏泽所处的地位，是在鲁西，环境根本不同，那里素多土匪，并且地近黄河，常遭水灾，因此他的做法，就不能不与邹平略有不同。他最大目的，乃在使民众如何得以安居乐业。他的意思，就是要从自卫方面，先将民众组织起来，使得他们能够利用本身的力量，维持地方治安，等到收效以后，再着手于教育，经济，卫生等等建设事业。所以孙君一到菏泽，即在民众自卫方面，竭力筹划，开始设立二十一个乡农学校，内设农民自卫训练班，为训练人民自卫的枢纽。乡农学校设校长一人，由县政府任命，权力很大，是一切活动的领袖，凡是乡村政治，军事，教育等，都由他主持，各村的小学，自卫班，也都受他指挥。协助他的人，有教导主任一人，负教育方面的职务，军事主任一人，主持地方自卫工作，另有学董，仅做校长的顾问，自今年起实行村理事制以后，学董（即村长）将无多大作用了。自卫班的学生，是由各乡村的地主及自耕农所组成，每乡有三四百人，每次训练四个月，三四年来，全县已经训练六千余人，发回各乡村，分组分班，组织起来，各村互相密切联络，防卫夏冬的治安，又为提高农民军事知识起见，亦曾召集农民丁五百人，授以高深军事教育，这种农民自卫力量，已足维持治安而有余，闻前在刘桂堂匪过境时，即以自卫班最初训练之一千余名学生，作为抵抗的力量，终使刘匪未敢入境。最近有百余土匪入境，掳肉票五名，六小时后立即发觉，随时召集农民四百人，各乘自行车，搜查边境及邻省邻县地方，将土匪百余打散，当场击毙若干，生擒若干，并将肉票及邻县被掳者，共救出十三名，又临河乡农民，向作者陈说，以前常被匪扰，每年总须逃难一次，在金钱上不知损失多少，现在已能够安居乐业了，说时面上表现着无限的快乐，由此可见菏泽县的治安，已有一种夜不闭户的气象。因为他有如此的成绩，所以，曹州府属九县，济宁区属十县，临沂区属八县，都在仿他的办法，菏泽因已有此稳固的自卫基础，所以现在已进而开始向造林，筑堤，教育，经济，自治等建设事业方面去进行。我们到菏泽，是从开封乘长途汽车去的，在菏境约走二小时，一到菏境，就看见许多的树木，很阔的汽车路，立刻令人感觉到与别县的景象不同。以后往各乡参观，除了东西两乡以外，北至黄堤，南至定陶县界，几百里的汽车路及行道树，均是利用民力建设的，这种树木，有的已经成林，据说全县已有六十万株，是为防川用的，三年之内，无如黄水为灾，全县树木成材，砍伐下来，整批出售，可有一笔很大的收入，根据他们的计算，每株约值三四角。六十万株的价值，大约相当于一年粮赋的收入——二十余万，所以他们为鼓励农民造林及参加经济建设起见，预备免征粮赋一年。假如果真实现，将为县政放一异彩。又菏泽因为三年曾遭两次黄灾，所以他们决定从本年度起，建筑各村村堰，以防水患，每堰长约一二里，高约六尺至八尺（以后逐渐增高），在很短期间，竟能完成一千四百多个村堰，这件事在专员公署及县政府方面看来，本来是一件很难成功的事，现在因有民众组织，到底能做到了，他们认为几乎是一件奇迹。

当我们参观时，还有两种训练班，正在进行中。一是村理事短期训练班，共有四百余人，大都是受过自卫训练能做乡建工作的，这班青年农民，虽是来自乡间，但却很能参与团体活动，遵守秩序，听从政府的教导；一是义务教育师资训练班，是为菏泽行政区各县义务学校而办，亦有二三百人，也都在听受菏泽乡农教育的办法，预备回乡以后，担任小学教师及参与乡建工作。由此看来，菏泽县年来已在积极建设乡村工作，所以孙专员说："以前全县经费，十分之八，用在城内维持许多不做事的机关，容纳各派人物，自设实验县后，城内无用机关，十九都已裁撤，现在能以十分之七的经费，用到乡村建设"，这话是有相当证明的。

还有一件关系行政效率的事，我们也不妨提出来说说。就是菏泽区行政督察专员公署，是与县政府同在一处办公（济宁区也如此）。专员公署内，分民财建教四科，县政府也同样的分四科，专员公署的科长，都由县政府的科长分别兼任，在行政经费方面讲，非常撙节，可算除了县政府应有组织而外，专署增加人员很少，就可办理行政区的所有工作，而这班科长，他们一方面要做各县的模范，一方面又负责监督指导各县的工作，并能予各县以充分的协助，行政督察，固然做到名副其实的地步，就是在推进建设方面，专员对其辖县也很有贡献，这实在做到专员制度的好处，使县政建设，有顺利的进展。

济　　宁

人物

济宁的负责人，在前为王绍常君，现在为梁耀祖君。王君原来从事军警治安工作，曾在山西等地供职，亦曾任鲁西民团军军长，对于鲁西民众，很能指挥如意，现在担任济宁，菏泽，临沂三区行政指导员，人极淡泊，直率，诚恳，对于国家问题时刻关心，想求贡献。他感觉中国的基本问题，是在如何使大众的生活得到解决，所以在农业工业方面，有种种的试验，经济方面，有种种改善的方法，在乡村建设运动中，他也是一位健将。梁耀祖君，当我们到济宁考察时，正是他丁忧往北平的时候，未能与他见面，他原籍豫省，从前在河南辉县百泉村治学院时，他是主要的推动者，到山东第一任的乡村建设研究院院长，就是他担任。听说他很富有思想，经验，胆识和毅力，看事非常真切准确，所以在幕前幕后的策划，他都有非常的功能，可见梁先生也是山东乡村建设的一位中心人物。还有一位王怡柯君，从前曾任邹平实验县长，现在担任济宁区专署主任秘书兼代济宁县长，他在民众组织与民众训练方面，也曾定了不少的计划，和收到很大的效果。我想这几位联合起来，对于济宁区的县政建设，将来更要有相当贡献的。

中心思想及其活动

济宁成为行政专员督察区，是本年春季的事，所有菏泽的办法，在这里推行，才几个月，所以还未能看出实际的成绩来，同时因为我们参观的时间不多，没有得着机会，察看他们的活动，所以也不能作详细的报告，不过就我们所知道的，在旧时区长官公署所辖的县份，尤其是汶上县，他们的乡农学校，已有相当的规模，又因遭遇很大的水灾，所以对于防水工程，很为努力，汶上县张县长曾不断的率领工作人员，亲驻堤头，做防水的工作。现在新设各县，已开始试行乡农学校办法，我们在滋阳，曲阜两县，就看到他们的乡农学校，也已有了相当的表现。至于经济建设，现亦加以努力，三科科长于鲁溪君，是一位吃苦耐劳的工作人员，他到任不及二月，就将济宁区十县详细考察，对于各地的经济实况，已经调查清楚，现正拟订计划，以举办合作社为经济建设的起点。同时以济宁区为中心，训练山东各地乡村工作人员，所以在那里召集了全省师范毕业生，授以乡村工作训练，以六个月训练各种技术与精神陶冶，三个月分发至菏泽等县实习，经过九个月的熏陶试验，认为可行，即分发至山东各县工作。我们听说，除现有济宁，菏泽，临沂三区外，山东一省，将划成十二个行政区，济宁的这种训练，不过是准备工作，如果十二区的训练事务完全成功，那么山东全省的县政，定有一番崭新的气象！

青　　岛

人物

　　青岛市市长沈鸿烈氏，是以市政当局的地位，而致力于乡村建设的。这种以市的力量，谋市区附近的乡村建设，对于其他各市及一般县政，不无可供参考的地方，所以我们介绍沈市长和他的工作，是有特殊意义的。沈先生是科举出身的中国学者，也是一位留学西洋的近代学者，他学的海军，在海军界服务，可算是个武人，但他又同时研究政治，主持市政，好几年来，事实告诉我们，他很有办法，极能细心计划，努力于市政建设，他的成绩，不待我们多说，因为他肯负责，所以无论是市区乡区的建设，他都管到，所以非常忙碌，我们到青岛参观时，适逢中等学校暑期服务团开始服务的时候，他在大礼堂内，接待这班学生，加以一种很切实的训话，解释服务团的意义和重要性，又在高中学生集中军事训练开幕典礼当中，对另外一班学生，讲说集中训练的重要意义，都足以表示他的态度和主张，又沈市长亦曾召集市区内五个区域的闾邻长训话，总计共有闾邻长五千一百四十人，当日出席听讲的，就有四千七百七十四名，平均各区到的人数在百分之九十三以上，这又可见沈市长与民众的密切了。我因为要报告他乡区建设的中心思想，所以对于他个人，以后还有机会介绍，此地就暂说个大概情形，作一起点。

中心思想及其活动

　　青岛是一个市区，而且是一个特别市区，在外交上已有它特殊的地位，所以容易引人注意。不过青岛市区以外，还有数倍于市区的乡村区域，在以前几乎无人注意，自沈鸿烈氏任长后，即分其市财政的一部（每年八十万，十倍于乡区所缴之田赋），促进乡村建设，据沈氏个人所谈："政治事业，应当以人民为对象，时时为民众谋福利，所以乡区民众所得到政治上的利益，不应当和市民分别太深，"于是他就本着"行政区域，应当缩小；行政系统，应当简单"的原则，划分所有乡村区域，分别设置乡村建设办事处，拨派市政府及各局台所的职员，驻乡办事，以政府迁就人民，亲近人民为目的。各办事处的工作，很少在公文上费工夫，多在事业上用力量，更注重多做事，少试验，在调查工作上，力求简单统一，减少乡民的麻烦，如此，每半个月各办事处，均须报告工作，陈述困难，所以沈氏的主要意旨，就在以市的力量，促进乡村建设，做到市养乡的原则，等到各办事处的建设工作，做到相当程度，就希望人民自己组织起来，逐渐养成自治的能力，然后慢慢的把政权，由市政府方面，推移到人民的身上，让他们自己负起责任来，以达到最后自治的目的，成立有效的乡区自治公所。

　　沈氏看到青岛乡区民众的知识，尚未发达，要推进这种由下而上的实际建设工作，如果先从教育入手，等到乡民知识程度提高，再来办理，固然是远水不济近火，倘使单独靠政治力量去推进，也很不容易深入，因此，沈氏根本主张"政教合一"，以政治去开发，而以教育来辅助，政治为始，教育为终，凡是政治力量所不能达到的地方，就以教育来弥成之，所以沈氏一贯的行政精神，就在"组织化""合理化"六个字上面。现在青市乡村民众，因为沈氏的诚意建设，已渐能谅解政府施政的苦心，并且也能认识政府所抱持的态度了。青岛官民的态度和建设的趋势如此，所以他在外交上，已很得当地外人的重视，内部在无形中，也减少了许多汉奸活动的机会，几乎使有心侵略的人，不易施其伎俩，这种表现，不能不使我们有所感动。

　　青岛是个近代化的市政区域，在过去，已有特殊的国际关系，德管时代的物质建设，非常发达，这种成绩，在我们参观青市时，显然可以看出。沈鸿烈氏就市长职后，对于青岛建设，尤有重要贡献，他不但维持原有的市政状态，并且极力为贫苦人民谋幸福，最重要的建设，莫过于平民住宅的建筑，现已有四五千所，青岛市的棚户，因之完全绝迹，此于市容的整洁，很有影响，无怪各国至青参观的人物，群相羡慕，美国经济考察团前在青岛，曾语"青岛市政，可为世界模范"，诚非虚语，关于青岛市政的管理，及成绩的特殊表现，我们本有许多材料可以叙述，不过因我们考察的目的，不在市政，而在乡村建设，同时关于青岛市政已有许多人作过报告，这里我们不必再来复述了。论到青岛乡村建设所表现的成绩，各乡区以乡村建设办事处为基础，他的组织与功用，前已述过，最近各乡成立乡村建设委员会，以社会教育中心教育区的小学校长为主席，各村长为委员，其余在公安，建设方面，也有代表出席，现已做到政教合一的地步，使学校教育与社会教育同时并进，一面推广教育，致力办民众学校，每期办三百班，每班四十人，每年约计能教二万余人，希望在四年内，完全扫除文盲；一面即以乡村建设委员会，推进经济建设，希望能以地方力量，从事于社会活动，如此逐步进行，能于短期以内，训练民众，使有自治能力，最后则希望成立正式区公所，完成地方自治的工作。所以青岛地方政治建设的计划，可算分三大步骤：第一为领导建设时期，由乡村建设办事处，主持一切地方建设工作，在此期内，权力集中，办事敏捷，即以此中心力量，先完成道路建设，人口调查，治安维持等政治基础工作，等到社会秩序安定后，即开始第二步的计划，组织乡村建设委员会，这个时期，可谓为训导时期，主持进行的人，一半是政府任命的，一半是人民选举的，他们时时注意教育，训练人民自治，希望在此期内，扶植人民自治的力量，以便官家代表逐渐退出，看人民自治力量增长的情形，定政权转移的速度；第三是人民完全自治时期，一切建设，全由人民办理，政府仅扶助其发展，此种切合实际的计划，为各处推进地方自治的轨范。

  青岛乡区建设，现还在第一第二两时期之间，乡村建设办事处，已将基本工作，办理就绪，乡村建设委员会，正在组织之中，在办事处领导之下，乡村建设事业还有很多值得介绍的地方，我们因为将来要做详细报告，所以这里只提出几种主要的工作罢了。在经济建设方面，第一要推道路建设，现在青岛各乡区的交通，皆仅用公路，几乎无处不通汽车，对于运输，旅行及治安的维持，均很便利；在农业方面，有农场，苗圃，花卉等改良机关，对于农民种植方面的改良，极有帮助。我们姑以青岛梨树为例，青市乡区共有梨树八万株，过去曾有三年之久未结果实，农民不知治理，嗣经农林事务所发觉系赤心病（一名羊毛疠）为害，决定用药水喷打，起初农民对此误会，拒绝使用，但因药水喷打收效后，农民就普遍地请求施打，总计在一九三二年改良后，梨的结实共值三十万余元，从此青岛梨的产量，日益发展，由此可见青岛经济建设的功能了。在政治方面，乡村建设办事处，极力训练各村村长，倡导自治工作，同时组织调解委员会，解决地方民众的纠纷，由各小的区域，尽力设法与民众接近，使人民了解政府的政策。在教育方面，青岛各乡学校有显著的发展，我们看到许多近代化的校舍，都是由政府与民众合建的，许多小学教师，也都受过严格的训练和选择，学生求学，便利非常。此外对于社会工作，如风俗改良，禁烟，禁赌等，都以乡村建设办事处为领导的中心，因为区域小，办事人易于负责，所以能收效很快。这上面的几种工作，实在是训政的实际工作。

定　　县

人物

　　我们在定县考察的时间很短促，因此对于他们的人物，不能完全认识，加以详细的介绍。不过大家都知道平教会的领导者是晏阳初先生，他是笃信基督教的教徒，是一位博爱主义的实行者。最初他在法国，曾办过民众教育，成绩很好，后来就以这种经验，回国推广民教运动，逐渐在经济建设，医药卫生，以及自治，文艺等方面，加以研究，十余年来，定县的工作，已为全国人士所共知；他在研究方面，所得的经验，结论，和拟具的办法，都是值得从事于乡村建设运动者参考的。晏先生愿下最大的决心，将终身的精力，贡献于此项工作，我们认为是难能可贵的事。和他一同工作的人，在教育方面有瞿菊农先生，在政治方面有陈筑山先生，在经济方面有姚石庵先生，在保健方面有陈志谦先生，都是精明干练，有主张有办法的人，所以能志同道合，贯彻始终。经过多年的试验，大概将来对于湖南四川两省的县政，定能利用他们已往的经验，得着重要的发展。

　　现在晏先生虽辞去了河北省县政建设研究院院长的职务，但是新任院长张荫梧氏，他是一员乡建运动的大将，他也有他自己的理论，自己的办法，同时也与平教会合作，将来截长补短，平教会工作，仍然可以推进。张先生是河北博野县人，是位军人政治家，在政治舞台上虽有了多年的地位，可是操守严谨，举止敏捷，思想淳正，毫无官僚习气。在未到定县以前，曾根据颜习斋的哲学，在博野县创设全国闻名的四村中学，在乡训练中等学校的学生，使他们得着近代教育的技能，同时养成刻苦的习惯，以备将来在乡村领导农民，又因这种教育近于军事训练，使得他们也能领导人民做自卫的工作。现在农民已经受着自卫训练。一方面张先生也曾利用他的地位，指导博野、安国、黎县等三县县长，将三县的财政、警政、民政，彻底的改革过来。现在主持河北省县政建设研究院的事务，若以他的精神和定县的办法，参合起来，作为改进河北省县政的基础，将来的收获必定很大。现在辅助张先生主持研究院工作的，是一位张芥尘先生，张君曾做过博野县长，是以书生的观点，主持实际行政的，具有脚踏实地，坐而言，起而行的精神，与张先生的态度，若合符节，以他来辅助张先生推进定县的县政，正是最合宜的。

中心思想及其活动

主持定县工作的人，他们认定中国的毛病，是在贫愚私弱，要医这个病体，必定要从教育上着手，然后一切乡村建设，才能推行无碍，所以他开始就标榜四大平民教育的主张，在定县做研究的工作，要想用研究的结果，和所得的方法，就地试验，试验成功，就供各地采用。这个运动，吸收了许多有学问的专门家，在各乡做教育，经济，保健，自治各项调查和寻求问题的工作，最初就注意到平教的推进，要使一般社会中坚的成年农民，先得着普通知识和技能的训练，然后将他们组织起来，用为社会建设的干部，推进其他一切建设。因为其他的建设，无往不要教育，更无往不要坚强的社会组织，以有组织有教育的社会团体去推进一切建设，才能发生社会的力量，收到实际的效果来。因此，就利用他们编制的千字课本以及试验出来的教学方法，以全力推广平民教育，凡受训练的，都是乡村中的有闲青年，他们经过短期训练后，就分散各乡，组成同学会，以之为平教会其他试验工作的基本队伍，也以他们为推进其他生计教育，保健工作，以及改良风俗等等事业的础石。就是所谓"表证农家"。合作社的组织，大多也以这般同学为基本会员，所以平教会就能继续在教育方面，农业推广方面，卫生方面，作不断的研究，希望由这条路线，研究出一套县单位的推广办法来，以供各县参考，按照环境的需要，分别实行。这种计划，虽有许多地方，近于理想，难以实现，但在他们研究所得的组织教育（小学，小先生制——导生传习办法），成农教育，保健制度等的方法，都有很重要的发现，如稍加以研究和适应，很可供其他各县的参考。

这次我们在定县参观，最足以使我注意的，就是组织教育和保健设施两种工作。在保健方面，城内设有一个医院，建筑与布置，都很近代化，各种养病室，检验室，治疗室，也有相当的设备，这所医院一面为全县疾病治疗的中心，一面负担指导全县保健工作的责任；各乡分设保健所七处，内设医生一人，护士一二人，负各村疾病治疗与促进卫生的任务；另外在各村流动担任保健的工作人员，是平民学校同学会会员，曾受短期医药卫生训练，每人有保健箱一只，药品十种，凡日常简单的病症，如伤风，头痛，皮肤等病，他们都可治疗，稍有困难，即送至各乡保健所诊治，倘保健所仍难诊治，最后才送至县城医院，据医生云，各村保健员，每天总有一二十号病人，受他诊治到好的境地的，各乡村送到城内的病人，数目不多。每年的预防工作，如种痘及注射之类，医院也能以很少的金钱，很小的力量，推行到全县，可见保健制度，在定县已有相当的成效。此项工作，现在注意到日常清洁，饮料，养料等的卫生，总期人民的健康生活，得到优良的保障。

在组织教育方面，各小学都有试验，他们的方法，就是要训练小学校的学生，有组织的能力，团体的习惯，教他们能自动学习生活方面所需要的知能，自己照顾个人，学校，及家庭内日常生活所发生的问题，一方面将他们组织起来，分成大队，中队，由学校负责人员，领导他们各队负责人员，实行分工合作，所以教员只有指导大一点的学生，将功课交给他们，就可使全校的学生，有学习的机会，这就是所谓导生传习办法。他们在分班上课时，无论在操场上，在课室内，或者在树荫下，随处可以用一块黑板，围绕小先生，共同实习；此外在团体游戏，唱歌，打拳等等，都由小先生领导，一种活泼的气象和精神的表现，都使我有非常的感动。我们在定县曾参观过平教会所办的三四个小学，看见学生每晨大家在操场上集合，由队长分别检查他们的清洁，又有大会报告各方面的事情，自一村以至一国的新闻，都在他们报告之内。也有工作讨论会，使大家提出问题，彼此交换意见，讨论解决的办法，用议会的方式，作最后的决定。更有教导会，使担任小先生的人，有机会参加讨论问题，改善教导方法。虽然，定县组织教育的详细办法，我认为尚有商榷的余地，但是他们原则上所采取的教育方法，我觉得是可以注意的。

在经济建设方面，也有许多工作，以前在晏阳初先生任院长时，曾组织乡镇建设委员会，为推行自治的基础，可惜时间很短，尚无效果。不过平教会，曾利用平民学校同学会的组织，在各乡村做农业改良工作，在翟城及高头村，都设有农场苗圃，关于选种，耕种及改良家畜方面，也都有相当的成绩。他们在定县所推广的两种棉花，如脱子棉，斯字棉，都受到人民的欢迎，广加播种。我们在那里参观时，正看到他们推广的棉花，开花结实，比较起来，这种棉花与当地棉种，实在有不同的地方；又对于新的猪种等等，也在推广，尤其是波支猪与来杭鸡，各乡农民分别要求改良猪种，所得效果，非常圆满，因为波支猪，用同样的饲料，在相同的时期内，较普通猪种，可以多得七八十斤的重量。此外在果树方面，如驱除虫害，改良品种，也有相当的努力。至于经济建设，他们是利用"表证农家"及合作社为经济的组织，合作社是照普通办法，就人力财力经营公共的事业，只有"表证农家"在定县是一种特殊建设，所谓"表证农家"就是平教会的学生，曾受过相当训练，他能接受平教会的办法，对于农业经营，家庭管理，都可做其他农家的模范的意思。合乎这条件的，平教会就给他一种"表证农家"的证书，凡是改良农业，总以他们为基础，一方面可以得到平教会的优先待遇权，一方面又负推广的责任。这种方法，如果推行得宜，很可为经济改革的原动力，设有错误，难免不引起其他农家的误会，妒忌，甚至抹杀原来推行改良的美意。一般说来，定县在经济建设上，比较的不及教育，卫生两种工作的进步快，收效大。但是他们将来若能运用政治力量，在其他方面，去推行试验他们的办法，或许有较好的成绩。

各地的展望

乡建运动所走不同之路线

　　读者看了以上各地乡建情形的叙述，可以知道，他们此种运动所以能够推行的缘故，第一是因为有一班有思想，有毅力的领导人物在那里主持。这些做地方建设运动的领袖，所抱定最后的目标，虽然完全一致，可是他们所具的理想，与所采取的途径，却有不同的地方；有的是注重理论，把乡村建设与整个民族国家的复兴，甚至于文化的改造，都连成一市，这些思想家，研究中国问题，俱能从大处远处着眼，希望能够找到一个彻底建设新文化的路线，而这种乡村建设运动，在他们看来，就是建设新文化新国家的基本工作。与理想家相反的，是一班实事求是的乡村建设领袖，他们不讲什么理论，只按照政府已颁的法令和社会的实际需要，按部就班的做下去，他们相信，如果目前的问题，能够解决，人民的生活，得以改善，整个社会，自然就有进步，等到社会的进步，达到相当的程度，整个民族国家，也就有了办法。还有一种领袖，他们也有相当的理想，不过他们很重视环境方面的事实，在推进乡村建设时，并不多谈理论，他们注意实际问题的解决，他们很能脚踏实地的，先就民众急切的需要，讲求民众生活的改进，社会秩序的安定，等到民众有了组织，并且发生了力量，再开始其他各种建设，不过在他们做的时候，须顾虑到他们的中心信仰，和最后的目标，所以他们的工作，能够井井有条。末了一种乡村建设领袖，是以科学为基础，他们的工作，是以研究为主体，在研究的时候，完全凭客观的环境和对象，不存丝毫成见，不预先抱着什么理想和结论，等到客观的事实完全明了后，再定出一套改革的办法来，这套改革的办法，先在适宜和较小的区域内，作相当的试验，等到试验成功，再行推广到其他各地。用这种方法，将各项问题，逐步的研究实验出来，希望能得着一套整个的乡村建设或县政建设的方案来，以备全国各地的参考或采用。我们不敢相信他们所得的结果，就能够推行到全国各地，不过我们确信他们这种态度和方法，实有可以称道的地方。

乡建路线不同之原因

以上是就思想与信念方面，比较各地乡建领袖所抱的态度和所取的方法，现在我们再来分析他们所以有这种思想上不同的原因，第一，是因他们过去所受的训练，与所抱持的人生哲学，有不同的地方，有的是对于中国学问，先有研究的基础，而后对东方哲学，作深刻的探讨，以哲学家思想家的眼光，研究中国问题，自然难免有偏重理论的地方，更无怪他们对于中国的旧道德旧文化有很深的自信力。又一种领袖，自幼接受西洋文化的熏陶，在他们留学欧美时，看见了近代物质文化建设，学习了科学的研究办法，在他们信仰上，深受基督教教义的陶炼，所以他们推进乡建时，与第一种人，所持的信念，自然有不同的地方。惟有第三种领袖，他们是根据环境的需求，努力于实际的建设，他们一方面在中国学问上有研究，一方面对于西洋学术，亦有认识，他们是以中国道德为经，西洋方法为纬，所以他们做工作的时候，既不忽略科学的方法，亦不忘记精神的陶炼，我们为使读者明了各地乡建领袖思想背景的不同，所以才分类的叙述，不过以上的分类，只是相对的，不是绝对的，仅就其偏重的地方，而定其区别，还请读者注意。

乡村建设运动的中心工作

各地乡村建设工作，虽有不同的人物，用不同的思想，不同的方法来领导，但是他们所抱的目的，却是一致的，他们最大的目的，在国家民族的复兴，而最先的目的，是要将民众组织起来，去改善他们的生活，增进他们的知识，促进他们的团结。他们都认为如果各地乡村民众都能健全的组织起来，中国地方政治，就有了基础，一切地方建设，就有办法，等到地方政治有办法，整个国家政治，也就有了办法。所以我们在邹平看见他们以训练联庄会员为基本工作，同时设立乡学村学，使民众团体生活，有了中心，以此中心，推进其他的建设。在定县也看见他们以民众学校毕业同学会做中心，为推进乡村建设的主力，最近又成立乡镇建设委员会，亦为民众组织的基本工作。在菏泽，济宁各县，他们是以乡农学校组织民众的中心，先召集成年农民，施以军事训练，成立自卫组织，等到农民有了组织，乡村建设就有了干部，此种干部，用以推进经济建设可，普及义务教育亦可，即改良风俗，振奋人心，亦无不可。我们在菏泽曾亲见农民自卫班所表现的精神，这可以说他们在乡建基本工作方面，已经有了办法。

乡建运动与民族复兴的关系

作者根据个人平素对于县政的信念，以及此次在鲁豫冀三省所得的印象，深觉各该省乡村建设，以及江浙各省县政建设的运动，在中国民族国家复兴史上必定要占很重要的位置。我认为这种基本工作，是国难以来，复兴民族的一件大事，也可以说是朝野人士建设新中国途径上一个很重要的觉悟。他们在各地的工作，有的属于试验性质，有的在那里实事求是的硬干，他们共同的目标，是要将他们所试验的，与硬干的结果，推行到全国。我确认许多县单位或乡村单位建设的办法，都可以稍加相当的修改或适应在全国其他地方，做有效的推行。举例来说，邹平的户籍行政，菏泽的农民自卫组织，定县的保健制度，与组织教育的办法，以及青岛市的经济建设，都可供其他的地方参考。个人以为中国最大的问题，在民众没有组织，因为没有组织，所以对内不能防止土匪，维持治安，对外不能铲除汉奸，建设民众国防的基础。若能将各地的民众，用有效的办法，严密的组织起来，施以切实的训练，这种对内维持治安，对外充实国防的工作，不难完成；就是一切教育建设，也有了良好的基础，然后循序渐进，整个民族的复兴，在不久的将来，当能看出显著的成绩来。我们对于乡村建设或县政建设运动的理论和方法，虽有些怀疑，但是对于他们的出发点和最后的目标，确深信无疑。

乡建运动的困难

我们虽然看到乡村建设和县政建设，有很光明的前途；不过在推行时，确有不少的困难：第一，因为领导各地乡建工作的人，多半是抱着相当的理想和一定主张来做的，为要推行他们理想上的计划，所以对于现状或现行法令，不免有出入矛盾的地方，这种忽略法令的行动，很足以招致上级政府当局的误会，甚至不能得到谅解；第二，他们这种建设工作，必须大刀阔斧的去做，对于固有社会阶级的利益，委实不能一一顾全，因此难免开罪于地方的巨室，甚至引起一班人士的恶感和攻击来；第三，他们这种工作，主要的对象是民众，不过民众知识有限，经济能力极为薄弱，同时又很守旧，因此要想在短时期内，将新的方法，介绍于农村，很难使农民开诚接受，还有在财政方面，这种特殊建设和试验，是免不了要增加费用，若从地方方面筹款，必定增加人民的负担，并给地方上反对的绅士以口实；若从省款内提拨，自然不能为各县仿效，所以就不免引起人的批评。我们若再想到人才的难得，天灾人祸的流行，国际关系的影响，种种困难，不一而足，推进乡村建设，实在是一件不很容易的事。

不过这许多困难，总有一个根本解决的办法。在作者看来，就在各方面的态度的改变和方法运用。若能采取正当的态度和适宜的方法，以上种种困难，似不难迎刃而解。就第一种困难先说，各地乡建领袖，如能顾及推行中央或省的法令和长官的心理，时时与他们接近，慢慢向他们解释，以至诚和蔼的态度，和他们商量疏通，务必使自己所作的事业，全部给他们明了，这第一种误会，虽不能完全消除，但在各方面的关系上，自会有相当的进展。至于其他的困难，并无永久性，若能应付得宜，不难逐渐解决，我们在济南，开封两地考察时，亦曾与省政当局，设法面谈，在山东固然看出省府对于乡村建设有赞助的倾向，各地试验出来的好办法，省府已在其他各地分别推行。

中央应负地方政治建设的全责

总而言之，作者以为各地县政建设工作，已经到了一个很重要的阶段，就是他们所试验的方法，和所抱持的理论，都已有了相当的规模，并且已经可以看出成绩来。不过全国各地的政治建设，若是仍旧分道扬镳的去做，实是一件很危险的事。我很知道各地乡建领袖都有联合互助的要求，并且希望中央及省政当局，能给他们相当的协助。因此我认为在目前，中央应负起领导的责任，将各地乡建理论，办法和成绩，详细审核一下，然后由中央负责当局，召集全国各地乡村建设的领袖，以及研究县政的学者，在首都作一次长时期的讨论，制定一种整套的县政建设或乡村建设办法来，以中央的力量，对于现行法令，以及省县关系，全盘加以调整，使得行政制度能够健全，各地有志之士得按照环境需要，尽量谋求地方建设，中央一面负责计划与监督，一面给予省县当局以充分的协助，若能如此做去，数年之内，各地试行的优良办法，都能在全国推行起来，国家整个的政治，必能焕然一新。

青岛邹平定县乡村建设考察记

袁植群 著

成都开明书店

目　录

序 …………………………………………………………（183）
青　岛 ……………………………………………………（185）
邹　平 ……………………………………………………（200）
定　县 ……………………………………………………（219）

序

  予去岁出川，旅行鲁、冀、苏诸省，考察乡村建设事业。在鲁，注意考察青岛与邹平。在冀，注意考察定县。南下江苏，则沿京沪线考察，在上海所注意考察者，为中华职业教育社所办之沪郊农村改进区，陶知行所办之山海工学团，立达学园之农村教育科，及邰爽秋在大夏大学附近所办之念二社。在昆山、考察徐公桥乡村改进区。在无锡、考察江苏教育学院所办之乡建事业。到南京后，注意考察江宁实验县及和万实验乡（属南京市）。历时半载有余。返川后，以事极忙冗，仅将邹平及定县考察笔记之一部，披露报端，颇引各方人士之注意，多问询其详细。本拟将全部笔记，整理公世，卒以事忙未果。兹仅将青岛、邹平、定县三处考察所得者刊行，以供有志乡建诸君之参考。至在上海、江宁等处考察笔记，如稍暇，亦可整理披布也。

著者识

青 岛

一 青岛概况

青岛为胶济路最东起点，临胶州湾上，旧属胶州府。三十年前，本为渔村荒岛，自经德人租借后，筑海港，培森林，修道路，建设都市，积极经营，蔚然为东方重镇。都市设备之完善，风景之优美，在中国当首屈一指。气候甚好，冬无严寒，夏无酷暑。夏季由南方北来避暑者极众，生活颇高，盖以游览者及避暑者十之八九为富裕者也。地势三方临海，一面傍山，海岸曲折，岛屿甚多，森林花圃，到处皆是。清光绪二十四年，德人与清廷订约，租借胶州湾九十九年。至民国三年，欧战爆发，日本对德宣战，夺据青岛，至民国十一年，始交还中国。该市辖境：总计陆地面积五五一，七五三万公里，领海面积五七六，五〇〇万公里，海陆总面积一，一二八，二五三万公里。自租借德国时，仅有人口六万余人。至民国三年，中国籍人口，已有十六万余人。至民国十一年，中国接收时，已有二十八万九千余人。及民国廿一年十二月调查，共有八万一千八百四十五户，四十二万六千四百十七人。

市区规划，德人初分全市为五大区，即工业区、商业区、住宅区、颐养区、及警备区，皆相度地势，而为适宜之配置。住宅区与工业区相距甚远，所以避煤烟浊气也。中国接收以后，将警区改为学校区，增美市容。现在全市马路，十之八九为沥青路面，洋槐夹道，每隔丈余，必有洋槐一株。

中国初收回青岛时，设商埠局，综揽全市政务。局内分总务、民政、财政、外交等科。民国十八年，国民政府，明令规定青岛为特别市，市政府内分八局一处，即社会局、财政局、公安局、教育局、公用局、卫生局、工务局、港务局及秘书处是也。十九年将公用局并入公安公用二局，卫生局并入社会公安二局，此外尚附属有天文台及农林事务所。

市内学校，有山东大学一所，公私立男女中学校八所，普通小学，实验小学，职工补习学校等共数十所（乡村不计在内）。有中外报纸廿家，杂志八种。青岛自来水工程，甚为浩大，其水源地有三，一在张村河与李村河汇流处，一在海泊河间，一在北沙河左岸，现在全部升水机，皆采用电力，每日出水量，已增至一七，六五四立方公尺。

青岛最近的工程建设，以新建第五码头为最大。青岛大港内，原有码头四道，自沈鸿烈氏接长市政后，更添筑第五码头，其建筑费为四百万元。于民国二十二年七月动工，限三年完成，予往参观时，见已完成大半，每日从事工作者约三百人，大致本年内可望完成矣。青岛原有贫民窟甚多，居住者既极不卫生，而于市容，尤极不雅观，沈鸿烈氏，筹拨巨款，建设平民住宅区，刻已完成十区。每区住数百户乃至数千户不等。平民如缴纳大洋六十元，即可购得西式房舍一座，约有屋四间。如无此款，则每月须纳房金一元乃至两元于市政府。沈氏并于各街建劳工亭，用塞门德造成，平顶四柱，亭虽小而甚敞亮，以供劳工之休息，较之韩复榘氏在济南各处所建的劳工休息室为壮观。崂山距青岛市不远，风景颇佳，现有马路，直达山内。

青岛在德日两国管理时，物质方面虽不少建设，然于该市所属之乡村，即全未注意。近数年来，市政府一面改造市面，一面更注力于乡村之建设。于教育经济交通卫生各方，均有长足之进步，兹分别述之。

二　青岛乡区建设办事处

青岛虽名为市，然与其他市区，迥不相同。市政府辖地，仅有十分之三为市区，其余十分之七则为乡村，耕地面积为十一万零二百三十九亩，农民人口，共二十万零一千，占全市人口之一半以上，全市每年农产收入，可得三百余万元，青岛市乡村之重要，可想而知。惟在德日两国管理时代，但注意于市区的繁荣，全不注意于乡村的建设。即中国收回以后，多仍德日之旧，致市区成畸形之发展。暨沈鸿烈氏接市长政，始注意于乡村之建设，划所属各乡村为五区，每区设一乡区建设办事处，即李村，九水，沧口，阴岛，薛家岛等五处是也。又以水灵山岛，孤悬海中，于其上设一办事分处。每乡区建设办事处，设主任一人，由市长委派，总揽全区政务。主任以下，有股长数人，由市社会，公安、工务、教育四局，及农林事务所各选派一人充任之，辅助主任，处理区务。办事处规则，于民国二十一年三月公布。越一月，各区次第组织成立。各区按其各别情形，于教育，工程，农林、卫生诸务，制成详细方案，经市府核准后，积极推行。市长、各局所长，及其他主管人员，每周轮流视察各区村，指导督促，故青岛乡建事业，为时虽短，成绩确有可观也。兹将乡区建设办事处规则，附录于后：

青岛市乡区建设办事处规则

第一条　青岛市政府，为谋本市乡区建设起见，设立乡区建设办事处，秉承市政府及主管局台所，处理一切事务。

第二条　乡区建设办事处，暂就下列各处，先行试办，冠以地方名称。

（一）李村　（二）沧口　（三）九水　（四）薛家岛　（五）阴岛

第三条　乡区建设办事处，由市政府及工务、社会、教育、公安各局，及农林事务所，各派职员一人组织之，并由市政府指定一员为主任，均须常驻各该处服务。

第四条　各局台所，对于乡区建设事项，就主管范围，编写方案，交办事处执行，并具报市政府备案。

第五条　各局台所，遇有联合决定之方案，应即编成分担工作表，发交办事处执行。

第六条　乡区建设办事处，除执行交办事项外，应就下列各项，负责办理。

（一）调查　（二）报告　（三）建议　（四）指导

第七条　各局台所长，应随时分赴办事处视察，监督进行。

第八条　乡区建设办事处之经费，应编制预算，呈由市政府核定支给。

第九条　本规则如有未尽事宜，得随时提出市政会议修正之。

第十条　本规则自公布之日施行。

三 青岛之农业建设

青岛在德国管理时代，其所办之德华高等学校，曾办农科。然规模狭小，设备亦不周，农科生实习用地，仅八十余亩。惟在市区附近，造林颇多。日本接管时代，即就原有德华学校学生实习用地，设立农事试验场，收买附近民地，约二百余亩。中国收回青岛以后，设立农事试验场及林务场，后合并为农林事务所。设分所于李村，管理农场，复设分所于崂山，管理林场。农场方面，其注意改良推广者，对于家畜，以乳牛，豚，及卵用鸡为主。对于农作物，以小麦，粟，棉，马铃薯，甘薯为主。对于果树，则以梨，桃，李，苹果，及樱桃为主。林场方面，则官有林计廿处，面积共三七，三一八·五亩，民有林地，二〇二，一三七·五亩，已完成造林者，占四分之三。最近更于吴家村设蔬菜中心区，枯桃村设花卉中心区，午村山设桃树中心区，河东村设养鸡中心区。现在更计划于每个乡区建设办事所管区内，各设立一区农场，此种计划，据市立农场周主任云，不久可以实现。

市立农事试验场，与李村乡区建设办事处，隔河相对。市内有长途汽车，直达此地，交通便利。予于调查李村区办事处，李村区小学，李村区医院诸地后，即往参观市立农事试验场，承场主任周君，亲切招待，并引导至各部，详为说明一切。该场现有面积为三百二十亩，种果苗甚多，计划至民国二十七年冬季止，共须发给果苗八十万株于农民，全不取费。牛，豚，鸡，羊，兔各种畜舍，分立各处。青岛原无乳牛，经近来提倡推广，现在已有七百余头。每日出乳二十升的乳牛，现在价格为三百元乃至四百元左右。至于普通肉用牛价，每头仅四五十元。猪种则盘克，波支，金华及山东优良种皆有之，有大至四百斤以上者。周主任云：据伊之试验，发育最佳良之猪，每头每日可长肉一斤以上。二十四年度，发出五百头优良种猪到各乡村里去。该场近年努力推广卵用鸡，二十四年春季，曾发出小鸡四千只与农民，下半年仍继续分发，其种类则各国优良种多有之。产卵力最强者，当推 Opinton 种（原英国产），其产卵纪录，曾达每一只鸡于一年内产至三百五十八个，迄今犹保持最高纪录。该场乳羊（瑞士种），现尚不多，但拟尽力繁殖，以便一般农家不能饲养乳牛者，可饲养乳羊以取乳。至于兔，则肉用乳用两种皆多有之，民国二十四年度内共可分布一千只于农家。现在一般人所最注重者为毛用兔，因为产毛最丰之兔，每年可剪毛一磅，可售洋四五元。盖兔毛为近年航空界要品，以兔毛比羊毛，有十倍的保温力，但仅有羊毛的十分之一的重量也。

此外青岛市政府对于农业之提倡，推广，尚有数端，甚有介绍之价值者，兹分别述之如下：

（A）设置农业推广实验区及特约农田

青岛市政府，于各乡区设置农业推广实验区，其目的在积极推广各种优良品种，并对于农民，便于指导其经营技术。于民国二十二年春间，各区即先后成立，其所用之种子，苗木，肥料等，均由农林事务所免费发给，并由该所派员指导。刻已成立数十区，惟各区因环境及需要之不同，而其推广实验之种类，亦互有差别，如甲区注重果树，乙区注重菜蔬，丙区注重小麦，丁区注重棉花，戊区注重家畜是也。现对各推广实验区，仍在充实改进中。

设置农业推广实验区，犹以为未足，乃更就各区，设各种特约农田多处，其一切耕种，管理，均归农民自理，惟须受农林事务所之指导与监督，而由该所保证其相当之收益。此种特约农田，先后三年之间，共成立五十九处。此外并设置小麦特约采种区六处。对于各特约农田，其指导栽培之作物，亦各不同，计栽培药用作物者一处，栽培珍贵品种之蔬菜者十六处，栽培无蔓花生者二处，栽培农林事务所改良粟种者十处，栽培农林事务所改良麦种者六处，栽培农林事务所改良高粱者一处，栽培马铃薯者一处，栽培西瓜者七处，对已成果园之整理，管理者三处，对梨树剪定者五处，栽培果树者七处。

（B）举办农产展览会及冬期农事讲习会

青岛市政府于民国二十二年秋期，举办农产展览会。先期由市府分饬各乡区建设办事处办理农业推广人员，转知各该区农户，早事准备，预留产品。从是年十月卅日起，展览七日，观众踊跃。其会场布置，分农艺，园艺，畜牧，森林，病虫害五部，分别陈列各种优良品种及标本。并有各种模型或图说。更实示防除病虫药剂之调制方法。

该市为灌输农业新知识于各乡区农民，又于冬期举办农事讲习会，盖利用农闲也。由各乡区选送粗识文字之农民，分期来会听讲，听讲者每名每日由市政府发给膳费大洋二角。对每种讲演，并各发浅说一本，俾易领会而存久远。

（C）分发果苗麦种及蔬菜种苗

青岛乡区既逼近都市，又有海口与铁路，便利交通，果类畅销，自不成问题。且青岛土质，气候均最适于果树之栽培。而乡区农户稠密，平均农民每口仅占耕地半亩，其耕作尤非集约不可。因此种种关系，果树栽培，为青岛最重要之产业。市政府有鉴及此，锐意发展之。先繁殖优良果苗，除在市立农事试验场尽量培育外，并在中山公园果园西北部，新开苗圃二十亩，以繁殖桃，梨，杏，樱桃，苹果，葡萄，须具利等果苗，免费分给农家，并派员指导其培育。

小麦为青岛重要农作物，其栽培面积，约占耕地十分之六七，即六七万亩，其关系于农民经济者，极为重大，青岛农林事务所，本历年试验之结果，从事于优良麦种之繁殖。拟使乡间原有各种杂麦，悉归淘汰。其次则优良菜种之繁殖，该所亦正在努力中，于民国二十一年春季即开始散布优良菜种，成绩颇佳。现在农民自设温床，经营促成栽培及育成早苗者，已逐渐兴起矣。

（D）防除梨树赤星病

青岛市所辖乡区，梨产每年值五六十万元，为农民主要收入之一。然自民国十七年起，梨树连年发生赤星病，势甚严重，农民损失甚大，致纷纷砍伐梨树，改种他物。农林事务所，派员赴乡，劝止砍伐梨树，并宣传防除赤星病方法，农民思想固旧，多不置信。农林事务所乃更进一步，于民国二十二年春期，组织梨赤星病防除委员会，及梨赤星病防除队，购喷雾器六十具，药品六千四百磅，为各民有梨园，喷射药剂，结果，梨病未发，梨果丰收，一场灾厄，乃告终止。

（E）指导乡村小学学校农场之设立及经营

乡村小学之学生，十之七八为农家子弟，其将来就业，当然有大部分仍为农民。为培植将来的进步的农民，不可不于小学中加授农业课目，并使小学生行农业的实习。青岛市政当局，有见于此，故于该市所属各乡村小学，大部皆设有学校农场。且对于农业课程及农场实习，皆责令学校当局，实事求是的做去。惟小学教师，多对农业知识，素乏修养，故市政府特派农业推广股人员，分赴各校，代为设计，并随时指导其经营，管理，俾学校当局，不感困难，而学生能得实益。

（F）设立农业技术训练班

农业技术训练班，开办于民国廿三年秋季。其目的在训练已离学校之农村青年，使学得最新的农业知识，散布乡间，任农业改进之先导。盖乡村小学的学生，大部为将来的农民，而此辈青年，则为现正从事农业之农民，授以必要的农业知识，固为最切要之图也。

（G）提倡利用坡地并开发山间农业

青岛市所属乡区，山地颇多，故耕地中梯田占三分之一以上。然尚有许多坡坎，农民不知利用，任其荒废。青岛市政府，乃提倡于坡上坎下，经营精密园艺，缓坡则栽培草莓及其他矮性园艺作物。陡坎下则栽培各种墙篱形或水平形整枝之葡萄，苹果。此种办法，实可增加巨大的农田面积。不特可尽地利，且此种坡上产物，因吸收多量阳热，发育当然良好，品质亦较优越，欧美早已行之，以青岛地势而论，实有提倡之必要也。

此外为开发山间农业计，青岛市政府，复于山地土层较厚，交通较便之处，分别酌设实验区及特约农田，诱导农业之改进。其所拟具之实施办法如下：

（一）山地实验区，及山地特约农田，以属于果树及蔬菜品之早熟或晚熟栽培为限。此项实验区，暂定于北九水，大劳观附近二处，设置之山地特约农田，则尽量设置之。

（二）林地之适于农业者，当特许解除，但以经营园艺为限，不得栽种甘薯、麦、菽等项粗放农作。

（三）山民资本薄弱，无力经营资本化之精密农业，当要求农工银行，延长放款期限，及减轻放款条件，同时并积极提倡山民之信用合作。

青岛市政府为积极改进农业，除努力于上述各端外，并新编各种农业刊物，分发乡民，取费甚廉，或竟不征费。兹将该市新出各种农业刊物，列之于下，亦足见彼等热心农业之一班矣。

青岛市政府出版农业刊物

（一）桃树栽培法

（二）除虫菊

（三）梨树赤星病的防除法

（四）重要防除病虫害药剂的制造法

（五）果树的嫁接法

（六）作物的选种

（七）肥料概说

（八）猪饲料的改良

（九）小麦栽培上的注意

（十）青岛市农业推广的现在和将来

（十一）果树剪枝法概要

（十二）青岛市经营梨园应该改良的几个要点

（十三）发展青岛市果园事业计划

（十四）梨苹果葡萄栽培法收支概算

（十五）美棉种植浅说

（十六）葡萄栽培管理法

（十七）梨的栽培管理法

（十八）苹果栽培管理法

（十九）果园的经营及管理

（二十）鸡的饲养和管理

（二十一）猪的饲养和管理

（二十二）毛用兔

（二十三）乳用山羊

（二十四）温床和冷床

（二十五）坡地利用法

（二十六）山间农业

（二十七）三亩地的农业

（二十八）农村青年
（二十九）几种主要的害虫
（三十）诱蛾灯

四　青岛之林业建设

　　青岛山陵起伏，雨量亦比较充足，故适于造林之地不少，市区内外，到处皆有茂林，增益景致不少。盖自德国管理时代，即提倡造林，数十年来，收效颇多。惟各乡林地，犹有不少荒废，而已成林地，且有许多立木稀疏者，亦须补植。然造林事业，每为一般地主所不注意，青岛市政府，派员劝人民种树。继即敦促林主，填具领取树苗声请书，汇送农林事务所。嗣即派员分赴查勘，各林主领树种及栽植数量之未能适当者，均一一为之纠正。其林地之关系于水源及风景者，则更限令完成之。

　　提倡植林，必先多育苗木，市政府于薛家岛，东镇，李村，崂山诸处，分设苗圃，培育各种苗木，分布各区。其培育苗木，以黑松，赤松，扁柏，花柏，柳，杉，榉，青朴，白桐，白杨，青杨，条悬木，银杏，椰榆，侧柏，圆柏，槐，刺槐，梓，五角枫，黄连木，柽，檞等树为最多。

　　各区种木虽多，然害虫不除，为害滋大。青岛市林之害虫，以松蠊蛄为最厉害，各区每年施工搜捕，为数甚多。如为民有林地，则市政府时派员警巡行检视，发现被害较烈者，则督促林主，努力搜捕。惟树干高大者，搜捕不易，乃施行诱杀法，行之四年，成效颇著。从二十三年起，已将诱杀等法，推行于民间矣。

　　其次修整林相，亦甚重要，盖为干材发育之优良，关系于林木之繁荣者极大。该市农林事务所，亦颇注意于此，使林相增美。同时并修复林道，以便往来。

　　政府虽提倡造林，然一般民众，每对林木，滥加砍伐。不特对于森林，毁损者大，即水源与风景，影响亦多。故青岛市政府，对此取严密监督的态度。人民对于自己的森林，行疏伐或剪枝等事，必先声请农林事务所，派员查勘，经许可给证后，始得施工。该市府为奖励村有林起见，于民国二十一年十月，拟订村有林承领经营及监督规则，规定凡在市区内之公有荒地，得由所在村承领经营，为村有林。其造林工作，依面积之广狭，分别限期完成之。至村有林之收益，为补助该村教育及自治之用。各学校并得应用村有林地，以供实习。

青岛农林事务所，并施行林木生长测验，测定林木蓄积，连年生长，及平均生长等事，以为将来施业计划的基础。该所择青岛市辖区所有主要树种，如黑松，赤松，扁柏，花柏，刺槐，椿，栎，槲等，依各林龄，设定标准区，举行测验。其标准面积，为每区各十公亩，将各树胸高，直径，及高度等，分别测定，并计算材积，一一为之记载。此项工作，非二三年所可完成，故现在仍在继续施行中。

此外为增美市容，年年增加林木，其最重要者，为公园与道路。如中山公园，栈桥公园，皆赖林木之增植，以资点缀。又于太平岬方面，增辟森林公园。青岛市街，每年正在不断的膨胀，各新建街道，皆增植街路树，原有各街之街路树，如有毁损，亦随时督令补植。而且在乡村中，各新旧马路，均于路旁移植行道树，不特增美景色，且赖以保护路面也。

五　青岛之教育

青岛在德日管辖时代，唯注重工商业之发展，对于教育，非所注意，虽曾设有学校，亦不过敷衍局面而已。至中国接收管理以后，当局者乃锐意振兴教育，兹分为普通教育，特种教育，及社会教育三项叙述之。

（A）普通教育

兹所谓普通教育，乃指一般之所谓小学，中学，大学教育而言之也。青岛现有大学一所，即国立山东大学，市立中学三所（男二女一），私立中学四所，（男女各二）私立商业中学一所，又有胶济路设立之铁道中学一所。至于小学，则公私立共计，不下百所。

大学中学教育，与他处无甚特异。至于小学，则实行学龄儿童强迫入学制。其法先由市乡各区办事处，挨户调查学龄儿童（男女并计）。如届学龄而未入学者，即限期令其入学。逾期未入者，则对其父母，科以罚款。更限其于某期内，补送入学者，仍退还其罚款。逾此期后，则不特罚款不还，更令警察，强制其入学。自此法实行后，学龄儿童，虽尚未完全入学，然失学者已逐渐减少也。

（B）特种教育

所谓特种教育，即正式学校以外之特种学校的教育，如民众学校，短期小学，职工补习学校，职业补习学校，半日学校等是。其中成效显著，最有介绍之价值者，为民众学校。

青岛市政府，将其所辖境域，分为二十五个民众教育区。市内分四区，乡区分二十一区，每区设中心民众学校一所。其教职员，均系专任职，负专责办理推广该区内的民众教育，与该区内其他各机关各学校，力取联络，俾推行上事半功倍。

市立各中小学校（一部分私立中小学校），皆附设有民众学校。正式学生上课的时间以外，所有讲堂，即为民众学校的讲堂。所有教师，亦即为民众学校的教师。当予在市政府参观时，招待员杨吉孚君，曾以此语予，予颇疑各校教员之难尽吃此苦也，及赴各区参观，则颇觉杨君之言之颇不谬也。杨君又言，现在青岛人民，男性已有百分之七十，女性亦有百分之三十，曾受教育。

青岛各机关乃至各法团，皆办民众学校，其教师由机关法团的职员兼任之。至于各中级学校的学生，均组有青年服务团，在平时即在校助办民众学校。及放假期中，则中学生分赴市乡各区办理民众学校。此外并从事调查户口，检查清洁，访问杂院及平民的家庭景况等事。在暑假时间，彼等更创设露天学校，选宽敞的场所，用留音机等，聚集许多平民，挂起黑板及许多图书，灌输民众以各种知识。

民众学校的教本，除选用定县平教会所编的市民千字课及农民千字课外，该市教育局，亦自编有若干种。除教授国语外，并有算术，书信，音乐，体育及社会服务等科目。初级班四个月卒业，卒业后，更可入高级班。高级班为四个月乃至半午卒业。

最近青岛市政府，用强迫方法，推行民众教育。其办法：第一步由公安局，教育局，社会局及各区建设办事处，合组推进民众教育委员会。第二步由公安局及各区建设办事处，先调查全部不识字的民众，造成名册，送于教育局。第三步按照名册，住址，迫令入附近的民众学校。第四步凡民众学校的学生，旷课至三日者，学校派人（教员或警察）到其家清询，究为何事旷课。如无正当理由，又不听劝速就学者，则科以罚金或拘留。

然闻一般失学民众，近多乐于受教，卒业于初级后，更多愿升入高级也。

（C）其他补充教育

此外青岛市政府，为灌输民智，尚有数种补充教育，可供介绍，即：

（1）简易民众教育馆　该市政府，于各区设立简易民众教育馆，内设图书、讲演、游艺三部，并备有无线电收音机，放送各种节目。

（2）巡回讲演及化装讲演　市府随时派员至各乡区讲演，并举行化装讲演。所表演的"农人的模范""今日的农民"等新剧，颇为乡氏所欢迎。

（3）广播无线电台　青岛市设立的广播无线电台，其呼号为Ktcm，波长三百四十米，电力一百瓦特，用以宣传社会教育，并报告行政工作。

（4）民众阅报牌　各民众教育馆，固然有民众阅报室，然犹嫌其不足，故另在各处，设立民众阅报牌，约计百所，由教育局订购报纸，逐日张贴。

（5）流动书库　初在市属各乡区，设有流动书库十二组，专在乡区各校流动。后又在阴岛薛家岛两区单独设书库流动组，又在市内设流通书库四组。

（6）公共体育场　青岛市公共体育场，为华北最大之体育场，费洋约二十万元。除供运动会竞赛外，平时供民众练习运动。

（7）游泳训练　青岛一面负山，三面环海，海水浴场颇多。该市体育协进会，每乘夏季游泳时期，设立游泳训练班，聘请游泳名手，担任教授。闻参加学习者，颇为踊跃。

六　青岛之卫生设施

青岛市原有市立医院，为胶州路之普济医院，及嘉祥路之传染病院而已。自沈鸿烈氏接长市政以后，于民国二十年夏间，增设市立李村医院、九水诊所、市立东镇医院、阴岛医院、薛家岛医院、及灵山岛诊所。又于团岛南小半岛地方，建设规模颇大之癞病院。计每年在市立医院医病者，人数在十五万人乃至三十万人以上。又该市市立医院，原设有戒烟室，至民国二十一年三月，改为戒烟所，现又拟将戒烟所扩充为戒烟医院。最近更增设沧口医院一所。市立医院之外，另有私人设立之诊病机关。但凡在该市营业之医师，药剂师及药商等，均须在市府注册。审查合格，方准营业。又将乡间旧产婆调集一处，加以训练。

各市立医院，规模颇不小，即以李村一院而论，有医师三人，助手、看护，不下十人。村民来此看病，取费极廉，贫民全不取费，重病住院，亦是如此。其药剂室陈列药品颇多。院内有劳动卫生指导所，陈列各种病状标本及说明书。有隔离疗病室，村民发生传染病时，如非病者自行申请治疗，则警察将强制之使行隔离治疗，以免蔓延。并辟有研究室，以供医师暇时研究。其每月经费，由市政府拨给八百余元，即每年须由市政府拨给万元左右。其他各院，虽不尽完全如此完备，但规模亦不甚小也。

青岛傍山面海，风景既佳，海水浴场，亦极良好。每届夏令，遐迩人士，前往游泳者颇多。青市政府，特在浴场组设临时救护处，遴选医师，看护等驻所救护。又因夏季常有霍乱流行，由社会局饬各医院随时分别治疗。每年并施行预防注射。于时疫严重时期，并组织临时防疫处。至于防止天花，每年以三月至五月为种痘时期，由市立市、乡各医院，担任义务种痘。在各乡区，则组设巡回种痘处，由市立医院，派员分往各村巡回施种。对市内各工厂亦是如此。公墓设置，亦与民众卫生，大有关系，青市政府，设置公墓两区，一为收费区，在第一炮台附近，一为免费区，在第四炮台附近，两区面积合计，共为七百三十三公亩。

狂犬病在青岛市辖区内，亦不时发现。青市政府于民国二十年起，由公安局实施犬的狂病预防注射，用血清注射市乡各住户饲犬，每年注射千数百头。鸦片、海洛因等毒品查禁，青市政府，颇为认真。各处检查颇严，即妇女由他埠赴青岛时，如形迹可疑，亦时遇女检查员向伊检查。在半岛最突出部之团岛，设麻醉毒品戒验所，余往该所参观时，被拘受戒者，有百口余人。该所主任见予夫，先令彼等排列一室内，便于参阅。其中有三分之二以上，为无力自疗之苦力。据该所主任语予，连年在该所戒绝出去者已有三四千人云。

查禁缠足，在青岛亦列为要政之一。于民国二十一年三月，首次派员调查，并发布劝禁缠足的传单。凡三十岁以下的缠足妇女，除科以罚金外，并饬依限释放。二十二年五日，复令各乡区组织劝禁缠足委员会，以各乡区学校教职员，各村村长，及负声望之士绅为委员。现各乡区成立之劝禁缠足委员会，已有七十余处。

197

都市之贫民窟，扁狭亵浊，最不卫生，不特贫民之健康，大受妨害，且常惹起恶疫之流行。青市长沈鸿烈氏，自接任以来，即致力于此。计先后完成平民住宅区已及十处。予在青时，见犹在四川路之海边，继续增建。凡平民有力自建者，由公所施给官地，令其自建，免纳一切地租地税。但须依市府规定之建筑式样，以归划一。每间占地十二平方公尺，一门一窗，壁用洋灰涂凝，上盖红瓦。无力自建之平民，则向市府赁住，每间每月房金一元。市府统计原有贫民窟住户，以建新屋。建好后，即强制贫民，迁入新舍。至于警察家属，亦有合住区，颇似普通平民住宅区，不过略为宽敞，且有公用之庭园耳。

七　青岛近年之土木建设

青岛近年之土木建设，除已散见于上述各节者外，兹再对其重要者，分列数端如下：

（A）测候方面

气候观测，对于农、渔、交通诸业，均极关重要。青岛市政府，在观象山之西北，建筑天文台，于二十一年四月完工。合为圆周形，凡三级，全以石砌。最上级安置赤道仪。中级为工作人员办公处。台顶为铜制，可以电力旋转全部，以觇天象。二十二年五六两月，复在阴岛、薛家岛及李村三处，设置简单测候所，附设于该三乡区之建设办事处内，各所每日观测气象三次，每日由青岛天文台用气象无线电，报告天气。各办事处收电后，即揭示民众。同时各测候所，亦用无线电将该处天气，报告天文台。阴岛、薛家岛两处测候所，是为便利渔民。李村测候所，则为便利农民也。天文台并训练简单测候人员，以供应用。

（B）道路方面

青岛市所辖各乡、区间，马路纵横，交通甚便。最近且在崂山山腰，亦建有汽车路，以便远近人士之游览风景。总计最近三年之间，青岛市政府，在市乡两区，共增修土路基二八一·一七八公尺，沙石路一七·八一五公尺，柏油路二〇·七二九公尺，小方石、条石、乱石路二·八七三公尺，风景区汽车道一〇·五〇〇公尺，各级人行道八·八九二公尺，青砖路五五三公尺。以上各种道合计，约合六百华里。又敷车轨石五七·一九六公尺，桥梁涵洞四七〇座，支水坝十二道。

(C) 港务方面

青岛港务方面，虽近年兴建颇多，其需费最大者，为增建第五码头。由市政府包与福昌公司承办，包工费为三百九十万元，从民国二十年七月一日动工，预计二十五年年终，可以完成。余往参观时，见其正役工二三百人，从事工作，情形颇为紧张。

(D) 自来水方面

青岛市区，因逐年发达，以致近年自来水供给不足。该市政府，乃在蒙古路新建升水机，将白沙河送来之水，转送贮水山，每日增加水量三千吨。然此仅为救济水荒治标之策耳。至于治本计划，则在该市北边白沙河上游月子口筑坝蓄水。此计划共分五项进行：（一）筑坝。（二）建筑清理厂。（三）建筑升水机厂。（四）安设水管水池。（五）迁移村庄坟墓及购买土地。此治本计划，全部费用，共需六百万元云。

邹　　平

一　邹平设立实验县之源起

山东邹平实验县，为梁漱溟诸氏所主张村治学院之试验场。然中国目前流行之村治学说，非创自现在邹平努力实验之诸人，而为民国初年在河北定县翟城村创办农村自治之米迪刚父子。其后章行严、王鸿一诸氏，亦唱村治之说。王氏主张尤力，曾在北京创办村治月刊。其次则有梁耀祖，彭锡田两氏倡导村治，当韩复榘主豫政时，委托梁耀祖彭锡田筹办河南村治学院于辉县百泉，内分农村组织训练部及农村师范部。嗣因冯阎之役，韩氏离豫，河南村治学院，遂亦停顿。至梁漱溟氏，早岁曾致力于哲学与佛学，曾执教鞭于北大，其思想转趋于村治运动，乃在民国十二年办曹州中学之际。其时曾著有农村立国论。彼与王鸿一氏相友善，其思想受王鸿一氏之影响颇多。民国十六年，漱溟挟村治策南入粤，说李济琛氏，李赞其说，愿梁在广州试办，而力促其实现。同时即托梁氏代己任广州政治分会建设委员会主席。随提出开办乡治讲习所建议案，经中央核准。梁氏即组织考察团赴江苏昆山，参观中华职业教育社在徐公桥实验区所办之乡建事业。北上定县，参观中华平民教育促进会所办之华北实验区。更入山西，考察汾县，介休等县村政。著有北游所见纪略，发表于王鸿一主办之村治月刊。惟是时粤局骤变，李济琛滞留南京，漱溟亦不能南返。因鸿一之函介，赴河南参加村治学院工作。梁耀祖氏，聘漱溟任乡村自治组织教授。民国十九年十二月，因韩复榘氏邀赴山东，议重建村治事业。盖是时，韩已转任山东省政府主席，而河南村治学院，亦于是年十月停办也。同漱溟被邀赴鲁者，尚有梁耀祖、孙则让诸人。彭锡田氏，则回其故乡镇平县（属河南）举办乡建事业。梁氏等至鲁后，先设乡建筹备处于济南。

随即选择实验区，未几即决在于邹平。邹平当选之原因即：（A）在山东全省比较适中。（B）距胶济路仅三十里，交通既非不便，又非要冲。（C）大抵为农业社会。（D）不甚瘠苦，亦非富庶，颇合于一般性。（E）小县易治。至原用村治二字，漱溟等以为不如改用乡村建设四字，词义较为通晓。乃定名为山东乡村建设研究院，院址设于邹平。又以在河南时偏于训练人才，兹更注重研究实验工作。第一任院长为梁耀祖，孙则让副之。院内分：（A）乡村建设研究部，（B）乡村服务人员训练部，（C）乡村建设实验区。梁漱溟氏任乡村建设研究部主任。至乡村建设实验区主任，则兼任邹平县长。该院正式成立，乃民国二十年六月事也。民国二十一年，内政部召集内政会议。其议决案中有各省为促进县政建设起见，得设立县政建设实验区一案。随即颁布各省设立县政建设实验区条例十一条，山东省府，因依据此案，正式以邹平为实验县。并增划菏泽县为研究院实验区，扩大范围，对于行政，不受原有法令拘束，得充分实验。并拟定邹平、菏泽两县施政三年计划，按步进行，以迄于今。此邹平实验县成立缘起之大略也。

二　邹平县概况

邹平县在胶济铁路附近，由周村站离火车北行，约三十里即达县城。居山东全省之中。县城西距济南仅百七十里。县境东西广四十三里，南北长八十里，面积二千六百余方里，耕地约七十一万亩，人口十七万五千七百人，在山东列第三等县。西南部多山，名长白山脉，峰峦起伏，颇饶风景。有湖名浒山泺，在县城西十五里，汇集诸山之水，周围约三十里。从前颇多芰、茋、鱼、虾之利，今因水浅易涸，生产较少。东南地甚平沃，盛产谷（小米）麦，并富蚕桑。西北地亦平坦，谷、麦之外，盛产棉花，而以孙家镇为棉产中心。西南山地，不少童濯，近年政府提倡造林，植树颇多，十年之后，景色当为之一新也。交通则北有黄河，南有小清河，皆可行帆船。由孙家镇乘小清河帆船，可西达济南。又有周青马路（由周村至青城），纵贯县境，交通尚称便利。居民质朴耐劳，风俗淳厚，十之八九，务农为生。土地分配，亦颇平均，约百分之八十六为自耕农，所占耕地亦如之。类能自给，乞丐甚少。惟卖女之风盛行，年青女子，待价而沽，中上之家，亦所不免，此则亟应改革者也。县城西门外约二里，为汉伏生故里，伏生在中国文化上，贡献颇大，故历朝以其子孙为奉祀官以祀之。有宋范仲淹，随母改嫁长山朱氏，常读书醴泉寺，寺在黉堂岭下，在县城西南三十里，迄今仲淹读书处及后人建祀祠堂，令人缅怀往昔，流连不置。至附近民众，黄童皓叟，对仲淹故事，皆能历历如数家珍也。

三　山东乡村建设研究院

山东乡村建设研究院，为邹平实验县一切政务的主持与推进机关。菏泽设有乡建分院，主持菏泽政务。县政府亦属于该院，除仰承着政府一切训令外，所有设施，皆须请准研究院备案。研究院直接受山东省政府监督，一切措施，或秉承省府命令，或由院拟订办法，呈请省府核准备案。

该院一面研究乡村建设问题，一面指导乡村建设的实施。关于研究方面，则有乡村建设研究部，研究部一方提倡此种研究，一方更具体的研究山东各地方的乡村建设方案。招收大学或专门学校的毕业生，入部研究，先研究乡村建设的基本理论，次则根据各人已往的学识，而为各种专科的研究。如原来是学农业的，可以从事于农业改良的研究。从来是学经济的，即可从事于农村金融的研究。从来是学医术的，即可从事于乡村保健事业的研究。而有志乡村教育的，即可从事于乡村教育的研究。其课程除必要者外，不取讲授的方式。或各别谈话，或集众讨论。并于南北各大学，聘有特约教师，担任指导，用函授法教授。研究生修业年限为两年，研究论文，经院中评定合格，即予结业。所谓结业，即其他学校所谓毕业。梁漱溟氏，以学问为人类终身事业，出学校时，只能谓学问进程，暂告一结束。故邹平、菏泽，现有各学校，毕业者谓之结业。研究生除由院供给其膳宿外，并每名每月由院津贴大洋十元。其学有特长者，并得任院中职员，或兼任训练部的功课。

研究部之外，则有乡村服务人员训练部。训练部亦是为养成乡村建设的实地工作的人才。但此部不注重于自由研究，而注重于讲堂的授课，及农村的实地工作。其招收学生的条件为：（A）世代居乡，至今其本人犹住家在乡村者。（B）曾受相当教育（略如初中），具有普通知识者。（C）年龄在二十岁以上，三十五岁以下者。对此部学生注重训练的亦有三项即：

（A）实际服务精神之陶炼。（B）为认识了解各种实际问题之知识上的开益。（C）为应付解决各种实际问题之技能上的指授。第一项，是为鼓励学生的志趣，养成学生吃苦的精神，并教以谦抑、宽和、处己、待人之道。第二项，是养成学生对于各项实际问题的认识和判断的能力。第三项，是养成学生对于实地工作时的切要才具，如办公事的应用文，办合作的应用簿记，办自卫的武装训练等。训练部学生，每次招收约三百名，一年结业，不放寒暑假。以每四十名为一班，置班主任及助教授各一人，班主任对于该班学生身心各方的活动，负有指导教管的全责。故有班主任应与学生同起卧，共饮食，以时常聚处为原则的规定。学生每日必写笔记，由班主任为之评阅。每班学生各成立自治团，凡经研究院划归训练部自行办理之教务、庶务、卫生、清洁等事，皆在班主任指导之下，进行自治。各班主任之上，更设部主任，总揽全部教务。

训练部学生，不但无寒暑假，抑且无星期例假，及一切纪念节假，理由是：（A）修业期短而教授功课多。（B）农家生活除农隙外，并无所谓放假与停工，养成乡村服务的人才，不能不养成其合于农村社会的习惯。每日二十四小时的生活，依书作夜息的原则，排定公共生活时序表。每日起居作业的顺序：为起床、盥漱、朝会、健身、拳术、早餐、作业、午餐、作业、晚餐、洒扫、作业、写日记、就寝，俱有一定时刻，全部共同作息。作业时间，午前、午后、及晚间共计八小时。不仅是讲堂授课，并包含种种活动，每逢星期日，更多院外的活动，如野外操练、巡回讲演、及乡村调查等。本部学生膳宿服装，由研究院供给，但不另给津贴。在结业前三个月内，由学生自行择定所专力研究之问题，即就棉业、畜牧、蚕桑、凿井（山东大部少雨，凿井灌溉，为农家最重要之事），及乡农教育五项中，自选一项，特别专攻。结业后，分回本县，签办民众学校，及各种乡建事业。

实验部即邹平县政府，其组织与措施，当另详述之。

研究院地址，在邹平县东门外，系购旧日之盐店房舍，加以修葺，地颇宏敞。研究部比连在东，系就一旧庙址修葺而成者。该院正副院长，原为梁耀祖，孙则让两君，其后易为梁漱溟及王绍常两君。漱溟虽任乡建院长并兼代邹平县长，然全未改其学者态度。常着粗布学生服及帆布鞋。言词缓而沉重。平时寡言笑，然对人则甚有礼。当予到邹平，漱溟即邀住研究院内,并嘱院秘书徐树人君妥为招待。漱溟在院讲演,予亦往听二三次。见伊每间二三分钟,始再发言,若有所深思者。列席听讲者,约七八十人,皆手持纸笔,对其演说,逐句详记。院内有图书馆,藏书颇多,闻多系漱溟捐资购置,盖梁氏以在邹平县应得薪金,全数捐购书报也。院中办事人员,服御朴素,皆着粗布学生服。秘书徐树人君,原系苏州人,在山东曾任县长,予有两次遇见其独自食粗面,仅野菜拌和而已。彼曾语予,予在此并无所求,不过与梁先生主张相同,故愿竭力赞助梁先生。院中训练部主任张叔知君,出版股主任席百朋君,原皆梁氏学生,努力赞助梁氏,深得梁氏之信任。张国维君(原剑阁县人),留欧颇久,专研究合做事业。去夏梁氏亦聘赴邹平,担任合作指导,其人亦讷于言之诚笃士也。该院职员学生,受梁氏薰陶之响影甚大,予每察该院学生之言语态度,多带有漱溟式者。总之该院一切,在沉着进行之中,亦带蓬勃的朝气,不能不在予之脑海中,留深刻之印象者也。

四 邹平县政府

邹平县政府,即山东乡村建设研究院的实验部。自前县长王怡柯君辞职后,山东省政府,即委梁漱溟君兼代县长。余往参观时,由研究院派职员阎若雨君导引前去。入县署后,由县政府秘书李守文君出任招待。县府秘书处及各科合署办公,同一大厅内,持筹握管者共数十人。共分五科,第一科为总务,第二科办公安,第三科理财政,第四科任建设,第五科掌教育。承审员司云阁君,则另据东端之一室。县长办公室,则在二堂后之东侧,殊甚湫隘,不似各科办公处之宏敞。内部参观以后,即转至大堂外西侧之民众问事处。县民对于公私事件,凡有疑难,皆可到此处询问,同时即将所询事件,及该处主任对答之辞,皆登记于询事册上。该处主任不能应答之事,即入内向县长、秘书、承审员或各科科长清询明白,然后作答。县长每日必到该处清查一次,注明年月,盖章以去。民众问事处的对面为户籍处,户籍主任吴顾毓君语予,从二十四年一月八日起,开始调查,已得全县户口统计为三万二千余户,十七万余丁口。次到县监狱参观,共有男犯四十三名,女犯三名。男犯皆有工作,以木工、印刷两科最多,有数名理炊事,有一二名带脚镣。作工并无工钱,不过每月有少许奖金而已。犯罪者以毒犯为最多，奸拐案次之。监狱甚清洁，男囚犯颇活泼，面容亦和善，见予等至，皆起立致敬，不似凶恶之人。女犯无工作，见余等至，颇局促不安，顿现羞与愁两种表情。监狱对面为看守所，为未决犯看守处，被看守者共三十余人。地甚狭隘，且不清洁，入门即闻臭气，综观邹平县府，办事人皆甚朴素，布衣短服，来往或系步行，或乘自行车，未见一辆包车。县府厅舍，多盖茅草，而且土阶，此在南方，殊未之见也。

五　农事试验场

予到邹平之第三日，即往参观乡村建设研究院之农事试验总场。该场亦在东门外，距研究院仅里许，原为某教会所设立之医院，民国二十年，经乡建院收买以作农场。本场仅有七十余亩，此外七里铺分场有地约一顷，蔡家庄有地一顷半，孟家坊分场一顷半。济南新庄有农场广六百余亩，系乡建院与华洋义赈会及金陵大学合办，专作作物与育种的工作。此外乡建院尚在唐梨庵办有养蜂场，在黄山办有养鸡场。

予到东门外农事试验本场时，该场主任于鲁溪君适因公赴县城，场中职员，以电话通知于君，于君赶回农场，导引参观，并详加解说，殊可感也。

乡建院农场工作，兹举其重要者述之如下。

（A）园艺方面

现在注重改良繁殖苹果、葡萄及白菜三类。对于苹果，则注重推广青香蕉、红香蕉、露秋皮二种。对于葡萄，则注重繁殖龙眼、虎眼、玫瑰香三种。对于白菜，则注重改良山东本地白菜。

（B）棉业方面

注重推广脱字美棉，于民国二十一年，开始散播脱字美棉种于各区农家，以后逐年加多。现在种本地棉种者，每亩地每年出籽棉不过百二十斤，至于种脱字棉种者，每亩至少产籽棉百七十斤，至多可产二百四十斤。推广棉业，甚利赖棉业合作社，现在棉业合作社，除西南山地外，几已完全普及矣。

(C) 蚕业方面

山东蚕业，旧已有名。邹平东南辖境，亦盛产蚕。惟近年丝业衰落，乡建院乃提倡蚕业合作社，每年以优良蚕种，散给社员，成效虽尚未著，惟加入蚕业合作社者，年多一年，可望逐渐改良发达也。

(D) 林业方面

邹平西南多山，惟多童濯，乡建院乃限令未造林之山地地主，从速造林，逾限不造，则没收其地。令附近村民共造之，共有之。此法施行，造林之进展颇速，以后当甚有可观也。

(E) 猪种改良

乡建院农场，现在用波支公猪及本地母猪交配。有纯种波支公猪共十余头，每头每日多者可配母猪八九头，少者亦二三头。每头杂种猪，可较本地猪增加肉量四五十斤，而所费食料，完全相等。故近日一般农民，已信任波支猪种也。

(F) 杂种改良

据该场试验，意大利种来克行鸡，每鸡每年可产卵一百九十七个，邹平鸡每年只产卵九十二个。来克行公鸡与邹平母鸡交配，所产之杂种母鸡，每年可产卵一百五十四个，且质好量大。又潍县（山东）之九斤黄，为肉用最良之鸡种。寿光县（山东）产之寿光鸡，每只母鸡，每年可产卵一百八十余个，大逾鸭蛋，内质亦良。该场对此数种优良鸡种，现正从事繁殖，以推广于民间。

(G) 推广乳羊种

中国农民食品，多淀粉质而缺脂肪质。该场为救济此弊，提倡农家饲养乳羊，期每农家各养瑞士乳羊一头，每日可取乳四磅，足供一家之用。现由该场将此项乳羊，选择可靠农家，分给饲养。其交换条件为母羊产小羊时，须赔还农场小羊两只，以便转给其他农家饲养。

（H）家畜防疫研究

该场陈列病菌标本多种，以供民众观览研究。置有培菌箱一个，并养海豚（形似兔）约五十头，用以考验各种家畜病症。家畜病时，取病畜血注入海豚体中，观其所发病象而确定其病症。

以上仅就该场现在所有之重要工作而言之也，兹更将该场组织大纲列下，以供参考。

第一条　本农场为山东乡村建设研究院所设置。

第二条　本农场以增进农家生产，提倡农业合理化之经营，及供研究院内学生实习为目的。

第三条　本农场事务分下列各股：

（一）研究股　内分

（1）畜牧组　计划并管理猪、鸡、牛、羊种之改良，及奶羊繁殖工作。

（2）田艺组　计划并管理玉蜀黍、谷子、小麦、棉花、大豆种子之改良，及各种作物全部耕植工作。

（3）园艺组　计划管理果木、蔬菜及花卉等改良工作。

（4）森林组　筹设苗圃，并计划管理共有林之养成，及乡村树景培植等工作。

（5）蚕桑组　计划并管理蚕种，改良饲育方法，蚕病预防，蚕室、蚕具改良，及干茧制丝等工作。

（6）病虫害组　管理研究本地作物病虫害等工作。

（7）养蜂组　管理介绍意大利蜂群，及中外蜂种改良等工作。

（8）水利组　管理、研究凿井、穿泉、挖河等水利工作。

（9）农具组　管理、研究并改良本地农具及试用介绍新式农具等工作。

（10）农艺化学组　管理土壤改良，肥料试验，食品饲料分析，及农产制造方法改善等工作。

（11）测候组　管理研究关于气候测量，及其记载等工作。

（二）推广股　将研究股研究所得之成绩，用表证农家、农产物展览会、农村巡回学校表证宣传等方法，一一推广于各农家。

（三）调查股　调查关于农村内之技术性的及社会性的诸生产事项。

（四）场务股　管理本场会计、文牍、庶务、出版等项及保管场内一切物品。

第四条　本农场设主任一人，总揽全场事务。各股设主任一人，及技师助理员若干人，分掌各股事务。均由院长聘任。

第五条　本农场设农业实习部，随时招收实习生，指导实习。

第六条　本农场为计划进行场务，特设场务会议，由主任召集之。

第七条　本组织大纲未尽事宜，得由主任商请院长，随时增修之。

第八条　本组织大纲，由研究院院务会议通过之日施行。

六　邹平之合作事业

乡村建设事业，要务虽多，而改进农村经济，实为当务之急。改进农村经济，不外二端即：（一）增加生产，（二）活泼金融。为达此两项目的，合做事业，自甚重要。邹平自乡村建设研究院设立以后，合做事业，即逐渐举办。惟以创设伊始，人力财力，两俱有限，迄于今日，已著成效者固有之，然尚待努力者实不少也。

邹平创办合做事业，第一年内，可分四期。第一期从民国二十二年七月至九月，在此期所办事业为：（1）充实指导力量，（2）制定单行规程，（3）编制合作社应用书表账册，（4）调查旧有钱会。第二期自二十二年十月至十二月，在此期内办理事项为：（1）指导组织信用合作社，（2）扩大棉花运销合作社组织，（3）举行钱会登记。第三期自二十三年一月至三月，此期办理事项：（1）倡办林业合作社，（2）开设合作社职员训练班，（3）指导农民组织纳税合作，（4）提倡土布运销合作。第四期自二十三年三月至六月，在此期注重办理事项为：（1）筹办公共消费合作社，（2）倡办合作仓库，（3）发行定期刊物，（4）编制年报。

经上述四期之努力，合做事业，始稍有基础。以后对于林业合作，蚕桑合作，机织合作，庄仓合作，信用合作，及棉业合作等项，逐渐创建推广。其最著成效者为上述之后三项合作。二十四年七月，乡建院更召集会议，商讨合做事业之更进一步的推行，决议以本年度为推行合作年度，即以推行合作为该院本年度主要工作。至年来对于上述各项合作，其进行概况，分述如次。

（1）林业合作

邹平自乡建院设立后，即着手调查荒地。荒地分官荒、私荒两种。官荒划归其附近村庄人民造林，归其共有。私荒则由公家限业主于某时期内，自行造林，期满未造，则将该地充公，而划归附近村民共造之。由村民共同造林，彼等即谓之林业合作。现今成效虽尚未著，而林业合作社之设立，已逐渐加多。邹平县政府，为应各林业合作社造林需要，已办苗圃两处，供给其苗木也。

（2）蚕桑合作社

邹平在其邻近周村方面之三、四、五等乡，原盛产桑育蚕，所产生丝，亦甚畅销。惟近年以受人造丝输入之影响，丝价大跌。农民只贪近利，多砍去桑树，另种别物。乡建院为防蚕业之根本破产，乃提倡蚕桑合作社，由乡建院供给各合作社员以改良蚕种，派员指导其饲养法及防治蚕病法，收茧后，由乡建院代为烘干，代为缫丝，汇集运赴上海出售。

（3）机织合作

周村从前为山东之商业重镇，即在今日，其贸易尚颇繁盛。邹平密迩周村，邹平县民，从前赴周村充棉织与丝织工人者甚多。近年山东棉丝两种织品，受日本织品倾销政策，影响极大。周村织物工业，倒闭甚多，邹平织工，失业甚众，乡建院为救济此等失业群，特提倡机织合作，贷以低利款项，并指导其技术及营业。然据邹平人云，此种合作，迄未成功，将来亦颇少成功之希望。

（4）庄仓合作

邹平庄仓合作，以第一二乡成绩最好。其办法：在各村设立共用农产仓库，收存该村庄或其附近村庄的农产品（以小米、豆为最多，高粱次之）。庄仓合作社，即可以此种农产品，向县立金融流通处，抵借款项，利息甚轻。合作社即将此项借款，照原息转贷与各存户。但能贷款多少，须视其所交存农产品多少而定之。

（5）信用合作

邹平信用合作，固在萌芽时代，其资金尚甚薄弱，其组织亦尚未臻健全周密。然即此萌芽时期，农民受益，已颇不少，盖从前乡间之高利贷，固盛行也。

现在邹平城内，有县立金融流通处一所，供给全县信用合作社或其他合作社以资金。现任金融流通处主任为陈道传君，原为山西人，貌甚诚挚。该处成立，仅两年余。第一年由县府拨给资金三万元，第二年拨得四万元，闻将拨足十万。借款对象，以农民为主体。对信用合作社员，及其他合作社员，均可贷以款。贷款须于六个月内，还清本利。初次贷款，利息八厘。二次三次贷款，则利息递高，然不得超过一分五厘。信用合作社，近得此种资金之供给，已逐渐分设于各乡矣。

（6）棉业合作

邹平合做事业，最收成效者，当推棉业合作，而棉业合作之重心，在于孙家镇。该镇在小清河南岸，砂壤土质，最宜植棉。附近五十六村棉田，共计三万八千九百亩，年产四万担。故在秋季，孙镇棉市甚盛。乡建院为改进棉之产销状况，先从组织棉业合作入手。民国二十一年，先由农场选脱里司美棉种四千余斤，推广于孙家镇附近二百一十九户表证棉农试种。入秋，即以前项表证棉农为社员，分村组织运销合作社十五处。复将各社，联合组织，取名梁邹美棉运销合作社（孙家镇古名梁邹），社址即设于孙家镇。以后逐渐推广于全县。而其改善目的，亘于生产、金融、加工、运输、销售各方面。最初在各处设立分社，其后为养成各社独立的精神，促进各社组织之健全起见，乃将各分社名称全改为"某某村美棉运销合作社"。其主要业务为：种植、借款、收花及轧花。复联络各村社，组织联合机关，定名为"梁邹美棉运销合作社联合会"。其主要业务为：集中产品，加工运销。惟事业区域辽阔，进行诸多不便，故联合会下，复设办事处四所，以便利运输与指导。二十四年联合会增设动力轧花厂一处，指定棉种优良之村社，将籽棉送厂，集中轧花，以保持纯种，节省开支。邹平因棉业合作之发达，出花干净，一扫从前掺杂，潮施等弊，故现在邹棉声誉日隆。青岛之华新纱厂，在孙家镇设立花栈，常年收买。其他青、沪、济南各厂，亦于新花上市时，相率来此收买。

以上系分述邹平各种合做事业之概况。二十四年七月十一日，乡建院更召集各部主脑人物，对于改进该县合做事业，曾议决如下。

（1）由乡建院合作教师及农场方面的合作负责人与县政府的第四科（建设科）及金融流通处四方面共同组织合做事业指导委员会，举委员九人。

（2）乡建院长任委员长，推举常务委员两人，助委员长处理一切事务。

（3）委员会分三组　（A）第一组办登记、统计、调查及合作教育等事。（B）第二组办金融流通，指导信用合作，及农业仓库等事。（C）第三组办各业合作的指导，如棉业合作指导、蚕业合作指导、林业合作指导、蜂业合作指导等。

（4）各级设正副主任各一人，干事及助理干事若干人，皆由上述四方面原任合作人员调任。

（5）委员会设于县政府。

（6）使乡学、村学与合做事业，发生密切关系。

邹平合做事业，现正在进展之中，若再数年，当更可观也。

七　村学与乡学

梁漱溟氏建设乡村的方式，是以教育的力量，达到其所揭橥的"推进社会组织乡村"的目的。乡村建设研究院，是一个较高的学校，同时也是一个握有权力的政治机关。其在乡村，则甚注重村学与乡学。每一村有一村学。集若干村而成乡（现在邹平全县共分十三乡），每乡有一乡学。村学与乡学，不单是学校，而且是该村与该乡的政治机关。通常每村设初级小学一所，每乡设高级小学一所。乡学除办理学校外，并有户籍处，有保安队长，并办理该乡应办的一切政务。自二十四年秋季起，更须负推进该乡合做事业的责任。村学亦是如此，不过其范围较小，事务较简耳。

兹将邹平县设立乡学村学规程列后

(甲) 总则

（一）本实验区（指邹平县）为改进社会，促成自治，以教育的设施为中心，于乡设乡学，于村设村学。

（二）乡学、村学，以各该区域之全社会民众为教育对象而施其教育。

（三）乡学、村学，由各该学董会，于县政府之监督指导下，主持办理之。学董会之组织另订之。

（四）乡学、村学，由各该学董会，依该区民众群情所归，推举齿德并茂者一人，经县政府礼聘为各该学学长。学长主持教育，为各该区民众之师长，不负事务责任。

（五）乡学、村学之经费，以由地方自筹为原则，但县政府得酌量补助之。

（六）乡学、村学之一切设备，为地方公有，"应开放于一般民众而享用之。其管理规则，由各该学董会自行订定之"。凡各地方原有之体育场，图书馆等，均应分别归并于乡学、村学设备中而统一管理之。

（乙）村学

（七）本实验区各村，为改进其一村之社会，促成其一村之自治，依法组织村学学董会，推举村学学长后，得成立各该村之村学。

（八）凡初成立之村学，在一年以内，其教员之一人或二人，以县政府之介绍，而学董会聘任之。其薪给由县款支出之，一年期满后，应由其地方自行聘任，自行供给之。

（九）村学受县政府及乡学之指导辅助，视其力之所及，又事之所宜，进行下列工作：

（1）酌设成人部、妇女部、儿童部等，施以生活必需之教育，期于本村社会中之各分子，皆有参加现社会，并从而改进现社会之生活能力。

（2）相机倡导本村所需要之各项社会改良运动（如禁缠足、戒早婚等），与办本村所需要之各项社会建设事业（如合作社等），期于一村之生活逐渐改善，文化逐渐增高，并以协进大社会之进步。

（十）村学为行其教学应有之分部、分班、分组等编制，办法另定之。

凡村学成立之村，其原有之一切教育设施，如小学校，民众学校等，应分别归入前项编制中，以统属于村学。

（十一）村学学长为一村之师长，于村中子弟有不肖者，应加督教，勿使陷于咎戾。于乡里有不睦者，应加调解，勿使成讼。

（十二）村自治事务，经村学之倡导，以村理事负责执行，而村学学长立于监督地位。

（十三）村理事办理政府委任事项，及本村自治事务。除应随时在村学报告于村众外，每月应有总报告一次。

（丙）乡学

（十四）本实验区各乡，为改进其一乡之社会，促成其一乡之自治，依法组织乡学学董会，推举乡学学长后，得成立各该乡之乡学。

（十五）凡初成立之乡学，在一年以内，其教员之一人或二人，以县政府之介绍而学董会聘任之。其薪给由县款支出之，一年期满，应由其地方自行聘任，自行供给之。

（十六）县政府于各乡学，得派辅导员，辅导其进行。

（十七）乡学受县政府之指导、辅助，视其力之所及，又事之所宜，进行下列工作。

（1）酌设升学预备部、职业训练部等。办理本乡所需要而所属各村学独力不能举办之教育。

（2）相机倡导本乡所需要之各项社会改良运动，兴办本乡所需要之各项社会建设事业。

（十八）乡学对于所属各村学之一切进行，应指导辅助之。

（十九）乡学为行其教学应有之分部、分班、分组等编制，办法另订之。

凡乡学成立之乡，其原有之一切教育设施，除应编归村学者不计外，如高级小学、民众学校高级部等，应分别归入前项编制中，以统属于乡学。

（二十）乡学学长，为一乡之师长，于乡中子弟有不肖者，应加督教，勿使陷于咎戾。于乡党有不睦者，应加调解，勿使成讼。

（廿一）乡自由事务，经乡学之倡导，以乡理事负责执行。而乡学学长，立于监督地位。

（廿二）乡理事办理政府委任事项，及本乡自治事务。除应随时召集所属各村理事，在乡学会议进行外，并应每月举行例会一次。

观上列规程，已可知邹平所谓村学、乡学之梗概。予所亲往踏查之乡学：为韩家坊（第一乡）、黄山前（第五乡）、韩家店（第七乡）、王伍庄（第十一乡）等处。此外并参观村学多处。学长多不在学校，惟理事、教员、户籍处主任等，则皆在校。精神最好者为王伍庄与黄山前两处乡学。各处办事人员，多质朴，能予人以甚好印象。惟各校建筑设备等事，则多简陋，就学人数亦甚少，此则不能不希望从事者之再加努力者也。

八　简易乡村师范学校及其附属实验小学

邹平县立简易乡村师范学校，在县城南门内，由文庙改建而成。文庙正殿为县立图书馆，藏书可万册。其余则皆属学校。此校设立之目的，在培养推进本县乡村建设的人才，每间一年招生，两年结业。其教授法分指导作业与自由作业两种。每日上午，多为指导作业，下午多为自由作业。指导作业，为讲室授课，或实习指导，全班是一致的。自由作业，是随学生自己的兴趣，分成若干组，如木工组、书报组、书画组、游唱组等。每组皆分受一块耕地，由学生自行耕种。学生全体皆官费，但食用甚简朴，以免结业后，不愿再入农村。

简易乡村师范学校附属实验小学，即从前县立高小校地址。民国二十三年，始改归乡师校。现分高、初两级分十班，共有学生三百余人。高小部有学生百卅余人。

此校高小部，完全用组织教授法。学生每六名为一团，有团长一人。每六团为一组，有组长一人。又由各组联合选出最高活动委员会。每种功课，先由学生自习，次由本团自行研讨，再有疑难处，乃由教员说明与纠正。讲义是用活页的，中有许多空白，由学生自填。升级不是按年级的，凡高才生可以提前升级。每礼拜有规定的时间，由团长负责指导团员。团长此项工作，亦定其成绩（团长的）。

最高活动委员会，其活动事项为：（一）知识的活动，即研究功课。（二）健康的活动，由教职员组成健康委员会，指导学生活动。（三）社会的活动，以本校为中心，在其附近，做些社会事业。

每日从午前五点半钟起，有朝会，费时四十分。朝会时，全体学生（高小部的）分团、分组排列，首由团长向组长报告出席人数，次由组长向总组长报告。每礼拜由总组长公布出席统计。上课缺席，由团组长调查、登记。并有纪律调查表，亦由团组长登记。

学生健康检查，由团组长每周检查填报一次。学生入学时，由大夫（医生）详细检查一次。每月称量体重一次。每星期二与星期五两日，为学生诊疗期。届时大夫到校，为学生治病。每礼拜三有卫生活动一次，届时常由教职员率领学生出外，寻生菜及生水等物，说明其传染病毒等危险处。

初级部另在一处，其三四年级学生，亦逐渐采用组织教授法。该校设备建筑，虽尚谈不到完善，然颇有朝气。

邹平采用组织教授法之小学，乡师附属实验校而外，尚有王伍庄乡学，该校，余亦曾往参观，与乡师附属实验校，大致相同，惟团组等等名称，略有差异。放假期间，亦略有不同，因两地农忙时间，略有差别也。

九　乡农学校

以上所述关于邹平的教育，已颇不少，然尚有一项，为乡建院人士所最注意而事实上亦最紧要者，即乡农学校是。据梁漱溟氏所述，邹平的乡建工作，是以乡农学校来进行。乡农学校，约相当于江南一带的乡村改进会，或农村改进区。亦相当于北方定县的平民学校。以二百户以上五百户以下的村落，划为一个乡农学校的范围。各乡农学校，皆有校董会，选举该村落中比较明达事理者，充任校董，其人数为五人，乃至十数人。校长由校董会聘任，须学行均优者，乃得充任。乡农学校的学生，即是当地的全民众。不过在初办之时，尽量先收成年的农民。每校教员一人或二人，是由乡建院指派来的，多半是乡建院的学生。

此种学校的工作，是以当地的乡村社会作对象。其所授功课，如识字、音乐、唱歌及精神讲话等，虽各校大致相同。但因各乡村社会的环境不同，而施以特殊的教育。如该县西南多山，则其乡农学校，注重林业的教育。孙家镇、王伍庄一带盛产棉，则注重棉业的教育。东南多产蚕，则注重蚕丝的教育。又有些地方，注重养蜂的教育。有些地方，注重机织的教育。有许多实际问题，是让学生们借在校聚会的机会讨论解决。教员不过设法引起学生对于该方面的兴趣，使其发生问题，使其商量解决。从旁辅助，或代为解答疑难而已。

乡农学校，一方面因为补助农民，尤其是失学的农民，使多得一些智识。但是所有的学生，已有些是曾经受过教育的。这种学校的学生，真是形形色色。以性别言，则有男的，亦有女的。以年龄论，有仅八九岁的，亦有六七十岁的。以程度论，有目不识丁的，有读过新学的，有读过四书五经的。目不识丁的人，来此固多在识字方面用功夫。曾经读过书的人，来此所得的教益，多在精神讲话，及得一些新智识的灌输。乡建院并备有留声机及风琴等项，以供娱乐。柔术是必修科，柔术教习，多聘学校附近善柔者充之。

乡农学校的办理人，除校董及校长是本地人外，其余尚有指导员及试导员两种。指导员是乡建院的教职员，人数甚少。试导员是乡建院的学生，尤其是训练部的学生最多。每乡农学校，有试导员一二人乃至三四人。每一乡区，有指导员一二人。乡建院办此种学校，除使乡农获益外，更使乡建完的学生，甚至教职员，多得许多经验，多想出许多好办法。所办的时间并不长，选农暇时（如冬季）开课。对于农民工作，根本无妨碍，对于学生学业，亦不致荒怠，在教育落后的中国，诚是一个良法。彼等在初入乡创办乡农校之际，招收学生，一般多寨足不前。一则因为对于设校的意义，根本不知，尤其有许多胆小的农民，恐怕入学后，被抽去当兵。所以最初颇费唇舌。但是有些学校，临到学生结业，教职员返乡建院的时候，学生多依依不舍，更有泣下者。足见农民思想，仍易转移，农民感情，甚为真挚也。

乡农学校的校址，多借用庙宇小学，于必要时，且借用民家房舍。有不适者，令修葺之。乡农学校的用费，由乡建院支给之，但费用则甚简也。

兹更将邹平乡农学校暂行简则，及乡建院学生下乡服务公约列后

邹平乡农学校暂行简则

一、本院为进行试验县区之试验工作，协同地方人士，但办乡农校。将来期于完全归地方自办。

二、乡农学校之宗旨，在集合乡间领袖，以学校指导农民生活，谋其地方乡村建设之推进。

三、乡农学校，暂就本县各乡区，各设中心乡农学校一所，乡农学校若干所。

四、中心乡农学校，应以合于下列各条件者为适宜所在地：

（1）户口在二百户左右。

（2）交通便利。

（3）地点在本区较为适中。

（4）有适当可用之场所。

（5）乡公所所在地或其邻近地点。

五、中心乡农学校之职能：

（1）为本区内各乡农学校联络之中心。

（2）为本院（指乡建院）继续训练现在本区服务同学之中心。

（3）为本院随时集中教导本区内各乡农学校学生之中心。

（4）为本院辅导本区内小学教师讲习班同学，努力教育，服务社会之中心。

（5）为本院与本区、本区与各区乡农学校联络之枢纽。

（6）为本院与本区地方人士联络之中心。

六、中心乡农学校之活动：

（1）分派本院学生为本区内各乡农学校之试导员，办理各该乡农学校。

（2）监督指导本区各乡农学校之试导员。

（3）联络各区中心乡农学校。

（4）协助本区内小学教师讲习班同学，组织同学分会，并辅导其工作之进行。

（5）传达本院与本区地方人士之意见，以期其融洽，共图本区乡村建设事业之进展。

（6）调查本区乡村社会、经济、教育及农业等状况。

七，乡农学校之组织系统表（从略）。

山东乡村建设研究院学生下乡服务公约

一、不准自由出校。

二、不准旷弃职守。

三、不准仟意讥评。

四、不准狎亵戏谑。

五、不准轻慢乡人。

六、不准私入人家。

七、不准徘徊街市。

八、不准私借什物。

九、不准损坏公物。

十、不准吃烟喝酒。

乡村服务注意要点

一、与乡村人交接，要持请教、商榷的态度，不要持指导、命令的态度。

二、与乡人讲话，须先审察其性情、习惯、信仰等，然后发言。

三、对于乡人的言、行、信仰纵觉不甚合理，总要少加批评，善于劝导。

四、对于乡村智识分子，当乐取其善端，培养其长处。

五、对于乡村富有经验及具有特长之人，当以诚恳谦和之态度，接受其知识及方法。

六、乡村固有之善良风俗习，尚要随时记录，善于运用。

七、凡遇重要事，要说明时，须先自己考虑一番。要实施时，须大家讨论一番。

八、在乡村购买物件或雇用工人，都当从宽厚处着想，否则易生意外诽谤。

九、借用物品，须按时归还，如有损坏，须早赔偿，宁厚勿薄。

十、凡欲赴未尝到过之庄村，须先选介绍人作为向导。

十一、凡到人家去，须有人引导。至庭中稍立，不宜径入室中。

十二、凡过庄村，骑马须下马，乘车须下车，问路问事时，亦当如是。

十三、有益于公众之事多作，不关紧要之话少说。

十四、随时注意青年优秀人才，及乡村中领袖人物。尤当注意引发其自觉自信之志愿与力量，以期归于改善乡村之正当途径，为将来办乡农学校之中坚人物。

邹平之乡农学校，现在对于乡民的智识方面与生产方面，虽已有几分改进，然距其理想境域尚远。乡建院诸君，对此亦尚能继续努力也。

定　　县

一　定县之概况

定县位平汉铁道线上，在石家庄与清苑之间，属河北省。南北长六十四里，东西宽五十八里，全县面积共三千六百三十方里。有四百二十三村，六万八千五百家，丁口共四十万。每家以四口者居多，平均每家为五·八人。业农者最多，占全人口十分之九。农民中自耕农占百分之六十三，自耕兼佃农者占百分之二十四，自耕兼出佃者占百分之五，完全佃农，占百分之五，地主自未耕种者，占百分之三。全县地势平坦，可耕地约一百六十万亩，农民平均每户约得二十四亩。地价最高时，每亩达二百元，但现在，通常不及百元。农产以谷子（北方呼小米曰谷子）、小麦为最多，棉花亦盛产。此外高粱、马铃薯、大麦、落花生、玉蜀黍、荞麦等亦多产之。农民除种谷、棉等作物外，尚以纺线、织布、织席及养猪、养鸡、种果树等为副业。农民之外，以商人为多。从事工业者则甚少，完全可称之为农业县区也。

二　中华平民教育促进会简史

现在定县实验县，完全是平民教育促进会理想事业的实验场，我们叙述定县的乡村建设事业，不能不叙述平教会（中华平民教育促进会的简称，以下仿此）的简史，平教会的发起人为晏阳初氏，晏氏发起此会之动机，在欧战时候。当欧战时，晏氏在欧洲充任一部分华工的领袖，华工不识字者最多，既不能写信给家庭，又不能识家庭寄来的信，晏氏每日为华工写信，有时竟达二百余封之多，于是深感人民不识字之痛苦，与今后祛除文盲之切要。乃编就平民千字课，以教授工人。及欧战结束，晏氏回中国，遂在北平，发起平民教育促进会，在清华学校内开成立大会，推蒋梦麟、周作民、朱经农、陶知行、胡适之、张亮清等为董事，熊希龄夫人朱其慧为董事长，晏阳初任干事长。并在各地创立平民教育会。但当时工作，偏重都市，虽盛行一时，而基础殊弱，不过二三年，而各地平教会，遂无形消灭。于是乃晤从前之非计，而转移目标于乡村建设的工作。晏氏自变更计划后，划分全中国为七大平教区，即华北、华南、华中、华东、华西、东北、西北七区是也。不但致力于祛除全国的文盲，并愿深入农村，对农民的生活，切实调查、研究，并力图改进。华北区即选定定县翟城村为实验基址。民国十五年，平教会派李景汉、冯锐到翟城村成立实验区。划东亭六十二村为第一乡村社会区。当时正式职员及短期工作人员，不过二十人左右。初步最重要工作为调查当地社会情形，编有定县社会概况调查及乡村社会调查大纲等书。其次为平民学校的实验与推广，十六、十七两年，因经两次内战，工作进行，甚感困难，仅继续做些调查事业，如定县的历史、地理、风俗、习惯、政府组织、东亭六十一村的交通、人口、教育、娱乐、信仰、兵灾、农业、地亩、生活等。十八年秋季，平教会全部，由北平移到定县，以定县为实验区，更名为中华平民教育促进会定县实验区。对于华东、华南等七大区的工作计划，暂行放弃，而集中全力，改造定县。

民国二十二年七月，河北省政府成立县政建设研究院，以定县为实验区，以晏阳初氏任研究院长，内分调查、研究、训练、实验四部，各部设主任一人。对外则研究院与平教会为分立的两机关，然其内部组织，则研究院重要职员，即由平教会重要职员兼任。研究院之事业，实际即平教会之事业也。研究院实验部的部长，兼任定县县长，自然是平教会中重要的人物或关系最密切的人物。凡平教会的重要职员，兼任研究院或县政府的职任者，皆不受薪。全为义务职，自定县县政全归平教会掌握后，平教会在定县的事业，更有长足的进步。全县扫除文盲的推行，保健制度的推行，农业表证制度的推行，及全县合做事业的推行，皆得良好的成绩。然而尚待努力建设的事业，固尚不少也。

三　平教会的工作方式与组织

平教会在初的目的，不过化除文盲，增高人民智识而已。及后深入乡间，踏实考查，对于中国社会情形，认识亦遂深切，综合调查所得，发现中国民众，有四种基本缺点，即贫、愚、弱、私是也。为挽救此四种缺憾，乃计划施以四种教育，即以生计教育救贫，文艺教育救愚，卫生教育救弱，公民教育救私。施行此四项教育，以三种方式行之，即学校式、社会式、及家庭式是也。然其最后目的，在完成六大建设，即政治建设、教育建设、经济建设、自卫建设、卫生建设及礼俗建设是也。兹将平教会的组织系统，列表如下。

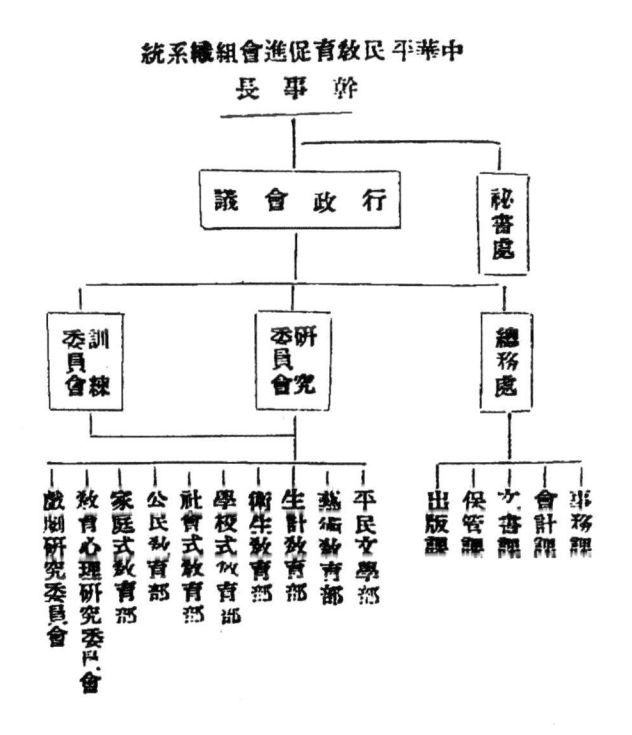

中华平民教育促进会组织系统
干事长
├─ 行政会议
│　├─ 训练委员会
│　│　├─ 戏剧研究委员会
│　│　├─ 教育心理研究委员会
│　│　├─ 家庭式教育部
│　│　├─ 公民教育部
│　│　├─ 社会式教育部
│　│　├─ 学校式教育部
│　│　├─ 卫生教育部
│　│　├─ 生计教育部
│　│　├─ 艺术勤育部
│　│　└─ 平民文学部
│　└─ 研究委员会
└─ 祕书处
　　└─ 总务处
　　　　├─ 出版课
　　　　├─ 保管课
　　　　├─ 文书课
　　　　├─ 会计课
　　　　└─ 事务课

四　平教会的生计教育

平教会的生计教育，是要训练农民生计上的现代知识和技术，创造农村合作社的经营组织，以增加其生产，活泼其金融。更以养成民众的经济意识，与控制经济环境的能力。从生产教育入手，以达到农村经济的建设。其生产教育的工作，一面在充实农业科学的研究，一面在实验巡回生计训练的办法，以完成推广农业科学的表证训练制度。更致力于合作社之组织，研究与训练，使农村全部，改造其经济建设。惟此种设施需款甚多，所以一方受政府与银行的协助，一方更受外国团体的协助。

平教会的农民生计训练的工作，分生计巡回学校、表证农家及实施推广训练三段研究，兹分述之如下：

(A) 生计巡回学校

生计巡回学校的目的，是专为训练农村的领袖人才，使他们都具有农业上、经济上的各种智识和技能，并担负推广的责任，为推进农村经济建设的主力，领导一般农民，使能总动员努力建设工作，以巩固农村经济建设的基础。同时并研究农民生计训练的教材教具整套应用的学术及其经费制度，作普及县单位生计科学教育，实施经济建设的准备。其实施则顺一年时序之先后，施以适合的教育，与实用的技术。第一期在春季三个月，为植物生产训练。第二期在夏季八九月，为动物生产训练。第三期在冬季十一、十二、一、二各月，为农村工艺及经济合作训练。现在有一个巡回学区，五个分学区。训练之后，即切实分别规定农家实施表证设计，由原来训练人员，分任视导检查之责。其成绩较良之农民，足为其他农民之表证者，认为表证农家。

兹更将生计训练巡回学校所授科目列后

（甲）植物生产类　土壤肥料改良　小麦谷子高粱玉蜀黍大豆棉花等选种　介绍作物　果树蔬菜等改良种　梨树整枝　烟草汗防除棉花蚜虫捕蝗　防除病虫害机械药剂

（乙）动物生产类　选择杂种猪种　改良鸡舍猪舍　家畜疾病　预防及治疗　新法养蜂　介绍新品种

（丙）农村经济　家庭记账　农场管理　农产市场　合作社
（丁）家庭工艺　棉花纺织

（B）表证农家

所谓表证农家，是将农业的改良工作，表示与普通农家看，证明其好处，使普通的农家，都乐于仿效。平教会中人，以为要做农业的改良，或农村建设的推广工作，本不是一件容易的事。用若干个农业推广员，也难比上一个表证的农家。因为表证农家，也是许多普通农家中之一家，他们中间，彼此有乡谊、友谊、亲谊等密切的关系。他们彼此间的信任心，比相信普通推广员的力量大得多。表证农家的一句话，可以抵农业推广员的一大篇演说。而且表证农家，能在一般农民中间，将用新法的经营所得的实益，表示给他们看，使他们得着确切的证实，自然是一种推广农业新法的好办法。

表证农家的产生，是由生计训练学校毕业生中，挑选成绩最好的，经过平教会生计教育部的认可，给予表证农家承认证书。表证农家可以选择自己有兴趣的工作去做，表证农家对生计教育部有权利，也有义务，兹分别于后：

（甲）权利之部

（1）表证农家，可得平教会生计教育部之动植物的纯良籽种，以及杀虫除病药剂，以为表证之用。

（2）表证农家，可得平教会生计教育部指导员指导其表证工作，并答其各种改良方法的询问。

（3）表证农具及其他不能赠送之物，表证农家，可以最低价格购买。

（4）关于各种改良方法，表证农家，有受指导之优先权。

（5）凡家畜交配，表证农家，有使用之优先权。

（6）乡区办理训练农夫学校时，表证农家有优先权。

（7）乡村办理娱乐事业，须入场券者，表证农家，有优先权。

（8）凡表证农家，成绩优良，记载确实者，由平教会生计教育部，特别奖励之。

（乙）义务之部

（1）遵守表证农家应遵守之一切章程

（2）有听指导员之指导，及依其方法表证之义务。

（3）凡表证农家，有为生计教育部推广之义务。

（4）有接受生计训练部之表格，按项记录，呈交之义务。

（5）负责指导及解释其所表证与参观之农夫。

（6）凡生计教育部招聚集会时，表证农家，应按时到会。

（7）凡生计教育部开农产展览会时，表证农家，应送农产陈列，并来会参观。

（8）凡表证农家，有报告其本村家畜疾病死亡之义务。

（C）实施推广训练

平教会对于农业推广的工作，固赖于表证农家，已如前述。然供给表证农家的优良籽种，并为表证农家的表证场所（即对表证农家，表证新农法的益处的场所），为农事试验场。平教会在定县城内，高头村及翟城村，均设有农事试验场。最近定县县政府，亦设有农事试验场一所。

农事试验场对于改进地方农业，极关重要，故平教会对之，亦极注意。其第一农场，即设于定县城内。定县城为古中山国之故都，古迹颇多，城垣甚大，惟城内街道甚少，农田甚多，故第一农场，设于城内。该场主任陈治民君，生长于四川宜宾县，与乃兄陈行可君，皆服务于平教会（行可任平教会总务主任）。治民闻予与其伯兄陈仲昌先生相友善，兼之数千里外来此考查，故对于招待甚为亲切，导引说明，甚为详尽，殊可感也。

平教会在定县城内之农事试验场，注重繁育家畜及果树之优良种，其一切试验，皆有预定计划，按步施行。每试验一新种，动需数年，故现在该场动植物的各种试验，一部分虽已得结果，然尚有一部分，正在继续试验中也。

谷、麦、棉种之试验，多在高头村农场行之。然谷、麦、棉等新种之推行，较之家畜与果树新种之推行为困难。因为农民终岁衣食所资，皆赖棉麦，未敢轻于尝试。据高头村农事试验场主任杜春培君语予，该场最初散布棉麦新种于农民，农民皆不敢用，其后乃与农民约，用面积相等，肥瘠相等之土地两区，一区种原用种籽，一区种优良新种，耕耘施肥，亦皆相同，试验结果，则种优良新种之区，较种原有种籽之一区，多收获十分之三四的农产品。两区播种、耕耘、收获皆由农民参与之,得此良果,农民乃相信新种之优良,而逐渐购用。

定县平教会对于农业生产之改进,可分为植物与动物两方面述之。

(甲)植物生产的改进

植物生产的改进,可分育种与园艺两方面述之。城内农事试验场,有地八十亩,除供家畜试验选种外,则以供园艺试验之用。高头村农事试验场,有地六百二十亩,则供作物试验之用。

作物育种的工作,开始于民国十六年,棉花、小麦、谷子(即小米)、高粱、玉蜀黍五项,分别进行。

育种方法,可分数项述之即:

(1)纯系选种 从各地选取不同的品系,同本地栽植最广的品种,作四五年的比较试验,然后挑选历年成绩良好者,推广繁殖。

(2)引用新种 征集各地试验场之品种,用精密之方法,与本地品种,作一比较试验,经三年之久,挑选最好者,繁殖推广。

(3)将各有特长的品种,用人工使其互相交配,从其后代中找出某种品系之优长及品性固定不变的品种来推广繁殖。

(4)促成新变异 利用各种刺激,促成作物新的变异,挑选良好的性状,使其固定。

此种育种工作,以棉花的工作进程为较久而有希望。近已选得脱字美棉种,收获量最高,平均产量,比一般农家所种之棉,增收百分之四十。现已将此种美棉,推广繁殖。关于麦子育种,所得成绩,以七二号白皮麦,比本地麦增收百分之二十,三八号红麦,比本地麦增收百分之十八。此外则谷子、高粱、玉蜀黍等,皆征集各地优良品种而试验之,当陆续有具体的结果也。

园艺生产的改进,亦可分数项以述之即:

(1)白菜改良 此项工作,又分育种及栽培两方面的。育种有选种、育苗、保存各部分的工作。栽培有管理及繁殖之研究。

(2)梨树整枝 目的在除去无益枝条,俾便于管理,并防除病虫害。有夏季整枝与冬季整枝之研究。于民国十九年冬季,选择五个农家,开始作五个年整枝比较实验。现在已选得优良种苗,分布农家。

(3)葡萄栽培 对于葡萄栽培的研究,有葡萄品种比较实验,葡萄繁殖实验，葡萄剪定整枝实验，及葡萄设架实验。民国十九年，开始实验，二十一年即在高头村推广优良新种，以后逐渐推广，及于全县。

（4）介绍园艺作物新种　对于园艺作物新种的介绍，分四个繁殖区。其一为果树繁殖区，有果树繁殖实验及果树品种实验。其二为蔬菜繁殖区，有蔬菜栽培实验，及蔬菜品种实验。其三为花卉繁殖区，有花卉栽培实验，及花卉品种实验。其四为温畦繁殖区，有温畦经营实验，及温畦栽培实验。各种优良品种之推广散布，于民国二十二年春季，即已开始实行。

关于植物生产，尚有三端，最宜注意，即土壤之研究，肥料之改良，及病虫害之防除是。平教会对于定县土壤之研究，则与北平地质调查所合作，分析定县各区村的土壤。对于肥料的设计试验，分三项进行，其一，研究以黑豆作补肥最适宜最经济之利用法。其二，研究以牲畜兽骨作磷肥之利用法。其三，研究厩肥之如何保存及利用法。至于防除病虫害之研究，业已成功，且向全县民众推广办法者则有：（1）烟草汁歼除棉花蚜虫法。（2）稀淡烟草汁驱白菜琉璃虫的方法。（3）用碳酸铜药粉防除麦类、粟作及高粱黑疸病的方法。

（乙）动物生产的改进

平教会对于动物生产的改进，以猪、鸡、羊等种类最为注意，兹分述之如次。

（1）猪种改良

平教会改良猪种，开始于民国十七年。初购波支猪种，用纯系繁殖法，尽量繁殖。次将波支猪与定县猪及第一代杂交猪实行饲养比较，兼实行猪种五代改良研究。现在第一代波支改良种，在同一饲养与管理之下，比本地猪每头多产肉百分之十八，可多得肉价三四元。定县全县已有纯种波支公猪九十余头，用以与本地猪交配，此种公猪，每头价四十元，现已由各合作社购去一部分。计划一年以后，将此九十余头公猪，全数推广于民间。现定县全县已有波、中杂交种三万余头，拟再多繁殖。更拟将波、中杂种，确定成新种。而纯波支种公猪，亦拟再行繁殖。此外更将华北各地猪种如河北大名种、白窦镇种、山西太原种、河南项城种、山东曹州种等搜集实验，以期得到中国良种，是项工作，预定七年完成之。

（2）鸡种改良

平教会改良鸡种，原定有六年计划。定县农家，每家平均养鸡五只。旧种母鸡，每年平均产卵六十个。来克行母鸡，每年平均产卵一百八十个。但来克行鸡易罹病，故现用来克行公鸡与本地母鸡交配，第一代杂种母鸡，每年可产卵一百二十个。此外更有红洛岛鸡及山东寿光鸡等数种，正在试验中。平教会更为农民改良鸡舍，以期推广所产种雏。除一部留场自育外，其余皆廉价售与农民。

（3）羊种改良

现在平教会正用毛用种外国绵羊与本地羊杂交试验中，然尚未得具体的成绩。

（D）推行合作

在生计教育中，尚有最重要的事项，即合作制度是。合作制度之推行，尤其是信用合作，是平教会得民众信仰的一种重要因素。盖直接对于农民经济压迫之痛苦，减少甚多也。在质朴顽固的农民社会中，推行一种新事业，自然比较困难。而创立一种比较繁复的经济制度，在初步尤非易事。所以平教会在定县创设合作制度，颇费苦心。兹将其初步推行之程序，分述如下。

（甲）接洽与宣传

在农村中未成立合作社之先，即有识字运动及文字训练的工作，因为合作社社员的资格，有粗通文字的限制。在着手进行合作社时，先派代表，邀集阖村领袖，详细说明合作社的意义与其必要，使村中领袖，向全体村民宣传。但宣传时，注重个别的小集会，避免村民的反感，尤避免金钱利诱及过度高调。

（乙）训练工作

合作训练工作，分普通训练及专门训练两种。普通训练时间为一星期，使农民了解合作的大意及办法，觉悟合作对本身的需要，坚定合作运动成功之可能性。在此时期，使受训民众，最低限度读两本合作对话、经济生产之讨论，及合作先进故事的讲述。受专门训练的人，是选受普通训练的程度稍高者，使受两周的合作经营技术训练，授以合作簿记、合作经营法、经济常识三种简单科目。

（丙）合作社的组织

合作社的组织，可分三步述之即：

（1）自助社　在合作训练未完成，合作社尚未组织之前，先组织自助社。自助社员，不必缴纳股金。成立之后，可以用自助社名义，向仓库抵押棉、麦等农产品，以借贷款项，月息八厘。（从前乡农贷款，月利高至三四分）现在中国、金城两银行，在定县城区，李亲顾、东亭、明月店、清风店五处，成立中心仓库。又在各处，成立分仓库十二处。

（2）合作社　由自助社更进一步，即成立合作社。其组织手续，由受训练的农民，投票选举筹备委员七人乃至九人，征求合格农民，正式入社，分认股额，议定简章，选出正式职员，并向官厅备案，于是乃得成立。定县成立最早之合作社，为民国二十二年十二月在高头村成立之兼营合作社，其后即向各村推展，现在已正式成立数十社矣。但已成立之各合作社，平教会仍随时负监察与指导之责，审核其会计。并继续授以合作教育之训练。现成立合作社中，以信用合作及购买合作为多，生产合作及运销合作较少。

（3）合作社联合会　为扩大合作社的效用起见，于是有合作社联合会之组织。在一区中，联合该区中之各合作社而组织区合作社联合会。并由各区联合而组织县联合会。县联合会会址在县城内，内分购买、运输、信用、生产四部。

（E）农村工艺训练

平教会对农村工艺训练，亦颇尽力。当余考察定县城乡各学校时，见各处小学生所背书包，皆用本地布缝成，样式又皆一律，询之，乃由平教会派人到各乡村教授妇女缝成之物也。又在城内及西平朱谷村等处，见有各种素不伤雅的缝纫及刺绣物品出售，价甚廉便，皆新兴农村工艺之产品。在西平朱谷村，余往参观其妇女工艺传习处，有胜家缝纫机器一台，及其他缝纫刺绣器具，与出品多种。有学生十数人，由女教员一人指导之。据云、其他各村多设有之。缝纫、刺绣之外，更注重纺织。纺织、分织毛及织布两种，定县农妇，原用单线纺车，每日只出纱五六两，平教会乃介绍手摇八十八锭纺纱车，每人每日可纺细纱五斤，粗纱七八斤。惟其力量尚不足充作经线，仍须继续研究。此外对于面粉、榨油、制醋等业，正在计划进行中。

平教会对于生计教育的工作，除上述数项之外，尚有凿井一事，不能不附述之。定县地甚平沃，唯雨量缺少，常遭旱魃之虐，从前农民凿井，用手力汲水，费力多而效果少。自平教会迁定县后，农民因得低利贷款，购买机器，用马力挽水，水量可较前多出数倍。惟予巡行定县乡间时，仍感觉机器水井之过少，甚望平教会于此，再努力也。

五　平教会的文艺教育

平教会的文艺教育，可分为平民文学与艺术教育两部说明之。

（A）平民文学

对于平民文学的工作，可分为数项述之。

（甲）文字研究的工作　此种工作，又可分数段述之即：（a）制定通用字表　先搜得平民书报九十种，平民应用文件二十五种，合计共有单字约八千个。更取其发现次数较多的三千四百二十字，作为通用字表。（b）制定基本字表　在三千四百二十字中，更选出一千个上下的基本字，初由会内二十人选出一千一百四十四字，次更参酌陈鹤琴氏之意见，共选出基本字一千三百二十个。（c）制定词表　制定平民用词，及新民用词两种。平民用词，是采平民口中常用的词，以编书报，便于通俗。新民用词，是比较文雅的词，用编书报，俾平民日常用语，逐渐提高。（d）简体字的研究　最初调查农村社会中已经通用的简体字，作为底稿，又以都市商场所用的简单字补充之。

（乙）平民文学研究的工作　此种工作，分采访、研究、删改、出版四步。研究平民已用的方法构造、描写技术及其内容所反映的思想与环境。采集有定县流行的秧歌，出版一部定县秧歌集。采集大鼓书二百余段，分印小册行世。更采集民间歌谣、谜语、谚语、故事、笑话各数百则。

（丙）编辑课本　平教会最初编辑平民千字课，其后编农民千字课，又编农民千字课自修用书，此外更编市民高级文艺课本等书，销行全国。据闻已突破一千万部，如果属实，可谓盛矣。

（丁）编辑平民读物　为应农民的需要，平教会编印平民读物一千册，百分之七十是常识，百分之三十是文艺。现在已经编成者约四百册，先印行民间文艺，次印行旧小说，再次印行新创作。此外更发行农民周报一种，一方面随时供给农民常识，一方面使农民有发抒意见的园地。

（戊）平民科学教育的研究　在平民读物中，自然有许多是关于科学的，但是普及科学智识于农民，更需要实验的工作。所以凡平民学校及小学校的教师，有未经实验室的训练者，均需短期的训练，与社会式教育合作工作，赴各乡村为科学的游行表演，使在农民脑筋中，有深刻的印象，更引起其研究的兴趣。平教会更计划于平民科学仪器的制造。

（B）艺术教育

平教会的艺术教育，可分为音乐、图画、广播无线电、戏剧、摄影五部说明之。

（甲）音乐　农民蛰居乡间，生活枯燥，启发其愉快的情绪，活泼的精神、音乐、图画，最为有力。而弄乐器、唱歌曲、一经提倡，尤比较易于普及，所以平教会首先注意于此。搜集民间的歌曲、乐器及乐谱，编选实用歌谱。选定中西歌谱三十余种，编成乡村唱歌集。更为历史图说，创作歌谱五十余种，以指导各学校，各乡民演习歌唱。但以新式乐器，普及较难，盖其价高而供给之货且少，平教会乃自行制造乐器，廉价售与乡民，计现在能自制者为风琴、木棒琴、笛子、留声机唱头等。

（乙）图画　先搜集民间之刺绣、染印、编线各种花样，各种条幅条画，庙宇的壁画，以及各种宗教画、年画等，为编作教材的根据。图画的教材，已编有初级画范、高级画范、妇女手工花样，普通实用图案等书。并编成画范教学法、艺术教育浅说各一册。又绘制各种画幅，分散民间。此外更制就许多幻灯画片。大都为启发民智的作品，同时即以增进农民的乐趣。

平教会更在家庭方面，提倡以挂图代替年画，以历史图说代替通俗小说。在学校方面，采用十分钟教学实验，采用图画与劳作、联络教学之实验。并训练教师，在社会方面，举行农村图画巡回展览会。并于农民报增加图画特刊。

（丙）广播无线电　广播无线电，一方面固然使农民多得娱乐的机会。

而其最重大的意义,在使农民每日于不知不觉中,得到许多智识。平教会设有一座广播电台,其音波能使七八县之农民听得。所播节目,多为农业上、卫生上、公民上、文艺上各种常识,用浅显的说明,使农民易于了解。又常广播各市场农产品的价值,使农民免受商人的垄断与操纵。此外常播送音乐,讲演故事、笑话,并报告国内外新闻。平教会以广播无线电所用各种机具,由外国购买,所费不赀,乃研究自行制造,主其事者,为胡慰三君。现在对于小规模无线电台所用各种机具,全部皆能制造,用费约三千元左右,仅及舶来品之半价。收音机及电瓶等皆能自制,比欧美货价廉四分之三,比日本货价廉三分之二,而其功用则全相等。胡君为人,不特思想致密,对人亦复谦和诚挚,余因其令戚高占铎君之函介,彼尤尽其殷勤导引之能事。

(丁)戏剧 平教会注重于戏剧运动,从民国二十一年起,组织话剧团,游行公演于全县各主要乡村。并训练十余个农民剧团,演员超过二百人。先后编制剧本,如锄头健儿、屠户等二三十种,皆描写乡村情况,惹起农民喜、怒、哀、乐的共鸣,同时复寓有潜移默化的诱导。又改良旧剧,仍用锣鼓开脸,由平教会同人扮演,闻初提倡时,定县县长及各局长均到场参观,并演说旧剧亟应改革之理由,甚博民众的同情云。

(戊)摄影 平教会认摄影是艺术教育很重要的工具。将该会各部的工作,摄成照片,分订成册,广为传播。并摄制电影片,映放各部工作进展的实况,描绘整个活动的情形,轮赴各村演放,使农民对于平教会,信仰坚厚。

六 平教会的卫生教育

中国现在的卫生教育,卫生设备,实太幼稚,每年枉死的人,实不知若干万。平教会以卫生教育医弱,自然是针对着中国的病象。不过经费有限,其施设亦难急遽完备,只能以少数的钱,办出较多有用的事业耳。现在定县,每年用于卫生事业的经费,不过三万五千元,以定县四十万人口计算,每年每人平均,所费不及大洋一角,距卫生设备的理想境界,实尚辽远。

平教会不能不以因陋就简的方法,普及其卫生设备于全县。每村置保健员一人，由平民学校（详述于后）毕业同学会员之曾受短期医事训练者充任之。其任务为改良水井，报告死生，救急治疗，及普及种痘四端。保健员住处，备有药箱，购置简单药品，以供应用。现在定县全县，有保健员约七十人。每村平均每年需保健员维持费约十五元。

保健员不能治疗的病，须由保健所治疗之。保健所是联合许多村落而设置的，现在全县已成立八所，每所每年平均需费约八百元。所内聘有医师一人，助理一人，其任务为：（一）训练并监督各村保健员，（二）实施卫生教育，（三）预防注射，（四）逐日治疗。保健所所聘医师，几全为各大学医学院的毕业生。

定县城内设有保健院一所，距平教会址甚远，为全县卫生行政的总枢纽。于民国二十一年七月，始建筑完竣，正式成立。其建筑费用去四万元。其设备及任务为：（一）卫生行政，（二）卫生教育，（三）县立医院，（四）县立检验室，（五）防止流行病疫，（六）学校卫生表证，（七）护士助理员之训练，（八）助产人员之训练。保健院内部设有办公室、病房、儿童养病室、化验室、药房、浴室、妇女病室、手术室、消毒室、寄宿舍、花园等，规模颇大。内有专科医士，分科负责。平时无门诊，遇险重病症，为保健所不能医治者，始送院医治，故多为住院者。

平教会之保健费用，可谓经济已极。每一保健员，每年可种痘二百人，可施治疗千余次，而每年仅需经费十五元，平均每次种痘或治疗，仅需大洋一分。保健所每所每年可治疗病人五千人，治小学生沙眼、头癣等病约五十次，夏季霍乱注射一千人，每年所用经费，不过八百元。保健院每年治疗住院病人八百人，施行大小手术约千次，检查痰尿血等物八千件，并供给各保健所应用物品及教育工具，而每年用费，仅一万四千元。全县保健所拟增加到十五所，保健院当然亦在计划充实中，若再经数年，当更可观也。

七　平教会的公民教育

平教会的公民教育，是针对着中国人的私字而设的。在平教会人的定义：知有一己而不知有公众利益的人，只可称为私民，而不能称为公民。该会设有公民教育部，训练民众，养成人民的公共心与合作精神，提高其道德生活与团结生活。一方面要在人类普遍共有的良心上，发达其判断力、正义心。对公民教育的实施方法，可分为三项即：研究工作、编制工作、及实施工作是也。其研究工作为：（a）拟定公民教育之目的，（b）拟定公民教育材料的标准，（c）实际研究的工作。其编制工作为：（a）初级平民学校教材，（b）高级平民学校教材，（c）青年补习学校教材，（d）教师用参考书，（e）研究材料，（f）公民活动设计。其实施工作表示如下。

公民教育实施工作

1. 各种教育工作结合实施法　与农业教育部卫生教育部艺术教育部结合实施
2. 家庭联络实施法　组织家主会主妇会少年会闺女会幼童会家事善良成绩展览会等实施家庭改良设计
3. 平校毕业同学联合实施法　在本会初高级平民学校或青年补习学校毕业同学组织同学会实施社会改良种种设计
4. 村民团结实施法　农村有志之士结合团体实施农村改良及产业合作种种设计
5. 个人指导实施法　个人随时随地劝导
6. 娱乐场所实施法　平民剧场平民茶馆改良设计
7. 适节遇会实施法　赶集过节时之设计
8. 举行公民运动
9. 学校讲授

平教会对于公民教育，标有数种道德纲目为：

（甲）普通基本道德

（a）大公无私。

（b）勇敢无畏。

（c）兼爱无偏。

（d）真诚无伪。

（e）明智无惑。

（乙）对己的道德

（a）自爱不嫖、不赌、不吸鸦片、不自欺、不苟得之类。

（b）自强　自体的卫生，精神上的上进，事业上的努力之类。

（c）自立　独立、自信、自食其力之类。

（d）自制　廉洁、勤俭、谨言、慎行、调节情感之类。

（丙）对人的道德

(a) 爱　本乎人类同胞的意识，彼此交加爱。

(b) 敬　本乎理性上的要求，彼此交相敬。

（丁）对团体的道德

(a) 不营私。

(b) 不舞弊。

(c) 负责任。

(d) 肯牺牲。

(e) 力合作。

(f) 正风习。以身作则，对于团体的善风习不破坏，恶风习图改良。

（戊）对世界的道德

(a) 博爱耶教博爱的精神。

(b) 大同　儒家大同的精神。

平教会推行农村自治，在初颇费一番研究的工夫。其研究的着重点为：(a) 适合于推动农村自治人才之训练方法及其材料。(b) 适合于农村实际生活之要求的自治制度，及其进行方法。(c) 研究培养村民的自治能力之方法与材料，和指导村民，作自治活动的具体方案。

平教会初选定定县之高头村（有住户一百廿家）为自治研究区。先调查该村之地理、户口、地亩、职业、经济、教育、交通、风俗、卫生等实际情形。次集合村中办事人员及有志青年，指导其研究此等材料，寻出问题，并求解决。同时设法引起村民的兴趣，使自动去做。在高头村研究之第一年，人民皆以为平教会中人，枉自费力，做此等全无效果的事业。但经过相当时期以后，人民亦自觉得有趣，很热心研究。今则村中道路之修理、卫生事业之推行，及其他各项公益事业，村民皆努力合力进行之也。

此外平教会对于公民活动之指导，亦有一叙之价值。彼等随时随地，利用机会，企图将民众自私、自利之心，化为互助、互爱之活动。例如在元旦日，将每村各家组织起来，男女老幼，共同在一起过年，指导村中少年布置会场，服各种杂务。引导全村闺女，为全村民众，各制红白纸花两朵。并在此大会中，劝告全村人民，戒除赌博节制饮酒。利用休暇时间，做有益的事。除年节外，凡遇端午、中秋、庙会及红白喜事，均利用机会，以改良各种不良的风俗习惯。

八　学校式教育

平教会为挽救中国人的贫、愚、弱、私四病，曾规定以上所述之四种教育，但此种教育，究应如何普及于民间，则有三种设计。即学校式教育，社会式教育，及家庭式教育是也。兹先述学校式教育。

据平教会社会调查报告，该会初到定县工作之时，全县人口四十万，七岁以上之人口，约为三十三万，而识字者仅占五万余，文盲即占二十七万余，男子十七万人口中，文盲约占十二万。女子十六万人中，文盲即占十五万六千，识字者仅四千而已。全县十二岁至二十五岁之青年，约共九万，文盲即占七万。故扫除文盲，为该会重要之工作。而此项工作，多利赖于学校式教育。学校分为下列数种。

（甲）平民学校　平民学校，为学校式教育之主体，分高初两级。初级平民学校为失学的青年及成人之初步教育的场所，其课程为千字课、唱歌、图画、缀文、注音符号、习字、珠算、平民读物等。高级平民学校，用以养成农村建设下层工作之领袖与技术人才，使自身有谋生之能力，对农村有团结合作经营改善之智识，课程为文艺、读本，内容即生计、文艺、卫生、公民四种教育。

（乙）实验平民学校　为研究及实验性质之学校，纯由平教会主持，各校实验办法，互不相同，试验后成绩优异者，将其办法，令他校仿行之。

（丙）表演平民学校系供村民自立平民学校之参证，并为指导推行之中心。其教员及教员薪金由平教会供给。教员专负教育，管理及训练责任。行政事项，则由村中所组织之校董会，与公举之校长负责。

（丁）普通平民学校　系各村民众，受平教会之影响而自办者，平教会仍予轮流视导。

（戊）天才职业学校　乃对天才儿童及成人中有特别天才者，授以特殊的技术教育，使多能为社会尽力。

实验学校，现在定县仅办数所，皆采导生制，并组校外传习处。予所参观者，有西平朱谷村小学、东建阳村小学、西建阳村小学，及小陈村小学，觉其办法新颖，有详为介绍之价值。

（A）西平朱谷村小学

予往参观西平朱谷村小学时，由田慰农君（系西平朱谷村及其附近六村的指导员）导引。该村为定县表证示范村之一（全县现共有二十一表证示范村）。该实验校校长为李岐山君，办学闻颇干练。全校学生共组为一大队、两中队，每中队又分为四小队，各有队长，每小队至少十人，至多十五人。每队学生分为两种，一种为工作队员，一种为普通队员。工作队员又分为四种，一为政治工作队员，二为经济工作队员，三为文化工作队员，四为卫生工作队员，皆从高年级生选出。普通队员，受工作队员之指导教授。大致四年级生教二年级生，三年级生教一年级生。但国语、算术两项科学，由教员直接教授。工作队员间，组有学术研究会，以交换智识。各种队员须将其研究所得，向众报告，由笔记者录存之。

（B）西建阳村小学

予至西建阳村，入该村小学的头门，见其左侧为保健所，因先参观保健所，然后参观学校。该处保健所长朱勋烈君，引导参观该所一遍，有男女数人，正来诊病，所中药品不多，但皆切要者。

西建阳村小学校长聂君，当予往参观时，伊正集全校学生于一堂，学生中之大中小队长，正围近聂君而受训。其他学生，则坐于较远处。校长训毕，分令各大中队长，上讲坛讲演一段，大致都讲得好。讲毕，由大队长呼口令，全队立正，向教师致敬行礼，礼毕，率队出广场，分若干组，由各中队长教授队员，有教识字者，有讲故事者，有教体操者。正午教毕，学生整列散队，归家午餐，餐毕，各生须各在其自组之传习处，教授失学的男女成年人及儿童。午后二时，复入校读书。

（C）东建阳村小学

东建阳村小学校长何晴波君，生长于四川南充，毕业于北平师大，夫妇二人，皆在此校任教。全校有学生百零五人，其校内教学法，与前述两校略同。唯此校学生自行组织之传习处，种类特多，计分：（a）少年传习处，教授无力入学之幼童，注重教语文。（b）成人传习处，教授失学的成人男女。成人传习处。又分珠算传习处，应用文传习处，合作传习处，保健传习处，家事传习处，历史故事传习处，农业传习处，语文传习处等。

传习处有男性的，有女性的，有男女兼有的。予出东建阳村小学后，正该校学生各往其自组之传习处教学之时。予往参观传习处十余所，列位小先生，皆讲口清晰，精神活泼。各传习处学生，少者数人，多者二十余人。小先生年龄，至大不过十五岁，而受教者之年龄，有至三十余岁者。传习处即借村民居室为之，亦有黑板、讲桌。学生分排而坐，此种办法，对袪除文盲，固甚有效之方法也。

（D）东建阳村女学校

东建阳村女学校，分青年班及少年班两班。余往参观时，青年班正在讲授国文，全班二十余人，其教授法与普通学校无异，兹不赘述。惟其时，少年班正在开全班大会，无一教员在侧，全由学生自由讨论。学生中推有主席一人，立讲坛上，全班学生四十余人，静肃列十坐。由主席报告，本日讨论有三个案件，第一案是一个同学犯校规，多数学生发表意见，主席归纳意见，提付表决，结果、犯规者被劝导，如再犯，将于朝会时罚立正。第二案讨论课毕回家，同学出校门，原定一路行走，但有些同学，偏不依此规定，将如何处置？讨论结果，初犯者予以警告，再犯者当于朝会时当众自行认过。第三案讨论课堂中有小部同学，东偏西倒的坐，究应如何处置？讨论结果，犯者由中队长常常监视，如再犯，即报告教师处理。讨论毕，由主席宣告散会。以女子小学生，有如此的自治精神，其所议决处置同学犯规的办法，又偏重劝导与警告，绝无苛虐的处置，殊可令人钦佩。亦足见该校教师平日训导之有方也。

（E）小陈村小学

此校为男女合校，全体学生共六十七人，分四班，教师仅一人，为王澂波君。余往参观时，第一年级生分两组，在露天教授单字，由中队长（第四年级生）担任教授。第二、三、四年级生，同坐一讲堂内，各将其对社会、自然、法律、卫生四方面的问题，研究所得，向大众报告，使各组研究员均彼此交换知识。最初由社会常识组报告，题目为"银行里印票子，须得财政部的许可。"次由法律常识组报告，题目为"我们的家，不许外人随便进来。"再次自然常识组代表登坛，先提出几个小问题问同学，然后正式提出报告，题目为"煤的用途"。最后由卫生常识组报告，题目为"切伤"。对各项问题，登坛演说者，多为三四年级生。演辞颇长，亦能娓娓动听。第四年级生仅五人，一人充大队长，一人充大队副，二人充中队长，其余一人充特务员，他们这种教授法，谓之组织教学法，天才学生，可以越级受教。

除以上所述数所实验校之外，在定县尚有一所办法新颖的学校，值得介绍。

平教会胡慰三君，曾导予参观定县女子师范学校，该校办有师范部、初中部、小学部及幼稚园。学生共七百人。而每月开支不过一千五百元。闻职教员皆洁己奉公，所办成绩甚好，为河北全省最有声誉之学校。由该校教务长萧君导引参观课堂后，更导赴学生宿舍参观，宿舍皆名为村，如和平村、博爱村、自由村等等。每村扫除、管理等事，皆由学生自理，各轮流自选出负责人办理之。全校中炊爨、洗衣、洒扫等事，完全由学生任之。当予等往食堂参观时，正值午饭后，见诸学生正在收碗、抹桌、洗碗。又至一处，见许多学生，正在洗衣。全校各地，皆甚清洁，品物布置，亦皆井井有条。其后萧君导观学生自治会办公处，自治会分数部分办事，最奇妙者，为学生自组之公安局。公安局分纠察股、审讯股、文书股等，凡学生中有犯校规者，由纠察股检举，审讯股审判教职员，绝不轻加干涉。闻该校学生，自治成绩，甚为良好。

九　社会式教育

平教会社会式教育之基础，建筑在同学会。同学会的会员，为平民学校的卒业生，但在平民校未卒业的学生，及表局情于平教运动者，皆得为赞助会员。赞助会员一切活动，皆与会员相同，惟不能参与同学会之选举而已。

同学会员，皆为二十岁左右之青年，既曾受平教会之教育，故推行平教会之一切主张，使普及于民间，甚为努力。平校毕业同学会，在推动社会事业时，同时注重三种事项，即（一）团结合作之精神，（二）服务社会之技能，（三）继续的自动的求学。其在社会活动事项，比较重要者为：

（甲）拒毒　经该会会员在乡活动后，定县吃白面之风大减。

（乙）禁赌　实行乡村禁赌法，由会员互相纠察，违者罚铜元二十枚，（即两百钱合大洋四分）收效颇大。

（丙）修桥补路　或由同学会提倡修路，或由会员实行劳作，自己修路。

（丁）仲裁会　目的在减除诉讼，凡有纠葛，由会员先行排解，并拟出公平办法。

（戊）婚丧互助　提倡对办婚丧事者，大众不必送礼，事主不必待客，邻里大家帮助，事毕后开会时，主人向大家致谢。

（己）武术团　目的在锻炼身体，保卫治安，每日聚于村中适当处所，练习一小时。

（庚）体育运动会　目的在提倡正当娱乐，锻炼身体，注重跳高、跳远、赛跑等项目。

（辛）演说比赛　目的在提倡练习演说，增加学问。优胜者、村中备奖品给之。

（壬）读书会　提高民众读书嗜好，使随时随地，皆继续研究学。每日有固定集合读书时间，推举组长，担任指挥。

（癸）问字处　在村中选比较有学问的人，每日对村民讲解日报及周刊，替村民书写，并答复村民疑问。

以上所举十项，固皆重要。然同学会最重要之功用，尚不在此。同学会对平教会一切设计，在未实施时，即向民众宣传，并同时由会员先行做起。即如改良农产品及家畜的种子，对于一切新品种，普通农民，多不敢率先采用。多由同学会员先行采用，一般农民见收好效果，然后采用。此平教会推行社会式的教育，对于平校毕业同会，利赖实多也。

十　家庭式教育

据平教会人的理论，彼等之所谓家庭式教育，是使农民由家庭生活之组织活动，逐渐认识自己家庭对于社会的关系，逐渐打破其家庭自私的关念，而造成团体的生活。其办法在能解决农民家庭各种问题，如贫穷、疾病、不和睦、儿童难于管理等事。于是抽出各家庭中地位相同性质相同之各种份子，分别集会，如家主会、主妇会、少年会、闺女会等，讨论解决各种切身问题。又常由许多整个家庭，共同集会，以解决公共的问题。此两种集会，皆使农民易于团结，易于感化，易生公共的同情心及服务的精神，而使家庭社会化。并借上述各种集会，诱掖儿童及成年失学者皆入学。无论男女老幼，皆好清洁，各家皆能和睦、敬老、慈幼、灾患相恤。凡对上述各种优点完备者，特称之为模范家庭。

民国二十二年五月，平教会在高头村成立家庭会。最初只有十二家加入，其后逐渐增加至七十余家，会长为段勤修氏，指导员为陈篋山氏。家庭会中又分组家主、主妇、少年、闺女、幼童五种集会，各有执行委员七人，指导员一人。指导员由平教会选派，执行委员互推一人为委员长。农闲时每月有四次集会，但农忙时每月仅有一次集会。每次集会，所表演活动者为（a）儿童教育，（b）家庭经济，（c）家庭卫生，（d）家庭道德，（e）家庭和乡村关系问题，（f）家庭和国家关系问题，（g）家庭和世界关系问题。此外尚有改良风俗，青年女子解放运动，及清洁卫生等运动。

家主会所讨论者，多为各家联络问题，及家政问题。

主妇会由村中妇女组织，讨论一切家内事务，如缝纫、漂洗、纺织、保育、饲育、烹调之类。

少年会研究家庭实际问题，改良家庭日常生活，培养地方自治根本。其向外活动事项有（a）壁报，（b）读书会，（c）修筑道路，（d）参加庙会，表演新剧，（e）举行卫生运动等会。

闺女会由村中闺女（北方人呼未嫁人之女子皆曰闺女父母自称其女亦曰大闺女二闺女等）集会组织而成。研究问题，略如主妇会，常与主妇会开联席会议。又为儿童会的领导，因为儿童会均是幼童，不能选出执行委员，故以闺女会员兼任儿童会之执行委员，以资领导。

幼童会是集合各家幼童组成，用意在训练未达学龄之儿童，矫正其家庭生活不良习惯，养成其聪明、活泼、诚实、强健之天性与体质。其集会，以游戏、音乐、故事为主。开会毕，并各尝糖果以去。

十一　定县村治举隅

（A）西平朱谷村

西平朱谷村是定县的实验村之一。该村建设，分三个步骤。第一步普及教育，以小学为中心，兼办平民学校，使村中青少年及中年男女，皆能读书写字。第二步施行政治训练，以平民学校男女同学会为中心，施行社会团体组织及生计等训练。根据该村固有的人才及经济，研究办法，组织村建设委员会，以村长小学教师、同学会代表及地方热心人士共十五人组织之。第三步推行合作，完成经济建设。

该村所办重要事业，有幼稚园、小学、家事研究会、生计训练、保健员、平校同学会等。村建设委员会，及平校同学会等，均在一处。办公室内，悬有本村各项统计表，保健员亦在此室工作。置有普通药品、牛痘苗、棉花、药膏等物、对普通病症，可以治疗。家事研究会及平校同学会的活动事项当另表列述。小学校则正实验导生制。其教学方法，分为五个阶段。第一步由教员教导生，第二步由导生自己研究，第三步准备教学，第四步实施教学，第五步记载报告。兹将西平朱谷村建设委员组织系统列下：

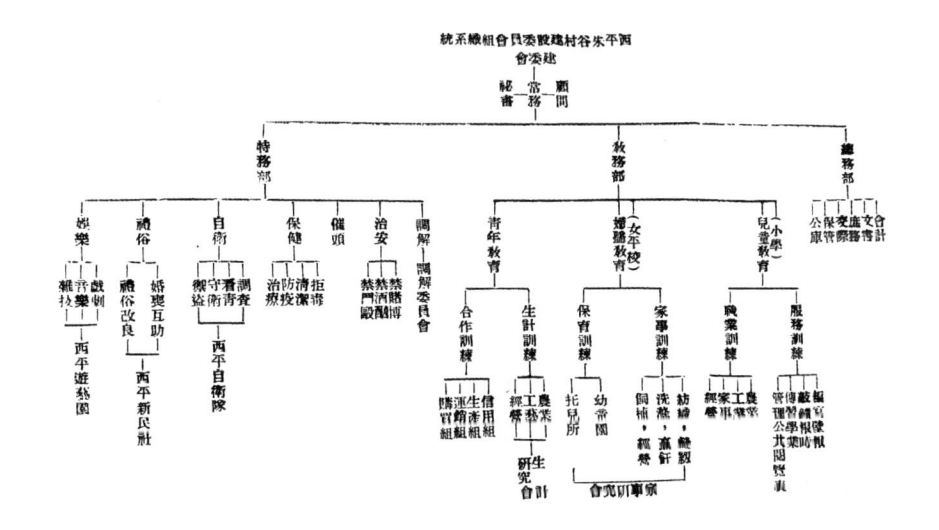

（B）小陈村

小陈村亦实验村之一。其建设委员会之组织，分为四部，即：（a）总务部、管理文书事务。（b）教务部、管理该村各学校。（c）指导部、指导社会组织。（d）研究部、管理统计调查及各种研究会。以上各部，各设正副主任一人，小学教员为当然秘书，实负有推进乡村建设的重大任责。其建设委员会有两种重要的任务，一种是政治的，一种是民众运动的。初办时，以教育手段，促进民众运动，其后趋重政治方面，更名为村建设委员会。其委员由（a）男女平校毕业同学会代表，（b）校董会代表，（c）小学及平校教员，（d）本村中之学识丰富，热心公益者组成之。又聘本村中之大学毕业生，或有声望者为顾问，盖为集中人村起见也。

建设委员会成立后，第一步即行全村总调查，如户口、生产事业、农村副业、土地分配、生产总量、消费总量等。第二步即行全村教育总动员，其目标是（a）为四岁的幼儿设立托儿所。（b）为五六岁的幼儿设立幼童园。（c）为七岁至十五岁的儿童设立小学。（d）为十六岁乃至二十五岁的青年男女设立平民学校及职业补习学校、保育传习所等。（e）为二十六岁以上的成人设立传习处及生计巡回学校。务使全村男、女、老、幼，均受教育。

在实行全村教育总动员之后，遂从事第三步的工作，即成立各种合作社，以进行经济的建设。该村合做事业，着重在生产方面，主要者为土地的共同经营，以节省人力、畜力及时间。第一期行个人单位的合作，第二期行家庭单位的合作与资本单位，工作单位同时并进。

以上诸种计划，现在正在逐步进行实验中，虽尚未得完全的成效。但颇有蒸蒸日上之势。

（C）牛村

牛村距西平朱谷村甚近，予参观西平朱谷村后，即径赴牛村参观。该村建设的领导人物为吴雨农君，吴君年可四十余，与予谈叙时，滔滔不竭，头脑亦甚清楚。所办诸事，颇有条理，成效亦尚可观。兹将该村建设概况，分述如次。

（甲）调查和统计

牛村建设入手的工作，亦先从调查统计入手，其调查事项为：（a）户口调查，（b）地亩总数调查，此项又分耕地面积调查，及非耕地（宅舍、坟地、河流、道路、土疙瘩等）面积调查，（c）田产分配调查，（d）农产物调查，（e）作物耕种概况调查，（f）男女受教育者人数及所入学校之调查，（g）青年男女出外谋生者调查，（h）全村民众直接负担各项用款调查等。将调查所得，列为统计表，以定改建的方针。

（乙）除文盲的运动和社会式的工作

牛村为祛除文盲，在民国二十年及二十一年，成立男子平民学校及平民夜校各一所。课本用平教会编的平民千字课。教师则由该村小学教师兼任。二十一年春，因调查得全村有妇女文盲共九十一人，又添办一女子平民学校，他们对于不到校的学生，都派人亲自去劝告，或竟由校长亲自去寻觅，务期达到人人识字的目的。

村中男女，在平民学校中，受了四个月乃至八个月的教育以后，即共同组织一个平教毕业同学会，共为社会服务。至民国二十二年十一月，该会从新组织，欢迎小学毕业生加入。

平校毕业同学会所作的重要工作为：（a）农村书报室和读书会。（b）武术团之设立，与不断的锻炼。（c）修桥补路。（d）促进合作训练，和生计训练。（e）促进保健工作。

（丙）生计教育

牛村的生计教育可分述如下

（a）生计巡回学校　由牛村及其附近的七个村庄联合起来，成立一个生计教育的牛村学区。牛村学区生计教育的办法为：

（1）学生资格　须该村平校毕业同学会优异的会员，或者村中热心农业，并有相当程度者。

（2）课程内容　课程分两期，第一期为植物生产、动物生产。第二期为农村经济，及农村工艺。

（3）授课时间　每日下午七时至九时。

（4）授课方法　分室内教授和室外教授，室内教授，试用活页课本。室外教授，注重活动表演，实地工作。

（5）教师　由平教会生计教育部生计训练组派员担任。

（6）表证农家　牛村的表证农家，是吴雨农君家。吴君好养鸡，故彼之所表证于该村农家者，以养鸡为最。经吴君数年努力试验的结果，以来克行公鸡与本地母鸡交配的杂种，繁育最宜。盖试验结果，此种杂种鸡的母鸡，比较纯本地种母鸡下蛋期提早两个月，每年每只平均可多产卵九十个。吴君为义务推广改良鸡种，凡邻近农家，皆可以本地鸡卵与之掉换改良种鸡卵，自行孵育。所以吴君家里，常有若干农夫农妇，手提卵囊，在其鸡舍旁守候新卵。吴君又将其改良试验的经过，详细宣布。并将进步的养鸡法，劝诱村民，共同改良。家畜中除养鸡以外，吴君更推广纯种波支公猪与本地母猪的杂交种，结果亦颇良好。

园艺的表证试验，以白菜收效为大。麦子选种，则以该村农民刘玉田君为表证农家。选得佳种，据闻每亩平均可多收麦二斗五升，且品质亦较良好。

牛村的合作运动，虽尚幼稚，然亦正逐渐进步。他们最初训练农民，使有合作的常识，更使不识字者略能识字作书。因为规定合作社员，须能识字作书者方得加入。牛村合做事业，以信用合作，颇收成效，农民借款，较前便益多矣。

十二　结论

青岛、邹平、定县三处乡建事业，目的固然相同，而其精神与方法则颇互异。方法之不同，读者观上所述，自可知之。精神方面，则青岛是不重标榜而重埋头苦干，对邹平、定县之长处，兼取并用。至于邹平、定县两处，考察后，在我的脑海里起了非常明显对照的印象。我觉得在邹平主办乡建院的人，态度甚沉着，出言甚迟滞，在定县主办平教会的人，态度甚活泼，出言甚流利，乡建院兼重精神的感化，平教会侧重物质的建设。乡建院有齐鲁古风，平教会浓西洋习气。大致因为两方领袖，受环境薰染之不同，习性之互异，与夫鲁冀社会情形之各别有以致之。予但愿将考察所得，忠实的写出，以供读者参考。至于他们的理论与办法之对与不对，他们的工作，将得如何的收获，我不愿有所批评，让读者各自去评判。不过，我有一点感想，要顺便说一说，便是：他们都有一种坚毅刻苦的精神，他们总想为老百姓做些有益的事业，这是值得赞佩的，与一般做官拿钱而不做事，尤其是做官拿钱而为老百姓做许多坏事的人，是不可同年而语的。

考察济宁菏泽邹平定县日程

仇鳌　孙慕迦　编

县市行政讲习所

考察日程
二十六年二月

一月二十一日：由京首途乘津浦车出发、翌早到滋阳，转车往济南。

二十二日：晤专员兼县长梁仲华及其秘书刘勋廷，科长张金鉴，杨开道，郭准堂等，告以来意，据称已接到省府电话，知余等将来，由张科长金鉴导观县府办公厅，县金库，乡村服务人员训练处，四邑乡村师范。夜与梁仲华谈话，对于山东实验制度，作大体讨论。

二十三日：午前由杨科长开道，郭科长准堂，陪余等乘汽车下乡，参观南照寺乡农学校，有校长，教务主任，军事主任，教员，事务员共五人，现正开办自卫训练班，按本乡所属村户有地五十亩以上者指送，年龄以满十八岁以上，四十岁以下之男子为限，以四个月为一期，每期五十人，名为自卫，实则关于民众知识，乡村建设，成人教育，皆寓其中。内容设置；如图书，表册，器械，交通工具等；尚见整齐。午后；七区视察专员王绍常，第二区专员兼菏泽县长孙则让，均来自济南，夜间复约梁仲华暨王孙两人谈话，询问山东实验县一般建设情形。

按济南原非实验县，即设专员，尚为最近之事，此次特来考察者，即缘燕京、清华、金陵、南开诸大学暨协和医学院，与中华平民教育促进会，为欲使学术实际化，乡村化，因进行合作，组织华北农村建设协进会，于二十五年四月成立，分研究与训练两部，以清华大学任工程，南开大学任经济与地方行政，燕京大学任教育及社会行政，协和医学院任公共卫生，金陵大学任农业，中华平教会任联销的农村建设合作，二十五年至二十六年工作，分在河北定县及山东济宁两地举行。其教育组，社会卫生组及农业组一部分之工作，以定县为研究训练区域。至经济组，工程组，社会行政组，民政组之工作，则在济宁进行。于是该会各组主任或教授，得受当地政府之委托，担任实际职务，同时各主任或教授即为当地政府之秘书或科长矣。凡各该大学之本科生，暨研究生，有志实地工作者，均得向各合作大学或机关注册，其所需之用费，属于学生训练研究方面者，由该会筹措，属于地方政府事业之改善者，由地方政府担任，大较如此，现正开始工作，集合各大学教授学生于一隅，以从事实际政治，群策群力，向前孟晋，将来事业，必有可观，惟其详有该会之计划案在，可以参阅。

二十四日：早七时：往自卫团队讲话，九时与王绍常、孙则让两专员乘汽车往菏泽，经过嘉祥（即春秋时之武城）巨野，沿途破瓦颓垣，触目皆是，闻系二十四年黄河缺口，被水淹倒或冲坏者，至今未能修复，人亦逃亡未归，为状至惨。十二时入菏泽界，即其所辖崇德乡区，办有乡农学校一所，下车一视；午后一时许，始到菏泽县城，计程二百四十里，至县署，即专员公署，其秘书皮松云将所有关于县政改革，乡村建设，合做事业，自卫训练，金融组织等办法章则检交，因择其重要者浏览，先参观金融流通处，此项流通处，其性质即为银行组织，据其处长赖执中言，二十五年度营业，已达六十余万元云。

二十五日：午前秘书皮松云领余等于菏泽城内参观，先至民生工厂，该厂开办才两月，仅设有机器制造及电力发动两处，次至乡村建设师范学校，从前所谓乡村建设研究分院，已合并于此，因在冬寒放假期中，未及细观，次至县立医院，内分中医西医两部，规模略具，次至大校场，正集合自卫团一千五百人操演，于大雪纷飞之中，精神奋发，闻余等至，整队作方阵形请为训话，午后兼县长孙则让领余等下乡，先至同和乡农学校，次至新成乡农学校，经过县立农场，最后至德化乡农学校，观高初两级小学学生，及青年班操演，皆极纯熟，活泼有精神。非平日训练有素者，不能至此。扫过西河乡，谒卜子夏祠墓，是夜与孙作长谈，详询一切。

按菏泽自二十二年始继邹平改为实验县，初设乡村建设研究分院，训练干部人员，继分二十乡，开办乡农学校，以为推动乡村各种事业之中心机关，按乡农学校，规定教学，本分三部：一高级部，二小学部，三普通部。所谓自卫训练班，不过普通部之一部分。但因环境需要，不能不用政治力量，先作自卫工夫，故开始即以训练自卫班为主要工作，其征训办法，先就各村有产之家十八岁以上三十岁以下者，用抽签法轮流受训，训练期间为四个月，依三年计划，自二十二年度起，至二十四年度，已训练至第九届，合计约有七千余人，于二十三年防堵刘桂堂股匪，及二十四年抢救黄河水灾，均收极大效果，博得省府信用。据言此项训练，名虽注重自卫，同时即由自卫推到政治，教育，转向经济。由消极的防止，转到积极的创造，于政治方面，为肃清毒品，严禁赌博，修路筑堤，教育方面，则成立民众夜校四百余班，经济方面，则造林植树四十余万枝，组织农村互助社，贷款与小户农民。办理农业仓库，其最著者为信用合作社，二十四年度已增加至一百三十五处，凡合作社皆须兼营农业仓库，及改良棉种，且须办理运销，仓库信用大著，成绩甚佳。惟棉种推行，尚未尽善，此外尚有机织供给合作社，及教育用品消费合作社各一处，其成效亦有可观。

二十六日：午前由菏泽返济宁，沿途飞雪，汽车八时半出发，十二时半始到，在济宁午餐，乘汽车往滋阳改乘火车，三点一刻开行，七点四十分到济南，寓铁路宾馆，大雪，未能出门，在寓处理邮电。

二十七日：大雪，午前往图书馆，其馆长为王献堂，于考古极有心得，导余等参观新落成部置之房屋，所阵列者大抵古物为多，以时间关系，未及细考，正午往见韩向方主席，午后接洽往邹平交通事件，以雪大，恐发生阻碍。

二十八日：大雪，早起，乘胶济路火车七点三十分开车，十点三十分抵周村，改乘当地公安局汽车往邹平，因路坏，行一时许始到，先至县署，晤县长徐树人，偕至乡村建设研究院晤院长梁漱溟，院址在东门外，留院午餐，告以来意，希望将邹平实验县组织及村制建设，先为系统说明。据梁言："我们的乡村建设运动，是要促进乡村人'自觉'，而自己自动的活起来，故需要'大家聚合'，'讨论问题'，'想出小法'，'发生作用'，如此等等；必须先有一组织以为推动机关，即所谓乡村学校者是。故此学校之构成有三种人；一是乡村领袖，二是成年农民，三是乡村运动者。乡村运动者，可算是一新的成分，因为他是怀抱着志愿，要来更新这社会的。此三种人，能在这样名义形式关系上联成一气，自然就可发生作用，而使乡村社会活动起来，故我们的乡村运动，可以八个字总结起来，就是'推动社会'，'组织乡村'云云"。午后，参观研究院，院为实验县区之最高机关，设院长副院长，下设总务处，乡村服务人员训练部，乡村建设研究部，社会调查部，乡村服务指导处，图书馆。总务处下设文书，稽核，会计，庶务，注册，出版六股。训练研究两部内，均有指导作业室，另有院务会议，院务办公室，凡此皆在院内，院处有农场，医院，其实验县如邹平菏泽及第一分院，（现已改并）亦皆隶属之。每年经常用费，由省府财厅发给约十一万元，继由徐县长领余等到城内参观，先至合作指导委员会，该会设委员长，常务委员，下分三组；组有正副主任，干事，助理干事，组有组务会议，各组有联席会议。第一组掌合作行政及合作教育；第二组掌合作金融及信用合作社，合作仓库之指导；第三组掌其他各种合作社之指导，划全县为四个指导区，每区设指导员二人，以委员或干事兼任，次至卫生医院，内分总务，医务，保健，卫生教育四组，于各乡设立诊疗所，其工作为诊病，种牛痘，学校卫生，调查四项；四项之中，尤注重学校之幼年部，以学校儿童为将来社会之中坚分子，故工作计划，先从简易乡村师范及其附属小学，又第十一乡学举办，而其中又以种牛痘，防天花，为先务，由村学学生推及机关团体，设医疗防疫巡回队，管理饮食店及食物摊贩，以促进饮食卫生，关于卫生教学及病理检验，以人才物质之缺乏，则与齐鲁大学合作；次至金融流通处，该处依其所经营之业务，实具有农民银行商业银行之性质，（闻即将改为合作银行）且代理县金库，但其根本主旨，则在于公益，而非营利，故其组织采用银行制度，设董事会监察员，而董事监察员之产生，则又与普通银行大异，董事由邹平各乡学学长中聘任七人，由商界中聘任二人，县府四五两科科长为当然董事，监察员由各乡理事中聘任三人，县府第三科科长为当然监察员，经理由县长提出人选，经董事会通过任用，资本金为十万元，其业务为经理合作放款，农户放款，小本贷借放款，吸收各界存款，代理县金库，代兑庄仓证券，存款利率，最低四厘，最高八厘，放款利率最低七厘，最高一分五厘，惟商号放款，则依市面情形酌定。次至警卫队，原为民团干部训练所，于二十四年改为警卫队，其任务在训练村组长及联庄会会员，为一县自卫训练最高机关；次至县署，参观户籍室，其办理户籍及人事登记，均系依据户籍法及户籍法施行细则，另定实施办法办理，户籍略具规模，而人事登记尚在推行中也。次监狱，次县署办公室，自县长以下均集合办公，会议室与办公室相联，是日适召集各乡理事（各乡均用理事制）在县署开会，入内旁听，即在县署晚餐，夜间复与梁漱溟院长谈话甚久。

二十九日：午前由合作指导委员会委员张国维领余等乘车到第十三乡孙家镇参观，此处有乡学，有村学，有美棉运销合作社，有美棉运销合作社联合会，其地为古梁邹，因称梁邹合作社，时届旧历年终，乡村学均已放假，学内仅陈列教育用具，见学长马文齐，年约六十，据称即清初年著绎史马骕之裔孙，充任学长，亦见渊源，梁邹美棉合作社与联合会，同设一处，房屋初成，规模颇巨，内有贮存室，有轧花厂，打包室，此项村社组织，最高为社员大会，次社长，下分会计，过秤，保管，检验，运输，五干事。联合会之组织，最高为代表大会，次会务委员会，设事务所，内分总务部，会计部，营业部，打包厂。外设棉花育种场及办事处两所，据称此项棉业合作社，自二十四年至二十五年，由二十社激增至一百一十九社，社员由三百激增至三千，营业数额，由三万八千八百余元，增至十五万一千七百余元，即因推广脱字棉种，其成绩特别优良，盖本地棉花一百斤，卖去不过得价四十七元，而脱字棉可得五十七元，相差十元之巨，凡加入合作社社员，均以种特字棉为条件，故能发达如此，本年获利尤多，除提出公积公益金及用费开支外，各社员尚能得纯益百分之八云。午后，参观研究院所属农场，场址二十余亩，除房屋外，仅能饲养牛，猪，羊，兔，鸡，蜂及各种园艺试验，至于苗木及棉麦种子，尚须利用县有农场，而美棉推广，犹不在内，（在孟家坊村）故院属农场，以工作言则甚多，如划一，二，三，四，各乡为造林养蜂，改良果木及改进蚕业区域，六，七，八，九，十，十一，十二，十三，各乡，为棉业区域。又在十三乡提倡机织，改良土布，四，五，六，七，八，九，十，各乡提倡凿井。以本身言，在作物育种方面，则有小麦，高粱，粟作，大豆等；在畜牧方面，则有波支猪，曹州猪，邹平猪，太原猪，波邹一代杂交猪，二代杂交猪，波曹一代杂交猪，寿光鸡，力行鸡，邹平鸡，力寿一代杂交鸡，昂格郎长绒兔，法国白色兔，英国灰色兔及栗子色兔，英中一代杂交兔，荷兰乳牛，瑞士乳牛，意大利蜂，其他则改良蚕种，如是而已。是日午后即赴周村，乘胶济火车回济南，转津浦火车北上。

按邹平自民国二十年成立山东乡村建设研究院，二十二年划为实验县，分全县为十三乡，（合城区为十四区），次第设立乡学村学，各乡乡学须一律成立，村学则渐次成立，乡村学成立之后，所有各乡村从前办理之高初小学，民众学校，概行归并，以统一教学方针，乡学村学自表面观之，似专属教育，而考其内容，实为一政教养合一之社会改进机关，盖于改善风俗，建设事业，凡属需要，无不包举，邹平实验成绩最优者，乡学村学之外，第一为美棉合作，庄仓合作次之，造林自卫又次之，邹平菏泽实验县原本同一系统，同一注重乡村建设，理论根据，亦无不同，顾其推行步骤，亦有不可同日语者，邹平则乡村学同时并举，无先后之分，而注重尤在村学，菏泽则先乡学而后村学，此其不同者一，邹平不置重自卫，以自卫为不得已时一种组织，菏泽则开始即办自卫，虽以环境需要各有不同，然因此遂发生理论上之差异，菏泽以为"人民自卫训练，其使命不只是保卫地方，实欲完毕国民军训之任务，使一般民众，具有现代化之组织习惯与能力，以期促进新社会构造之完成"。邹平以为"乡村建设，系要采取一种进步的团体组织精神，多数分子应站在主动地位，对团体作有力的参加，而武装团体的组织，则全是军事意味，天然要多数来服从，尊重一人的指挥，这种对外性。临时性，非常性太大，与我们要求进步的团体组织不合。换句话说：恰是不能够养成新的政治习惯，故非迫不得已，万不要如此"，此其不同者二。邹平乡村建设，既注重在村，其推动程序，系欲由下而上，盖属于社会意味者多，而菏泽则先乡学而后村学，其推动程序，系欲由上而下，盖属于政治意味者多，此其不同者三。但依吾人旁观之意见，皆有其相当理由，邹平必基于一种理论，俾见诸事实，菏泽则依环境需要，先由事实以期与所持之理论相符。据菏泽办理乡村建设者之自白，亦复如此，可谓殊途同归，而邹平研究院实为其理论之策源地。凡一种建设，必有一种理论中之理论以为之阐明，可谓良工心苦。

三十日：早六时到天津，因事停留半日，午后二时趁车赴平，六时到北平车站，即移西站铁路宾馆住宿，夜间处分邮电及安顿行李购买车票等事。

三十一日：午前九时乘平汉车出发，午后三时到定县，径赴河北省县政研究院，院长张荫梧外出，晤其秘书长张芥尘，旋县长边英侪闻余等至亦来，相偕至农场，晤平教会生计部主任姚石庵，由姚引导参观，据云农场实验最成功者，在作物方面有棉花小麦谷子等，在动物方面，则猪与鸡，余次之。

二月一日：午前赴县署参观，裁局改科，均已实行，秘书处外，分民政，财政，经济，教育，公安，五科，各科尚见整洁。次至平教会晤瞿菊农谈话，出视新造之礼堂，系以从前之考棚改建，内壁绘书古今民族贤豪故事甚多，颇带宗教色彩，据言间亦用作剧场，次至保健院，亦即一县卫生设计实验之最高机关，午后由姚石庵导往县东门外约五里之牛村参观，该村有二百余户，一千三百余口，平教会乡村建设工作，民十八即在该村实验，其组织内容略称完备，凡乡长，乡副，闾长，邻长，学董，监察委员会，调解委员会，财政委员会，学校基金管理委员会，仓谷管理委员会，学校公众卫生委员会，乡农治蝗支会，除文盲运动委员会，拒毒委员会，自卫团合作社，农村书报室，女同学会等，均经选举或组织成立，凡平教会所提倡的文盲运动，生计教育工作，卫生教育工作，从教与学，学与作，皆有事实表现，非诧空言。余等先至吴雨农家，吴雨农为该村"表证农家"之一，所谓"表证农家"者，"就是他能把农业改良的工作做了，并表示证明出来，让普通一般的农家看，使他们都能仿效着去做，这就叫做表证农家"。"表证农家"，必须由平教会生计教育部发给"表证农家承认证书"，既领证书为"表证农家"，即有应享之权利与应尽之义务，与普通农家不同。次至刘玉田处，亦"一表证农家"，其人对于小麦育种实验，发明"七十二号麦"，最为优良，比较普通麦一，收获多；二，品质好；三，抵抗力强；四，病害少；因呼之为"刘玉田麦"。此外如改良鸡种，改良鸡房，改良猪种，改良园艺，皆由表证实验推及普通农家。最后至合作社，该社以信用为主。兼营消费及运销，有分处四，农民称便。

二月二日：午前，考询河北县政建设研究院今后进行途径；据该院秘书曲直生言：自晏阳初离院后，现任院长张荫梧，对于组织大纲，略有修正，即将从前之调查研究两部，归并为一部，只设两部；一研究院，一训练部，另定工作计划，分为整理，研究，训练，实验，四个步骤。并欲扩大实验区范围于定县以外，于是有定县、唐县、望都、无极、曲阳、新乐六县联立简易师范学校之设立，先从教学入手，盖欲本斋习齐四存学说，及其苦干硬干之精神生活，加以近代科学技术，向前迈进，以期用费少而收效宏云云。其用意亦善，苟得其人，当亦可以殊途同归。旋由姚石庵导往城内农村合作社县联合社参观，定县合作组织，分为三级；村有村合作社，区有区联合社，（在事实上区联合社并未成立）县有县联合社，县联合社为一县合作最高机关，其功用有三；一执行全县合作行政及合作教育，二经理全县农产运销及物品购买，三接洽外来低利资金，该社成立之初，关于合作训练，合作指导，先由平教会，次由研究院，而归于县政府经济科指挥监督。主要业务，在办理信用。（即与省银行或中央银行合作）现时农村金融枯竭，至于极地，纯恃社员股款与储蓄，杯水车薪，万难济事。故必须有外来资金以资润溉。故接洽资金，最关重要，信用之外，兼营购买，同时各村生产合作社及区单位棉花生产运销合作社，亦多以金融关系加入为其属社，联合社固以村合作社为社员，但进退自由，不加强制，故未加入之村合作社，尚不在少数。次参观中区棉花生产运销合作社，此项棉花合作，贵在范围广，产量多。故采区单位组织，重在集中轧花，所有原动机，轧花车，打包厂，一切均备，与梁邹美棉合作联合社，大致相同。业务繁忙，据云：美棉种子，明年可供给全县棉地之用，午后参观简易师范，地为苏东坡、韩魏公遗址，有苏公所题前后云浪石，石缸边上，并有苏公自书所作赞，其内古木森森，景致幽雅，因在放假期中，一切停顿，未能细观。

按定县实验区，起于"平教运动"，最初发端甚微，换言之；就是一个"识字运动"，于是发起"除文盲"运动，有"平民千字课"之编成，平民学校之设立，嗣以调查研究之结果，发见穷，愚，私，弱四大病根，而欲以生计，文艺，公民，卫生四大教育医之。民十八以后，乃选定河北定县为实验区，第一期对象为村，二期为区，三期为全县，即以整个的县为实施的研究，故其实验过程，亦分三段，一段"识字运动"，二段"深入农村"，三段"县政建设"，其理论事实俱在，兹就教育，生计，卫生之研究实验成绩较著者，分析述之：

其关于"教育"者：一、组织教育；在"动"，"自动"，"群动"原则之下，以大队组织，运用"导生（邹平称导友）教学"，完成综合活动、实现农村建设一种新的教育办法，其村学内分儿童部与青年部，儿童属小学，青年属民校，而小学，民校，均有"导生传习"及"青年服务团"之组织，而所施之教育。则分三种；即儿童，青年，成人是也。所谓"大队组织"者，例如在小学里将全校儿童编成一大队，设大队长一人，大队副一人或二人，一大队分为二中队，每队设中队长一人，一中队分为四队，每队亦设队长一人，又政治，经济，文化，卫生，工作队员各一人，普通队员若干人，利用"导生教学"，使高才生指导普通生，高年级辅导低年级，各级队长及工作队员，一方面作导生，一方面为处理学校行政的助手，其工作分配，如经济工作队员。担任学校用品之收发与登记。农场实习或劳作之管理，讲述自然常识等，其他政治，文化，卫生，工作队员勤务，即依此类推，如此；教育与工作合为一个过程，再以会报，工作讨论及学术研究等会议，经纬其间，此种组织，运用适当，不仅可以解决村学中之一位教师，要教多数学生的困难，而且可以引发农民政治，文化，经济的力量，详言之，是教的人，要教人习，教人用，教人传，习的人习会了，要去用，要去传，以传，习，用为教学方法，是谓"导生传习制度"，在传习学制上；分基本教育与专业教育两段，传习期限，基本段儿童为二年，青年成人为六个月，曾在基本教育结业者。进受专业教育，其期限视专业性质定之，以上专就学校传习言，若在家庭方面，则将学业介绍于自己的家庭，同时又须将各种材料、在家庭所引起的反应，报告于学校，使学校与家庭之间，引发一种教育的交流作用，在社会方面，则任何场所，如山坡上，树林下，廊檐下，庙台下，皆可实施。二、广播教育，此项研究实验，于民十九即已开始，建设乡村收音场，训练乡村收音员，选定若干村，借与收音机件，于县城设立电台，实施播送，同时注意自制机件，计有长波，短波，四管，五管，三管，等五种。并向外推销，编辑播音材料，如文艺，生计，卫生，公民等教育，农民科学等常识，每日晚间播送二小时，并由县政府供给地方新闻。定期召集收音员，对于收音技术及听众管理，予以训练及改进。三、农村戏剧，在简易，基本，经济，原则之下，编制剧本，自造剧具，从事实验，主要在介绍话剧于农村，使农民能接受欣赏，并能自动表演，于教育上效能颇大，盖农民于戏剧中所能收到的效果：第一，唤起农民向上的意识，第二，发抒农民的情感，第三，改进农民的语言，第四，介绍一般的常识，第五，施行公民训练，历经试验，确见成功。遂于适宜各地点，建设露天剧场，表演新旧各剧，他如武术，电影，讲演会，音乐会，通常集会均可利用。

其关于"生计"者：一、生计训练，农村经济建设，必须经过生计教育的阶段，而训练实施上，尤须注意基本教育，生产技术，集团经济活动。经济组织能力及国民经济意识等。故其进程约分两段：（甲）生计巡回训练学校，以六村至十村为一学区。五学区为一巡回区，划全县为九个巡回区。其训练分设计讲讨，实施作业，家庭设计三步。（乙）表证农家，必在巡回学校毕业而成绩优良的青年农民，经认许后方能充任，前已言之，但此项表证农家，既居领导地位，尚须联合各区组织分会，全县组织协会，以期完成全县农业改良推广工作，并须随时受技术或服务训练，二、生计改进；在植物方面；如棉花，谷子，高粱，小麦，玉蜀黍，马铃薯，豆子，梨树，葡萄，白菜等之育种栽培，防害改良，均逐年有所改进，而以棉麦两者，尤有显著的成功。在动物方面：如猪鸡改良，猪之试验，以波支猪，本地猪及波支公猪与本地母猪交配产生之第一代猪各六头，分三组，在同一饲养管理之下，一年后，波支猪较本地猪增加生长百分率为28%，第一代猪较本地猪增加生长百分率为18%，现在定县有改良猪种二万五千头，且搜集华北如山东曹州，河南项城，山西太原，河北行唐，大名等，有名猪种，作饲养比较试验，所产之猪，除本县食用外，运至北平天津保定等处贩卖，并以新法制成火腿熏肉，以广推销，鸡之试验，以力行鸡，本地鸡，及力行公鸡，与本地母鸡交配产生之第一代鸡，在同一饲养管理之下，本地鸡每年平均产卵六十个，每卵平均重一两一钱五分，力行鸡，每年平均产卵二百五十个，每卵平均重一两七钱，第一代改良鸡，每年平均产卵一百二十个，每卵平均重一两四钱五分，现在逐年改进，并行鸡瘟注射，以上猪鸡两者，增加农民副业上之收入不少，其在合作方面，以信用合作为实验之初步，以自助社为合作社之预备，活动范围，初限于青苗抵借，及合购食盐，民国二十年即成立三百余社，有社员八千余人，嗣因农民对于合作意义逐渐明了，当年底由自助社改成合作组织者四十八社，以二十三至二十四年间发达最速，各村皆纷纷自动起来，现在计已成立一百数十余社，大抵以信用为主，购买，运销，生产，仓库，均属兼营。惟合做事业，必须建筑于教育基础之上，其初步教材，分为七个单元，即一，合作大意，二，社务指导，三，信用合作，四，购买合作，五，生产合作，六，运销合作，七，仓库管理。其专门训练，则在技术，如合作簿记，经营方法，经营常识等，凡此皆须与村中领袖商洽，集合优秀分子及合作社职员社员，予以训练，至于平常继续指导，属于文字者，则有合作半月刊，合作周报，巡回文库，农民生计通讯等。属于讲演者，则有冬季训练委员会，导生传习，分区指导等。故各种业务，能逐渐推广改进，如购买，则减少消耗品，增加必需品。运销，则由棉花运销以至集中轧运，棉子榨油，推销土布。生产，则经营纺织，织席合作，磨面合作，耕种合作，推广波支猪，皆有相当成绩可言。

其关于"卫生"者，在先予农民以卫生常识，故编定卫生教材，先从小学教师训起，以植教学之基。建立保健制度，县设保健院，区设保健所，村设保健员，村保健员担任村单位卫生建设。宣传卫生常识，报告出生死亡，普通种痘，改良水井建筑，施行简易救急治疗。惟保健员本即公民服务团团员，担任工作之前，须至保健所受初期技术上之训练十日，区保健所有医师，护士，助理员各一，其职务在指导或监察村保健员，遇有病情复杂，保健员不能治疗者，送所治疗，预防急性传染，春秋两季种痘，预防霍乱与白喉注射，县保健院为县单位卫生行政最高组织，有医师二人，护士六人，药剂员一人，检验员一人，口腔卫生助理一人，助理员一人，事务员一人，其执掌：一，办理卫生行政，二，住院治疗，三，研究训练，盖关于全县卫生事务，皆于此总其成也，以上关于定县乡村建设实验大概情形，略具于此，至其调查研究详细工作，则有平教会之各种刊物，可以参阅，不复赘焉。

二月三日：昨夜车由定县返北平，为河北县政建设研究院事，访张荫梧。为河北送县长来京受训事，访北平市长秦德纯。张赴保定，秦往天津，均未遇。电部报告行程。

二月四日：为华北农村建设协进会进行计划，有所考询，午前往协和医院访林可胜、陈志潜诸大夫，未遇，午后，往燕京大学访陆志韦校长，朱有光、周学章两教授，陆在病中，朱周皆外出，遇教授陈其田，即协进会内训练研究委员。据云：协进会所拟组织训练研究计划，今适脱稿印成，手持一分相示，余等与谈良久，面索一分而归，大体办法，已述于考察济宁按语中。

二月五日：访问张荫梧所办之四存学会及四存学校。皆因年终放假，负责人员概已回家，无人接洽，仅购得颜习斋、李恕谷丛书两部，因与定县最近建设有关，故及之，电约秦市长在津会面。

二月六日：午前往天津，午后晤秦市长德纯于天津市府，商议河北县长来京受训问题。

二月七日：秦市长复约谈话，于河北县长受训一节，当归与河北省政府当局商量办理，夜十时乘津浦车南返。

二月八日：在车上。

二月九日：返京。

当代齐鲁文库·20世纪"乡村建设运动"文库

The Library of Contemporary Shandong

Selected Works of Rural Construction Campaign of the 20th Century

山东社会科学院　编纂

/25

项定荣　等著

中国乡村建设考察记（下）

中国社会科学出版社

下　卷

调查乡村建设纪要

吴景洲等　编著

湖北地方政务研究会

目 录

序 一 ………………………………………………………… (265)
序 二 ………………………………………………………… (267)
序 三 ………………………………………………………… (269)
凡 例 ………………………………………………………… (271)
吴景洲在本会报告调查定县、北平、邹平、青岛、上海、
无锡、江宁各地乡村建设概况 …………………………… (273)

第一编 定县

第一章 定县概略 …………………………………………… (291)
第二章 中华平民教育促进会 ……………………………… (293)
第三章 河北县政建设研究院 ……………………………… (318)

第二编 邹平

第一章 山东乡村建设研究院 ……………………………… (337)
第二章 邹平实验县 ………………………………………… (345)

第三编 青岛

第一章 青岛建设概说 ……………………………………… (373)
第二章 各项建设 …………………………………………… (376)

第四编 上海

第一章 山海工学团 ………………………………………… (443)
第二章 中华职业教育社 …………………………………… (453)

第三章　江苏俞塘民众教育馆 …………………………………（460）

第五编　无锡

第一章　江苏省立教育学院 ……………………………………（467）
第二章　黄巷辅导区 ……………………………………………（474）
第三章　北夏普及民众教育实验区 ……………………………（476）
第四章　惠北民众教育实验区 …………………………………（480）
第五章　南门实验民众教育馆 …………………………………（484）

第六编　江宁

第一章　江宁实验县概况 ………………………………………（493）
第二章　结论 ……………………………………………………（501）
附　录 ……………………………………………………………（502）

序　　一

　　为政之道不难，一在得人，一在制宜而已，然而得人之难，制宜之不易，则又千古之所同慨，矧在今日，承国力凋瘵之余，民生憔悴之末，外患凭陵，内政丛脞，曾涤生曩谓百废莫举，千疮并溃，无可收拾者，以今视昔，则犹彼善于此，固甚远也。然则如何得人而理？如何制宜为治？诚吾人负政治责任者所旦夕深思焦虑之一端，得乎此则一切皆迎刃而解，不烦言喻。是故为求得人，斯国家有储材之备，为求制宜，斯政治有取径之方，往者，以牧令为亲民之官，为民之父母，所以重视之者，无所不至。才气无双，治平第一，良二千石，吏民之本，有史以来，皆艳称之。而民为邦本，本固邦宁，天视民视，天听民听，古训昭然，尤为吾人所共知。近世以来，牧令为人所轻，民政乃就颓废，于是农事不讲，教养不施，兵匪往复，水旱乘之，而乡村之日即于破产，已属无可维持；为之令者，又或罔恤民隐，日以摧残为事，或昧于取径，不知所以劳来之道，上下隔阂，诚信不孚，是所以为治者，既南辕而北辙，而所谓用人之道，制宜之方，其不讲也亦已久矣。且也，自外力侵入，吾国工商业之不振，经济备受压迫，遂使城市与乡村同趋衰落，情势之复杂愈甚，斯挽救之择术愈难，欲求彻底补苴，自非仍出县政着手，自乡村为根本之图不可。余于二十二年之夏来主鄂垣，日月荏苒，两载于兹；本省居长江之要区，为全国之中心，匪祸甫清，天灾频至，人民流离，农村崩溃，已非一朝一夕之故；将欲求所以与复之道，更不得不自备储县长人才，使深知民间疾苦，洞悉所以制宜之方不为功。因之……有湖北地方政务研究会之设，由省府遴选集合合格人员，使共同研求地方应行一切改进事宜，盖有日矣。去岁冬暮，乃有组织调查团同赴实验乡村建设各县市调查观摩之举，期所以借镜他邑，效用乡邦；归鄂以后，以其所得者编辑成帙，请为一言以弁其端，余览而善之。其中如定县平教会所揭橥之四大病根，四大教育，三大方式；邹平之乡建理论，联庄制度；菏泽之保卫成绩；青岛之实事求是，政教并进；上海之民众教育及小先生制；无锡之蓬户教育，自治培养；江宁之土地陈报，田赋整理，以及各地之合作借贷一切生产水利建设之方，可为吾鄂师法，适合吾民需要者，比比皆是。他日诸君临民之际，一一融会而贯通之，不必其面目名义之相同，但能因地制宜，各得其精神要点而施之于吾民，则此行为不虚，而吾鄂之所获也伙赜。所谓得人之效，制宜之方，胥于是乎赖之。一方使有志之士，有忠于谋国之志，而不知所从者，得睹兹编，同时获得正当之途径以共同从事于乡村事业，努力为吾民服务。由是田功之获，果蓏之收，六畜之挚，材木之茂，教育之普及，工商业之发展，五年之内，必可倍蓰，十年之内，乡建之大成，如操左券矣，斯其为幸运，又岂仅及政府与诸君而已哉，是为序。

张　群

二十四年三月

序 二

今之中国农村，已成险象环生，杌陧不安之现状，推厥原因，虽由于外力侵蚀，条约拘束有以致之。然年来社会不宁，经济萧瑟，商贾不行，农机停业，要为农村社会之根本病源；夫吾国向以农业立国，号称"藏富于农"一语，更为数千年来维系农村经济，牢不可破之原则。然而截至现在，一般农民，则非但家徒壁立，一无所藏，浸假流于终岁勤劳，不获一饱之境界，此其故又何也？

迩年来农村问题，实已引起国人之注意，农村为中国社会组织之柱石，研究农村问题，亦即所以研究中国整个社会之实际生活问题。今举国上下既已转移其视线于农村，冀以谋求农村社会意态之充量表现矣，然则今日中国农村之社会意态为如何乎？曰确立法律秩序，以维持农村之安定；表现农民意志，求得生活上之自由是也。必二者之确立，而后农民之生活，始入于正轨。惟法治与民治，为能确定之，亦惟实施法治与民治，为能培养民力，充实农村，发展农民"享用""管有"与"创造"之本能。职是政府之经济设计，必须使人民之基本生活，改进生活，与准备生活，与此心理作用相因应。百年来欧美各国之劳动运动，穷其究极，实此人类经济心理作用之发展有以致之。是故有人格的自觉之民众，必以产业自治为最终鹄的，今欲达此目的，舍生产社会化，与分配社会化外，实无他途。

粤维居今日而言经济建设，当必以稳定社会，恢复农村经济力为其着眼点。欲发展农村经济，复兴农村：

一在谋求全社会之普遍安全，为普遍的人人满足其基本生活之需要。

二在利用农村余家，农家余丁，与夫农丁余暇，发达生产事业，以谋求生活之改进。

三则富而后教，当必易达到衣食足而知礼义之境地，若然则地无旷土，野无游民，事无不学，人无不学，经济基础，于焉斯立，农村兴复，可立而待。

顾理论虽若是，而实施则经纬繁杂，煞费周章，必如何而可以排除现在建筑之障碍，预植将来建设之基础；必如何而可以承上启下，继往开来，以应当前与未来之需要；更必如何而可以因地制宜，因势利导，积极走向建设之路，最后达到生产化合理化之美满生活，斯有待于根据事实，博采周谘，为详密之研究，而后付之实施。湖北地方政务研究会之设立，其目的固在集合合格县长，为切实服务地方之准备，半载以还，于以知目前正当之途径，非先从事于乡村建设计划之探讨与力行不为功，而观摩借镜是尚。兹乃于天寒岁暮之交，为各地乡建调查之举，辑为斯编，既可以他处之良法，贡献于政府，适合于本省之需要，又可以诸君之心得蕴盖于五中，为将来从政之南针！于国家则生产建设以治本，于社会则自卫自治以明生，与夫农村兴复之前途，其所关者甚巨！岂曰小补之哉？

中华国民二十四年三月商丘孟广澎序

序 三

吾国数千年来，以言治，则官治之国也。故所谓四民者，士，农，工，商，治人者惟士独居之。其余农，工，商者，治于士者也。治人者劳心，治于人者劳力。故一国治乱兴衰之所系，惟以士为中坚，而农工商之兴衰，亦惟士乎是赖。各私守祖先遗法，以自劳其力而已。非特不能治人，抑且不能自治也。以言富，则农富之国也。耕牧为重，工与商，农之佐也。是则概括言之，国所与立，士与农而已。又三代以上，兵寓于农，故"养"与"卫"合，而官治之势，尚未形成。三代以下，"兵"与"农"乃判而为二，亦即为官治之果。此其为弊，遂不能革。综此数因，吾人可知自清季变法以前，吾国之所谓士，农，工，商者，本其固有之文化，维繫为治，千百年如一日。而所谓士者，亦维凭借此势而控制一切。然而积久力弱，一方失其为士之修养，曩昔之道德，礼教，所以为治之道，既浸假而成虚伪。一方群流杂进，治人者不必尽士，于是治人者不能维护被治之农，又从而戕贼之，则农村崩溃之势成。亦即官治濒于末路之朕。同时海禁既开，外力侵入，一时朝野人士，又淆于外威而忽于本源，创议变法，群趋于欧美之所尚，尽弃其所学而学焉。卒至国力愈急，外侮愈亟，亡清既覆，民国仍之，以仕之不尽士也，斯为治之道益棼，以兵与农之判为二也，斯为害于农也益甚，以至人民涂炭，邦国殄瘁。此岂一朝一夕之故哉？然而剥极则必复，否极则泰来。近年以还，邦人君子，渐乃知救国之道，端在农村之复兴。农村之复兴，非培养农民之智识技能不为功。而致力之方，又非使日居城市之所谓士者，尽弃其清谈坐论之风，而埋首入于农村不可。且法不变不可以救，亦诚是也。今政体已改民治，则官治必且告终，实已为不可更之事实。亦即士之独负治人之责，在势已不可能。而乃二十年以来，名为民治之国，犹留官治之实，岂官治尚有自存之道哉？亦民智无由养成，而民智不开民力未充为之梗耳。长此不谋所以补救之道，则名既不正，国自不国，亦自无可置疑。此今之所谓训政者，若不自农村为始，以农民为的，更复何所着力？此其责何属？则仍士之责也。是则今日者，军事粗定，人民或有来苏之望，以言建设乡村，培养民治，结束既往，开创未来，诚为固本宁邦之不二法门，亦即改弦易辙之唯一时机，无待费词矣。二十三年之夏，余……协赞商邱孟公刘涛，忝掌湖北地方政务研究会事，与研究会同人朝夕孜孜研讨地方政务兴革诸端，已逾半载，是岁之冬，以有实地调查乡村建设各先进县市之必要，乃得请于十二月二十五日自武昌启行，周历冀之定县，北平，鲁之邹平，青岛，苏之无锡江宁上海各地，迄今岁二月十日旋鄂，为时计达四旬又五日，风雪载途，舟车结轶！而各地乡建同志，一方发奋深入农村，辟利民福国之途，一方殷勤指导同人，竭声应气求之致，省主席华阳张公岳军且亲莅定县以相策励。吾人反顾城市，乃不禁感极而涕！谓吾国前途之一线生机，舍此又将奚属？会员诸君子，亦遂日则奔走于水雪凛冽之中，夜则秉烛纪其概要。归鄂以后，又经旬余之力，删繁就简，集众人之所有，整理成此，以公于国人。疏漏之处，知所不免。然而尝鼎一脔，可以知味，同人之意，亦欲国人多知其味而已，顾亭林论郡县之称职曰，"土地辟，田野治，树木蕃，沟洫修，城郭固，仓廪实，学校兴，盗贼屏，戎器完，而其大者则人民乐业而已"，今日之事，犹此志也。循此而行，期国家于富强，犹反掌耳。故乐而序之如此。

武进吴瀛
中华民国二十四年三月

凡　　例

　　一本团调查各地乡村建设，驻定县无锡各四日，邹平上海各三日，江宁五日，清河镇一日，而在定县邹平清河镇，又有一日之大雪；参观时日既少，各处建设复多，挂一漏万，在所难免，祈阅者谅之。倘荷不惮赐教，尤为祈祷。

　　一本报告编列次序，以经过路程先后为标准，毫无轩轾于其间。菏泽实验县，则以时间关系，未能前往参观，仅录孙廉泉先生演说大概。清河实验区，又以时值年节，风雪交加，未能窥其全豹，致叙述不全，故均置于附录之中。

　　一记录诸先生演讲词，以时间仓促，未经各本人指政，错误之处，统由编者负责。

　　一本报告原以用文言编撰为原则，间有一二节用白话者，本应改作文言，以归一律，又恐稍失原意，故仍之。

　　一本纪要为报告政府之底稿。印行目的，在引起社会人士知救亡图存根本工作，厥为乡村建设。从事乡建诸先进，在最短期间中，已获得相当之成绩，愿爱国人士齐起努力，不尚空谈，区区之意，颇望读者深切注意。

　　一本团调查各地，承各处政教机关诸先生之指教与款待，本会及同人，深深感佩，统此致谢。

编者谨识

吴景洲在本会报告调查定县、北平、邹平、青岛、上海、无锡、江宁各地乡村建设概况

二月十二日廖鲁芗速记

各位！我们这次出去考察，时间上恰恰是一个半月。在此一个半月当中，大家都是很辛苦，并且有几位身体上发生小小的不舒服，但总算是平安的都回来了。

这次考察所得的材料，有可供取法的，将来如能实行，对于湖北政治的改进，定有相当的补益。不过还感觉得这次出去的人，还嫌太少，假使出去的时候，能够多几个人，还可以把各地的东西，多稗贩一点回来，给我们的政治上，多一点影响。不过在我个人，虽然同着去考察，但是所到的地方，都没有详细的记载；就是其余同人，也是每天早晚，都是在外面去考察，要到了夜里，才得做考察笔记，回来之后，整理上还需要相当的时间，所以现在还不能整个的向各位报告。现在仅就我在各地所看见，而脑筋中能够回忆得起来的，简单的说一说：好在以后出去的同人，还要编成详细的书面报告，以供各位的研究。

我们这次出去，首先是到定县，在那边耽搁的时间，共计五天，讲演的时间居多，由平教会介绍各种的理论。在城里讲演之后，我们就到各处去参观，城外参观过五个村子，而我们出去是分为两组，所以有的到了这个村子，没有到那个村子，有的到了那个村子没有到这个村子。

平教会的各种理论，所定四大教育，三大方式，从前大家已经看过定县的各种刊物，并且晏阳初先生曾到湖北来讲演过，所以不必多说，现在仅就所看见的事实，大概的来讲一讲。

他们的文艺教育，编辑的读物很是不少，并很费事，譬如所编的平民

千字课，最初收辑了许多平民读物，将发现最多的字，合计有五十多万，除去重复字，得了八千。第二次又选出最通用的，发现次数最多的为三千几百个。第三次从三千几百个字的当中，又选出一千三百个，又再加以补充；譬如"衣食住行"四个字，在选出一千个里头，没有"住"字，便加上这个"住"字。又搜集复印：如"社会""国家""老头子""小孩子"等，编成词表，于是就成为一个整套的教材。这一部分的工作，所费的精神很多，所费的时间也很长。至于除文盲的工作，就是以所办的平民学校为中心，他们工作的时间，都在晚上，并且现在已经移交于县政府去办理，改属于研究院了。我们临走的这一天，想去看看，又适逢过年，所以结果没有去看，不过听说旧文盲确已除了不少，可是新文盲究竟如何，现在没有统计。至于艺术方面，我们所见悬挂平民图画不少；他们有一个制造室，能够制造无线电播音机及收音机，我们也都去看过，所制的无线电播音机收音机等确比舶来品经济许多。就是平民戏剧，没有看见，因为未曾遇见机会的缘故。他们的生计教育，所有猪种改良，鸡种改良，棉花改良等，传播到民间去，能够接受他们的方法去改良，成绩最好的，就叫做表证农家。因为他们在定县的活动，是以同学会为干部，所以表证农家，也是同学的份子。我们曾经到过几个表证农家，一个姓吴的叫吴雨农，他把改良猪种鸡种，合作社，及一切平教会的工作，讲给我们听；又一个姓刘的，他就把改良植物选种的法子，讲给我们听；都能头头是道。他们为要解决人民的生计，一面组织合作社，互助社，以活动农村的金融，一面由金城银行，中国银行等，设立抵押仓库，农民都感觉很方便，可以免得高利贷的盘剥。我们在牛村，小陈村，西平朱谷，高头村，西建阳村等处，也看了几处的合作社互助社，同抵押仓库，都有相当成绩。

  关于卫生方面：设有保健员，保健所，保健院，凡是保健员不能医治的病，即送保健所，保健所不能医的病，即送保健院，保健院是不接受门诊，完全要由保健所送来，是一点特殊的情形。公民教育，他在刊物上说得明白，本质是无法看见的，但是启发人民的图画诗歌，也有印出的，也有正在编辑中的。他们的家庭式教育在高头村试验，我们没有看见，因为他们的活动，是家庭会，妇女会等等，那时都无活动，所以没有看见。他们的社会式教育，有文艺周刊，有巡回文库，有同学会等等。至于学校式教育，更不必细说，所办的小学，除平民学校我们未见外，我们在小陈村看见特约小校一处，他们因为要以少数的教职员，来管教多数的小学生，他们试行了一种导生制；又参酌军队的编制，将全班学生编为一大队，置大队长及队副各一人。更将大队分编为二个至四个中队，每中队置中队长一人。每一中队又分为四个至八个小队，每小队即由八个至十二个学生编成，设小队长一人。每一小队选程度较高者为文化导生，政治导生，经济导生一二人。又分类组设常识或工作讨论会研究会等，以求教学团体化，纪律化，就该校学生作息表推寻他的传习方法，是先由教师教甲级，甲级教乙丙两级，乙丙级教丁级，甲级内约包括大队长大队副及中队长特务员而言，特务员是天才及家庭经济状况较好预备升学的，所以他的自修时间较多。又在各处设立传习处若干，每处由导生一人教人识字。特约小学管理方法，乃由学生自动开会议决，在第二日朝会时，由教师监督指导执行。

现在定县是内政部指定的实验县，实验县上面，设立了一个研究院，实验县的县长，就是研究院实验部长兼任，这都是同人所早已知道，也不必细说。同时研究院各部的主要分子，都是平教会的主要分子兼任，但是与平教会仍为两事。实验县的特点，就是对于普通的法令，可以呈请省政府变通，在行政上不致受普通法令的拘束，但是定县有些紧要法令，要呈请省政府变通，省政府有时不置可否者甚多，这是研究院很困难的地方。平教会的人才，确是很多，他们从前的经济，的确不会用国家的一个钱，晏阳初先生说过，平教会最初是由三千五百元成立的，继得华侨两万元美金的补助；后因晏阳初先生，在美国演讲，有外国人和他表同情的，捐了四十万美金；后来又得庚款的补助，（现在已经停止了）所以从前他的规模是很大。以后知道这平民教育，非到农村实地试验不可，才到定县去；他们到定县去试验，据说并不是专为定县，目的是要为全国。他们所认定人民的"愚，弱，贫，私，"确实不是定县一县的现象，我想中国无论何处，都是患着了这四种毛病，所以他们所定的四种教育，来医治这"愚，弱，贫，私，"的四种毛病，也确实不是专为定县。

定县的财政，全年省地两税收入十五万八千五百元，收支相抵。县政府从前每月开支一千五百元，后来研究院津贴一千元，每月是二千五百元。但县政府各项提成报缴省库，实际上仅津贴了数百元。全县有保安队三百几十名，平民学校四百一十七所，初级小学四百五十六所，男子师范

275

一所，女子师范一所，（小学及男女师范是定县固有不属于平教会创办者，现合并的说。）华北农产改进所一所，农村合作社的仓库六处，及同学会互助社几处。这是定县的大概情形。

由定县到北平，正是阳历新年，我们所看到且与我们较有关系的，就是北平市公安局的公安行政，香山慈幼院，同第二监狱。现在只说最有关系的，就是清河试验区，该处是燕京大学社会学系学生试验的场所，经费每月五百元，设备上可说是"麻雀虽小，五脏俱全，"计有幼稚园，小学，医院，合作社等。又有织呢厂一，是三千多元开办，机器是木机为多，提倡家庭工艺，招附近妇女半工半读；医院除看病外，还有助产妇，凡遇有乡妇难产的时候，院里就派助产妇去，向来没有误事过，所以一切便能够推行。有一个姓蒋的学生，其时正在那里实习，也就是引导我们参观的。后来我们在青岛又遇见他，据他说能为人民医病及助产，这个办法，很能够引起人民的信仰。因此，我们感觉到从前外国人到我们中国来传教，都是先用医药来吸收民众，再来劝人进教，就是这个法门。

我们由北平南下，第一天即到天津，只耽搁了一晚，第二天即到济南；到了济南的第二天，化了一天工夫，游览各处名胜，及文化机关，第三天即起程到邹平。从济南到邹平，要坐胶济路火车先到周村，由周村再换汽车，约走一小时许，即到邹平。周村是一个有名的大市镇，亦有日本人在那里居住营业，风俗非常不好；据邹平医院的院长告诉我们，邹平的人，以患花柳者为最多，他们的花柳，就是从周村传染来的。从周村到邹平，汽车路很不好，并且有些地方很危险。我们到邹平的头一天，刚好梁漱溟先生从济南回来，第一天梁漱溟先生，即讲了一天的理论；现在简单的说一下，梁先生的理论，完全是以中国旧有的伦理学为基础，要"人与人互以对方为重"，重礼而不重法，重义务而不重权利，与外国人讲法律，讲权利，完全不同。他的方法是政教合一，所谓乡学，村学，不仅是地方上的教育机关，而且是地方上的政治机关，在学校读书的学生叫学众，乡里的人民也是叫学众。村学有学董会，学董是由辅导员在村里考察有学问资望的，经学众的同意，报告到县政府，由县政府聘任为学董；其中推一人为常务学董，县政府又委他充理事；公推一个学长。乡学大致相同，但是各村的村理事，及未设村学的村长，都为当然学董，再互推一二人为常务学董，执行学董会会务。理事是一乡或一村行政负责者，学长是不负行政责任的，理事有不好的地方，学众即可诉之于学长，由学长出来规劝，若是理事不听规劝，即可诉之于县政府。那边印行有乡学村学须知，里面对于学众，学董，理事，学长，应知道的事，说得很详细。关于这点，在讨论的时候，我曾向梁漱溟先生提出意见："理事有不洽众意的地方，似可由学众先直接向理事和平的询问，或劝告，不能了解，或无效时，再诉之于学长，以免发生误会，岂不更妙。"梁先生也认为很对。辅导员是负一切指导之责，现在定县方面，也将采用这种辅导制。邹平的小学，也用导生制，一个小学生，是要教授两个以上的人，高年级的，是要教授低年级的，与定县同。邹平满街都是学众，一个人要担任教授两个人，教授的地点，随处都可，譬如大门之外，大树之下均无不可。其名叫做共学处，教授之后，过了几天，先生就要来考查，看看成绩如何。这种导生制，在外国本来有此办法，不过在我们中国，现在教师不够，经济困穷的时候，尤其适合。村学里设有成人部，妇女部，儿童部，都是初级的教育，乡学是比村学高一级，以相衔接。学众毕业，叫做结业，梁先生的意思，是："学业是没有完毕的时候，只能在某个阶段，告一个结束，所以不叫做毕业，而叫做结业"。这是邹平试验政教合一的大致情形。

至于邹平的研究院，除为实验县的研究机关外，一方面又像一个学府，分为乡村建设研究部，及乡村服务人员训练部，在研究实验办法之外，一方又造就人才，这也是与定县研究院不同的地方。我们湖北有位段先生，原来在外面有职务，因为很热心农村事业，所以辞去职务不干，到那边研究部当学生，他对于梁先生，是钦佩得很，我们此次前往，得他的向导也不少。那边关于生计方面；研究院附设有一个农场，规模没有定县大，但是设备甚周，有鸡，猪，牛，羊，兔，蚕，的改良选种，有植物的选种，并有兽医院。农场主任于鲁溪先生，曾同我们讲棉花改良的经过，最初开办的时候，是费了多少的事，同银行借过三千元的款子，作为改良棉业运销合作之用，到最近两年来，每年棉花生产可达四十万元。我们到五伍庄孙家镇等处参观乡村情形，看见他的轧花场，打包场，堆积的棉花很多。家畜的改良，所养的猪，成绩很好，所养的鸡，有肉用鸡和蛋用鸡的分别，有种蛋用的寿光鸡，他的蛋差不多同鹅蛋大，每一只鸡，有一年可产蛋三百个以上的。关于卫生方面；有医院，成立不久。讲到自卫，是训练联庄会，初来办理的时候，民众也有种种怀疑，以为征集去打日本人，或者要作内战，等到训练两三个星期之后，放假三日叫他们回去省亲，见了尊长亲友，都晓得敬礼，大家都很高兴，规定要什么时候回城来，到了时候，大家都来了。第一次回家逾限来的，只有一个，是因为有特别的事故。他们的口号，是"尊敬长老，鞭策青年。"注重精神陶炼，所以成绩很好。训练期两个月，在乡学村学里面，每月要举行一次乡射礼，就是随时训练的意思。每年冬天，有半个月在城内集合，训练国术军操，我们曾经看见，也是很好。受过训练的民众，各人回家去，还是种田，再轮流的来服务。抽调的方法，是先从富户入手，因为富户对于自卫，需要较为急切！来受训练的人，枪支是自己的，由公家给一套衣服，不用的时候，即不穿。在训练的时间，还要给点应用的津贴，所以邹平的自卫，确实办得好！

讲到邹平的自卫，就连带讲一讲菏泽的自卫。菏泽本为原计划中我们要去的，但是路程纡远，所以没有去，不过恰巧那一位做菏泽县长，并负责训练保卫团的孙廉泉先生在邹平，为我们讲菏泽自卫的情形，大体上与邹平办法差不多。但是范围更大，推进更速。那边有一个研究分院，他们的办法，是"政，教，富，卫，"合一，而以乡农学校为出发点。全县份为二十乡，每乡设一个乡农学校，乡农学校里面设自卫班，每班四十至五十人，四个月一期，一年三期，不分农忙与农闲的时间。为甚么不分呢？因为先抽富户，富户家里少一两个人种田，是没有甚么妨碍的。但是初办的时候，也有种种误会，有雇人来替代的，后来看见受训练是很好，又因为受雇的人有种种的要求，于是自己又来声明，原来的人是替代的，现在是自己愿意抽丁来补受训练。全县二十乡，一期五十人，全县就有一千人，一年训练三期，即有三千人，所以菏泽几年来，旁的事不说，仅说这一件事，就收了很大的效。经费是从那里来呢？从前有民团大队，经费三万六千元。公安局警察队，县政府的行政警察，司法警察等等，一年又三万多元。此外还有联庄会，区公所等经费。他们即把这些经费，统统收来，只将以上所称各种警察同民团大队，归并裁减，编成一百名，以为长期武力，政警法警也都在内，其余的经费，即拿来办乡农学校。他们说乡村警察，完全不适用，因为乡民根本就不晓得违警律，你说他违警，他处处都是违警，所以乡村警察，可以不要。凡是来自卫班受训练的人，制服，书籍，都是公家的，将前项裁余的民团警察选优秀者，作为自卫班的队长，但是不叫队长，却叫老师；在从前队长是队长，便无所不为，后来队长做了老师，觉得身为人师，行动便自然的好起来。现在各乡的电话网，都已架设齐全，一个电话，立刻可以召集自卫班学生，大约在三四点钟之内，就立刻可以封锁全县，力量上不但能够自卫本县，并且还能够到邻县去剿匪，所以刘桂堂的匪众过境，却不敢入菏泽的境。无锡的高践四先生，曾到过那边，后来我们到了无锡，看见高践四先生，做了一本书，介绍菏泽的自卫情形，也觉得各处都可仿效。现在山东省府，已划定鲁西十县，一致训练，进行这种工作，我再申说一句；邹平，菏泽，都是邹平的乡村建设研究院的两个实验县，菏泽且设了一个分院，他的成绩，实在也值得赞扬！有人评论梁先生，说他欢喜斤斤计较于名称的变更，什么乡学村学，还不是初小，高小，不知他是一个学治的机关，并非单纯学校，他从乡村小范围着手；培养人民团体组织，增进人民生活技能，比较是很切实有效的。好在名词随时都可变更，自不妨随他试验。而他最好的环境，就是韩主席信之甚深，听说只要是邹平研究院的方案，无有不照准的，并且吩咐省府的人员，一体注意！不得稍有留难。真可谓信任甚专，韩主席固然得体，而邹平研究院，亦可谓对得住他的际遇，这真是相得益彰，一方对于制度上有彻底试验的勇气，能否彻底成功，虽然尚未确定，实在是值得佩服与钦羡的。

我们考察过邹平之后，即到青岛。青岛无所谓试验，完全是实行的，因为沈市长是一个实行家，我们到了的那一天，立刻就到市府，他在市府讲了两点多钟的话，主要的理论，是"先富后教，"是根据论语上的"既富矣而后教之"的道理，他对于行政制度，有三个主张要点，第一是组织愈简单愈好，第二是区域愈小愈好，第三是军政民政愈分愈好。他的"先富后教"的办法如何呢？我可以说两个例子来：青岛产白菜，本来是很好的，后来农民不会选种，又不知道除害虫，所以白菜又瘦，又被害虫所蚀，他就派农林事务所的人，去告诉农民要选种，要用药水除害虫。农民初来不肯信，他就叫农林事务所，用十元一亩的租价，去租到农民的田来种，这个租田，同农民自耕的田，是比邻的，到白菜长成的时候，农民的白菜，既瘦得可怜，又叫虫蚀的仅成菜根，公家种的则又高又大，农民心里便稀奇起来，于是再把白菜送给农民，告诉他们如何选种，如何除虫。又青岛很多梨树，树上生了虫，就不会结梨子，农民就把梨树砍来做柴烧。市政府又告诉他们，梨树生虫，可用药水来除，农民也是不肯信，于是就强制他们用药水去除虫，第一年花了三千元，为药水及人工的用费，结果第二年就果实很好。因此便引起了农民的信仰，即要求市政府买药水，发给他们自己去除虫，所以第二年又买了二千元的药水，共计花了五千元。当时市政府有人以为这种钱是浪费的，那知两年所得的梨子，卖出去的钱，民众却获利四五十万元，那就是以五千元的代价，增加了市里面四五十万元的富力，这种利益是何等的伟大！从此以后，人民对于这个政府设施，自然无不接受；这几年来，农民每人每年都有增加五十元收入的希望。这就是"先富后教"的例子。说到他们的组织，市政府的各局台所是在城区，再在各乡区都设有办事处。这个办事处，系市政府及各局台所，各派一人联合组织的，各人的薪俸缺额，仍在各原机关。这联合办事处，好像一个派出所，市区以社会局人员为主任，乡区以市政府人员为主任，月仅开支办公费一百元，在市政府会议的时候，所议决的方案，交到办事处去执行，同时各局台所长官，就到各处去看，做得不好的，就加以指导和督促。他们办事是各负其责，可是彼此不分家，甲部的事，乙部的人看见了可以指导，彼此是打成一片，因为这个缘故，"等因，奉此，"的时间就可减少，而实际工作的时间就可增多。我们看见他们的区主任到乡下去，农民看见，好像看见了自己的父兄一样，说长话短，非常亲热。各种的中心区，有梨树中心区，白菜中心区，花卉中心区，葡萄中心区等，凡是此项中心区的农民都是一律受政府的支配，照种此项植物，并且农民要种花卉葡萄，自己没有钱，都可向小本借贷处及信用合作社，或想其他法子去借来，因为知道将来是有利可图的，一点顾虑没有。

青岛的教育，非常发达，他的教育经费，二十年度，只有四十六万元，到二十三年度，就增加到七十五万六千元，听说现在已到八十余万元。各处的校舍，都是新的，在普通人的想法，办一个学校，似毋须乎讲究校舍，但是在他们是觉得很需要，因为一则便于管理，二则可以提起学生的精神，三则合于卫生，四则将来可以做自治开会的基础。每一个校舍，形式差不多，有六个到八个的教室，间有规模更大的。建筑经费，地方上有公产的，由地方去处分变卖出来，再加人民分别捐助，更由市政府补助四分之一；如僻处穷瘠之地，则为四分之二。总之较大的村庄，无不各有小学一所，或者分校一所，因为不满四班学生的学校，青岛的学制，是不得称为学校。只好作为某校的分校，如果是很小的村庄，本村没有学校，也必定有一个附近的邻村学校可进，所以学龄儿童，都有入学的可能。学校里空闲的时间，是办民众学校，从前民众学校，是与小学分开的，后来感觉得分开不方便，所以改由小学兼办，民众学校的校长，就是小学校长，兼课的教员，另外加点津贴。沈市长对于教育，可说是应有尽有，社会教育方面，民众学校外，如职业学校，短期义务教育班，职业补习学校，女子补习学校，儿童工艺学校，民众教育馆，简易民教馆，半日学校，体育场，简易体育场，其他阅报牌，流动书库，教育电影，职工教育委员会，体育协进会，以及通俗教育的广播无线电，无不备具；甚至连妓女都有学校，叫做平康女子学校，使妓女有受教育的机会，可以自动改业。并且对于私立学校，补助得很多，譬如礼贤中学，每年补助到一万余元之多，文德女中六千元，崇德中学四千八百元等，这是旁的地方所没有的。小学校课外的活动，有公民训练，思想训练，服务训练；现在单说服务训练，由学生担负民众教育，如高小班，每生担任民众一二人，或联合组织民众夜校，担任教授，暑期则成立学生服务团，推行新生活运动，校内组织合作社，炊食部，担任团体服务等。小学生教授民众识字，普通人家，学生回家去，就教母亲，姊姊等识字，有钱的学生回家去，就教家里的老妈子。那边的军事训练，与旁的地方也是不同，是从十二岁起，即受军事训练，因为幼年的时候加以训练，比较的易于养成习惯。他们的小学军事训练，中学军事训练，我们都会参观校阅，科目计有拳术，大刀，军事操练，战斗教练，都是很好。还有一点值得注意的就是青岛的中小学，大都附设有职业预备，分别设有工场，或农场，使学校与生活相衔接。这是很关重要的。青岛有一个很大的体育场，可以容纳很多的民众，那天的各中学军事校阅，就在这里举行的，观众集合一两万人，空处并未坐满，规模之大，可想而知。

　　青岛对于平民住宅的改良，尤非常注意，计有改良平民住宅多处，改良中等户住宅若干处，并组织里院整理委员会，以整理杂居院落为职志；尤其因为海边棚户的痛苦，每逢天气下雪，住在海边的棚户，寒冷异常，且污秽无秩序，所以市政府即建筑了许多棚户改良住宅，一来改善民生，二来整饬市容，关系实在不小。平常新建平民住宅，每家一月租金一元五角，外观很好，里面小小的房屋，大约每家一间半，至于晒衣的地方和厕所，都有公共设备。另外还有平民自己建筑的，由工务局绘具图样，平民稍有钱的，即可集合了自建。

还有农工银行，系由市府与银行商家合组，初设资本十万元，继又增至二十五万元，专为乡民借贷而设，各乡区均有办事处，乡民组织合作社，联合担保借款，或以契照抵押借款，皆有利息，大约一分余，分期还款，异常便利。

至于卫生事项，除整齐清洁外，医院，则市有市立医院，乡区亦无不各有医院，或诊疗所。医药都不要钱，只要玻璃瓶价每个铜元四枚，设备都很完备。青岛市街上的货物，大概都是日货，市政府为提倡国货，办了一个国货商场，要一个富商出了二十万元的资本办的。此外有屠宰场，是从前德国人办的，现在系根据一种协定，中日合办的。又有交易所一，有渔业公司一，都是由国人为挽回利权来自办的，但还是敌不过日本人。此外有烟草公司针厂，中国石公司，也是资本薄弱。从前外国石公司，请青岛石公司加入国际石业协会，因为他没有加入，外人便仗着雄厚的资本，加以压迫，使他营业上难以发展。有民生工厂，（是教保卫团习艺的。）有劳动休息亭。是专为劳动阶级设备的。再市政府还组织了好多市场，规模颇大。

青岛的慈善机关，有感化院，是收容毒品戒验所人犯，及小偷游民的；又有残老院，救济院，育婴堂等，尤其是这个感化院，也有一部分毒品犯由毒品戒验所送来，经过感化后送到工务局的特勤工程队，为工务局服务；工务局还为他们的工人子弟专设了一个学校，不属于教育局的。总而言之：青岛毒品犯，因为有这一套彻底的组织，决不至于再犯，那是靠得住的。青岛还有一个特点，就是旁的市府管辖区域，大都着重市区，乡区甚少；惟有青岛，乡区的地面，且占全市三分之二，而乡区的发展，同城市一样。有一个阴岛，是一个很偏僻的地方，交通很不方便，我们去，步行跋涉了一天，可是他的设备，还同城市一样。沈市长从前做海军司令的时候，曾在崂山有相当的建设，现在韩主席看见青岛的乡村建设很好；又把崂山划归到青岛市，我们常看见旁的市政府，及省政府时有区域之争，青岛不但不争，而省政府自愿的划地盘给他，可以想见其成绩。市政府全年的收入，只有五六百万，国税有盐税关税等五千万，与市政府是没有关系的，而他所办的事业，却是异常切实同兴奋，并且无微不至，这是值得模仿的。

后来我们到了无锡，同高践四先生说起；高先生说：青岛虽说是"先富后教，"其实还是一个"教"字。譬如种菜和改良梨树等，完全是"教"，因为要民众接受政府的教，必定先要做出成绩给他们看，若是空口说白话，是不行的！我想高先生的话，也是很对的。

我们离开青岛，即到上海，上海方面，我们所看见的有江苏省立的俞塘民众教育馆，原是钮铁生先生私人创办，二十三年始收归省立，也是注重农村生产教育，公民教育，以图富强为出发点，以俞塘全境为学校，全体人民二千余人为学生，全区田野为试验场；设有农艺馆，园艺馆，合作馆，妇女馆，瓶山分馆，菏溪分馆，西村沙溪两农民夜校，成绩都好。又有黄任之王儒堂诸先生所组织的中华职业教育社，以改进工商职业教育为目的。民国七年就设有职业学校，内分工科，商科，留法勤工预备科，职业教育养成科等；十五年又兼注重农民教育，乡村改进；此外该社所主办者，有徐公桥乡村改进事业，中华农具推行所等，并已推行及于镇江，绍兴，余姚各处。又有陶知行办的山海工学团，山海的意义，因为其地在上海宝山连界之处，此为提倡小先生制出发点之所在。陶先生主张完全用小学生去教人，并且还有一个交换的办法，譬如学生教木匠读书，木匠就教学生做木工，陶先生觉得小先生是万能，又经济，又便利，他的理论甚长，颇值得研究。他这种办法，据我们粗浅的看法，以小学生教人读书识字，不免稍有错误之处，但扫除文盲之效，实在是很快，尤其是互相传递的法子，可以一日千里！并且小孩子很能负责，比较成人还好。陶知行先生最要紧的口号，是"不教人者不教他"，"即知即传人"，我们也认为很重要的。

由上海再到无锡，那边有教育学院，组织同各省的教育学院差不多。其中关于改良农产种子，驱除农产害虫的工作，研究最为细密，害虫标本，收辑甚富，可备各处购买。学生均有农田实习，男女生每人种作物六分园艺二分；并且设有工厂，有金工，木工，有实验品制造部，另有民众教育用品多种。里面有各种简单机械模型，制得很好。譬如自来水的构造，随便一看，就可以完全晓得。有船的进化模型，从一块木头，进化到轮船，一一陈列，并且可以廉价发卖。

院外的研究实验事业，有北夏区，惠北区，南门民教馆实验区，我们到无锡，适逢阴历过年，所以教育的活动，没有看到。但是南门实验区我们仍旧赶上看到一点，并觉得最有成绩的，是棚户教育。棚户是江北人，到那边去拉车为生，住的草房子，顶容易起火！其中污秽恶浊不堪，日则谋生不暇，无事时只晓得赌钱打架，最无知识，地方官亦置之不管；因之教育学院，择定南门一段棚户，拿来试验，改良生活，教以自治，颇能取得他们的信用。引导我们去参观的一位青年，是南门蓬户教育部一个主任人员，棚户人家见着了他，个个欢迎得很，与青岛一样的情形；尤其他们代县政府所办的棚户保甲，可谓绝对的成功。他们的调查户口，及异动死亡，一切人事登记，都是异常真确，在我们去参观他的户口登记，他们打开一个小小匣子，内中一格一格放满了卡片，一个卡片代表一人，每户譬如有八个人，便为八个卡片，夫妻儿女写得非常清楚，出门了一个人，便将这人的卡片"外出栏"注明出门，另放在其他专格之内，同来时再行归还，死了也是提出另存，以此类推，若要查考，开开这个小匣，便可清清楚楚的知道。这些调查报告，都是保甲长负责，保甲长每天要报告一次，户口如有变动，即将卡片更动，保甲长不报告，就由大家来制裁他，这都是民众对于办理的人，无丝毫怀疑隔阂所致。棚户每天有相当的训练，并组织有消防队，有简单的消防器，并能轮流守夜，很能发生自治的力量。里面有借贷所，譬如要买洋车，就可以到借贷所去借款，没有抵押品，只用连环保，借去的款分十个星期归还，利息是一分四厘；借贷所从银行里借来，利息是九厘。（余利亦专存另有用途，将来亦仍用之于他们一般民众）经过的情形，所借出去的款，统统都能归还。有模范家庭，大都以清洁，和睦，热心公益为原则，由区民公选的。有调解委员会，已调解纠纷十件以上，有园圃一角，为示范农圃。

至于北夏，惠北，两区小学也用导生制，不过我们也因过年没有看到，其中民众学校，也分成人部，儿童部，妇女部。因为成人部各有职业的缘故，大都留他不住，学生总是逐渐减少；于是他们就利用无锡人喜欢坐茶园的习惯，组织了民众茶园，平民茶园总是张家长，李家短的胡说八道，此时却指导民众，引诱他们来商量公共事业，这是注重培养下级自治能力。利用茶园来讨论种种问题，因先在茶园上讨论成熟后，再来正式开会，便可迎刃而解。他们亦有仓谷抵押放款，小本借贷分农本，畜本，蚕本三种，月息一分三厘或一分四厘，是由上海及农工两行各任一区，或由银行直接负责,或由办事处转放,则两区办法不同。

至于江宁;我们在上海出发以前,因为节省时间及经济的关系,先分了一组人去,等到我们调查无锡终了。到江宁会齐之时,江宁的调查亦已完毕。所以江宁的实验工作,我没有亲自看到。好在以后,即由分任各组的各会员,要来作详细的分段报告的,或者我请他们也先来作一个简单的江宁概况报告,来补充完成这篇总概况。最后我尚有几句简单的结论,向各位说一说。

我们看了这许多的地方,以我们粗疏的见解,我们虽然是初次的领略乡建风味,也不能不有相当的感觉;姑无论其适当与否,我自然应当说来供大家的探讨。(一)乡建事业,实实在在的为改进民生的根本事业,尤其是现在要想国富民强,除去从此着手,绝无其他道路可走。(二)乡建事业之推进,非政教合一不可,并且须同时并进,倘使教的力量畸形的努力,便要感觉到空虚。结果人民或者不能接受,反致怀疑,政的力量大了,没有教来启发,或者当时感觉到进步较速,结果难免有人亡政息之虑。(三)政教之推行必须从生计教育!就是改进人民生计的政策—为第一步,否则没有法子得到人民的信仰,无论施行何种政教,都是枉然。因为民信久已不孚,非从民生着手,不能解决这个问题,就是主动者与被动者永远不能合作,政教便永远不能推进。(四)推行乡建一定要做到使人民由被动而能自动,才算成功;所以一切专业,最好领导他达到自动,须用文火细熬的工夫,否则仍不免如第二项所虑的人亡政息,或者欲速不达。(五)以我国地方之大,受病的深,这种乡建事业,非各处总动员的即速推进不可,如果单靠少数地方,则无论他好到极处,效力终究甚微,或者甚至无益。譬如一个人,满身百孔千疮,就有若干处洁白无瑕,结果仍不免于死。(六)推动这种事业,因为尚在试验时期,并且因为经济法令及其他环境的缘故,各省非先选定若干县来做一个实验区不可;但是这少数的实验区域负责的人,应该异常的慎重。纵然所谓试验事业,不能保不失败,但是事前的慎重,究竟可以减少失败的原因。因为试验时期,就是一方面怀疑时期,失败一次,在进的方面固然迟缓,而在怀疑方面,不免增加怀疑,予反对者以借口,就是要生一种相反的阻力,影响甚大。我希望努力乡建的一般人士,刻刻当心在意。(七)乡建的进行,负责者个人所感觉的困苦及事业上的困难,当然不少;从事此道者必须要意志坚强，不可稍有退缩的观念。（八）我们看过了各处乡建的经过，我们知道我们的老百姓正是饥者易为食的时候。我们努力乡建，倘使拿得到他的需要，所谓民之所好好之民之所恶恶之，不要走错了路，这个成效，正如立竿见影，正是事半功倍的时机，千万不要错过。这都是我个人的理想，但是我想与我们大家的理想及真正的事实亦相差不远。我甚希望我们大家要努力向这条路走！（完）

附江宁实验县调查概略

江宁县是二十三年二月改组为实验县，先是……饬由江苏省政府筹办，于是由省政府制定江宁自治实验县组织规程，一面组织县政委员会，代表省府，全权指挥监督县政进行，由省政府聘定委员九人，以省主席为委员长，推定委员梅思平为县长，以中央政治学校毕业生四十余人为主干，分担县政府各科股工作。实验县在行政上比较普通各县，有三大特点：（一）县府权力扩大，县政府除秉承省政府命令，及县政委员会指导外，不受其他上级机关的督率，省政府并赋予江宁以较广泛之自由决定权，凡省府令办事件，该县得斟酌情形呈明理由，展缓执行。（二）地方财力充裕，省政府会议决定，特许江宁免解省税，概留该县发展教育建设之用，全年收入九十六万元，现划归市政府十余万元，仍有八十余万元，所以经费并不困难。（三）县府组织完备，实验县成立，首先裁并各局，于县政府设民政，财政，教育，建设，公安，土地，六科，每科分二股或三股，实行合署办公，上下员司约百余人，县府行政经费月支六千二百元。有这三大特点，故行政进行，异常顺利，不是普通各县力量所能及。实验县成立虽仅二年，但江宁在民国十七年，便有筹办模范县的规划，当时设有村治育才馆，训练自治人员；乡村组织，略已就绪，历年以来，没有中断，现在实验工作如此顺利，有赖于从前模范县的基础，实在不少。其实验步骤，系从举办土地陈报整顿田赋征收为第一步工作；江宁田赋旧额原在百万元以上，因历年积弊太深，交相朦混，每年县库收入，仅三十余万至四十万元不等，公家损失太巨，于是举办陈报，参酌浙江办过的成例，另订章则，较之浙江办法，确有进步。人民填缴呈报单，概免收费，对于过去短欠钱粮，漏完契税，并不究追，故人民踊跃填报，不到两个月，皆陈报到区，连同前后筹备审核造□各手续，不过五六个月，全办清楚。江宁田地旧额，为一百三十余万亩，现据陈报结果，实增二十余万亩，一面将原来田地等则四十余种，改为三等九则。训练征收人员，改定征收制度，实行人民自封投柜，一面改良内部征收手续，使他互相监督牵制，但人民纳税，仍极便利，不过六七分钟，即可接到串票。经过这次改革，二十二年田赋，突然征到九十余万元，为历年所仅见，同时征收经费，每年预算亦达四万元以上。江宁整理财政，既收效果，于是一切教育建设，皆可循序渐进，如修道路，筑堤防，建水闸，造桥梁，皆有相当努力，至于扩充警察，训练自卫，增设学校，较之往年进步很多。江宁自治制度，最近改为两级制，县与乡镇为直接关系，废除闾邻，另以自然形成的村里来划分，设置村长。现又取消区长制度，由县府派指导员，协助乡镇，办理自治，指导员与村里长，都不是自治的一级，完全以乡镇为本位，指导员协助于上，村里长辅佐于下，上下共谋乡镇的健全，没有阶级重复之弊。如果政府加以提携领导，运用得宜，确能成为良好的自治制度，合作社全县办有一百三十余所，成绩不佳，现正从事整理。耕牛会各乡很是普遍，只须七人以上都有耕牛，即可组织成立，经政府核准后，即可向贷款所借款，手续简便；自耕农佃农，可以同享借款利益，可免农民冬季卖牛春季买牛的损失，正是于活动金融之中，兼寓保护耕牛的意思，各县农村，都宜仿行。至于江宁实验工作的得失，梅县长曾自己说过，"我常觉得江宁物质的条件有了，精神的条件还没有，因为我们太由上而下了，太重政府的力量了，我们的大缺点，是对民众没有精神的训练，与精密的组织；对于民众教育，在全国也可称二三等，但在教育上没有新的创造，故在精神方面，少发生作用"。此言确是实情，梅县长最近主采取邹平等县的长处，来补江宁过去的短处，将来江宁的实验工作，必另有一番新气象。

第一编　定县

第一章 定县概略

第一节 定县农村状况

定县位于河北西部,地势平坦,无山岭河流,全面积三千七百三十方里,气候春秋多风,雨量较少,不免干燥。土壤属冲积土,多含细砂及腐殖质,尚属中等,可以代表河北一般农业区域。定县人口甫经着手调查,尚无确实统计,以前统称为七万户,四十万人,但按新出版定县志所载:二十年户口调查,全县六万三千○三十户,三十四万七千六百○三人,人民业农者居十分之九。全县已耕田亩约一百六十万亩,平均每人约合四亩。据定县农田分配表观察,自耕农约占百分之六○,半自耕农约占百分之二四,佃农约占百分之五,地主兼自耕农约占百分之五,纯粹之地主极少,大多数农家已达到"耕者有其田"的状态。耕地不满二十五亩之农家,占百分之六十七,二十五亩至四十九亩者占百分之二三,五十亩至九十九亩者,占百分之六,百亩以上者不到百分之一,三百亩以上者仅占千分之一。田块之大小,以不满五亩者为最多,约占总田亩百分之七十。(以上系参考定县统计)民国九年华北大旱,定县农民凿井,不下五万眼,每井可灌田二十余亩,收获倍于往昔,旱灾问题已大致解决。农产物以谷子为最多,小麦次之,豆类高粱棉花,花生玉蜀黍荞麦等物又次之。

第二节 定县过去之模范县

定县在民国初年,即有模范县之名,邑人米迪刚,于前清末年由日本留学归来,创办翟城模范村,设立村公所,筹集基本财政,提倡纳税组合,成立男女学校,宣讲所,图书馆,自治讲习所,乐贤会等。后又组织德育实践会，自治会，改良风俗会，储蓄会，爱国会，提倡掘井造林修路及清理地产，户口登记，成绩颇多；因之他村亦受其传播，渐起摩仿。民国三四年间，县知事孙发绪与米绅政见相合，益加推进，全县创立区村自治机关，并将各村庙产提出四分之三，逼兴小学，当时孙知事以模范县自称，省政当局亦以模范县予之，由省库年给补助费六千元。二十年来，因政局关系，乡村自治若断若续，未能普遍。惟地方教育，则以士绅之努力，成绩尚属可观，调查全县在国内外大学毕业学生约九百余人（根据燕树棠先生记载），全县公立学校四百五十四处，其中初级小学男校三百十九处，女校一百零四处。高等小学男校二处，女校一处。初高两级小学男校二十二处，女校二处，师范学校男校一处，女校一处。初级中学一处，职业学校一处。总共县内学生一万八千六百余人，此外私立学校尚不在内。又据新编定县志所载："自平民教育促进会于十六年，假定县为实验区以来，共成立平民学校四百十七处，而县政府奉令所办之民众学校四百二十所，内男初级三百七十四所，高级三十七所，女初级十三所，男模范民众学校十二所，女模范民众学校九所，但民众学校往往与平民学校统算在内……"于此可见该县历来教育之发达，加以平教会最近之改进，更使成年文盲特别减少。观于今日实验县，一切设施，其有赖于旧日模范县之基础者，正复不少。

第二章 中华平民教育促进会

第一节 缘起及理论

本团同人初抵定县时，即造访中华平民教育促进会（定县旧考棚内）承平教会干事长晏阳初先生讲述平教会组织之缘起及其理论之根据，兹将其讲述大旨，摘要纪录如下：

（上略）"兄弟当欧战时，亲在法国担任指导华工工作，因见华工大都没有知识，一切落后，故提倡办理成年补习教育，从而认识'若力之苦，与若力之力；'更从而发生一种新信仰，新希望，以为要救中国之危亡，惟在启发一向被人忽视之平民的智慧，这就是'造人'的问题。也可说是要图中国之富强，不在开煤矿，开铁矿，而是先要开脑矿；如果能够把一般不知不识的平民底脑筋，都启发了智慧，那一切富强的事业，自然都有办法。所以回国以后，便竭力提倡平民教育运动，于民国十一二年间，在各省都市鼓吹平民教育之重要，颇引起多数人士之同情，而成立所谓中华平民教育促进会。不过当时系以普及识字运动为目的，而此种运动又多在都市方面，成效不宏。以后乃觉悟到中国四万万人口，有二万万以上是不知不觉而却具有基本力量的农民；此等农民需要平民教育最为迫切，因而决定'除文盲'，'作新民'的工作方向，以文字教育为基点，以农村建设为目标。从民国十八年起，更集中本会全部人力财力，在这里—定县—调查，研究，实验，为的是寻求改造中国农村，改造中国民族的基本方法。所谓改造，即何者宜改革，何者宜创造是。欲解决此问题，不是书本上的工夫，非拿学者的态度，深入民间，切实去做不可。这里所谓学者，并不是要去讲学，而是要向民间去找问题，去学习。我们抓住的问题是：中国民族急要改革的是什么？从此切实研究，而认定中国社会最大的病，就是：'愚''穷''弱''私'四种，根据此四种社会病，决定救济的方法是：（一）文艺教育以救愚，（二）生计教育以救穷，（三）卫生教育以救弱，（四）公民教育以救私。为实施此四大教育而有三种方式，即（一）学校式，（二）社会式，（三）家庭式。于是整个一套的平民教育制度与方法，始告成立。至各种教育的内容及实施进展，另由各部主办人员向各位详细报告"。（下略）

由上段演词中，考究平教会之缘起及其理论之根据，可以知其梗概，故略举之，借作本篇之引言焉。

第二节　社会调查

平教会各项教育之实施方案，均以社会调查为依据。晏阳初先生在定县社会概况调查序里云，"定县实验的目标，是要在农民生活里去探索问题，运用文艺教育，生计教育，卫生教育，与公民教育的工作，以完成农民所需要的教育与农村基本的建设，而一切教育的工作与社会建设，必须有事实的根据，才能根据事实，规划实施的方案，因此本会对于定县的实验，最先注意的，就是社会调查。要以有系统的科学方法，实地调查定县一切社会情况，使我们对于农村社会一般的与特殊的事实和问题，有充分的了解，与明了的认识，然后各方面的工作，才能为有事实根据的设施。"即此知定县社会调查之目的。李景汉先生在社会调查自序有云"本会调查之工作，不是纯为学理之研究，所谓为调查而调查，乃是为实用而调查，为随时应付本会之需要而调查，因此本书的材料中有的调查，较为精细，有的调查，颇为粗简，皆以本会随时需要之程度与多寡，而决定其轻重与缓急"，即此可知定县社会调查之作用与方法。又其自序有云"乡村久受贪官污吏苛税，杂捐，兵匪劫掠等种种的害处，人民如惊弓之鸟，在惶恐中过生活，若来调查其生命财产及种种家庭私事，岂不视为大祸之将至，再者定县向来摊款，征兵拉夫或需索车马粮草，皆按各村户地亩之多少为标准，尤不利于调查工作之进行"即此可知调查工作之困难，为一般从事调查者所借鉴。又就李景汉先生的自序中，探讨调查经过情形，始知定县社会调查，其首先开办之人为冯梯霞先生，平会同仁是继续冯先生已经开办之工作复经晏阳初先生之指导与鼓励，美人甘博先生为精神与物质之援助，诸葛龙、张世文、吴太仁、杨铭崇等数十人之分工合作，各村村长佐平民学校毕业生之努力协助，经七年之久，而始有定县社会调查之出现，以此而知调查成功之不易。同人到定县后，参观其办事处，见各项统计表，不下数十种，又承李景汉先生介绍调查工作述其历史与方法甚详，乃知四大教育之产生，与社会调查为表里，良非偶然。继又披阅李先生所编定县概况调查原著，见其例一十七项，表三百一十四则，设计至为精密。虽其中有以六十二村调查之结果，推及全县者，但其方法，足资仿效，爰将其调查细目，分列于下，以资参考；

一、地理（1）疆域（2）地势（3）山川（4）区划（5）土壤（6）气候

二、历史（1）定县的起源及沿革（2）古迹（3）六十二村的起源

三、县政府及其他地方团体（1）定县为模范县之由来及现在县政府（2）县党部及其领导下的民众组织（3）旧有各种地方团体（4）东亭乡村社会区六十二村内各村所有自治组织（5）翟城模范村

四、人口（1）人口总数与分布（2）人口年龄与性别之分配（3）家庭之大小与亲属关系（4）婚姻状况（5）职业（6）宗教

五、教育（1）全县教育（2）东亭乡村社会区六十二村小学调查（3）六十二村中学及中学以上学校毕业生（4）六十二村文盲与识字人数（5）民国十九年识字人数

六、康健与卫生（1）农民的食品（2）农民的衣服（3）农民的住房

七、农民生活费（1）三十家周年记账农家之概况（2）五十四家生活费总论（3）食品（4）燃料（5）住房与衣服（6）杂费

八、乡村娱乐（1）儿童娱乐（2）成人娱乐（3）秧歌（4）大戏（5）新年各种娱乐会

九、乡村的风俗与习惯（1）婚事（2）丧事（3）新年及其他分节（4）关于迷信的习俗（5）乡村其他的风俗（6）歌谣（7）乡民的习惯

十、信仰（1）全县信仰概况（2）六十二村信仰概况

十一、赋税（1）国税（2）省税（3）县地方捐（4）结论

十二、县财政（1）岁入（2）岁出（3）结论

十三、农业（1）全县农业概况（2）六十二村土地分配租田制井水灌溉与农工概况（3）第一区七十二村与第二区六十三村之土地分配（4）农

具（5）猪鸡调查

十四、工商业（1）钱币兑换与度量衡之标准（2）工业（3）商业（4）交通与运输

十五、农村借贷（1）立约借款（2）摇会储蓄（3）典当田地

十六、灾荒（1）水灾（2）旱灾（3）雹灾（4）霜灾（5）虫灾（6）防疫（7）其他灾害

十七、兵灾（1）民国十六年六十二村之兵灾（2）民国十七年六十二村国内战所受之损失

第三节　研究与实验

第一项　四大教育

一　文艺教育

文艺教育，依照平教会平民文学部主任孙伏园先生所讲大意略谓："文艺教育是文字教育的扩大，以求多方培养人民之知识力，使其有力量自动起来改造，以适应此复杂的现代生活，亦可说是实施其他各种教育（生计教育，卫生教育，公民教育）之津梁"。此文艺教育可分为"平民文学"与"艺术教育"两方面，略述如次：

1. 平民文学　在平民文学之研究与实验工作，可细分为四项：

甲、文字研究　据云："此项工作，在先要知道中国文字何种字对于平民为必要，何种字为次要，何种字为不必要，得到相当结果以后，即从事编辑字表或词表等类"。其大要为：（一）通用字表。乃由先注意单字，搜集平民白话书报计九十种，平民应用文件如发票，收据，借字，定货单，官厅告示，邮局条据，菜市账簿，家庭日用账簿等计二十五种，合计有单字五十万零，除去重复字，约计得单字八千，更取其发现次数较多之三千四百二十字制定之。（二）基本字表。乃由根据通用字表，更用主观方法，在教育部国语统一会出版之"国音字典"中，及会外学者陈鹤琴选出之"语体文应用字汇"，互相比较损益，而得一千三百字制定之。（三）词表。乃因白话文中双音字如"社会""国家""民族"等；三音字如"我们的""老头子""小孩子"等；此等复音字实占多数，其中所含之单

音字，已失去或改变原来之意义，遂将此等复音字搜集许多，编成一种词表。

乙、平民文学　即研究民间已有之文法构造和篇章组织，并其内容所反映之思想环境，从事搜集删改编辑，以提倡迎合一般平民心理之文学。如（一）定县秧歌选；此为定县民间最流行之一种歌曲，根据刘洛使之背诵，纪录四十八出，编成两巨册，业已出版，考其内容，颇为丰富。（二）大鼓词：此为以韵文说故事，根据田三义之背诵，纪录二百零三段。（三）歌谣歇后语谜语谚语，故事笑话：此为召集地方士绅学师，多方采取，共约一千六百余则。俱拟出版。

丙、课本编辑　如（一）平民千字课：此为平教会前在本国各地举办识字运动时所编。（二）分类千字课：因觉悟平民千字课，仅有一般平民浅近常识，而未充实职业知识与技术，故接续编有市民千字课，农民千字课，士兵千字课三种，以为市民农民士兵所专用，补平民千字课之未备。每种分四册，其用字，俱采自基本字表，足供教育平民之用。（三）三种自修用本：其生字亦与千字课相同，一为市民千字课自修用本，二为农民千字课自修用本，三为士兵千字课自修用本，以备市民等各自修习之用，间为初级平校采作自修用本。（四）两种文艺课本：此即依照四大教育分科授以农村必要之文艺及生计卫生公民等常识，一为市民高级文艺课本，一为农民高级文艺课本。据云：以上各种书，销行已到一千万部，现更分别加上注音符号，以期便于聆音知义。

丁、平民读物编辑　此等读物已编成者颇多，（据云以应农民需要，计划出版到一千册，）其中有关于常识者，有关于文艺者。文艺方面，包含三部分，一为经采集或修政之民间文艺，二为民间已流行之旧小说，三为现代人的新创作；常识方面，无论属于自然科学，社会科学，应用科学，均不若民间文艺之易读，宜放在文艺之后，编成实验用本，以备学校式、社会式、家庭式之实验试读。

以上关于平民文学之研究与实验工作，系依据孙伏园先生所讲述之大意，并参阅该会图书室所陈列之书籍列举之。

2. 艺术教育　艺术教育之内容，该会郑褧裳先生曾为同人作一具体之介绍，大意谓，"艺术教育中如图画，音乐，戏剧等类，都是中国固有的文化，其作用足以介绍一般常识，启发人民智慧，借补文字教育之所不及。我们主张教育艺术化，艺术教育化，所以创造平民艺术"。其已从事研究改良制造者，计有下列各种：

甲、图画　系对于中西图画，舍短取长，创造一种适合一般人民生活之新图画，以辅助教育之进展。各种大小应用图画，有属于挂图者，有属于范本者，有属于唤起人民认识国难者，彩印册数幅数甚多，其关于公民之图画，就历史上有名人物编制而成，附以简单说明者，已有三十七种，销行均广，嗣见北平清河镇实验区办公处青岛各小学悬挂此类图画多幅，亦系该会出版。销行畅旺价值可知。

乙、音乐　即研究改良旧乐器，并介绍新音乐，更编制悲壮振作之歌词歌谱，以及乐器使用法，指导各种学校或同学会演奏。又编制民族精神歌词，叙述古人忠烈之故事，如荆轲歌、岳飞歌、文天祥歌等，以期发扬民族精神。现更研究造留声机，唱头喇叭等均能自制，又造风琴，其内部音簧木壳风袋等，亦可用本国材料自制。

丙、广播无线电　即以无线电播音，可用以传达各种常识于各乡村间。但舶来品价格太高，乡村间势难有此财力购买，因而研究制造适用而且经济之收音机，结果对于小规模无线电机件，均能制造，用费约需三千元，仅及舶来品之半价，电力为五十华特，电波可达七八县范围之内。收音机及电瓶等亦能自制，每套需费洋三十余元，据云较美货廉四分之三，较日本货廉三分之二，效率相等。同人至该项制造工厂参观，见有技师及工徒十余人，各司其事，制成各种机件，陈列颇多，各机关团体购买者亦复不少。

丁、摄影　该会曾认摄影是艺术教育化之良好工具，将各部设计工作及有关生计教育之动植物等，摄成影片，分集成册，以代表各个活动情形，引起农民之观感借以启发其知识。惟此项机件，尚未闻见从事研究制造，想该会既有研究制造广播无线电之技术人才，则摄影一项，在最近之将来，或有相当之仿造也。

戊、戏剧　该会特设戏剧委员会，研究中西戏剧，以期培养农民欣赏戏剧之能力与兴趣，并促其自动表演，以寓四大教育的精神。已编有关于农村之戏剧十一出，教农民表演，观者甚为踊跃云。同人于高头村参观时，见该村前公共场所，就地掘成一倾斜浅塘形剧场，前面最低依次渐高以免前排妨碍后排视线。剧台用砖石砌成，高三尺许；据引导参观者云：

"此台系供农村演戏之用,建筑需费不多,尚属合用而且耐久"。较之曩者各地农村演戏,每每采用木料搭台,旋作旋撤之旧法,诚为简便,是亦可谓研究有得矣。

二 生计教育

1. 生计教育之内容

平教会之生计教育,是救治中国"贫"之一病。于举国农村破产无可设法之中,另从教育上寻出新的路径,其教育目标:(一)训练农民生计知识与技术,(二)创造农村合作经济组织,(三)养成农民国民经济意识,(四)增进农村生产,其目的:在完成以合作为中心之农村经济建设。其计划分设研究,表证实施,试行推广等,均与教育之全部有相当之关联。兹就观察所得,摘要分述于后,以备考证。

甲、农业改良 植物方面,分育种园艺两项,该会农场有三,一设城内,占地八十余亩,一设高头村,占地六百二十亩,一设翟城村。城内农场强半属园艺,其办公处大厅左右,陈列改良农产品,及手工业所制造之品物甚多,场内有整枝梨树,各式葡萄架,及其他各种果树。高头村农场纯属育种实验,新建平房约十余间,据场长云:"场地六百余亩,棉花育种,约占二百余亩,合计中美棉种,约百数十种,试验比较,以本场一一四号棉为最有成绩,其平均产量,比普通棉种,均增百分之二十。美棉试验结果,以脱字棉为佳,其产量比较旧有棉种,增百分之五十。全县旧有棉田二四〇〇〇〇亩,每亩若均改种脱字棉,增加收入以四元计,计全县应共增益九六〇〇〇〇元。惟本场成立,仅止一年,改良棉有限,种籽费年不过五千元预计明年可推广至二万亩,后年可推广至五万亩,又农人对选种施肥除虫各知识,尚未普及,故发卖种子,极为慎重,恐有妨整个之棉种改良,一时难为巨量之进展。但于定县人民生计确有利益,为研究院最注意之工作。此外有小麦,谷子,高粱,玉蜀黍等试验,主要工作,亦在选种,所选之种甚多。其办法,将各处种籽,分种于同一区域,以比较其发达数量,经过四五年,始能确定某种优良,而谋繁殖。无论何种植物,生产增加,可以达到百分之二十八,不惟产量可以增加,品量亦可改善,如谷子一项,品类不一,有数种为易受病害之品种,成熟之穗,比较短小,又有结实累累者,即知系能抵抗病害之品种,此项种籽,可以省去除虫药之手续与费用，由此两相比较，选种之功用自大。至于推广方法，由生计巡回训练学校毕业生，无价领取，从事播种，作为表证农家，收获后再行送还前领种子，一般农民，见表证农家技术改良，生产增加，于是互相仿效矣。"谈毕，随即导引，参观棉花品种及种子储藏室，并指示该场棉田面积，惜时值严冬，禾稼已收，对农作物，不能作实地之考察，至为遗憾。

动物方面，城内农场有改良猪舍二十余所，内有波支猪与定县猪，及第一代改良猪，据云"试验结果，第一代波支杂交猪，在同一饲养与管理之下，比本地猪多出肉百分之十八，每头可多卖洋四五元，但杂交猪至二代三代，则效力又略减少，故本场刻拟拨款三千六百元，购买波支猪种九十头，每头每月可交配十五次，每次平均以产小猪五头，每头增加价值五元，计全年有九十头之波支猪种，其繁殖之量，可获利三十余万元，于全县农家，不无裨益。此外有华北各地猪种，比较试验，据云以大名猪种为优，至鸡种改良，经试验结果，以意大利力行鸡为最佳，并有改良鸡舍，及孵雏室，均经数度改进，始著成效。现在鸡种不过千余只。以上猪种鸡种，每经试验，认为适当之后，始分散于各村表证农家，以资繁殖，颇得农民信仰。此外有美国羊一头，身躯高大，毛质甚佳，据云，尚在征求良种交配中。"

乙、合作组织

A. 自助社：该社组织，实为合作社之预备，不必缴纳股金，成立后，可用自助社名义，以棉麦等农产品，向仓库抵押，通融资金。现金城银行，与南开大学经济系，及平民教育促进会，合组华北农产研究改进社，在城区西李亲顾，（地名）东亭，明月店，清风店成立中心仓库五处，分仓库十二处，从事抵押放款，月息七厘五。全县自助社成立者，计二百七十六处，由自助社请求改为合作社者，二十社，此种自助社，系由该县前青苗会递嬗而成，确能避免高利借贷之痛苦，于定县农村生产，经济建设，均有莫大之裨益。缘定县利率，由二分五至五分不等，全县农户六万八千家，不负债者，仅四万六千家，占全县百分之六十七，据最近调查，其因负重利贷而倾产者，一千六百家，不有救济，其害伊于胡底。大凡棉麦谷子，成熟时，物价格外低落，是其常例，有仓库抵押以为调剂，可以少舒农民之困，免低价之拍卖。本岁棉花运销于天津者，达九千石，每石棉可多售洋二元五角，是即仓库业所予之利益，惜该项自助社现时仅限于少数之村落，故自开办以来，放款达二万七千元，若由此推广达于全县，利益更为普遍矣。近有人谓是项制度之推行，恐为资本家所操纵，益重农家之剥削，似为过虑。此外贷款凿井，每一自流井，可灌田四十亩，尤有裨益。

B. 合作社：该会领导下之合作社，以信用消费为多亦有兼营生产者据高头村购买合作社经理略谓本社社员五十人，每股二元，现有一百一十股，有一人担十股者，但章程规定，不得过五十股云云。与之细谈业务，对合作旨趣，颇欠明瞭，由此可见乡民接受教育之不易也。

C. 合作社联合会：城内有合作社联合会一所，执行业务者，强半为平教会人员，理论方面，固能彻底了解，运用经济力量，为各村合作社后援，刻在努力实验中。因其对于各农村之利益计划，尚未完全施行，然其目的，在求完成县单位经济组织之系统，殆无可非议。

D. 互助社：小陈村设有生产学习互助社一所，为同学会志趣相同，生活相需之学友所组成。社员十人，共租地一百亩，共同工作，并经营轧花，织布，制造豆腐粉丝等副业，俨成一个新家庭，实现家庭社会化。内设总务经理农事工艺文化五组，各司其事，此种生产合作社，于农村中之有田产而无人力，或有人力而无田产者，均有相当之调剂，因其利益平均，既不假人督责，亦可各尽所能，是为农业集团制之□矢，为平教会试行合作社中之最有价值者。据当地社友报告：此外另有一互助社，利用余剩人工，租地种植薄荷，每人年获利三十余元，尤为一般农民所信仰。生产合作之推行，在定县并不甚困难。

丙．农村工业：平教会领导下，有平民工厂一所，设于城内瘟神庙内，分织布，纺纱，针织，肥皂等项，有织布机数架，手工纺织机二架，轧花机一架，针织机二架，工友十余人。纺织机有锭八十八，每日可纺纱六斤至八斤，但所出之纱只能作纬，不能作经，系因人力旋转，用力不匀，致出线粗细不一，是为美中不足，不能不再加改进。本省广济县桂某，往昔发明此机，当道虽嘉许之，而不事推广，故后此无人继续研究。再查定县，向有窄幅紫花土布，质料甚佳，销行张家口一带，每年可出一百七十万匹，每匹一元三角，计算全年，可得价洋二百万元以上，是为该县重要输出产品，若能从事改良，精益求精，利用运销合作，推广销路，是为一大富源。

2. 生计教育推行步骤

甲、设立生计巡回学校：此项学校创行未久，亦未普遍，其目标为训练农民农业上经济上各项基本知识，并负推广责任，其办法划定三五十村为巡回区。校中设教员一助手一，专负教育事宜，行政事项则由学生办理。其课程四季不同，如春季则授以选种播种学术，夏季则授防除病虫铲除莠苗等方法，功课授竣，则选技术较熟，热心而有地位之农家令将所学技术逐一实行，名为表证农家。表证农家如有学术不精熟者，仍由教员指导，如此办理，一般农人见表证农家技术改良，生产增加，利益优厚，于是纷起加入巡回训练学校，实地改善作物，而全区农业渐臻入科学化之域矣。现已设有巡回学区一，分学区五。

乙、表证农家：表证农家为最能接受生计教育之农民，据高头村表证农家段宗哲面述："波支第一代杂交猪以同一食料饲养确较普通猪增加重量百分之十八，瑞士羊每日出乳六磅，较普通羊出乳为多，表证农家至农场牧畜部配种，不取分文，普通农家则收配种费三角，同学会收费二角，表示优待。至力行鸡每年可产卵二百三十个，其二卵重量可抵普通鸡之三卵。"基于上述事实，可见表证农家接受生计教育之旨趣，是为推广农业核心，法良意美，可资仿效。

丙、实施推广训练：此种训练，乃用表证农家将其所接受之生计教育知识技能，逐一表证，作为一般农民之观摩，使农业常识，普遍乡村。

三 卫生教育

1. 保健制度之组织与工作之实施

卫生教育目的，在培养人民健强力，根据农村医药卫生实况，加以研究实验之结果，认为欲达到此目的，必须有最经济，最有效之组织，以普及农村卫生事业，暨以科学方法，保护人民健康，促成整个社会公共卫生之环境。其组织系统，系村设保健员，区设保健所，县设保健院，有谓为县单位之卫生实施方法者，亦有谓为社会本位的保健制度者。其简单组织系统如下表。

县	区	村
保健院	保健所	保健员（平校毕业同学会同学）

兹为便于叙述起见，将保健制度之组织与工作之实施，保健经费，各种预防工作现正进行之工作，分段列后：

甲、保健员　各村所设之保健员，系由平校毕业同学会会员选出，经受保健所初期技术上之两星期训练，俾对于各项工作，均能确实胜任者充当。其品行由同学会负保证之责。对于保健工作之技术与推行，由保健所医师随时监督指导。其工作有四：（一）报告生死，（二）水井改良，（三）普及种痘，（四）救急治疗。每一保健员，均备有保健药箱，内贮常用药品十种，及小钳棉花等。关于药品之选择，一须适合农民大多数之要求，二须无危险性，三须用法简易，四须省钱。为村民治病，不取分文药费。凡病势较重，为保健员所不能诊断者，送附近保健所。病势沉重或须施手术者，由保健所送保健院。

乙、保健所　保健所系联合数村之组织，所内设医师助理员各一人，医师须在正式医校毕业，在定县受过一年以上实地训练者。助理员须在初中毕业而有一月以上之训练者。其工作有四：（一）训练并监督保健员，（二）实施卫生教育，（三）预防注射，（四）逐日治疗。现于县城小陈村高头村马家寨设有保健所六，农民赴所就医者，仅收挂号费六十文，在初设立时，农民对于西医，不无怀疑之处，现已完全了解，来所求诊者尚称踊跃。

丙、保健院　保健院为全县卫生教育与卫生建设之总机关，设院长一人，由卫生教育部主任陈志潜先生兼任，医师二人，护士及学习护士十余人。其工作有八：（一）全县卫生行政，（二）全县卫生教育，（三）县立医院，（四）县检验室，（五）防止流行病疫，（六）学校卫生表证，（七）护士及助理员之训练，（八）助产人员之训练。院内设备，除普通病室外，尚有手术室，小儿室，检验室，牙科室，灭风室，浴室，男女衣服室，洗衣室，烤衣室等。凡各保健所不能诊断之病，均送该院治疗，病人住院，每日收药食费六角。保健院平时无门诊，病人为保健所不能医治者，始送保健院，如直接到院就诊者，须缴特别号挂费洋一元。

2. 保健经费

保健院于二十二年六月，在县城内建筑完成，院址约四十亩，系私人捐助，建筑费二万七千元，设备费一万元。其经常用费，关于实验部分者由平教会拨给，关于推行部分者，由县库拨给。院长月薪二百五十元，医师月薪一百元或二百元不等，护士月薪由十五元至三十元不等，全年约一万四千余元。

保健所房屋由地方筹拨，开办费约百元左右，医师月薪四十元，助理员月薪十元至十五元。每月经常费约七十元。全年每所平均费用约八百余元。

保健员是服务性质，不受薪给，每日工作之暇，用一二小时，担任保健事务，每届年度终了时，按工作成绩之优劣，酌给奖金。保健箱值洋三元，由同学会购备，药品及各材料之补充，每年需洋十二元，村单位保健经费，每年约共需洋十五元。

以上保健制度之用费，全部每年总计约三万五千元，以定县人口四十万计算，平均每人约负担洋一角。另据平教会调查部报告，"对于民间旧日需用医药费，曾办理一百二十家之调查统计，结果每人平均全年需费三角，以四十万人口推算，当为十二万元，若用此十二万元之款，办理全县保健制度，自无不足，而所收效果则倍于曩昔"。

3. 预防注射

甲、预防天花　查定县人民从前有百分之六七曾患天花，自保健制度推行，各村保健员各区保健所，均长期种痘，保健院于每年春间必举行种痘运动，并宣传婴儿产后三月至六月期间，务须种痘，嗣后每隔五年再种一次，经实验结果，研究区内六十一村，患天花者极少，预计数年后，定县天花可以绝迹。

乙、预防白喉　白喉为儿童病之一种，保健院曾于城内实小，及自办之实验小学施行预防注射，据云凡儿童一经预防注射，可以终身不患此病。

4. 预防四六风（脐风）办法

农村产婆，无接生知识，每以锈剪断脐，破衣包裹，致细菌由伤口而布及周身，每于产后五六日即死，据称定县婴儿死于四六风者，竟有百分之四十。兹列其预防办法如下：

（1）普及教育，于平校加入婴儿卫生课程，于女校则教以消毒接生之知识；

（2）每周检查孕妇二次；

（3）宣传入产院分娩；

（4）医生出外接生，不收代价；

（5）训练产婆。

5. 治疗痧眼与皮肤病之方法

治疗痧眼与皮肤病之方法，极其简单，应用保健员与小学教员，已将其方法，普及全研究区，无论何人皆可得治。

6. 现正进行之工作

（一）完成县单位保健制度之组织，并充实其已有之工作

（二）试验推行节制生育方法，（与学校式联合进行）

（三）试验合作社贷款，改良环境卫生之办法。

四　公民教育

平教会所主张之公民教育，与普通学校设立公民科目之意旨微有不同，普通公民科目，注重培养公民之知识与道德；平教会之公民教育，是私字而对发，注重养成人民之公德心，及训练其团体组织能力与习惯；意在破除中国旧有之褊狭偏私忌妒种种不良根性，与文艺生计卫生三者为平均之发展。在同人参观时，对于是项教育实际之活动，未及多见，但就陈筑生先生之讲词，可概括为数点，分述于下：

1. 发扬国族精神　公民教育之宗旨，在养成人民国家观念民族思想，有强毅之责任心与团结力。观平教会所出刊物，类多选择志士仁人杀身成仁，舍生取义事迹，如文信国史阁部等忠君爱国之精神，制成图说，附以歌曲，以为公民教育之材料。计完成历史图说四十套，著有民族精神论例浅释。此外于九一八事变发生，热河丧失以后，又编有国难教育材料，使国民自觉民族坱在之缺点，与了解东三省及热河丧失与中国之关系，实可激发忠义，有裨救国运动。

2. 研究农村自治　平教会曾于定县高头村实施训练自治人才，指导人民组织及进行自治上所应办之事务。该村早经成立乡公所，由村中办公人共同讨论乡务进行事宜，如修改乡约，清理债务，修筑道路，成立农民武术团，看管田禾，是为自治工作之表现，亦即是公民教育之成效。

3. 编辑公民教材　现今普及公民教育之教材，适于乡村者甚少，该会

为供给乡间此项需要起见，特调查实际公民生活，搜集历史乡土有关材料，研究人民对于家庭乡村国家世界应具知识道德技能拟定公民教育基本材料，编为公民教育基本教材，计现已成书者有公民道德根本要义，人格修养，公民道德细目，公民知识细目，及公民课本，公民图说，历史地理唱歌，三民主义讲稿，农村家庭设计等数十种，是欲俟一般民众，均领略公民教育之意义，而有自动修养之能力。

4. 指导公民活动　此种工作，系因时因地培养其公共心与团结力。其主要方法，即是利用节会，改良其旧时狭小之家庭观念。据云，伊正高头村时，正值年节，乃提倡一种集会，以红白二种纸花，悬挂村民身上，父母双全者挂红花一对，俱亡者挂白花一对，一存一亡者红白花各一，结果村民心理对挂二红花者，莫不敬爱，挂两白花者莫不怜悯，是亦引起村民团结互助之一种良好试验，以此类推，我国之节序如上巳端午中秋重九等旧节，何时不可设法引起其爱国爱乡互助之思想，如日本之樱花会节，全国人民精神奋发，犹太人民每值日中，老幼相推哭于城门，以志不忘亡国之痛，无非是因势利导，灌输民族思想。

5. 使家庭社会化　中国旧式家庭，经数千年之陶冶，原寓有教育方式，就精神方面论，如孝友任恤睦妍，具有系统的道德习惯，就技术方面论，如家政纺织烹饪刺绣养育婴孩管理儿童及游戏集合，皆有相当之知识及办法。惟无统系组织，科学方法，以故凌乱散漫，各私其所长，不相闻问，而人类活泼之兴趣及亲爱之精神，无从引起与联合。平教会为深刻研究，组织一种家庭会，其办法分组家主，主妇，少年，闺女幼童五种集会，联合各个家庭中地位相同分子，施以相当训练，一方面使家庭社会化，使社会中各个分子因年岁地位之关系引起其同情心，俾意志日趋于融合，而旧有家庭之狭小观念，于无意中日就扩大；一方面使人人有研究家庭实际问题之机会，凡家主与家主，主妇与主妇，少年与少年，因聚会关系，交换意见，解决其所欲解决之问题，从而获得无限愉快。激发亲爱精神。是亦促起其公共心与团结力之一法也。

以上各节，系就陈筑山先生所讲述为大略之说明。所谓疗"私"之说，诚有感于中国人之病根，在于涣散妒忌，在于自私，自利，几有任何方法不能感化之势。但就普通一般民众而言，如果各乡各村均照此实施，加之领导有人，进行不懈，亦未始无相当效果。

第二项 三种方式

一 学校式

1. 学校式教育之范围　平教会关于学校式教育之研究与实验，向以平民学校为活动中心，注重青年及成人教育。至民国二十年冬开始作儿童教育之研究，以期根本消除文盲，初在城内设实验小学一所。二十年秋，复在西建阳村设实验小学一所，作纯粹乡村小学之实验，以后又在高头村及马家寨等处设有特约实验小学，意在使儿童教育与青年教育成人教育打成一片。故综观其学校式教育之范围，可列表以明之如下：

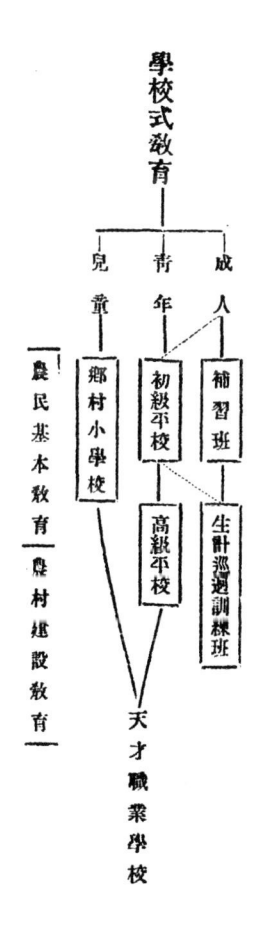

```
                    學校式教育
            ┌──────────┼──────────┐
            兒童        青年        成人
            │          │          │
         ┌──┴──┐    ┌──┤      ┌──┴──┐
       農   鄉    初級平校   補習班
       民   村       │          │
       基   小    高級平校   生計巡迴訓練班
       本   學
       教   校
       育
       農
       村
       建
       設
       教
       育
                 天才職業學校
```

（说明）（1）原有青年补习班　于民国二十一年间停办，而以巡回训练班代之。此巡回训练班，属于成人教育。(2) 青年教育即平民学校，分初级高级两种，修业期间各为四个月，每日授课二小时。另有青年补习学校，其中有半日制者，为冬春间五个月，有全日制者，为冬季二个月。(3) 儿童教育，初有城区实验小学，现有乡村实验小学与乡村特约实验小学，受教育年龄为八岁至十四岁。至青年教育，其受教育年龄为十四岁至二十五岁。(4) 天才职业学校，为初平以上之有特殊天才或专门技术者，如农村中之组织才办事才辩才等，或书写绘画音乐戏剧算术武术之有异能者，从而选拔之，施以比较专门教育，使成为乡村建设所需要之人才。但此尚在研究中，未曾见诸实行。

2. 学校式教育之实验与表演　平民学校有实验平民学校，表演平民学校，与普通平民学校之分。乡村小学亦有实验小学，特约实验小学，以示与其他普通小学有别。兹更为分别说明：

甲、实验平民学校　办理实验平民学校，目的在将各种课程教学方法，加以科学之研究，使合于农民经济力量，俾一般小村落与穷苦农民，均得普遍享受。此为研究与实验性质，纯由平教会主持。大致分初级高级两种。据云，二十一年度，在南齐北齐寨里等村，分设初级实验平校四，男女各两校，分别试验。同年又在大洋坪大深河小陈等村分设高级平校四，分甲乙二种，每种男女校各一。

乙、表演平民学校　此为欲使地方人士自动起来办理平校，以期普遍推行于各村，故就比较适中之村设立之，以为指导推行之中心，即将实验所得，实地表演证明，以为附近各村自办平民学校之参考与模范。是为研究与推行之连锁制度。闻二十年度设有二十所，现只研究区及三个实施中心村有表演平民学校六所，皆女生，将来计划拟改为模范平民学校，共设四所。校中之不动产及一切消耗品，均由校中预备，教员薪金由平教会供给，教员专负教学管理及训练责任，其他行政事项，则由村中所组织之校董会与公举之校长负责。

丙、普通平民学校　此纯为平教会引起农民自动办理者，平教会仍予轮流视导。定县计四百七十余村，二十年度设有平民学校四百一十七所，但县政府亦自谓办有民众学校四百二十四所（参看第一章定县概略）二十一年度研究区设有平校九十七所，男五十四，女四十三，实验中心村设有初级男八班，女六班，高级男七班，女五班。男校注重职业教育、国难教育及组织训练，女校注重家政育儿及农家副业训练。

丁、乡村实验小学　为实验其研究结果起见，设实验小学二处，一为东建阳村实验小学第一校，二部编制，暂收男生，一为东建阳村实验小学第二校，单级编制，暂收女生。现小陈村方面亦有此项设置，殆完全为平教会主持，依照"实验须含有创造性"之原则，作纯粹乡村之小学实验，以完成儿童之学校式教育整套应用学术。其用意约等于青年或成人教育中之实验平校。

戊、乡村特约实验小学　此为实验乡村中旧有小学之改良办法起见。于西平朱谷，高头，马家寨，寨里等村分设特约实验小学计四所，其一切设备均由村中负责，惟实验用之消耗品，则由平教会供给，一切行政事务，均由农民自行组织校董会主持，平教会仅负视察指导之责，教员由校董会聘请，但以平教毕业之高才生为实习教员。

3. 导生制之实验　迩来平教会于小陈村实验小学及西平朱谷村特约实验小学，实验导生传习制度，但小陈村与西平朱谷村两方面关于此种实验内容上颇不相同。兹就观察所得之大概情形，分述如次：

小陈村方面　小陈村实验小学校，在其作息时间表上关于导生传习之规定，有所谓儿童组与青年组之分，可见其实验传习制之范围，不仅为儿童教育，且兼及青年教育，不过就本团此次所见者，只有儿童活动，在事实上殆仍为一纯粹小学之实验。其大致情形，是将全班学生编为一大队，置大队长及大队副各一人，更将大队分编为二个至四个中队，每中队置中队长一人，每一中队又分四个至八个小队，每小队即由八个至十二个学生编成之，设小队长一人。每一小队中选其程度较高者为文化导生，政治导生，经济导生一人或二人。而各导生中又依文化政治经济等分类组设常识或工作研究会，分别担任教学管理等工作。此为采用军队编制，以求教学团体化，纪律化。就该校学生作息表推导其传习方法是先由教师教甲级，由甲级教乙丙级，乙丙级教丁级，所谓甲级者殆指大队长大队副及中队长特务员等而言，此所谓特务员，系就其天才及家庭经济状况准备升学者另行编组，故规定升学或专业准备，及自习，自由作业等时间较多，不过吾人此次所见者仅有一人，正在自习，未参加传习活动。所谓乙丙级者，殆为文化政治经济等导生，丁级殆为普通队长及队员，又该村设有传习处十余个，每处有导生一人，手持粉笔就墙上小黑牌写若干字以教该村失学儿童，观其指画口讲，尚有条理，但导生所写之字间有笔画欠缺不确之处，是则导生传习制，仍有从长研究之必要。兹将该村导生制作息时间表附后。

调查乡村建设纪要

312

西平朱谷村方面　该村特约实验小学校为导生制度及无级编制的实验，与小陈村大同而小异。大致将学生编为一大队，大队分二中队，每中队分四小队，内分文化、秘书、司法、卫生、普通等项，每小队六人，设一小队长，为工作队，其余为普通队。凡秘书总务司法等，均设研究会，校内一切管教事务，均由学生自动自治，如每早上学，未授课之先，举行清洁检查，即各排列成队，由卫生队互相检查，均有一定之动作。其授课方法，共分五段，（1）教员训练文化队，（2）开教材研究会，（3）教学准备，即欲授何课，由教员搜集材料于授课先授给导生，（4）实施教学，即由导生如法转教学生，（5）教学完毕，即由导生将情形转报教员，遇学生有质疑时亦转问教员。每一教室或传习处中，由导生将所教者讲演一遍，各生皆循声宣读毕，即由第二学生出队依法相教，学生仍循声宣讲，如是轮流教读，至全队完毕为止。查学生年龄有高下，性质有敏钝，即程度亦自不无高低，此无级编制能否推行顺利，似不免成为问题。

4. 村单位教育建设之实验　吾人于西平朱谷及小陈等村见有村教育建设委员会之设置，但未与该会当事人相值，其内容如何，尚欠明了，惟查其宗旨，系对于村政之处理，教育之实施，卫生之设备，以及经济合作之推行，作整个建设之筹划，并依照建设程序一一促其实现。而其沿革则由十七年度之村平民教育分会，十九年度之校董会及村自治委员会，二十二年度之村识字教育委员会递嬗演变而来。是则其关系之重要，约等于邹平方面之村学学董会也。

二　社会式

平教会所主张社会式教育，与普通所谓社会教育或民众教育不同，普通社会教育或曰民众教育，大都只注重增长民众知识，平教会所谓社会式教育，除讲求增长民众知识外，并训练其具体组织与实际活动，惟此项具体组织与实际活动，都以平民学校毕业同学会为中心。同学会之目标，在使会员具有（1）继续自动的教育，（2）服务社会的能力，（3）合作团结的精神。其所持理论之要点，是"以教育为起点，以农村自治为依归"。兹将其组织、活动及设备分述梗概如次：

1. 同学会之组织　平民学校毕业同学会之组织，即为社会式教育之主要机关。其份子（甲）有属青年之农民年龄在十四岁与二十五岁之间，有勇往进取之心，愿走向新的人生领域者，（乙）有属进步之农民，已受有相当之教育，事事能领导农民向前进行者，（丙）有为团结之农民，在同一学校毕业，因友谊之关系，有合作习惯，服务技能者。惟以社会式教育之基础，建筑在同学会，同学会之基础又建筑在平民学校毕业学生，故以平教毕业生为当然会员，其余在平校尚未毕业的学生及表同情于平教运动者，则均许其加入为赞助员，除选举事项不能参加外，一切活动具与会员相同。此外更聘当地热心教育人员和绅士为指导员，但有指导的责任，而无强制的权力。此种组织以村为单位，村同学会之最高机关为全体会员大会，决议各种事项。执行机关为委员会，由公推之委员三人五人或七人组织之，并推一人为委员长。先将村同学会组织成立，施以训练，俟有基础，然后再行扩充，由下而上，而有乡联区联县联等组织。在一切活动上则由上而下指挥运用之，以期充分发挥其力量。不过区联县联等尚是理想，而未实行。惟乡联会则据云在二十一年间已成立四处，即由数个附近之村同学会组织者，办理村同学会力所不能办之事，村委员长即是乡联委员，由委员互推一人为乡联委员长。

2. 同学会之活动　同学会之活动，照社会式教育工作系统表所列者，系以四大教育的工作为范围。兹先照列其工作系统表如下：

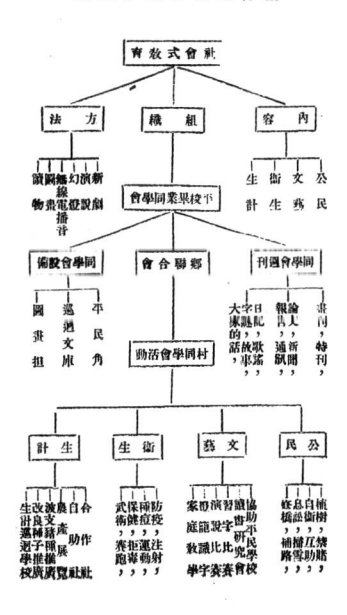

社会式教育工作系统

照上表所列同学会各种活动方案，可谓纲举目张，具有整个一套的作用，而在事实上每实行一种活动，当系因时因地择其最切合于会员及本村所需要者设计推行，并由平教会方面随时派员前往视导。兹就本团同人赴高头，西建阳，小陈，牛村西平朱谷等村实地参观所得者，略述如次：

甲、武术团　高头，西建阳等村有武术团之组织，团丁系就同学会会员编组训练，利用村中器具，每日练习一小时，约请本村有武术及军事知识者为教导员，每晚分队轮流巡更，其目的在锻炼身体，保护治安。据西建阳村武术团当事人云："上年曾经本团捕获匪犯二人，平教会给予奖旗一面"。此为社会式教育之属于公民一方面者，但吾人是日未见其作演习之活动，以视邹平青岛等地方，由县或市就各乡村壮丁抽调训练，每班百数十人，训练期间为三四个月，雇有专门教练，朝夕操演，期满仍即归农之整个计划，颇逊一筹。

乙、公告栏　各村均于通衢众人易见之墙壁上，制有一公告栏，每日由同学会指派专人用白粉笔书写本村公约，或时事新闻，此与普通城市上之壁报无异。

丙、平民角　平民角之设备，亦偶见其一二，为一木制台柜，内面置书报公文钤记，平面可用作写字台，上方墙上则悬章则照片等，一则可当图书馆，一则可当办公处，据云需价不过两元，面积仅占房子一角，故谓为平民角。每天由一个会员负责管理，出纳书籍，颇为便利。

丁、巡回文库　巡回文库，吾人于村侧路旁曾见及之，系用木制书箱一，下有双轮之手推车，据云目的在训练农民合作，节省经费，集资合购书籍，按旬巡回各村，招来阅者，如遇艰深字句，管理员负责解答。

以上系就一隅之所见者言之，其他如拒毒会禁赌会，仲裁会读书会及修桥铺路，婚丧互助等活动，在事实上亦莫不因应各村需要而分途进行，但以当日未曾目睹，姑不备录。

三　家庭式

平教会认为吾国社会组织之基础，只有家庭，欲设法利用农民之家庭观念，引导入于家庭生活之组织及活动，使认识自身及家庭对于社会及国家之关系，逐渐打破其家庭自私观念，而造成团体生活，国族精神，故于学校式及社会式教育外，更主张一种家庭式教育。此家庭式教育之实施，是以农村家庭会为活动之中心。据闻家庭会于民国二十年间在高头村从事实验，指导员为陈筑山先生，（现充河北县政研究院副院长）家庭会的实验办法，内分五种集会，一为家主会，二为主妇会，三为少年会，四为闺女会，五为幼童会，各种集会均有执行委员七人，由七人中推一人为委员长，指导员一人，由平教会委派。其集会之时间，随农民工作之忙闲而定，其集会所表演之活动，在在与公民教育有关，可参看公民教育一节，兹不赘述。惟吾人此次在高头等村参观，未见关于家庭会之实际活动，据云"前为此种实验，为期不过一年，现时尚在□中"。既归停顿，则前此实验所得之效果，或者不如平教会初意所期，此种方式有无独立存在及继续研究之必要，尚复成为问题。要之，平教会所呼号奔走者，难曰有学校社会家庭等三大方式，然在实际上研究及实验有成者，只有学校社会二种方式，不过此二种方式之内容与办法，较之普通所谓学校教育及社会教育（或曰民众教育）确有不同之点，可谓另行建立整个一套之教育制度。

第三章　河北县政建设研究院

第一节　县政建设研究院与平教会之关系

中华平民教育促进会初在北平工作，民十五年秋，择取定县为研究实验区。民十八年，平教会移置定县，全部人力财力悉集中于定县，是为定县实验工作之开始。初以翟城村为工作区域，次第推广，其工作性质，系由文字教育逐步演进，而为农村建设。五年以来，虽未完全达到研究实验之目的，而对于改进定县农民实际的生活教育，不无相当成绩表现。因此种种，造成定县备有选为县政实验区之资格。二十二年，河北省政府依据第二次全国内政会议决议案，以定县适合实验区之条件，因即选定定县为河北省县政建设实验区。十月，河北省县政建设研究院在定县成立，即以定县为实验县。表面上平教会研究院与实验县，俨然形成鼎立之三个机关。考其实际，县政建设研究院内分调查研究实验训练四部，确系研究县政的一个主要机关，实验县县长由研究院实验部主任兼任，是实验区县政府，于研究院四部中之一部。平教会虽仍旧保持独立，但纯粹为私人学术团体。分析言之，研究院工作，在研究县政兴革事宜，并以定县为实验区，作为河北全省县政改进之先导；平教会工作，属于教育及学术方面，欲于人民实际生活上研究实验一种最基本最需要之县政建设方案，供政府之采用；二者性质不同，而精神则为一贯，且工作上彼此亦有相互之关系。就两方面现状观察，平教会干事长兼任研究院院长，院内各部主任，亦多由平教会干事兼充，在研究院为欲完成县政的实验，不得不引用平教会专门人才，以资臂助，平教会立于私人团体地位，为欲实现研究实验之计划，亦不得不借政治力量，以增进其推行之效能。综合以观，研究院与平教会，实有合作之需要与可能，研究院与平教会合作，即是政治与学术合作，兹将河北省县政建设研究院组织调查研究及建设工作各表，中华平民教育促进会组织及其设计各表附录于后，借以明其梗概。

社會式教育工作系統

```
            社會式教育
       ┌────────┼────────┐
      方法     組織     內容
       │        │        │
   新演幻無讀  平校畢業同學會  公文衛生
   劇說燈線圖          民藝生計
   ，電播物
     燈音
            ┌────┼────┐
         同學會設備  鄉聯合會  同學會週刊
            │        │        │
         平巡圖    村同學會活動  畫論日大
         民迴畫           刊告記家
         角文           ，文，的
           庫           特，謎話
                        刊通語故
                         ，訊，事
                         新歌，
                         聞謠
                         ，，
        ┌──────┬──────┬──────┐
       生計    衛生    文藝    公民
        │       │       │       │
     自農波改生  防接種保武  協助讀演聚  植樹衛生
     助產支良計  疫痘健衛  助字說習會  ，，，
     ，，豬種劃           平比演習演  橋息白
     農種推迴巡           民賽說曹研  樑訟樹
     展子廣學             學，誼研究  ，，，
     覽，社校             校字，究會  道禁賭
     ，推              ，賽  ，學   路賭，
      廣                        ，互
                              補助
                              掃，
                              雪
```

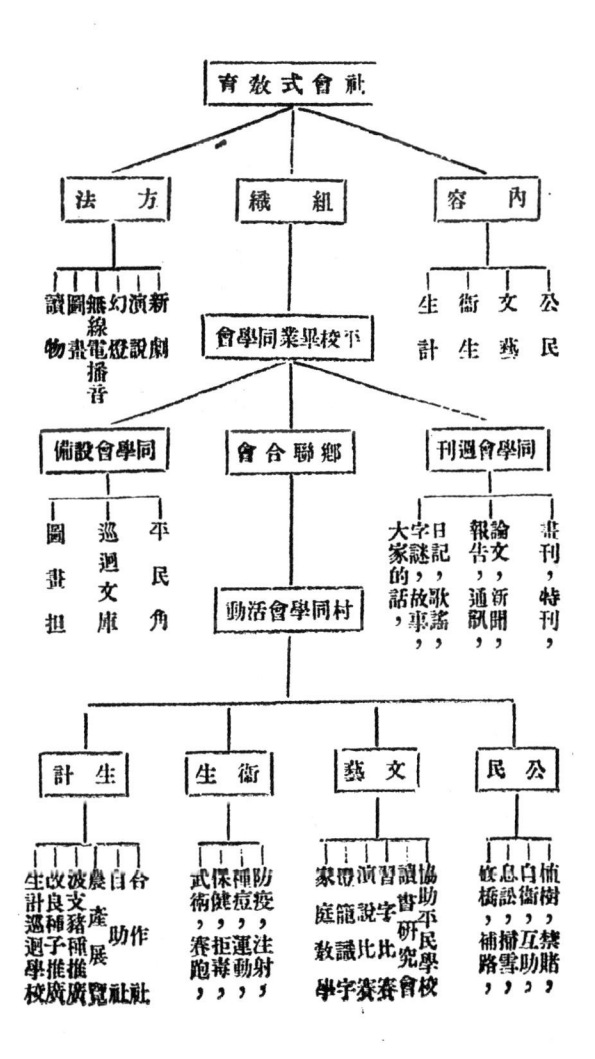

319

縣政建設研究院組織系統

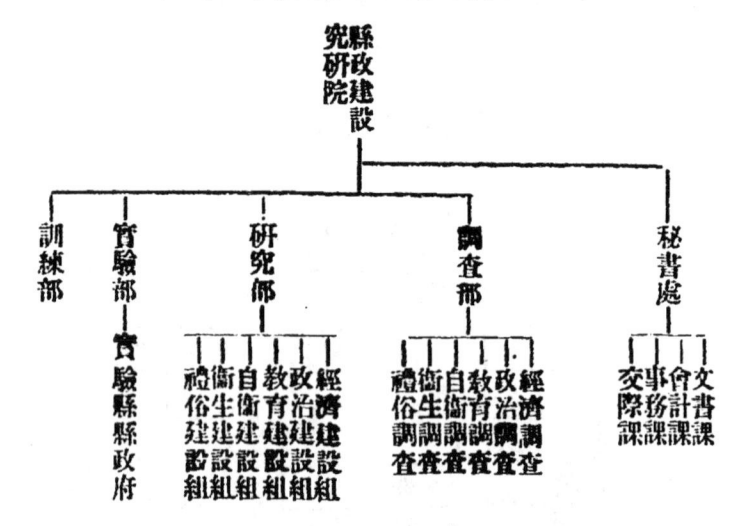

```
          縣政建設
          研究院
  ┌─────────┬──────┬──────┬──────┐
 訓練部   實驗部  研究部  調查部  秘書處
          │     ┌─┼─┬─┐ ┌─┼─┬─┐ ┌─┼─┬─┐
          │     經政教自衛禮 經政教自衛禮 文事會交
        實驗    濟治育衛生俗 濟治育衛生俗 書務計際
        縣縣    建建建建建建 調調調調調調 課課課課
        政府    設設設設設設 查查查查查查
                組組組組組組
```

調查部籌備時定期縣實驗區調查項目表

```
                  調 查 項 目
  ┌────────┬────────┬────────┬────────┬────────┬────────┐
  關於      關於     關於地     關於      關於      關於
  禮俗      政治     方公安     衛生      教育      經濟
  方面      方面     及自衛     方面      方面      方面
                    方面
```

關於禮俗方面：
應酬方式
年節慶祝式
婚喪儀式

關於政治方面：
賦稅調查
地方自治情況
清查戶口

關於地方公安及自衛方面：
官有民有各種槍械數目
人員姓名退伍軍官曾任保衛事務
原有保衛制度與組織
各村鎮青年及壯丁數目

關於衛生方面：
家庭衛生情況
公共衛生情況

關於教育方面：
小學情況
失學兒童數目
青年及成人文盲數目

關於經濟方面：
各種出入口貨品之分與價值
各種工業製品產量及價值
各種農作物收穫數量及價值
現有之經濟系統與組織
借貸情況
土壤調查得知各種土地面積
舉辦土地測量繪製精確地圖

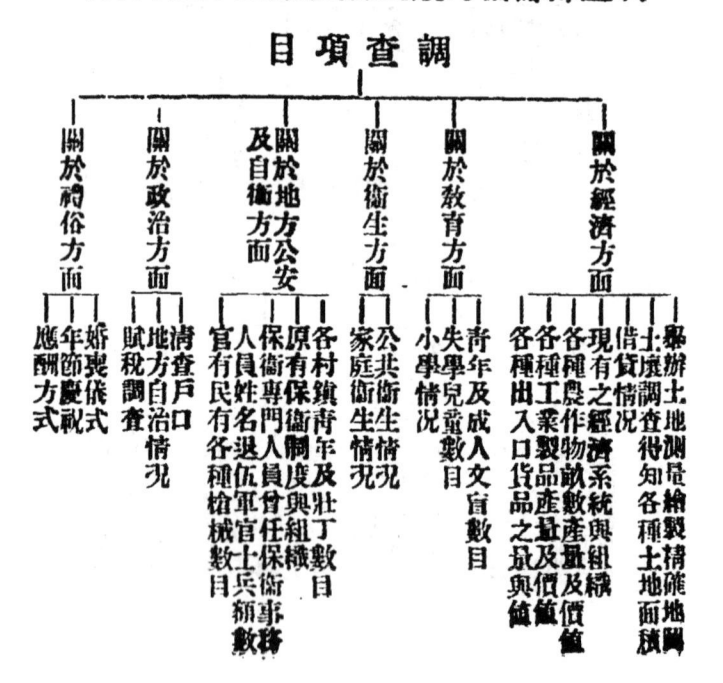

縣政建設研究院研究部工作綱目

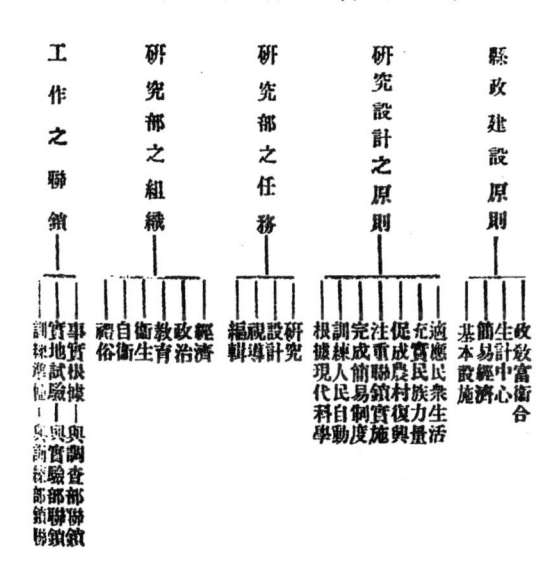

縣政建設原則
- 政教富衛合一
- 生計經濟中心
- 節儉易簡設施
- 基本設施

研究設計之原則
- 涵應農村生活
- 充實民族力量
- 促成農村復興
- 注重民衆生活
- 完成鄉鎮實施
- 調練人前自動
- 根據現代科學

研究部之任務
- 編輯
- 視導
- 設計
- 研究

研究部之組織
- 經濟
- 政治
- 教育
- 衛生
- 自衛
- 禮俗

工作之聯鎖
- 事實根據
- 實地試驗
- 訓練準備——與高等學校聯鎖
  - 與調查部聯鎖
  - 與實驗部鄉鎮聯鎖

河北省縣政建設研究工作進行表

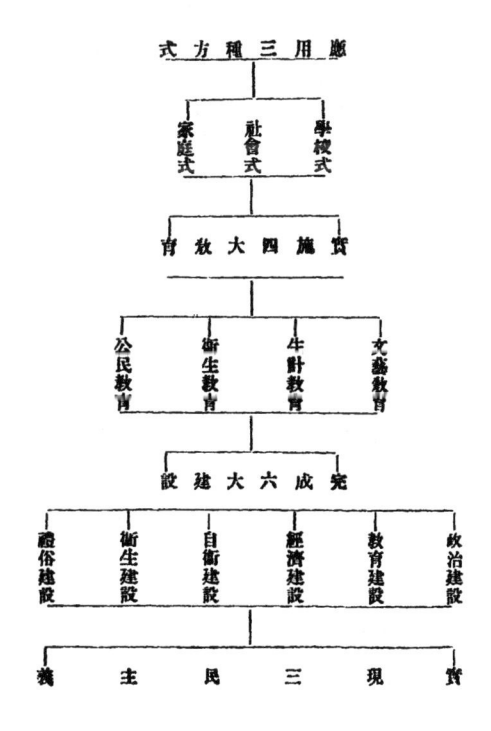

```
        應用三種方式
    ┌───────┼───────┐
  學校式   社會式   家庭式
    └───────┼───────┘
        實施四大教育
    ┌───┬───┴───┬───┐
  公民  衛生   生計  文藝
  教育  教育   教育  教育
            │
        完成六大建設
  ┌───┬───┼───┬───┐
 政治 教育 經濟 自衛 衛生 禮俗
 建設 建設 建設 建設 建設 建設
            │
        實現三民主義
```

321

中華平民教育促進會組織系統表

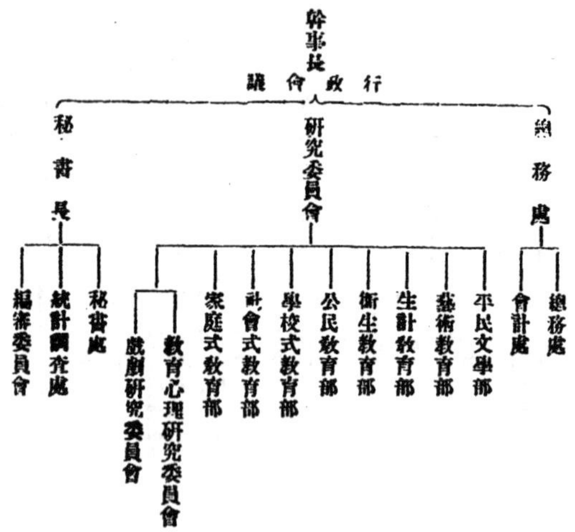
幹事長
行政會議
秘書長
研究委員會
總務處
編審委員會
統計調查處
秘書處
戲劇研究委員會
教育心理研究委員會
家庭式教育部
社會式教育部
學校式教育部
公民教育部
衛生教育部
生計教育部
藝術教育部
平民文學部
會計處
總務處

中華平民教育促進會設計總表

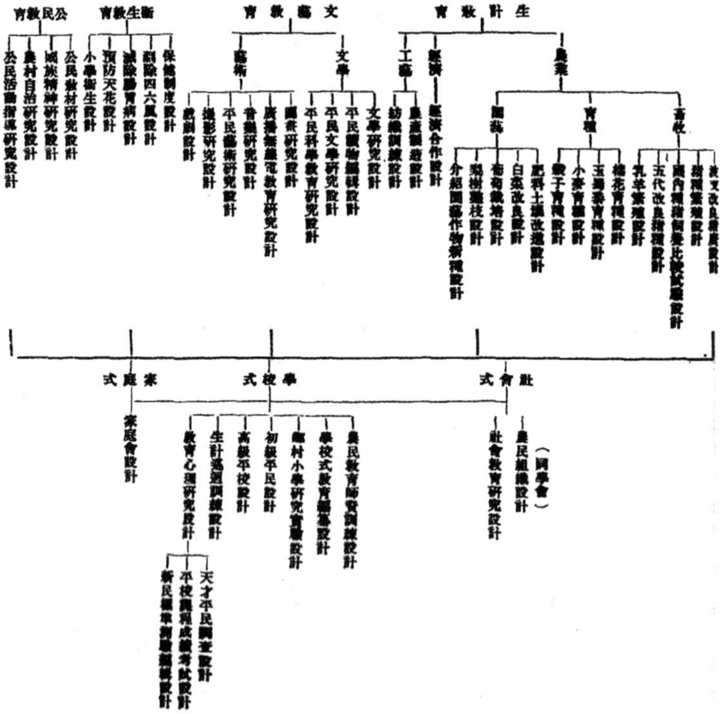
公民教育
衛生教育
文藝教育
生計教育
家庭式
學校式
社會式

第二节　实验区县政府之组织与设施

从前平教会与县政府，因立场不同，各自为政，不相为谋。自经改组实验县，始同趋一致，现在定县县政府之组织，与河北省其他各县稍有不同，县政府设县长一人，由实验部主任兼任，综理县政。照河北省县政建设实验区暂行办法第二章各条之规定，县长以下，置一秘书处，公安财政两局，及教育，农业，经济，保卫，卫生，交通等六科。但实际上则设一秘书处，公安，财政，建设，教育四局，第一，第二两科，及一承审处。其第一科分设税契所，征粮所，会计室等，第二科分设收发室监印室校对室等。县府经费每月除支一等县经费一千一百五十元外，并由研究院补助一千元，但县政府原有税收提成费约五六百元，前系按照普通县份留支，今则按月解缴研究院，两相抵除，较之普通县份，不过多四五百元。现河北省政府已决定通令各县裁局改科，但明令尚未到县。兹将该县政府关于公安财政建设教育及司法各方面设施情形，略述如次。

第一项　公安及自卫

定县城内设一公安局，每区各设一公安分局，第一区分局由总局兼办，有派出所五处，其警士系经考取设所训练三个月期满后，分派服务，成绩尚佳。访问全县警士共有一百七十余人，其在各区分局之警士亦正轮调训练。该县户口调查，亦划归公安局办理，其第一区户口调查已办理完毕，并办理户口异动登记，所有出生死亡婚嫁迁移等，由派出所户籍警每五日汇报公安局一次。该局又按各派出所所管地带分给户口图，至为详晰，但此法只可适用于城市及较为整齐之农村，其他一般分布零碎之农村，似难仿行。至该局关于户口调查及登记各项表式，规定甚详，已有《定县公安实验记》一书出版，可资参考。其余各区户口调查尚未办理，现县政府已考取调查人员四十余名，施以短期训练，准备分派各区服务，预计全县户口调查约需四五个月可以完毕。但访问该县人民对于政府调查户口之意旨仍多不能明了，能否如期调查翔实，尚复成为问题。要之，定县县政府之实验工作，比较上以公安局方面较有特色，局长邵清淮氏办事饶有精神，对于局内各项文卷簿册之整理，有条不紊，其对通常方式加以改进之各点，亦多出自心裁，简便易行。至所属各派出所及各区分局分驻所等员警及其职务之配分，亦复系统井然。兹将其组织系统及分驻人数列表如下：

河北省定县政建设研究院定县公安局组织

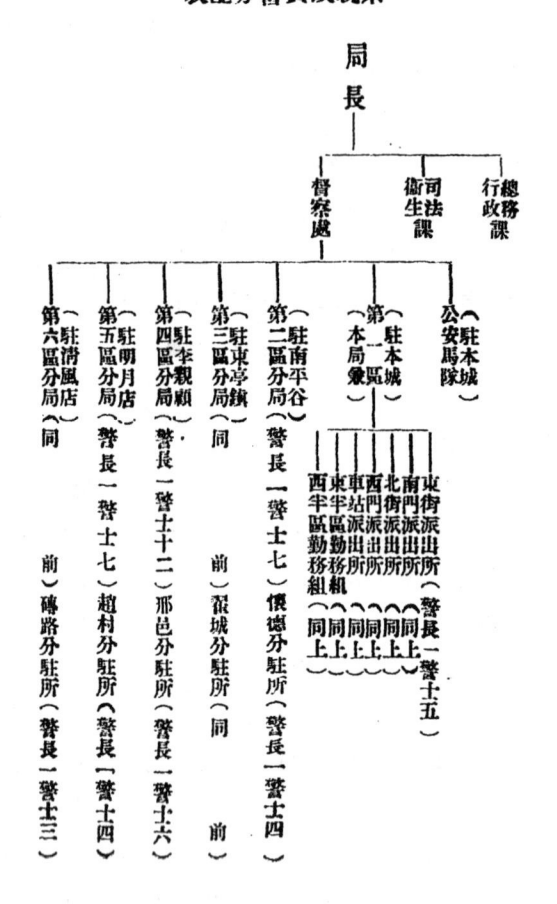

系统及员警分配表

```
                        局長
                         │
        ┌────────────┬───┴───┬────────────┐
        │            │       │            │
      督察處      司法課   衛生課       總務行政課
        │
   ┌────┼────┬────┬────┬────┬────┬────┐
   │    │    │    │    │    │    │    │
(駐本城)(駐本城) (駐南平谷)(駐東亭鎮)(駐李親顧)(駐明月店)(駐滑風店)
公安馬隊 第一 第二區分局 第三區分局 第四區分局 第五區分局 第六區分局
       本局彙覽 (警長一警士七)(同)(警長一警士十二)(警長一警士七)(同)
```

東街派出所（警長一警士五）
南門派出所（同上）
西門派出所（同上）
北門派出所（同上）
車站勤務組（同上）
東半區勤務組（同上）
西半區勤務組（同上）

懷德分駐所（警長一警士四）
衰城分駐所（同前）
邢邑分駐所（警長一警士六）
趙村分駐所（警長一警士四）
磚路分駐所（警長一警士三）

定县人民自卫组织，并不健全，良以地方治安尚好，人民不感觉自卫需要故也。现在保卫团有雇佣团丁二百九十余名，共分三大队，每一大队辖三分队。其驻防办法，系分每班十人，散居各村，每分队七天会操一次，每大队半月会操一次。至各村自卫组织，该县尚无划一办法，各村间有自动按户抽丁，轮流操练，巡更查路者。但多数村庄，并此简单组织亦无之。现县政府计划组织乡村自卫队，凡二十岁以上四十岁以下者，均有受编自卫队义务。闻正从二十三村着手查编，将来即以现役保卫团丁，派赴各乡担任训练。此项计划尚未实现。

第二项　财政

一、地方捐　地方捐内分田赋附加，各项税捐，地方财产收入，地方事业收入，杂收入，保卫团，苗圃及救济捐等项，年收十五万八九千元。其中最大收入为田赋附加，而各项杂捐内之八行牙捐，次之。地方捐之支出，年约如上列收数，其中主要支出，为教育费，县政费，党费，建设费等。征收方法，对于田赋附加，系随粮带征，救济捐，则为按亩抽收。至定县为人注目之平教会组织规模颇大，各项专才亦有其人，每年开支多者至三十余万，据晏阳初先生报告，亦称每月须二万余元。此项经费与地方财政无关，亦非国库省库拨补，乃由各方募集而来，实际开支预算，不甚明了。此每月所须之二万余元，大约用于平教会及其所属之农场及保健院所，事业费与薪工各半。

二、省税　省税内分地粮，河淤租，牲畜花税屠宰税，牙税，营业税，契税，契税学费，官款生息，契纸价，契税注册费，田房中用，差徭，烟酒牌照各项，年约收十六万八九千元。其中收入之最大者，为地粮，次为契税，再次为牲畜花税。征起地粮，照额征数目，年达百分之九十八，此为定县之特色，吾鄂所罕见也。省款之支出，最主要者，为县政建设研究院经费，县政府经费，省立定县中学经费，司法经费，及模范费。征收方法，地粮系由人民赴柜完纳，而屠宰烟酒牌照等税或派员征收，或招商承办，视当时情形定之。

三、国税　国税内以盐税为最多，年约十五万余元，次为卷烟统税，约三万余元，再次为统税，此外为印花税，酒烟税，年收数目未详，兹附录原表四份于后，以备参考。

定县经征省款二十二、二十三年度比较表

名称	二十二年度额征数/元	二十二年度额征数/元	二十三年度额征收/元	增/元	增/元	减/元	减/元	备考
地粮	一〇八·八二七	一一五	一〇九·〇五〇	三〇〇	二二三	一八五		
河淤租	二	九三八	二	九三八				
牲畜花税	一〇·九六〇	〇〇〇	一一·八四三	〇〇〇	八八三			
屠宰税	六·三〇五	〇〇〇	六·〇七五	〇〇〇			二三〇	
各项牙税	三·七〇四	〇〇〇	八·一二二	〇〇〇	四·四一八			
营业税	七·八二一	五〇〇	八·二九四	五〇〇	四七三			
契税	一三·二三	六四二	一三·六二	六四二				上列额征数系二十二年度实收之数
契税学费	一·三六一	三六八	一·三六一	三六八				上列额征数系二十二年度实收之数
官款生息	九二一	九九八	九二一	九九八				上列额征数系二十二年度实收之数
契纸价	二·八四七	五〇〇	三·一四七	五〇〇				上列额征数系二十二年度实收之数
契税注册费	五六九	五〇〇	五六九	五〇〇				上列额征数系二十二年度实收之数
田房中用	三·二二〇	五〇二	三·二二〇	五〇二				上列额征数系二十二年度实收之数
差徭	无	六二四	七六三	三五二		五五五	二七二	查二十二年度额征原数制钱六千八百五十六千八百二十枚折合之数二十三年银元系按市价五百二十文上列二十三年度额征数系上半年之数本年秋冬两季税免一月调免
烟酒牌照	一·六一	〇〇〇	一·六八〇	〇〇〇	〇〇〇	一八五		
总计	一·四六三	六八七	一六八·〇五	六〇〇	七·八八七	七八五	二七二	奉令自二十三年度归地方征收两季税额二十三年秋冬两季税免

326

定县二十三年度县地方岁入稽核表

	款别	岁入数目	占总额成分	备考
	田赋附加	▇▇▇	▇▇▇▇	牲畜附税,人行牙捐,洋车捐,花生木植税,屠宰附税,戏捐,自行车捐
	各项税捐	▇▇▇	▇▇▇▇	
	地方财产收入	▇▇▇	▇▇▇▇	学田地租,农会地租,房租
	地方事业收入	▇▇▇	▇▇▇▇	电话费,学生学费,机器租借费
	杂入	▇▇▇	▇▇▇▇	模范费,田房中用,状纸附加等
	保卫团	▇▇▇	▇▇▇▇	随粮代征后由保团自己管理
	苗圃及救济捐	▇▇▇	▇▇▇▇	
	合计	▇▇▇▇▇	▇▇▇▇	
说明	苗圃产品收入年收四五百元,研究院拨补苗圃经费约千元,共一千四百元,救济捐年约六千元由区公所向直接民征收计每户一角充救济院经费			

廿三年度定县地方财政岁出预算百分比稽核表

款别	岁出数目	百分比	备考
党费	▇▇▇	▇▇▇	县党部
内务费	▇▇▇▇	▇▇▇▇	公安局,区公所,度量衡检定所,商会,孤贫粮,政务警服装,
财政费	▇▇▇	▇▇▇	县财政局
教育费	▇▇▇▇	▇▇▇▇	县教育局,男师,女师,教育局,四乡高小奖励金,
建设费	▇▇▇	▇▇▇	县建设局,电话局,马路管理处,醒民报社,农会,
杂支出	▇▇▇	▇▇	杂支出临时费
保卫团费	—	—	县保卫团
苗圃及救济院款	▇▇▇	▇▇▇	苗圃归研究院行政上仍归县政府
合计	▇▇▇▇▇	▇▇▇▇	

项别	入款名称	年入数目	备考	用款机关	年支数目	备考
	岁入经常门			岁出经常门		
自治项	自行车捐	五·〇〇〇		党费	六·一二〇	〇〇〇
	入镇牲畜附捐	五·二六五	〇〇〇	财政局	一·七〇七	〇〇〇 六三元在内
	房租	五四五		电话局	九一六	〇〇〇
	入行牙捐	二·三八九	〇〇〇	长途电话局	九六〇	〇〇〇
	戏捐	三〇〇	〇〇〇			
	合计	一三·四九四	〇〇〇	合计	九·六〇三	九〇〇
			计盈二八九·九〇一	暂拨补警察项		
	花〇〇税	九·七二〇	〇〇〇			
教育项	随粮带征	一〇·四二五	〇六八	教育局	四·六二〇	〇〇〇 全数之三·五成
	田房中用	五·四一〇	〇〇〇	男师	一一·七三〇	〇〇〇
	状纸费	八〇〇	〇〇〇	女师	一三·七七〇	〇〇〇
				民众教育馆	一·七八八	〇〇〇
	入行牙捐	一九·四八七	三八〇	补助明月店高小	三四	
	学田地租	一·五五七	〇〇〇	四乡高小奖励补助金	五·一〇〇	〇〇〇
	学生学费	一·七七二	〇〇〇	四乡高初中捐学款	一〇·五一四	〇〇〇
	〇〇牲畜附捐	一·五一五	〇〇〇			
	合计	五〇·六九六	〇〇〇	合计	五〇·八八五	〇〇〇 金数之六六成
实业项	随粮带征	一·九六六	〇〇〇	建设局	三·二五三	六〇〇
	入行牙捐	三·二六九	〇〇〇	度量衡检定分所	九一八	〇〇〇 补助费一四八二元
	合计	五·二三五	〇〇〇	醒民报社补助费	一·二〇〇	〇〇〇 补助费一八四七九
				合计	四·三七一	六〇〇

续表

		岁入经常门			岁出经常门		
区公所项	随粮带征	八·一一五	每两银一角六分六	○○○	各区区公所	八·六三七	五○○
	合计	八·一一五		○○○	合计	八·六三七	五○○
人民团体项	人行牙捐	三·○○○		○○○	商会	一·七○○	○○○
	随粮带征	一二○	全数之·○四四成	○○○	农会	四八○四	八○○
	农会地租	三七		○○○	教育会	三三六	○○○
	合计	一一·二○○		○○○	合计	一·五二○	○○○
杂项	全县屠宰	五·二○○		○○○	孤贫口粮	四○一	○○○
	人行牙捐	一·七○八		○○○	政警服装费	二八○	○○○
	机件租费	六○		○○○			
	合计	六·九六八		○○○	合计	六八一	○○○
模范项	模范费	六·○○○		○○○	瞿城	六○○	○○○
	合计	六·○○○		○○○	农场地租	二三八	○○○
					合计	八三八	○○○
警察项	随征带征	一七·一二七	全数之五·八成	○○○	公安局	二六·九九九	二○○
	妓捐	一·四四○		○○○			
	合计	一八·七一七		○○○	合计	二六·九九九	二○○
马路项	洋车捐	三三六		○○○	马路管理处	六三六	○○○
	合计	三三六		○○○	合计	六三六	○○○
长途电话项	电话费	一·○五六		○○○			
	合计	一·○五六		○○○			

续表

保卫项 / 救济项	岁入经常门				岁出经常门		
		三九·四一七	七六四			三九·四一七	七六四
保卫项	保卫团捐	三九·四一七	七六四		保卫团	三九·四一七	七六四	归财政局统收，统支交由保卫管团董事会保
	合计	六·〇〇〇	〇〇〇		合计	六·〇〇〇	〇〇〇	
救济项	救济院摊款	六·〇〇〇	〇〇〇		救济院	六·〇〇〇	〇〇〇	
	合计				合计	一五·〇五〇	七六四	
					总计			
					岁出临时门			
					财政局补助费	二八八	〇〇〇	
					建局设备补助费	三六〇	〇〇〇	
					合作指导员	二四〇	〇〇〇	
					其他临时支出	六·七九三	三八八	
					合计	七·六八一	三八八	
总计		一五八·一二二	一五二		总计	一五八·一二七	一五二	

第三项 建设

定县各项建设，除属于生计教育者，如农业改良，农村合作，农村工业，以及农业推广等，已如前述外，兹就其他各项有统计表可供查考者，列举于下：

1. 定县公路里数

定安路长廿六公里　　定深路长卅八公里
定极路长卅六公里　　定新路长十九公里
定曲路长十七公里　　定唐路长十九公里
定望路长十七公里　　共一七二公里

2. 定县长途电话里数

已通电话村名及线长

安国县二十六公里　　翟城村　十九公里
东亭镇　十五公里　　市　庄二十四公里
邢　邑三十四公里　　李亲顾　三十公里
南平谷　十四公里　　怀德村二十三公里
明月店　十七公里　　赵　村　十三公里
清风店　十七公里　　砖路村二十六公里
共二六八公里

拟修电话村名及线长

大辛庄　三十公里　　寨里村一十九公里
大王耨二十六公里　　子位村三十八公里
南王村二十八公里　　此高村三十四公里
马家寨　　八公里　　西市邑　十五公里
安家庄　十五公里　　北紫荆二十三公里
高油村二十三公里　　西报村三十二公里
岸下村三十二公里　　高就村　三十公里
共三六三公里

3. 定县保健院所等建筑

定县县城有保健院，各区有保健所，闻保健所现有九个。吾人参观保健院，觉其规模与通常医院相仿，设备亦尚完全，据云建筑费需三万余元。再参观二个保健所，建筑亦尚可观而且适合乡村保健之用，据云每一保健所需费平均约七百五十元，是亦建设工作之可纪者。

第四项　教育

此次参观定县县政府时，并与教育局局长晤谈，据云"学校教育及民众教育，年来仍系遵照通行法令办理。"其概况已于第一章定县概略内述明，兹姑从略。另据定县教育调查，一十四岁至二十五岁之青年人口中，识字者占百分之三十八，不识字者占百分之六十二，学龄儿童失学者占百分之六十，小学生约计二万一千人，初级中学学生约计三百五十余人，师范学校学生约计一百八十余人，全县四十万人口中，高小毕业者约计六千人，初中毕业者约计一千八百人，大学毕业者约计四百六十人，统计青年及学龄儿童，共失学者既均在百分之六十以上，则今后之教育事业，仍有设法推行，向前迈进之必要。观二十三年十月河北省县政建设研究院印行之"县单位识字运动实施方案"，其用意可谓深切著明。此方案之内容，大致系根据平教会所研究及实验有效者设计推广，不过只是一种计划，尚未见诸实行。

第五项　司法

1. 组织：由县政府兼理司法事务，设承审员一员，帮审员一员，管狱员一员，书记员一员，录事七人，检验吏一人，缮状生四人，法警四名，男看守十五名，女看守一名，书记兼看守长一名。

2. 经费：月支经费五百六十三元五角，内有囚粮一百五十元，由河北高等法院拨支，其余由县府支给。

3. 设备：关于法庭之设备，有民刑两庭，分设于东西花厅，下有旁听座，关于监所之设备，旧监一所，女监一所，看守所一所，皆由旧式略加改良，均属杂居制，其炊场厕所，亦差强人意，设有简易工厂五组（一）缝纫，（二）织袜，（三）织布，（四）粉笔，（五）做鞋底，每组设技师一人，多由犯人选充者，每组人数，以工作多寡为标准，每日上午八时起，至下午五时，为作业时间，所有该县团警制服，多由监犯包制。是皆旧监所中之可观者。

4. 犯罪种类统计：就民国二十三年一十月份判决统计，伤害十二，烟犯十九，妨害家庭六，窃盗四，强盗四，赌博四，侵占四，毁损四，杀人二。

　　按定县司法事务，仍县政府兼理，既未独立，当无他种组织，其办理诉讼事件及非诉讼事件，大致与其他兼理司法各县相同，固无特殊之点可纪，但就其设备言，该县在县府东花厅设有民庭，西花厅设有刑庭，各庭均置旁听座，座位之列置，井井有条，似可作他县之观摩，惜除法定政警外，尚有额外警二十余人，既无饷项，办案时难免无需索情事，县监在县府右首，本系旧监，均为北方式之矮小房屋，门扁虽坚，而出入必须低头，但在戒护上较为牢固，骤然视之。似嫌简陋，观察其内部，各窗户大开，流透空气，铺位高设，讲求卫生，以及炊场和厕所之清洁，实比其他各县有过之无不及。看守虽多用六名，亦因工厂需人，应事实之需要，皆由额定预算开支，似不害事。所设工厂，分为五组，已成立者，只有缝纫织布二组，尚属简易，而观其现任管狱员陈复汉君，最近刊发之定县监狱狱务实施经过报告书，对于过去一年中之作业事项，在经费支绌，不另行开支之原则下，居然粗具规模，并所有出品，均极精致，每组技师，均由犯人选充，此种办法，亦皆经济。教诲方面，设有监狱学校，及教诲室，所编辑课本，都以关于农工业手工业及历史故事（如农民千字课公民训练珠算劳作等功课亦向平教会购用）与公民应有之道德和应尽之义务，作教学之材料，并鉴于普通监狱，有不但不能使人向善避恶，反造成罪恶之□数，坏人之传习所等弊，在墙壁上制贴各种含有教诲意义之标语，请平教会艺术部在监所内绘成各项有关教育图画，分别悬挂，以资警惕，一则以实行教授各种技业之能力，一则以实行教诲改过自新之方法。清洁方面，设有清洁自治委员会，由监所内每号推举品行较优者四人，为执行委员，再由执行委员中，推举一人为委员长，专司整理监所内清洁事宜，并议定章则，以资遵守，每三个月改推一次，以防遇事暗中把持，成为牢头之变相，其意思在使各犯，养成自治之能力，与清洁之习惯，作为将来出狱服务社会之基础。其余如建设新浴室，规定囚犯，每月至少沐浴二次，训练囚犯理发，规定囚犯半月至少剃头一次，和训练保健员疗病，扩充工厂之组织等等，不一而足。此诚各县旧监中所难能而不易得者。各县旧监，实可作为模范，以资改进。

第二编　邹平

第一章　山东乡村建设研究院

第一节　成立之经过及其意义

　　山东乡村建设研究院，是由河南村治学院脱胎而来，他成立于民国二十年，先是有一般尤国君子痛心国难，图救乡村，在河南辉县百泉成立村治学院，发表刊物，从事地方自救运动，嗣因政局变动中辍，适山东省政府注意地方建设，因延纳村治学院分子来鲁，办理乡建工作，因成立山东乡村建设研究院，是该院之产生，由河南村治学院脱胎而来。院址设在邹平县城东关外，隶属于山东省政府。对于省府划拨之实验县如邹平菏泽乡建工作，有指挥命令权，完全是个总持乡建的枢纽机关。乡建事项，即乡村地方如何自救的建设事项：包含乡村地方自卫自治经济教育多方面。就他指挥命令言，完全是个实验县的上级政府。就他造就人才言，又像一个切于实际的学校。就他研究精神言，又像个一学术机关。他成立的意义（也可说是作用）有三：一是研究乡村建设的理论和方法，二是培养乡村建设的人才，三是推动乡村建设的事务。何以乡村建设必要成立这个机关，因为乡村建设，是个巨大的救国工作。前无成规可循。非有脑筋冷静，心细才长，富有研究性的学者，予以机会权能不能从事。良以乡村情形□杂，牵涉繁复。一着稍差，全盘俱废。且研究性质，一方在实地搜集材料，观察因果。一方在探讨方策，应付事实。第无适当人才，从有好的办法，亦难自行。此研究院所由成立之意义也。

第二节　理论

　　梁漱溟先生的乡村建设理论，是从他整个的哲学思想推演出来的，这种理论为查考邹平乡村建设者最宜注意之点，因梁氏为山东乡建的主持人，他生平好学深思，不苟言笑。他在山东办理乡建，以邹平为起点。意在开创新文化。不是只在邹平表现一点自治成绩，要誉于时为已足。他认世界文化，到今日已发现很多毛病，例如西洋近代政治，布尔什维克主义及资本主义的都市文明均不适合中国需要，他说都市文明，是宝塔的建立，非常危险。他主张中国需要的是乡村文明；他说乡村文明，是平铺的，不是竖立的。乡村文明当然要以农为本；由农业引发工业，开展商业。其主业在养人，不在图利，其方法由小的乡村范围入手，□成人的纪律习惯，和组织能力。他的最大目的，在开创正常形态的人类文明；要使经济上的富，和政治上的权，综操于社会，分操于人人。因为这样，所以他的理论工作，较实际建设要重些。我们如不明白他的轻重本末，和先后之序，立意要先看他物质上的建设，是不免错误的。但是他在邹平乡建的规模已具，如学校自卫合作等成绩亦不少，不过限于经费，无宏大的物质设备。但在中国今日民穷财尽的乡村，也不须多美观也。

他说中国自清末迄于今，什么西洋制度都经搬入中国实验过，无一不是始盛继衰终穷。弄得今日举国彷徨，苦闷无生气，消沉万分，又继之以外人的侵略，不良政治的摧毁，根本立国的农村，因之破坏已尽。现在图救国，首在先把人活起来。不然，任你有甚好办法，大多数的人，死气沉沉，怀疑踯躅不接受。终是功夫白费。他认定要把人活起来。就得启发他（指国人）的深心大愿，打动他的心肝，才能有效；他才有真精神真气力出现。这种工作，就要仗好的教育陶炼一般人民精神。中国不是工商业国，一望皆是乡村，称得上都市的很少；陶炼民众，自然要从乡村植基。这种思想，可以说与新生活教育、蔡子民先生的人格教育相近。也可以说梁氏的乡建，就是以心理建设为始基。

他主张要使经济上的富，政治上的权，综操于社会，分操于人人。这又怎样做到？他说中国历史文化，造成一种和平无力散漫消极的民族性；人人关门过活，既无团体习惯，复无组织能力。在没有不同的西洋文化侵入，尚可自存。现在就不然了。你无团体无组织，就不能生存。但是近数十年变法，革命政府历经布颁章则，要人民自治，而终无成效且愈弄愈糟。一是因为中国人未养成团体习惯；二是只有行政上的编制，而无经济上的组织；三是失掉中国民族性的伦理精神。梁氏并引孙中山先生之言曰，地方自治团体，不仅是一政治组织，且系一经济组织，现在要使乡村散漫的人，发生力量，就得要有密切生活的经济组织，且合于旧的民族精神，这种经济组织：就是农民自救的种种合作社之组织。由村而乡，由乡而县，而省，而国。构成一个自下而上，人人为我，我为人人的大体系。这就是经济上的富，综操于社会，分操于人人的主张。但是经济有组织，政治上无组织，则官府之剥削，外人之凭凌，足以摇动人民经济基础。于是政治的组织为尤要。梁氏虽未将政治组织之体系标出，而玩其立论，谓政治上的权，综操于社会，分操于人人之语，则于经济组织外，另有自下而上的政治组织又可知矣。

何以说是开创正常形态的人类文明呢？梁氏谓中国文明，与西洋文明不同。中国文明，自人类无对性出发。以反求诸己，精神内用为归。西洋文明，自人类有对性出发，以发展理智，征服自然为归。中国文明，因精神内用，就耽误了科学，耽误了德谟克拉西。西洋文明，因征服自然，就造成天国，实现了人类的幸福。但是中国文明，远在二千年，近在八百年，即已衰退。延至清末，即僵化腐臭，仅有空壳。西洋文明，虽有精彩，然在政治上，经济上产生强伯的征服力，虎狼的吞噬性，在他的国内以一部分供其牺牲。亦属病态文明。因此不得不别开机轴另创合于人类的正常形态文明。他说世界的文明，西洋与中国全然不同路线；西洋人发明了人。中国人则发明了人类所以异于物类。西洋人，只知道以个体生命为本，向前追求，以个人为主体，驾驭一切，争自由，争平等。中国人则进一步的明白个体生命外，还有超个体的生命，返观内照，求他心与我心之和顺，以礼让情谊融通一切，无取于争。他并征引许多思想习惯的史料，证明中西路线的不同，和人生态度的两样。他说按人类进化的顺序，循夫自然之常，应该先走完西洋的路线，再走中国的路线才合序，不失常。中国因有周公孔子，就跳过西洋的路线，超进到中国文明的路线。没有守着顺序，循自然之常，是为人类文化的早熟。论理，西洋人一步步前进，要对些。中国则嫌拿出来太早。所以中国成就个暧昧不明的文化。犹之一个聪明孩子，未到成年，知识已开；又因知识开得早，反牵制了他的身体发育。总之这两种文化，只有不同之别，并无优劣之分。就进化的程序说，中国文化不拘限于个体生命，能通乎宇宙万物为一体，能超有对而入于无对，与西洋徒站在个体生命方面讲一切，确是人类心理进化上有高下广狭之分。不过中国这种文化精神，中经沦没。现在世界文化，到了转变之期。要开创正常形态的人类文明，引世界于大同。自然要发扬人类无对精神。政治上，经济上，方方面面都要有总的打算，总的安排。先要从中国文化的老根上发新芽，再装上西洋科学才是云。梁氏的理论，有专书，现尚在刷印中，这不过就他言论散见各处，和在邹平与他的信徒探问所得，简约言之。他的乡建，注重的是乡学村学。我们此次考查到邹平，曾两次听他的谈话，兹将谈话大意撮录于次，也可见他理论的一斑。

梁漱溟先生对于本团同人之讲述

　　本人乡村的工作动机，系由对于中国政治烦闷而来，就是探求如何改造中国政治，如何解决中国的政治问题。我在中学读书时，很倾向立宪谕，后因清廷无立宪诚意，国人失望，我就参加革命工作，不料等到满清推倒，革命成功，国会成立，政治改革的希望，反离远了。及后解散国会，破坏约法，一般人都恨袁世凯及北洋军阀，而我则以为问题焦点在多数民众没有新的政治习惯。要想政治改革成功，新政治制度建立，那就非靠多数人具有新政治习惯不可。因为我有如此的认识，所以如何培养新政治习惯一问题，常在我心中思索，后来就觉得乡村自治的必要了。不能怕迂远，必须从切近处小范围的乡村自治起手，范围小一点，注意力容易达到，活动力容易养成，范围大了，就不容易发生反应，无反应则活动的意趣，就要灭煞，活动力就不易养成，必须从小范围乡村做起。中国原来是一个大的农业社会，说得上都市的很少，说到中国建设问题便应当是乡村建设，这种乡村建设，本身是由政治问题刺激而起的一种社会运动；此种运动，为地方政府注意，因予以机会，遂在山东邹平成立研究院，到现在不满四年，前两年注意训练学生，后两年才着手地方实验工作，二十一年十二月中央曾有一次全国内政会议，本人已被邀出席，对于县行政制度，县建设实验区，及推进社会建设乡村，均有决议，由内政部送中央政治会议。在办法未公布前，二十二年山东即开始工作改革地方制度，先是划邹平菏泽两县为本院实验区，最近山东当局感于省县两级制之不足，中间要添一种的联系，遂有行政督察区的办法；划全省为八个督察区，将菏泽列在第一区内，不属本院管辖，然仍为实验县，由本院供给材料。再说到邹平工作方面，大部分在村学乡学，我们经过多年考虑，西洋人的长处是有团体组织，和科学技术。中国人则缺乏此两项，今日作复兴民族运动，不外将这缺乏补足起来；再多也不要了。科学技术，很多人都看到。但团体组织，是主体。科学技术，是方法。有团体组织，才能发挥方法，运用方法。故团体组织，最为重要。组织问题，即政治问题。所谓新的政治习惯，即进步的团体生活习惯。国家是一大团体，地方自治，应是地方团体自治，地方团体不成立，那个自字已不存在，治就无从治起。所谓进步的团体生活，就是团体内分子多数是主动的，不是被动的；我们要求政治改造，就是要大多数人实行团体的共同生活。乡学村学的制度和安排，就是想补救我们的两个缺陷，使人民有团体的组织，引进科学技术。如果有人要问邹平工作最重要的是什么，我可回答是乡村团体的组织。乡学是乡的组织，村学是村的组织，这种组织，不是自治组织，而是自治组织的预备，乡学村学的作用，有八个字可以说明，就是"改进社会，促成自治。"再说到中国人不容易有团体的原因：中国文化及社会结构，与西洋不同。西洋好早就有团体锻炼，例如宗教是第一个团体锻炼，中世纪他们基尔特的经济组织，是第二个锻炼，欧洲小国林立，逼得他不能不自图生存，是第三个锻炼；中国恰与相反，无团体的素养，几千年的政治，是消极的无为，以不扰民为最高理想；人民与国家不发生关系，国家意识特别缺乏。又中国过去不是阶级统治，政治组织，是很特殊的：就是一人在上，万人在下，不像外人是一部分人在上，一部分人在下，形成相对的阶级。因此国家力量很薄，根本也不用力量，只能亟亟于教化不能亟亟于政治。社会的维持，是靠礼教，而不是靠法律，所以人民在政治上是被治的。孙中山先生说：中国人有大量的自由，就是中国人散漫无团体生活，团体生活，必要条件，一是纪律的习惯，一是组织的能力，这种能力和习惯，是有历史性的；要办自治，自然要养成他这能力和习惯。所以地方自治，决不能限期完成，西洋人近代潮流，是讲的个人主义，他们因从来团体力量太大，个人受了牺牲，不得不尊重个人自由，抬高个人在团体上的地位，所以有这个人主义潮流。中国人要散中求合，不能再学西洋走个人主义的路。而且从个人主义出发的讲权利，从社会主义出发的讲义务，西洋最近潮流，是反个人主义的潮流，讲的是社会主义，要抬高团体，对于个人讲统治，讲干涉，讲社会本位，有法无情。这两种潮流，都不合中国人的需要，用近代潮流，固使中国分散。用最近潮流，也是扶不起民众的组织。

乡学村学，乃是西洋两种潮流外的一种方法。这种方法，就是根据中国伦理的民族精神而来，伦理究竟是什么，就是说人生是在相互关系中过生活。单是一个人，不是伦理。中国人，你要和他讲团体，讲个人本位，他都不知，中国人恰好是家庭伦理关系。以情谊为本，因情而有谊；中间最可注意的，是双方互以对方为重。这就是伦理精神吃紧处。从此发挥推广移转到分子与团体一伦上面；使个人尊重团体，团体也尊重个人。乡学村学，是要老百姓认识人生相互依赖的关系，从而相互尊敬，彼此重义务不重权利；因权利观念使人分，义务观念使人合，以伦理的精神组织团体，用礼而不用法，讲让而不讲争。在乡学村学结成团体，不仅是合力自治，且更有勉人向上的意义；他的精神，自蓝田吕氏乡约而来，要大家齐心向上学好求进步，学长即师长，他的责任在督教，领人向上，不含法律强制的意味。法律爱惜人的意思少，礼教则爱惜人的意思多。学长介在众人和理事之间，纯以善意周旋督教，是合于中国伦理和礼教精神的。培养团体生活，引进科学技术，是乡学村学的责任，他是一个常驻的社会改进机关，他相当于江南的改进会，有计划方向，启发农民能自动自主自决，不加干涉督迫，使之过团体生活，渐渐开胃口，曾记浙江建设厅为改良蚕种，派许多委员下乡，强迫遵行，结果委员反被农民拖打，既不经济，又无实益。我们的村学乡学办事，开始对于农民，是提引问题，商讨办法，而后鼓舞实行，自然可免此弊。乡学村学恰比一座桥梁，外面的世界与内地的乡村，借此可以往来相通，希望最后一天，能使外界与乡村成一水平线。所以非有团体组织，不能引进科学技术，将来团体组织与科学技术辗转推进，不惟能使中国社会进步，并可补西洋人的缺欠。近代科学技术为私的个人利用不是公的社会利用，所以发生独占偏私阶级的流弊。我们的主张是使社会利益普及人人。总结一句，就是以中国人生的精神，容纳西洋技术科学，开创新文化，这就是乡村建设的终结目的。

此外关于自卫农事改良，合作，金融，卫生，及研究院内部组织，梁氏约略均有说明。本报告另有专项记载。兹不赘。

第三节　组织

研究院设院长副院长，下有秘书。院内除院长秘书外，分八个部分办事，即研究部，训练部，社会调查部，总务处，乡村服务指导处，图书馆，医院，农场；各设主任一人。研究训练两部，为造才机关。训练部又分数班，各置班主任一人；指导学生作业，任陶炼管理之责，调查部，办理社会调查事务；总务处，又分文书稽核会计庶务注册出版六股，分任事务。指导部为指导学员在外工作之中心；亦为研究部学生试验实习之所。其要项：一为服务指导，即派巡回指导员到各县民众学校指导如何进行。一为教材编辑，即编辑民众学校教材是。图书馆，每月有专款二百元购书。医院成立未久，设在城内，规模亦粗具。农场，设在院南半里，当黄山之背；有房屋六十余间，计有地二十官亩，除房屋外，尚有隙地为饲畜养蜂育蚕及各种园艺之用；并另租有附近民地四十余官亩，作试验各种作物育种之用。二十三年，又在孟家坊租地一百三十五亩，为繁殖美棉种子之用。此外在菏泽设有分院，分院长由院长荐请鲁省政府任命，其详见修正组织大纲。

第四节　计划

关于乡村建设实验的计划有八项大纲，细目则条分缕析，亦至完美，兹将大纲抄录于次，细目则见他的刊物，兹从略。

（一）关于县行政组织自治组织及社会改进机关之计划。

（二）关于改组团警，及充实民众武力之计划。

（三）关于诉讼事件之计划。

（四）关于省税收入及县乡财政之计划。

（五）关于设置金融机关之计划。

（六）关于教育之改进计划。

（七）关于农林畜牧水利道路工艺之计划。

（八）关于合作社之进行计划。

以上是具体的计划纲领，此外还有近于理论的进行标准八端，摘录于下：

（一）树立信用　（二）尊崇贤能　（三）调查户口

（四）祛除蚕害　（五）撙节费用　（六）扩充生计

（七）整顿自卫　（八）政教合一

上列标准与大纲，大团前往邹平实地访查，虽未全部推行，然考其实验工作，确系依所定纲目针对标准以趋。若再假以年月，财源稍裕，无其他意外障碍必可次第与举，梁氏主持乡建实验，一以教化为本，除自卫外，不假权力，纯用涵泳优游功夫启发地方自动力量。此项办法，成功虽缓，果能用力日久，水到渠成，自然滂沛莫御。此殆见道深笃得古人为政之体之处，吾人似不可忽者。

经费　研究院经费，由省库直放。自二十年度起，全年经常费为十万零七千五百八十元。临时费另文请领。嗣因事务加多，岁有增益，二十三年度概算，为十一万六千七百余元。计俸给六万二千余元，办公及购置费，二万八千余元，学生津膳，二万五千余元，余为招待费。此其大较也。

第二章　邹平实验县

第一节　概况

邹平为山东小县，位于省之中部，距济南一百七十里。离胶济路周村站三十五里。面积凡二万六千余方里。居民十五万四千人，境内西南多山。果木如桃杏柿之属颇盛。西北较平。人民以农为本，男重耕耘，女勤蚕织。土地分配尚匀。无大地主。居民重迷信，多早婚，然质朴有古风，经费不发达，商业无可言。市集有定期。无论城镇均五日一次。届期，担挑车马云集，土货满地陈列，县内纵贯的有周青汽车道。横贯的有小清河，交通尚称便利。自乡村建设研究院成立，划邹平为实验县后：陆续改变县与县政府之组织设乡学村学，改进联庄自卫，成立棉业等合作社，建设农场，开创医院，造就乡村人才，这个蕞尔的小县，遂为中外人士所注目。考察参观的人，不绝于途。他训练出来的人，不独在邹平服务，并布散于鲁东旧济南道所属各县，办理乡农学校。（即乡学村学），分院设鲁西菏泽侧重地方自卫人才的训练。山东省府最近并划鲁西十县为自卫实验区，受该分院之指挥。

邹平县政改进，系根据实验区办法，与其相关系各案，如县政改革案，地方自治改革案等。又山东省乡村建设研究院院长梁漱溟先生所述明之乡村建设理论，其目的则在于改进县行政，与改进社会，促成自治。换言之，即全力训导全县民众，使均能有德信，有知能，有组织，有纪律，富于生活能力之现代人生态度。由此各个份子之结合，而成为一健全之县自治单位，以为省自治之基础。工作程序，据梁漱溟氏讲述，"殆必自下而上然后可，即必自社会改进入手，以次及于自治推行，行政改革也……"同人等既认识邹平实验县政之根据，目的，及其工作程序，合乎现代社会之要求；乃于冰天雪地之时，同赴城乡，切实考察，或承主管人员言论介绍，或到实施场所，实地观察，始悉崖略。兹为便于叙述起见，分门别类，列举于下。

第二节　行政组织

邹平为鲁省三等县，在未划为实验县以前，其行政组织，与其他县份相同，无待赘述，自二十年六月奉山东省政府指定为实验县区后，其行政组织，在县政府方面；县长以下，设秘书及一、二、三、四五、五科，各科设科长，第一科科长由秘书兼任；存留原有之公安局，另设民团干部训练所，由县长兼所长，下设督教练一员。并有县政会议，县地方会议，及各种专门委员会之设立，县长系由研究院荐请省府任命，除受省府及研究院之指挥监督外，其他各厅处不加拘束。至县府之秘书科长公安局长及技术员四人督学二人，科员十四人，概由县长遴用，报请研究院备案。其办事员十一人，录事十人，均由县长自行委充。至县下之区镇公所，近渐废除；所有向来由区公所办理之行政事务，改由乡学之乡理事办理，由乡镇公所办理之行政事务，由村学之村理事负责。惟邹平实验县政府组织暂行办法，自施行以来，发现尚有应行修改之处，据该县王县长声称业经呈奉山东省政府令准，于本年一月一日起施行。除以前组织，业经述明于上外，兹将改正事项，较为重要者分录于后，（一）将公安局民团干部训练所及政务警各名义，一律裁撤，俾原有薪饷，少设官佐，增多兵额，编制于下两部。（甲）警卫队若干名，此队纯以曾受联庄会训练之会员调充之，授以较深军事技术，使之担任剿匪游击保卫城防。服役以四个月为一期，期满归农，轮流值调。（乙）行政警察队若干名：此队以公安局民团政警之精干者选充，概施以公安政警应具之常识与训练，俾催粮，传案，值岗，卫生，户籍，及协剿匪盗等事，有充分之能力。两队各设队长一人，队长下设书记及班长若干人，均直隶于县政府。（二）县府设乡辅导员办公室，为各乡辅导员回县时交换意见，商治公务之地，隶属县长。

第三节　县以下地方组织

邹平县政府以下的地方自治组织，原照中央法令划为区，乡，（镇）间，邻四级，编全县为七个区，一百五十七乡镇，所有间，邻，亦经编组就绪，及划为实验后，将原有之区乡镇废止，县以下之层级，改为乡，村，间，邻，四级；按照户口地势，社会习惯等情形，除城区外，划分为十四乡，冠以第一第二等次序。乡以下为村，村仍用旧有地名，村以下的间邻不改旧制，此县以下自治区划层级大概。目下乡有乡学，村有村学，间邻各有长，形式上的自治，虽已组成；但因人民团体生活纪律习惯，尚未充分养成，暂不承认其为正式自治组织，所有各乡村自治事务，用乡学村学制度，试为进行，梁漱溟氏谓为学治主义，又称为政教合一的办法。乡学村学属于社会改进范围，详见后节。

第四节　社会改进机关——乡学村学

第一项　乡学村学之由来与理论

乡学村学，为梁漱溟先生新创之名词，乡农学校，是其前身。梁先生先于各乡设乡农学校，于每区设立一个中心乡农学校，至二十二年七月，始改组为乡学村学。邹平实验工作之主要部分，即在乎此。

乡学村学之详细理论，具见梁先生对本团同人谈话中，兹再概略言之。梁先生感觉得中国人之缺点，是缺乏团体组织与科学技术，但科学技术是工具，有团体组织，方能充分应用，故当以团体组织为先。邹平实验主旨，在建设新社会组织构造，有新社会组织构造，然后引用科学技术，才能永久生根，乡学村学是此项组织之基本细胞，亦即引用科学技术之工具。查邹平县县政建设实验区计划总则内有云："（一）本实验区为改进社会，促成自治，以教育的设施为中心，于乡设乡学，于村设村学，（二）乡学村学以各该区域之全社会民众为教育对象，而施其教育。"由此，可知乡学村学有下列特点：

一、以教育之组织，代替下级地方行政组织，以教育力量，代行政治力量，即以教育为启发乡村自动力之唯一工具。

二、乡学村学之教育目标有二，（一）要求量之扩充，即教育大众化。（二）要求质之改良，即教育生活。

三、乡学村学，处处着眼在促成自治；换言之，系用教育方法，养成人民有纪律习惯，与组织能力，俾乡村中之各个份子，均能健全，然后形成之自治组织，乃系人民自动组织，此种组织才有巩固基础。

第二项　乡学村学之组织

乡学村学，是一承办行政，促成自治而兼教育之学治组合体。就纵一方面言之，是从研究院县政府乡学村学一贯相承之机关，研究院好似总司令部，乡学村学好似下级干部，为乡村建设之基本组织。就其内部言之，有学董会，学长，教员，学众。兹将其组织系统，分别列表说明如下：

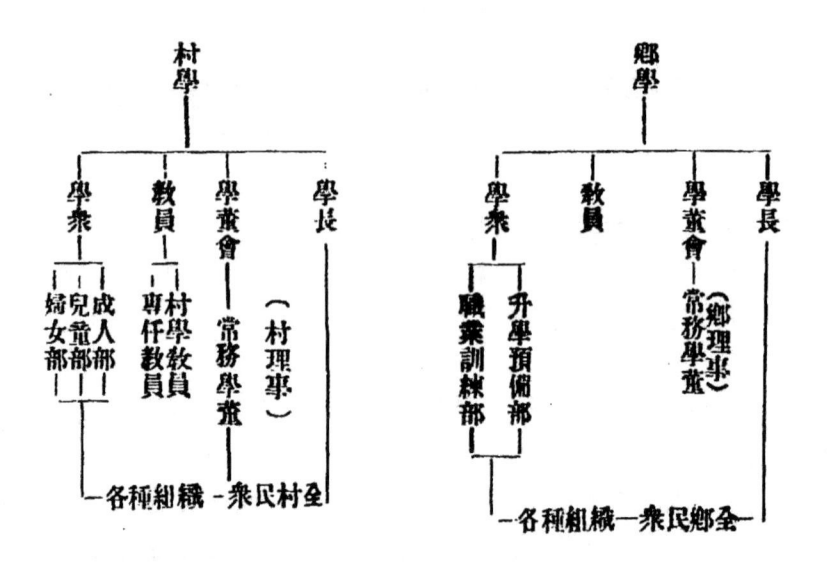

```
村學
 ├─ 學長
 ├─ 學董會 ──（村理事）
 │           常務學董
 ├─ 教員 ── 村學教員
 │           專任教員
 └─ 學衆 ── 成人部
             兒童部
             婦女部
   ── 各種組織 ── 全村民衆

鄉學
 ├─ 學長
 ├─ 學董會 ──（鄉理事）
 │           常務學董
 ├─ 教員
 └─ 學衆 ── 升學預備部
             職業訓練部
   ── 各種組織 ── 全鄉民衆
```

学董会——组织村学乡学为学董会。学董会内各学董之产生，村与乡略有不同。村学学董，系由县政府所派之辅导员，在各该村中长期访求考虑，遴得相当人选，经集商村众同意后，由县政府函聘三人至五人为学董，组织学董会。学董任期一年，期满经县政府继续函聘者，仍得连任。

乡学学董分当然与聘任两种，以本乡各村村理事及未设村学之各村村长为当然学董；并由县政府礼聘资望素孚热心公益者一人至三人为聘任学董，组织乡学学董会。当然学董任期。以其充任村理事之任期为限，聘任学董任期一年，期满经县政府继续礼聘者，仍得连任。村学乡学学董会，均互推一人为理事，并得以其他学董为助理员，办理全区乡镇公所之行政事务，暨选择校址，聘请教员，推举学长，劝导学众入学等事宜。此村学乡学，不仅是教育机关，并且为自治团体；对县政府令办事件，仍如区乡镇公所。

学长—村学乡学，均有学长。由各该学董会依该区民众群情所归，推举□德并茂者一人，经县政府礼聘主持一村一乡之教育，为各该区民众之师长，不负事务责任。于乡村中子弟有不肖者应加督教，有争讼者，应加调解，且监督理事而调护之，自处于超然地位。

学众—即一村中或一乡中一切人等，以一村之众为村学学生，以一乡之众为乡学学生，所以称学众，狭义则指一般民众，广义则学长学董亦均在内。学众各人，均应齐心学好，向上求进步；合起来方成一健全之团体。

教员—教员是村学或乡学聘请之先生，多属研究院训练部或研究部毕业。据梁先生谈："教员责任，不以教书为足，且不以能教校内学生为足。1.应时常与村众接头谈话，随地尽其教育工夫。2.应注重实际社会活动，向着一个预定目标进行。3.更要紧的，是吸收阖村民众，喜欢来村学里聚谈。"

辅导员—辅导员虽是县政府所派，不属乡学村学组织内之人员；但与乡学村学有密切之关系，故并叙及。查邹平县政府第五科，原有教育委员三人，担任下乡视察工作，现改为辅导员；各乡学内亦增设一辅导员。其工作除担任乡学功课，暨辅导乡学学长学董理事教员各尽职责外，并巡回视察指导各该乡学所属各村学及小学种种活动，常在乡村，惟回县参加县教育行政会议。由此可知辅导员是政府与地方间之联介而沟通之人员；一面代表县政府传达意旨于地方，同时将地方情形与公意转达于县政府。在县政府认辅导员是最能了解地方情形之人，在地方认辅导员最能通悉政府办法之人。

总之村学是以阖村为一学校，其目的在一村向上求进步，举村中老年厚重，品学兼优者为学长。以年富力强，善于办事者为理事。以具有信用资望者为学董。领导学众齐心学好，还恐知识不足，更请两位教员来指导一切，此即村学之组织。凡事务非一村所能办，必须邻近数村（一乡）联合进行者，此时即需品学资望更高者出而领导，多请几位教员来负责，此即乡学之组织。村学是乡学之基础，乡学为村学之上层；村学乡学均有好的领导，使众心翕合，则散漫之学众，渐能凝合一体，发生团体之作用，养成自治之能力。

第三项　乡学村学之工作

照乡学村学办法规定有"视力之所及，又事之所宜"，及"相机倡导。"等语。可知乡学村学之工作，全凭机会，尽量去作，不事勉强。但其目的在改进社会，所牵涉之范围，自不限于某一面，然入手办法，是以教育启发地方。兹就其办法上所规定之甲乙两项工作，分别言之。

甲项工作，为学校式之教育工作。此项工作，原以成人为主。但因应社会之环境，先设儿童部，后设成人部夜班，俟博得学众信仰，亦可成立妇女部。至如蚕业棉业等生产技术：有因时训练农民之必要，虽农忙时，亦宜有一种临时课业之进行。

乙项工作，为社会式之教育工作。此项工作，包括社会建设事业暨社会改良运动两大类。不过社会改良运动，与社会建设事业，有时亦待学校式教育而后完成。如节育卫生等知识方面，须于成人部妇女部传习之。此时孰为甲项工作，孰为乙项工作，即难强分。两项工作连锁如环，学校式教育社会式教育适宜应用，乃乡学活动之极则。又乙项工作，实为乡学村学之主要工作，全在村学或乡学教员，以教师之地位，常与村众领袖聚会一所，即易"提引问题，"问题既提引出来，即"商讨办法。"既商讨有好办法，即"鼓舞□行，"有因势利导之功，无强制机械之弊。由此观察，则邹平教育之内容，有可得而言者。

一、是人格教育，以精神陶炼，使一乡一村之人，向上学好，所谓以固有伦理之精神，养成重礼教，讲道德之风气。

二、是生产教育，指导老幼男女以合作改良之方法，发展地方经济，以重民生。兼养成团体纪律习惯，启发其组织能力。

三、是经济之方法，以少数金钱劳力，收较大之效果。如露天讲堂共学处学团制种种方法，期于短期内将义务教育民众教育普及。

第四项　乡学村学之经费

乡学村学经费，以自筹为原则；亦有由县政府补助者。学长学董助理员为无给制；辅导员薪资，由县库支给。此就其章则上规定言之，兹将同人参观第十一乡王五庄乡学及孙家镇村学情形，分述于后。

孙家镇村学，已设儿童妇女成人三部，月共支经费约九十余元。村学教员二人，月各支新洋十五元，由县库补助。专任教员二人，月各支薪洋十五元，办公费洋约三十余元。均由该村自行按亩摊筹。

王五庄乡学，已设青年部之高小两班，青年补习班一班；附设女子初小一班，与王五庄村学合级分团教授。其月支经费，理事二十五元，教员四人，有三十元，二十五元，二十元不等，征训员八元（另由县库补助七元）工友二人，各支洋二元，办公费洋五十元，月共支经费洋二百二十元。县政府每月补助一百二十元；其余之数，由该乡按亩摊筹，每亩年捐洋四角八分。

上项经费，均应于每年开始时，经学董会筹划，编造预算，呈由县政府核准；年终造具计算，报请县政府备查。该两处经费之筹给如此，其他各村学乡学亦多类是。

第五项　乡学村学实施现况

邹平全县十四乡，乡学均已成立，村学已成立五十余所。同人等抵邹平之第三日，承研究院派员领导赴乡村参观，先到孙家镇村学，后到五五庄乡学。孙家镇村学校舍，系就原有民房，略加修理，教室二间，办公室一间，教员四人，设有儿童成人妇女三部。据该学教员谈：因教室及设备不敷应用关系，在教学时间上，系采用时间制，儿童整日上课，妇女半日上课，成人于晚间七时至九时上课。又因学众智愚不一，兼采用活动分团制。儿童部学生约六十人，男女分级教授，学生衣服尚属清洁。成人部妇女部以未在教学时间，无由窥其全貌。此外有户口调查，以研究院训练部同学下乡实习者为调查员，由村学理事教员协同办理。统计表册，极为周密。又有合作社放足会等组织，办理均甚得法。其详细办法，另文叙述。

第十一乡以原第六区王五庄孙家镇霍家坡等村庄属之，以王五庄为乡学所在地，故简称王五庄乡学。乡学内设立之青年部，有高小两班，补习班一班，共有学生九十人。附设女子初小一班，与王五庄村学合级分团教授者，约有男女学生五十人。青年部学生，多在校内食宿，寝室被褥，均甚清洁，同人等参观将竣，学生推派代表要求吴副主任景洲训话，讲题为"小学生将来之责任与今日之修养"。讲毕，各学生皆喜形于色，掌声雷动。该乡学青年部课程表上，规定下午第一次课为试行导生制，各学生分赴附近各户，教授无力就学儿童。同人当即分途视察，见有引导儿童唱歌游戏者，有就门侧教授生字者，各导生均能感觉兴趣，努力从事。又有高才生二人，逐一检视，遇有错误，即行纠正。钟点到时，由校中鸣号集合，继续上课，又有学务会议，开会时，学长学董教员常务学董皆列席，小事交教员等执行，大事交学董会解决。又有联庄会，于每月举行乡射礼一次，详细情形，容俟自卫章内说明，此外尚有合作社，因未到工作时间，未便前往参观。

第六项　乡学村学之改进

梁先生觉得过去工作，有三点错误与缺陷。（一）乡学村学教员于材料方法技术上太形缺欠，太不够用，是由县政府研究院供给不足之缘故。（二）在过去县政府对于进行上用力过多。（三）在乡学组织上缺乏中心，且过去一年，侧重乡学，忽视村学，形成一种本末颠倒上重下轻之局面，现在确定纠正之办法，亦分三点。（一）成立实验区设计委员会，内分教育，建设，合作，经济五组，以充实后方。将研究所得，输送供给于前方。（二）县政府只作预备工作，一切事业，听乡学村学自动计划进行，不以命令强制。（三）乡学以理事为中心，辅导员主要之任务是辅导乡理事，学长亦可谓为乡理事之学长，虽不隶属于理事，却须以理事为中心，此现在补充三点之大概情形也。详见乡学村学具体办法。

邹平县实验区设立乡学村学办法

一　总则

一、本实验区为改进社会促成自治，以教育的设施为中心，于乡设乡学，于村设村学。

二、乡学村学以各该区域之全社会民众为教育对象而施其教育。

三、乡学村学以各该学童会于县政府之监督指导下主持办理之，学童会之组织另订之。

四、乡学村学由各该学董会依该区民众群情所归，推举齿德并茂者一人经县政府礼聘为各该学学长，学长主持教育，为该区民众之师长，不负事务责任。

五、乡学村学之经费以由地方自筹为原则，但县政府得酌量补助之，其补助办法另订之。

六、乡学村学之一切设备为地方公有，应开放于一般民众而享用之，其管理规则由各该学董会自行定订之。凡各地原有之体育场图书馆等，均应分别归并于乡学村学设备中而统一管理之。

二　村学

七、本实验区各村为改进其一村之社会，促成其一村之自治，依法组织村学学董会，推举村学学长后得成立各该村之村学。

八、凡初成立之村学在一年以内，其教员之一人或二人以县政府之介绍而学董会聘任之，其薪给由县款支出之，一年期满后应由其地方自行聘任，自行供给之。

九、村学受县政府及乡学之指导辅助，视其力之所及又事之所宜，进行下列工作。

（甲）酌设成人部妇女部儿童部等，施以其生活必需之教育，期于本村社会中之各分子，皆有参加现社会并从而改进现社会之生活能力。

（乙）相机倡导本村所需要之各项社会运动。（如禁缠足戒早婚等）与办本村所需要之各项社会建设事业（如合作社等）期于一村之生活逐渐改善，文化逐渐增高，并以协助社会之进步。

十、村学为行教学应有之分部、分班、分组等编制，办法另定之。

凡村学成立之村，其原有之一切教育设施，如小学校民众学校等应分别归入前项编制中，以统属于村学。

十一、村学学长为一村之师长，于村中子弟有不肖者应加督教，勿使陷于咎戾，于邻里有不睦者，应加调解勿使成讼。

十二、村自治事务，经村学之倡导村理事负责执行，而村学学长立于监督地位。

十三、村理事办理政府委任事项及本村自治事务，除应随时在村学报告于村众外，每月应有总报告一次。

三　乡学

十四、本实验区各乡为改进其一乡之社会促成其一乡之自治，依法组织乡学学董会，推举乡学学长后得成立各该乡之乡学。

十五、凡初成立之乡学在一年以内，其教员之一人或二人以县政府之介绍而学董会聘任之其薪给由县款支出之，一年期满，应由其地方自行聘任自行供给之。

十六、县政府于各乡学得派辅导员辅导其进行。

十七、乡学受县政府之指导辅助，视其力之所及又事之所宜，进行下列工作。

（甲）酌设升学预备部、职业训练部等。办理本乡所需要及所属各村学独力所不能办之教育。

（乙）相机倡导本乡所需要之各项社会改良运动，兴办本乡所需要之各项社会建设事业。

十八、乡学对于所属各村学之一切进行，应指导辅助之。

十九、乡学为行其教学应有之分部、分班、分组等编制，办法另订之。

凡乡学成立之乡，其原有之一切教育设施，除应编归村学不计外，如高级小学民众学校，高级部等，应分别归入前项编制中，以统属于乡学。

廿、乡学学长为乡之师长，于乡中子弟有不肖者应加督教，勿使陷于咎戾，于乡邻有不睦者，应加调解勿使成讼。

廿一、乡自治事务，经乡学之倡导，以乡理事负责执行，而乡学学长立于监督地位。

廿二、乡理事办理政府委任事项，及本乡自治事务，除应随时召集所属各村理事在乡学会议进行外，并应每月举行例会一次。

廿三、乡学村学之设立，以政府办法地方乐于接受，地方自治政府善为接引为原则，无取强迫进行。除乡学因关系地方行政较多，须于本实验区工作开始后三个月内一律成立，以应行政上之需要外，其村学应逐渐推广成立，不定期限。

第五节　乡村自卫

第一项　自卫要旨

邹平乡村自卫办法，系参酌瑞士民兵制度之方式，及中国古乡约之遗意；同时寓教育于军事，寄军令于内政，不仅在消极的自卫，而尤在积极的自强。其训练自卫要旨："在团体纪律，民族意识，思想陶冶，知识灌输，务期兵农不分，文武并重，以成人教育为精神，以军事训练为骨干，以普及教育为前提，以推进乡村建设为归宿，"实于政教养卫四方面，皆兼筹并顾，无所偏废。农民受训时期，虽仅两月，但回乡后，仍在乡学村学领导之下；每月举行"乡射礼"；每年冬季有十五日之集合训练，秋冬复举行区检阅二次，县检阅一次。目前更有进一步之计划，拟将受过训练之农民，担任警卫队，服役四个月，轮流值调，以资深造；有鼓舞之方，有统率之法，有教化之道。其精神之团结，编制之周密；在目前消弭盗匪，保卫闾阎，已属不成问题。惟其最后目的，尤在试行民兵制度，以适合国防之要求。自卫实验报告云："进可为良兵之基础，退足为良民之模范，平时可以保地方之治安，战时即以御侮卫国。"但使宽以时期，努力推进，自属确有把握。于自卫之中谋自强之道可谓能见其大矣。邹平主办自卫者为王怡柯氏，即现任县长，王氏著有人民自卫研究一书行世。此次为吾人讲述邹平自卫法甚详。菏泽县亦同在山东乡村建设研究院领导之下，其办理自卫方法，与邹平大致略同。但其范围较广，进行更速。特将孙廉泉氏讲述菏泽实验县概况载于附录中。

第二项　干部人员之训练及任务

一、民团干部训练所之组织：民国二十二年七月将原有民团大队部取消，以原有经费，成立干部训练所，县长兼所长，置督教练一员助教二员。以下为两分队，一为征训队，即乡队长之预备人才；一为干部队，即选留之民国士兵及警士。二十三年七月为第二次之改组，于督教练以下设军事教官，民事教官，助教各一人，直辖各乡队。裁撤干部队征训队，暂设卫士班。各乡队长集中所内，即干部学员；散之于乡，则执行乡队长识务。以后各种训练事宜，仍归该所办理，教练入村，随时由研究院拨调。

二、征训队之训练，由各乡理事选择本乡年在二十以上廿五岁以下，具有高小毕业程度，且有身家财产者保送四名，经该所考取二名，连同额外添取数名，共三十三名，四个月为一期，除整个士兵训练外，并有自卫要义，经济常识，社会调查，棉业合作，精神陶炼等功课。结业后，派充乡队长。二十三年夏初复调回本所，加以两个月之补习训练。

三、征训员之任务，征训队结业后，最初派至第一期联庄会训练班充排长，使与本乡受训之联庄会员，相习相敬，俾返乡后能负统率教练之责。期满后旋按工作成绩，派充乡队长及副队长，受乡理事之指挥监督。乡队长主要任务，为指挥联庄会员，维持治安，及考察村组长之勤惰。他如宣传政令，协助建设，训练民众，户口调查，人事登记，皆为应尽之义务。此外遇有鸦片毒品。赌博淫戏，败坏风俗，及形迹可疑之人，皆应禀报乡理事核办。非时间急迫，不得擅自行动。乡队长月饷十五元，本乡支八元，县府支七元。

第三项　联庄会之组织及训练

一、联庄会训练班之组织，联庄会为鲁省乡村自卫组织通行之名称，邹平自卫实验办法，系以训练联庄会员为基本工作，每期训练班设总队长一人，由县长兼任。内分总务教育两组，组主任由县府科长兼任，以下分四队，设队长，由研究院军事教官及干部训练所官长分别兼任，每队分三排，设排长，由前项征训队学员，分别担任。

二、联庄会员之训练　本县人民，凡年在十八岁以上，二十五岁以下者，皆有入伍受训之义务，以财产多少为受训先后。第一二两期，每间征调一人，计已受训者一千一百七十余人，名曰联庄会训练员；名为训练员者，所以别于普通未受训练之联庄会员。现仍陆续征调训练，每两个月为一期，除注重军事教练外，尤侧重成人教育，其功课为党义，乡村建设，法律常识，棉业合作，农村问题，精神陶炼等。其不识字者，则另为一班，由教育局长率师范生分别讲授，并就操场画地学书，颇能启发其兴趣。初期四十五日，全县混合编制，最后十五日，按各训练员住居地方编为十四乡队。每队按各人所居村庄分为若干村组，乡有乡队长，村有村组长，层层相维，以确立地段部队之基础，每人两月伙食服装等费十一元，由各本村担任呈缴。

三、训练村组长　上项训练员，按每村编为一村组。互选村组长副组长各一人，受乡队长及村理事之指挥监督。全县共有村组长一百零八名，分期调集干部训练所，重加训练，名曰"村组长训练班。"四个月为一期，每期三十六名，分三期训练完毕。其训练方法与征训队略同。将来乡队长出缺，得以村组长尽先补用。

四、训练员之任务　训练员结业后，平时解除武装，各安本业，奉有征调及会操命令时，即由村组长率领。整装出发；遇水火盗贼之警，村组长应召集训练员并村民一致扑救。此外如鸦片赌博淫戏败坏风俗及形迹可疑之人，村组长及训练员皆有举报之责。

五、训练员之枪械。邹平规定农民有丁银二两以上者，须自购来复枪一支，四两以上者购抬枪一支，五两以上者购快枪一支，故民有枪支，甚为普遍。训练员本人如无枪支，应由村理事转借使用。

第四项　训练后之活动

一、乡村典礼　乡射礼亦称打靶会，表面似专为演习武术之场合，实则包含整个之"学治"精神。每月开会一次；开会时上午先由学长训话，辅导员讲述乡村各项问题。乡理事报告县政府及本乡本月工作及下月计划；各村庄应办而未办者则向各村训练员诰勉。各村应与应革事项或困难问题，则由村组长提出报告，请求解决。同时列席各学董教员发表意见或致训词。会毕聚餐，餐前唱歌餐后休息，大有古"春社""秋社""乡饮酒"之遗意。过午乡队长指挥开始打靶及校阅国术；并由学长择优给奖，受奖者依式只领。最后全体向师长行礼，由村组长分途率领回村，到村则向村理事报告开会情形后始散队回家。上项聚餐费及奖品费，概由干部训练所节余项下拨付。该县呈报办理自卫文有曰，"军事组织与地方自治，既浑为一体；民众习礼与国家治兵，又融为一事，即文即武，即兵即民。……"可谓知治本矣！

二、调集及检阅　联庄会训练员以二个月之短期训练，技术不精，动作不熟，除每月举行"乡射礼"外；并规定每年冬季作十五日之召集训练。定期检阅，分为两种。一为县检阅，县检阅每年一次，定于双十节召集城内举行。区检阅每年两次，由县长亲临各区于春冬举行。不但熟练技术并可团结精神。

三、新定服役计划　邹平现正计划编组警卫队，即以受过训练之联庄会员调充队兵。服役以四个月为一期，期满归农，轮流值调，籍作寓兵于农，推行民兵制之实验。原有之公安局民团政警三部分，一律裁撤，即以警卫队负治安之责，并就原有薪饷，减官增兵，发挥更大之效力。此外另置行政警察若干名，即选原公安局团政警之精干者充任，详情参阅第二节行政组织。

第五项　经过之困难

第一期征调联庄会员受训时，全县哗然，谓将开去打日本者有之，谓为省主席招兵者亦有之，因而被征调之家属，日夜惶恐，若大难之将临，隐匿畏避，在所难免。不得已乃行抽签法，每闾以中签之一人应征。第一期计五百余人，其中农家子弟居十分之八九，亦有少数雇人代替者。初入伍时，有六七人乘间脱逃，迨训练三星期后，人人皆感觉异常兴趣，迄无潜逃情事。受训中曾放假三天，令回家省亲，并宣传训练联庄会之意义，乡人始尽释然。三日假满回所，无一人迟到者，及第一期结业回乡，征调第二期会员受训时，人民皆争先恐后，要求受训，甚至有控告乡理事未予保送者。邹平第一富户李某年已五十六岁，亦来投效受训，至是诚信已立，风气已开。不但二三期征集训练，异常顺利；即平时会操检阅服役剿匪，时时征调，皆无问题。

第六项　已收效果

邹平办理自卫目的，原不仅在消极的自卫，而尤在积极的自强，已于第一段述之。创办未及二年，渐著成效，为国人所盛称。将来环境若何，进步若何，固属不可预期，但就目前之成就观察，已有足资称述者。

一、保卫治安　邹平全境并无驻军，电话网分布各乡，遇有警报，临时调集受过训练之联庄会员，异常迅速。二十三年七月后乡队长常率领一班会员巡逻设卡，一时全境皆有武装会员之足迹。是时县境外数里，即有抢劫绑票案件发生，而宵小匪徒及贩毒品者皆相戒不敢入邹平境内。

二、推行政令　受过训练之会员，对于政府皆有相当信仰，政府一切设施，令其转向乡人，宣传推进，效力甚远，又于乡射礼中有互相商讨之机会，上下感情，无所隔阂。

三、感化愚顽　一二两期受训之会员中，亦有少数无赖青年腐化份子，结业后多能改正行为，变化气质。其家人到所道谢者有之，不识字者亦渐能唱歌识字。

四、复兴礼教　以尊师敬老，入孝出弟。教化青年。并以古代"乡饮酒"之精神，施于民众习武之场合中。将来由此造成伦理的社会，亦属可能。

五、团体生活　农民乡居散漫，不相往来，团体组织，无从产生。自经受过训练后，彼此情谊相通，关系接近，皆感觉团体生活之乐趣，由此发挥团关功效，办理自治合作诸事业，自属顺易。菏泽自卫与邹平互有异同，菏泽办法，可参阅附录三之孙廉泉氏菏泽县实验概况。并将邹平实验县联庄会训练暂行办法既训练员组织与服务规则附后，用资参证。

邹平实验县联庄会训练暂行办法

一、本办法于地方需要，并参酌山东联庄会训练简要办法及本县充实民众武力注重成年教育之实验计划，另定之：

二、本县人口约计二万七八千户，以每二十五户为一闾计之，约计一千二百闾　每闾拨选二人须年在二十五岁以下，十八岁以上，有身家田产者为合格，到各该乡学考试，取录一人，送县集中受训，名曰联庄会训练员，计全县可得一千二百人除寄庄户及闾之编制有合并或□零不计外，至少以一千为足额，名曰连庄会训练班；分两期受训。每班受训者约为五百人；其同□受训先后有争议时，在乡学用抽签法定之。

三、每期训练员受训期间定为两个月，自本年十二月十二日起至廿三年二月十二日止（旧历十月廿五日起至腊月廿五日止）为连庄会训练班第一期；自廿三年二月廿三日起至四月廿三日止（旧历翌年正月初十日起至三月初十日止）为第二期。以后视地方情形及农事忙闲，再定继续拨选训练办法。

四、每期训练班设总队长一人，由县长兼任。下分四队，队设队长，主持全班训练计划及事务之进行，由研究院军事教官及民国干部训练所之官长分别兼任。每队分三排，排设排长，由民团干部训练所征训队毕业学员分别担任。每排分三班，班设正副班长，由征训队毕业学员及选拔受训人员中之粗通军事者充之。

五、每期训练，除军事训练由上条所列人员分别担任外，关于事务方面设总务组主任一人，以本府第三科长担任之；关于教育方面设教育组主任一人，以本府第五科长担任之。

六、总务主任以下设会计，庶务，文书各一人，由县政府及民团干部训练所人员兼任之；有必要时，得设临时雇员一人协助办事。教育主任以下设军事教育，成人教育教官各一人，军事教育教官由民团干部训练所督教练兼任之，成人教育教官由县政府第五科科长兼任之。

七、各队设书记司事各一人，由征训队毕业学员充任，分担各队文书庶务事宜。

八、训练课程，除参照山东联庄会训练简要办法外，注重人格陶冶及乡村建设之常识，其纲目另定之。

九、训练地点暂假研究院。

十、训练员所需火食服装杂费等项，统由该员本庄公摊；每员两个月所需各费，共计定为十一元，入班受训时一次带来交本县农村金融流通处备用，毕业后有余仍退该庄，（服装；土制毡帽一项，粗布蓝棉袄一件，裹腿一副，统由所带十一元内摊付）

十一、各训练员应各带本庄公私所有之枪械一枝，无快枪者可带来复枪；均归各本庄庄长或乡村理事设法筹措。

十二、本班关于教育及事务，遇必要时得请研究院教职员分担讲授及协助。

十三、本班所需设备，仅□借用研究院及民团干部训练所之家具图书，不另购置；其必须临时添置及消耗者，得于训练终结后，据实开列呈准于地方预备费内支付之。

十四、每班训练中前四十五日依军队编制，各乡受训人员混合组织。届末十五日则按各人住所分乡分村组织编制；每乡设乡队长一人至二人，以征训队学员充任；村设组长，以受训练人员成绩较优者充之。以上各按地段编成部队，为实行本县实验计划所列之民兵制度基础及乡村建设之中心组织。

十五、各乡受训人员毕业后之服务规则及继续召集训练办法，另定之。

十六、本办法呈准研究院转呈省政府备案后施行。

邹平实验县联庄会训练员组织及服务规则

一、本规则根据邹平实验县连庄会训练暂行办法第十五条之规定，及山东各县连庄会暂行章程所规定会员应负责任各条款，并参照本县实行民兵制度，强迫成年教育各实验计划，订定之。

二、本县联庄会训练队直属于县政府，总队长由县长兼之。

三、训练员毕业后应按所住乡村地段编制，不论人数多寡，各乡编成一乡队，队设正副队长各一员，委征训队学员充之，直隶于各该乡学受乡理事之指挥监督，负维持地方治安并传达政令之责。

四、每编村已受训练之连庄会训练员共编为一村组，互选村组长副各一人，直隶于各该村学，受村理事之指挥监督，其未成立村学之村，受该村村长之指挥监督，负维持地方治安并传达政令之责。

五、各村组长同时受乡队长及村理事或村长命令时，应以乡队长命令为准。乡队长对各村组发布命令除在十分迫切，又乡理事未在乡学不便请示外，应事前秉承乡理事之意旨而指挥其所属各村村组长及训练员。

六、乡理事遇乡队长发布之命令，与处理事务之方法，若与省县法令抵触时，应纠正之，以免歧误而昭统一。

七、各村遇有水火盗匪之警，除本村组长应立即召集本组训练员并村民一致扑救外，并得飞报乡队长及邻近村组长。

八、乡队长遇有水火盗匪事变，应立即指挥邻近有事变各村庄村组长，率所属训练员及村民速为有效之措置，并一面报告县长及乡理事请示机宜。

九、乡队长遇有水火匪盗等事变，本乡实力不克防御救护，或因事关两乡以上时，得直接请邻近乡队长迅予协助，并报告县长及乡理事请示机宜。

十、各乡队长及各村组长闻邻近乡学及村庄有警报时，应立即召集训练员及村民前往努力协助；如临事托故不前，致误事机者，县政府得与惩罚。

十一、乡队长村组长及训练员扑救抵御水火盗匪迅速努力卓著者，由该乡村理事列举事实，由县政府酌予奖励，其因公受伤或致命者，应由县地方公款项下予以医药费或三百元之恤金。

十二、平时除乡队长外，村组长及训练员均不得着所发之服装，非遇匪警或夜间打更时不得持武器，违者处五元以下之罚金，或责打十板示惩。

十三、每月各乡队训练员集合各该乡学开会一次，其日期由各乡学自行酌定呈报县府备案，但于案秋两季，得各停开一次，遇雪雨顺延。其次序如次：

（1）各村组长及训练员，应着所发服装持武器集合于村学或村长门前，报告赴乡学开会，请示有无吩咐之事，致礼而去。依乡学之远近决定出动时间，务于当日上午十时到达乡学，将应到人数，实到人数，报告于乡队长，听候指挥操作。

（2）训练员非有重大事故得村组长准假者，不得无故不到；违者传至乡学责罚。

（3）乡队长于届开会时，向乡理事报告到会人数，请求学长辅导员乡理事及乡学学董教员之在学者莅会训话。其开会仪式如次：（一）乡队长指挥各村组训练员，集合于乡学体育场，向学长辅导员乡理事及师长行礼致敬，学长点名，乡理事唱名毕，团操，操毕，休息十分钟。先由学长训话，辅导员讲述乡村各项问题，乡理事报告县政府及乡学本月工作，及下月计划，其各村庄应进行举办之事未办者，向各该村组长及训练员诰勉！其各村庄有应与应革事情或发生困难问题时，各村组长应即提出报告，以便乡学筹办解决。同时列席各学董及教员发表意见或致训词。（二）十二点会毕午餐，餐前唱歌，餐毕休息。（三）午后一点由乡队长指挥开始打靶并校阅国术，至迟不得逾下午三点钟。（四）打靶及比试国术毕，择优给奖。（五）受奖者向学长行一鞠躬礼，再向全体师长行一鞠躬礼。（六）授奖仪式毕，乡队长率领合队训练员向全体师长行礼，分村组解散。

（4）各村组长率各该村训练员返回村时，先到村学或村长门首，向村理事或村长报告在乡学开会情形及得奖姓名，再散队回家。

（5）回家后即将服装换下折叠收藏。武器系自有者，置放于妥实之处，借自公家或他人者，应即送还不得拖延。

十四、训练员平时应注意查报下列各项人等于乡村长或乡队长请为适当之处置，以免有害治安，败坏风俗！（一）无业游民专为非作歹者；（二）贩吸毒品或鸦片者；（三）交接外来形迹可疑之人者；（四）赌博取利者；（五）演唱有伤风化之淫戏者；（六）宣传破坏中国固有之良好礼教者；乡队长，村队长及联庄会训练员，如有上列情形而不举报者，以渎职论。

十五、乡队长村组长接得上项报告后或自己觉察后，应即禀报乡村理事或村庄长核示办法；自非时间急迫，不得擅自行动。

十六、连庄会训练员如有假借本会名义招谣嚇诈等情事及挟嫌诬告者，以法治罪。

十七、连庄会训练员除乡队长外，概不支领薪饷公费。其为办理公众事务有所使费时，核实报销；事关一村者，一村公摊，事关一乡者，全乡公筹！若事件特别重大，一村一乡财力不克担负时，得请求乡地方县地方设法补助。

十八、连庄会训练员已毕业者，应一律于每年冬季，作十五日之召集训练；其办法另定之。

十九、各乡学关于联庄会训练员每次开会之火食及奖品等费用，平均每员每次按两角计算，总计每月一千一百人（两期合计）该用二百二十元，统由民团干部训练所本年度节余项下拨付，呈请研究院备案。

二十、本规则提交地方会议通过，呈准研究院公布施行。

第六节　地方经济

邹平地瘠民贫，人民男耕女织，过的自足生活，初无所谓经济组织，生产守旧，迄无进步。清末以还，因密迩胶济路之周村感受外人经济压迫，农产品手工业，大遭打击，农村渐形崩溃，人民生计，日趋困境。山东乡村建设研究院，觉建设农村，遏止崩溃，一方面固须培养地方生产能力，引进新的技术；另一方面更须由散而合，使组织团体，发生力量。并按实际需要，通融资金，活泼金融以增加生产上之效用，与改良根本上之生产技术，先从农作物育种，畜牧选种着手，以次提倡改良农村副业，而以合作为中心，地方产业始渐呈沽气。兹就考察所得，分述于下。

第一项　农场

农场为研究院之一部，在县城之东关外，地仅二十余亩，主其事者为于鲁溪先生。以农作育种，改良畜牧，提倡合作为主要事项。内有脱字美棉，高粱，谷子，小麦，大豆，等农作物育种多种，农作物展览会之选种陈列品多件，蚕子沉种及裹棉室，波支猪（美国种）舍，并波支纯种猪，邹平，太原，曹州，等处之猪种多头，来克行鸡寿光鸡（山东寿光县之鸡种）多只，瑞士羊，荷兰牛，各数头，家兔颇多，并有畜牧防疫处设备。每月开支仅三百元，而能领导全县人民，改良农林牧畜，兼防病除害，人才经费，时感竭绌，而其穷干苦干之精神，有足多者。

第二项　合作

一、美棉运销合作　邹平之第六乡至第十三乡，（全县份为十三乡）原为产棉区域，研究院调查结果，积极□棉业之改良，二十一年在第十一乡之孙家镇选择二十三村庄之乡农学校成绩较优毕业生，散发脱里斯美棉种籽□千七百斤，作为表证农家。一切播种耕耘，均受研究院指导员之指导，结果成绩尚佳。每亩比木□种棉花，增收五十斤。惟因市场信用未立，商人又从中操纵；纯种美棉，难售高价。乃进而组织合作社，在孙家镇成立美棉运销合作社，直接公同轧花，运赴济南售卖。计是年售花一万二千余斤，比较普通棉，每百斤价高十余元，乡民获利较厚，欣喜非常。（据于鲁溪先生报告其中亦经过许多波折）就其进展情形而论，二十一年棉田仅六六七亩，二十二年为三四六四亩，二十三年即增至四一二八三亩。合作社二十一年为十五社，二十二年三五社，二十三年即为一二八社。社员二十一年为二一九，二十二年尚仅三〇六，二十三年则为五九七五。其始也各合作社无联合机关，力量甚小，又集各合作社成立梁邹美棉运销合作总社。各合作社金融周周转不灵时，由总社向银行总贷，再行转借各分社。继以总社所负责任过巨，于二十三年将各合作社改为某庄之村合作社，各具其独立性，另由十三乡之合作社各推会务委员一人共十三人，成立梁邹美棉运销合作社联合会，各委员又推一人为主席，总理一切，推二人分别管理司账收花事宜，以为美棉运销之统制机关。并以全县仅一联合会，恐距离较远之村庄，交花不便，复于相当地点，由主席指定三人，一人为主任，二人分任收花管账事务，成立三个办事处。所有会务委员，均系无给职，任期一年，每年改选三分之一。至历年棉花之经济周转，系中国银行之中棉历记公司供给，二十一年贷款三五八三元。二十二年二四一二八元。二十三年第一次贷款七九七五一元，二次又十万元。借款手续，由社员填具借款书，送交村社。（按其所种棉田约计不得超过十分之七）村社接收借款书后，汇送联合会，经会务委员之决议，向金融机关（银行等中棉公司）接洽借款，利息八厘。至其责任，则社员以约契向村社作抵，村社对联合会负保证责任，联合会对银行负担保责任，层层连锁，交相维系，但各合作社均无监察委员会，仅有研究院及县政府所派之指导员一人，指导监督而已。

元月十一日由陈镜人君引导参观孙家镇之梁邹美棉运销合作社联合会，内有轧花机十架，木炭发动机一架，打包机四架，基金仅三千元。而美棉产销，甚形发达，乡村人民，亦极信仰，现在此项收入，年已增至三十万元。地方生计，日渐充裕。本年尚拟继续推广，未来事业，极可乐观。

二、机织合作社　织布为邹平农村副业之一，但均系旧式土布，年来几为洋货所夺。二十一年研究院曾买新改良机十余架，由各村合作社借用，聘请山东厚德贫民工厂技士三人来县指导，另以县立贫民工厂基金作合作社机织贷款，每机由县府四科经手贷款六十元，研究院再每机贷纱四包，以资周转。现在仅成立合作社四处，织机仅六十架，同人参观孙家镇时，曾见织机数架，其业务不能发达之原因，闻系受日货倾销之影响。

三、养蚕合作　蚕桑在邹平四五两乡较为普遍，研究院即以此等地方为蚕桑改良区域。自廿一年起至二十三年，先后成立合作社二十七处，公同养蚕，公同缫丝，大致尚称进步，惟因设备不能普遍，指导颇感困难，研究院拟于本年拨款两千元作各合作社养蚕贷款，桑树较多之村，改良蚕室用具，用集团养蚕方法，以求科学化，团体化，并拟由蚕丝改良委员会（县府委员会之一）与上海丝商接洽合作，直接运销，正在计划进行之中。以上为于鲁溪先生所介绍，同人参观农场之时，见有洗种制丝棉两项工作，并陈列有二十三年缫出之改良蚕丝白绸多件。惟丝之泽色，较浙丝为逊；绸料质薄，正在研究改进也。

四、林业合作　于鲁溪先生云邹平之一二三等乡，原系山区，宜于造林，曾经劝导各乡组织造林公会，择定相当山地种树，由县府给发树苗。二十二年计组织十一处，二十三年改为合作社，又成立十九处，总计三十处，皆以公同造林为目的至社员之股东，数角数元不等，各因其情形而异，本年尚拟筹设苗圃，专育树苗，以资供给。惟其林场及合作社，限于时间，未及往观。此外尚有消费合作社组织，此项组织，无非在经济上结合团体，养成组织能力，发挥团体效用，以充人民生计耳。

第三项　金融流通处及庄仓

金融流通处，为调剂农村金融，减轻农村利率，推进乡村建设之金融机关。内设董事会监察员及营业出纳两股以经理总其事。其资本额原定五十万元，先由县府拨给三万，（余分三年筹齐）成立已经年余；除本身营业外，并代兑庄仓所出之庄仓证券，及存储全县收入款项，盖变象之县农民银行，而兼县金库者。至庄仓之设立，与吾鄂之县仓区仓相同，含有备荒之意。每一庄仓设有保管委员会，积粮标准，凡三亩以上之家，均须纳粮五升，在人民将粮积于庄仓后，该庄仓之粮，与合作社社员所出之股本相仿，如社员需用资金时，可于存粮十分七之数内，向庄仓借粮或借钱，利息一分六厘，期限一年，保人二人，到期不还款时，须由保人代还。各庄仓为供给存粮人借款起见得以其全部存粮，于利息一分二厘，限期一年之条件下，向金融流通处，或其他金融机关，（如银行）抵押十分七之现金，以资周转。至营业之利益，除提十分之一酬报管理人员外，其余按照比例分配于各社员，仍以利益一半存仓作为公积金。再保管委员会为调剂农村金融起见，与金融流通处签定合同，按积谷之时值，发行一角三角五角庄仓证券，交各社员流通使用，作为借款，月息一分。此项证券，由流通处代兑现金，兑出现金若干，计时几日，统由金融流通处清算计息。但各乡庄仓须负连带摊还之责，以策金融流通处之安全，是则于积粮备荒之中，兼寓合作与金融流通之意，与吾鄂县区仓之性质不同耳。

第四项　畜牧

关于畜牧事业，邹平农场计划，以波支纯种公猪为种猪，与邹平，太原，曹州等处之母猪相交配。（杂交五代即成完全之波支猪，但须血统各异。）以求猪种之改良。盖波支猪体格高大，肉量生长较多，与中国猪在同一饲料及管理下，每年生长之肉恒较中国猪多三分之一，于农家副业收入，增加不少，故邹平各乡之改喂波支猪亦日渐多。同人参观农场猪舍，见波支纯种猪与本地猪及杂交之一二三代杂种猪，约共数十余头，均皆体格雄伟。现在推行方法，即用波支纯种公猪，代人民交配本地母猪，预计三年以后，邹平全县均可改为波支猪也。

尚有来克行鸡及山东之寿光鸡。（寿光县所产之鸡）试验结果，比之普通本地鸡，其产卵数每年几多一倍，对于农村经济，不无裨益。现在各乡间有喂养，尚未普通。拟于本年择一二村实行试验，去尽本地之公鸡，而以来克行鸡及寿光鸡之雄鸡与本地母鸡交配产卵，合作孵雏，以事推广。同人于参观农场时，见改良鸡巢多架，孵鸡器多种，及纯种鸡百余支，皆硕大雄健。

此外尚有农场在孙家镇办理酱油制造厂，以滞销之豆麦为原料，制造酱油，为农场推行鲁东一带，一以抵制劣货酱油，二借以启发农村副业，增加收入。邹平地方，平原居多，农田灌溉，亦关重要，县政府曾以千余元之款，无息贷与农民，以为凿井灌田之用，现在借户日多，供不应求，二十三年八月复于县政会议决定再拨建设费五千元，作凿井费款之用，裨益农民深非浅鲜。

凿井贷款标准表

甲　水车钻井（马拉）每眼百六十元

乙　钻井（洋井）百二十元

丙　水车砖井百□□元

丁　砖井八十元

戊　土井 深三丈以上并离面有三尺以上之砖筒者四十元

第五项　土地及工商

邹平全县土地，据研究院调查，耕地约七十一万亩，东南土地平沃，东西北地势较高，均宜农作，无过瘠过肥之差异。其上地分配，大致亦颇平均，鲜阶级不同之悬殊。十五年以前，土地买卖，每亩价值，约在百元以上，近则减为百元以下矣。实验县政府，对于土地分配，尚不成若何问题，至工商业，在邹平不甚发达，除乡村旧式织布外，仅东南部与长山县属之周村接近，小本商贩，为数较多云。

第七节　财政

邹平财政，除县政实验，开支较多外，其他经征税款之手续经费等项，（如征解费及提成等项）均已扫数剔除，或化私为公。兹就该县王县长称述与本团调查所得，分别种类，撮述于下。

岁入部分

二十三年度

（1）省税（二十三年度）

甲、丁银：全县丁银额数为三万六千三百六十七两，每两征银四元。本年计实征银一十五万一千六百七十八元三角。

乙、冬漕：全县漕米五千四百一十九石，每石征银六元。本年实征银三万零九百九十七元零八分。

丙、河淤岩租：本年收银四十六元一角九分。

丁、买典契税：本年收银五千八百五十六元。

戊、牙行营业税：本年收银二千六百八十一元二角。

己、商店营业税：本年收银三百一十九元二角九分。

庚、牲畜营业税：本年收银四千二百五十元。

辛、屠宰营业税：本年收银二千五百七十六元。

壬、汕类营业税：本年收银七百二十八元。

癸、烟酒牌照税：本年收银六百一十二元。

共收银十九万九千七百三十四元零六分。

（2）地方附加

甲、丁漕附加：每丁银一两征附捐二元二角五分。漕米一石，征附捐三元。全年预算可收九万七千二百七十二元。

乙、杂捐：分契纸附捐，预算年收六百八十四元。牙课公益捐一百八十四元。屠捐二百九十元。戏捐五十元。共约一千二百零八元。

丙、公款：教育基金年收息金一万零七百一十八元。

丁、公产：年收五百九十元。

附加及各项收入十万零九千七百八十八元。

邹平全县每年省地两项税捐及其他收入共约三十余万元。

岁出部分

（1）由省款开支者（二十三年度）

甲、县党部经费：二十三年六千元。

乙、县政府经常费：二十三年度五万八千一百七十一元。（此款由全年省款项下坐支百分之三十其他如研究院之经费及党务司法监狱等项，不在此限。）

丙、司法经费：二十三年度三千二百零四元。

丁、监所经费：二十三年度二千三百六十四元。

戊、孤贫口粮：二十三年度三百九十元零九角一分。

共计省款年支出银六万三千一百二十九元九角一分。

（2）由附加开支者又分经常与临时两项。

附加之经常岁出

甲、公安费：二十三年度八千三百一十六元。

乙、民团经费：二十三年度一万二千七百一十元。

丙、教育费：二十三年度县教育经费一万五千零六十六元。（邹平县立乡村师范及附属之完全小学）乡村教育费三万一千三百七十三元。（乡学除每月平均津贴百二十元，村学每月津贴四十元，普通之村立小学初级全年津贴二十元，其附设有成人部者，全年津贴四十元。其余不足之数，均归各乡村自行筹款，报呈县府核准。

丁、建设费：二十三年度建设经费二千二百二十四元。实业经费三千六百九十六元。（拟自二十四年起统称建设费。）县有电话事务所，经费一千六百零八元。

附加临时岁出

甲、实验事业费：二十三年度关于乡村建设事业，如设立村学，普及教育等为一万五千元。

乙、预备费：二十三年度一万五千六百七十四元，以备临时事项补助之需。共计附加年支出银二十万零九千七百八十八元。

以上为邹平财政之大概，其人口仅十五万五千七百六十八人，每人担负已为二元有奇，尚有村立学校及联庄会之临时亩捐，其负担可谓重矣。然自设立实验区以来，并未增加捐税而地方生产之增益，金融之活泼，闾阎之安堵，其所得则非未设实验以前所可比儗。

第八节　司法

司法系由县长兼理，所有行政系统，仍隶属于山东之高等法院，所有县之承审员书记员等，仍由高等法院选派。现设承审一员，管狱员兼看守所长一员，书记二员，执达吏二人，检验吏一人，录事三人，法警二名，看守八名。县政府内另设有司法办公室，案件进行，尚称迅速。经县长面述："诉讼手续颇感繁重，人民苦之。而状纸抄录等费，取资过昂，照司法定章，尤为不便。其他距城较远或无力告诉，及因轻微细故任人诉讼倾家荡产者，不知凡几。设实验县以来，本人即力图改革，并励行简易程序。无论起诉及其他声明或陈述，在法律上如无其他关系者，尽力以言词为之，俾人民易于申诉，早得法律保护，而免久讼之累。尚拟实行巡回裁判，及民事商事等习惯调查，以期改革，便利民众，"等语。同人等观察结果，觉司法□□，□□改进。至监狱位于县府之东南，房舍甚好，闻系山东第四监狱拟款一千九百元，于二十三年十月左右建筑。县长及管狱员领导同人参观时，见该监舍分南北两部，共设六号，每号可容十余人，纯为杂居监。另有病监及女监各一。厕所浴室，（犯人每星期洗澡一次），剃头室具备，房舍清洁尤属可贵，实为县监之不可多得者。作业限于经费，仅有印刷与制造豆腐二科。印刷室有石印机二架，专印研究院及县政府之刊物，每日工作八小时，忙时加开夜工；盈余之款，提成分给犯人，以资奖励，余则留作开支及设备补充费用，教诲方法，有识字明理，及精神陶炼等项。囚粮每人每日一角，然月额仅三十名，超过额数，溢出之款，即无法筹出，须人犯家属顾送矣。至看守所系县监改建，屋宇整洁，已押三十余人。该县监狱看守所，如能再筹经费，加以改良及扩充，则更臻完美矣。

第三编 青岛

第一章 青岛建设概说

青岛位于山东半岛之西南，面积约一千一百二十余平方公里，内领海部分约占五百七十余平方公里，陆地占五百五十余平方公里，陆地所管领区域有市区乡区之分，市区面积占百分之三十，乡区面积占百分之七十，最近山东省政府又将邻市地段（□山全部）划归青市管辖，界已勘定，从此乡区地域，复增面积一百九十平方公里，全市原有四十五万一千一百八十四人，八万九千六百四十户，农民共二〇一·〇〇五口，占全市人口百分之五十强。按照事业性质及地形之便利，分农业、商业、住宅、港埠、工业、渔业、名胜等区，使各业以类相从，不相混杂。在未租给德人以前，原为数十渔村，荒僻海澨，德人租借后开辟市场，大兴土木，复修筑胶济铁路直通腹地，以为经济侵略之工具，于是筑港湾，建堡垒，屯驻海军，以维护其远东商业，虽设有青岛大学一所，意在养成商务上卖办人才，无所谓教育也，日人占领后经济文化，双管齐下，先后设有大模范纺纱公司八所并注重棉业改良，吸收原料，其教育方法，亦自另有其目的，中国接收后，政局多变，长市政者又屡屡易人，成绩无多表现，更无所谓乡村建设，自沈市长鸿烈接任后，惨淡经营，已历三载，其施政方针，系以政治力量推动教育，以教育功用充实政治，即是政教合一的意思。沈氏又本个人经验，觉得行政区划愈缩小愈好，政治系统愈简单愈好，军事与政治愈分离愈好，故市府内部组织，除秘书参事外，仅设一二三三科，市府下设社会、教育、财政、公安、工务、港务六局，及观象台农林事务所，均承市府命分掌所职各事，至所辖市区乡区之下级行政机关，则名为办事处，沈氏划市为三区，划乡村为五区，每一区各设一办事处，在市内者名为联合办事处，在乡村者名为乡村建设办事处，合为八个办事处，易言之即八个分市政府，内部组织，除市区办事处主任一人由社会局遴员荐委外，其余职员，悉由各局所职员兼任，薪资均由原机关支领，处内仅月支办公费百元，乡区办事处组织亦同，惟主任由市政府直接派府内人员兼任。此种制度，既不增加行政经费，复能扩大行政效率，且隐喻缩减上级组织，扩大下级机关布散人才于下层之意，各办事处对上负调查报告之责，对下负监督指挥之责，逐月工作，列表具报，不尚空文，用能计日程功，免除隔阂。同人等实地考察该市所辖各区，户口调查早已办竣，市府土地测量亦已完毕，四境纵横之道路大体成功，各村警报电话通信网已有六十三所，市区入学儿童占百分之八十五以上，乡村占百分之六十以上，壮丁训练（征训）期满在乡者二千人？现受训者八百人，预计四年内，国民军训可期普遍。故四境无驻军防守，治安足保无虞，市区尤为乐土，合作社已成立者百余处，社员现计一万二千余人。农工银行分设办事处五处，小本借贷处随在多有。每一乡区又设医院一所，完全小学多附设治疗所，各办事处均建有农场，并设推广实验区二十五处，特约农田百余处，就中以果木方面为多，地方出品以梨为大宗，从前有病梨树八万余株，华而不实，农民遂有自行斫伐，改种杂粮者，嗣经农林事务所查知，系缘虫害，即由公家出资雇大批工人，洒硫酸铜和石灰水杀虫，翌年即果实繁硕，收入达四五十万元。青岛房租奇昂，平民咸感无力贷居之苦，市府为之筹建平民住舍三千余间，警士家属宿舍工人住宅千余间，以极廉之价出租，凡所以厚民生利农工者无微不至，而精神尤重在乡村，全年乡区收入不过八万元，各项建设事业用诸乡村者竟达四十余万元之巨。近一二年，不仅乡村教育普遍，新建之校舍，规模尤极宏阔，建筑费大部由人民自担，省府特补助奖励而已，凡此成绩，竟能于一二年中实现，实属难能可贵。抑尤有足述者，因青岛有亚洲公园之号，欧美人士之游观避暑者，踵趾相接，日人锐意侵略，居留侨民尤众，华洋杂处，交际频繁，因应稍疏，即酿国际交涉，据闻年来以建设之进步，东西人士靡不尊重钦折，守法循分，给尤非可以幸致，同人等在青岛考察逾旬，觉中国前途尚可乐观。为政在人，古人不吾欺矣。兹将青岛市乡区建设办事处规则附后。

青岛市乡区建设办事处规则

第一条　青岛市政府为谋本市乡区之建设起见，设立乡区建设办事处，秉承市政府及主管局台所处理一切事务。

第二条　乡区建设办事处就下列各处试办，冠以地方名称。

一、李村，二、沧口，三、阴岛，四、九水，五、薛家岛。

第三条　乡区建设办事处，由市政府及工务、社会、教育、公安各局农林事务所各派职员一人组织之，并由市政府指定一员为主任，均须常驻各该处服务。

第四条　各局台所对于乡区建设事项，应就主管范围编定方案，发交办事处执行，并具报市政府备案。

第五条　各局台所遇有联合决定之方案，应即编成分担工作表，发交办事处执行。

第六条　乡区建设办事处，除执行交办事项外，应就下列各项负责办理。

一、调查，二、报告，三、建议，四、指导。

第七条　各局台所长应随时分赴办事处视察，监督进行。

第八条　乡区建设办事处之经费，应编制预算，呈由市政府核定支给。

第九条　本规则如有未尽事宜，得随时提出市政会议修正之。

第十条　本规则自公布之日施行。

第二章　各项建设

第一节　社会事项

第一项　市区一般救济

一，救济院　该院于民国二十年五月成立，内设育婴所，习艺所，济良所，贷款所，此外兼办施药施□等事。其组织设正副院长各一人，主任一人，办事员书记各若干人，办理市区各项救济事业。常年经费二千六百四十元，（各所经费在外）由市府拨给，并另有捐款补助。兹将各部组织及办理情形，分记如后。

1. 育婴所　该所设主任一人，办事员书记若干人，专收养全市遗弃婴孩为唯一任务。所内置有育婴室数间，每室设婴孩床三四架，乳媪床一二架，编列号次，由乳媪分任保育之责。为顾全遗弃者之颜面起见，特备有接婴箱（箱内安电铃）安在墙洞内，令人由墙外将婴孩置于该箱内，由专管人接收。如有人在路上见有婴孩，专诚送往该所者，每次奖洋二元，通街大道，均悬有"如见遗弃婴孩，送往育婴所者，奖洋二元"等字样木牌。据云自此箱法施行后，从未发现被遗弃婴孩；同人前往参观时，见现在收养婴孩之数目，总共有五十余名。该所常年经费四千一百四十余元，由屠宰附捐项下支给。

2. 习艺所　该所设主任一人，办事员书记若干人，专收容年在十三岁以上，二十岁以下，身体健全孤苦无依之男女，授以各种技术，如织袜织布木器绳索毛巾等科，二年毕业后，留所试验一年。现有艺徒六十余人。该所常年经费四千八百元，由市府补助。

3. 济良所　该所设主任一人，办事员书记若干人，专收容娼妓姬妾婢女童养媳及流落无依，或被人诱拐者，并授以缝纫织袜烹调等艺，以三个月为期，期满准许自由择配，现共收五十余人。该所常年经费三千三百六十元，由市府及齐燕会馆捐助。

4. 贷款所　该所设主任一人，办事员书记若干人，基金一万元以年在十五岁以上，六十岁以下，确无一切嗜好及不良习惯，具有当地殷实辅保，或相当保人者，每人得借款一元至十无，三个月内分九期还清，不另取息。如期满不能偿还者，责由保人代还。截至二十三年十二月份止，求贷者已达一千七百六十户，共贷出洋一万五千八百六十九元。以上各处，为同人参观时所亲见，成绩斐然，诚属善举。

二、改良里院中等住所　青市里院，内系杂住，对于清洁卫生及公共安全，多不讲求，常有传染疾病及发生火灾情事；由社会局会同公安、工务两局，及市内各办事处，组织里院整理委员会，（委员及各办事人员均由该局处局长主任及职员充任）竭力整理；并通知各业主，设法改造。同人前往参观时。见已经改建之两层洋式房屋（内设洋灰楼梯每院只安两个洋灰厕所一所）者，计有邹平路之文兴里，广州路之中和里二处。（均系按户编号每户约可得房六间月租约十八元）整齐新敞，蔚然可观。其余已经整理，计市内第一区内有里院二百六十四处，第二区内有里院二百七十八处，第三区有里院十六处，均属清洁可居。

三、建设平民住所　青市西镇各处，向为贫民住宅，偏地污秽，杂乱不堪。市府为整顿市容起见，除将原有平民住所两处，加以整顿外；另由公家及平民分别建筑，完成住所六处，共三千零六十八间，均系平房，每间十二平方公尺，一门一窗。公家建筑者，每月租金一元至一元五角，租与平民居住。平民自建者，由公家施给地皮，不收租权金，并永远免除地税，由平民自己集资，按照市府拟定图样建筑。无论公建自建，均有公共设备。（如自来水厕所及晒衣铁丝杆子）总共建筑费二十二万三千二百四十元，由社会局派员管理，对于卫生清洁，公民训练，均实行监督指导。管理人员薪金，仍在原局支给。

四、改良棚户　青市东镇一带贫民，向在沈阳、利津、广饶三路搭盖板屋席蓬居住，俗称"棚户"实与市容卫生，两有妨害。市府特绘具图样，将全部棚户，一律改为下等贫民住所；房屋均用瓦顶板墙，涂以洋灰，改造费，仍由贫民自筹。计全部改良者，沈阳路一百十户，利津路一百二十三户，广饶路六十余户。此种办法，因陋就简，轻便易行；鄂省武汉棚户甚多，亦可仿办。

五、建筑劳动休息亭　该亭系市府为劳动者休息而设，同人见普集路、台东路、武林路、水源路、薛家岛、阴岛、北安码头等处，各建筑一所。据云该所建筑费，仅二百元，花钱不多，行人称便；且于各空旷处屹立一亭，又能点缀风景也。

六、改设感化所及残老组　查感化所，由乞丐收容所及公安局之游民习艺所，归并而成，内设感化习艺两部，感化所系以改善游民，不良习惯，期为二个月至一年，所谓施以感化教育者是也。习艺所，设毛巾、线球、鞋工、木工、铁工、印工、绳索、缝纫、地毯、织布十科，各科均有机器，分别授艺。另设残老组，凡残老之男女，亦分别授以轻微工作，如装火柴，做鞋袜各事，所谓施以艺术教育者是也。同人前往参观时，见收容人数，两部已达九百余人，在所工作者，只有六百四十余人。其余之三百余人，均系身体较强尚能做事者，已拨往工务局工作。每年经费，共三万八千六百四十九元。

第二项　市区金融救济

一、设立农工银行　青市府为辅助农工事业贷款农村方便起见，组设农工银行；最初资本十万元，市府筹百分之三十，银行界商会共筹百分之七十。总行设于青岛市区，各乡亦设有分行或办事处，其组织与普通银行相同。二十三年因放款已达九万余元，又设法添资十五万元。借款手续，先将红契送验明确后，并须另觅保证人，签字负责。贷款额以一元起至二十元止，月息一分，以一年或六个月为限。期到不还，以及期限中抵押品价格低落，应由借款人，增加抵押品，或交纳现金，否则，即为违约，银行可不通知，得将抵押品变卖，以充本利及违约而生之一切损失。倘数目不足，仍向借款人追取，此种借款，完全以抵押品为原则，只可活动有资产之小户，不能救济一般贫民。不过手续易办，取息尚微，金融枯窘之地方亦可仿效。

二、小本贷款处　青市府为维持小本工商业起见，特筹资十五万元，成立小本贷款处。贷款手续，由求贷人觅请保人作保，每人得借洋一元至十元，月息九厘，至多不得过一分，以一月至一年为期；如到期不还，应责由保人代偿。同人前往参观时，调查其贷款结果极好，截至二十三年底未还者，仅二三人。此种救济小工商业之办法，非特能维持少数人之生活，并可保社会之安宁，法良意美，实有仿办之必要。

第三项　医院及医药登记

一、市立医院　该院内设内科，外科，皮肤花柳科，耳鼻咽喉科，产妇小儿科，爱克司光室，调剂室，检验室，戒烟室，传染病室，普通病室，（内分男女病室）病室分头二三等，每室可容二人，头等每人每日取洋五元，二等每月每人一元六角，三等（即普通）每人每日四角，约可容病人一百余人之谱。院内备有救护汽车二辆，为救济急症，及运送传染病者之用。检验室，分化学与细菌二组，掌理化验事务。戒烟所，专收戒烟犯，其组织设院长一人，主任五人，助手二人，技士三人，药剂生五人，事务员五人，书记三人，看护十余人，每月经费六千余元，药品费在内。挂号药品，均不收费，如系水药，需要药瓶时，仅收铜元四枚。设备完全，诊治精细，实为他处所不及。

二、办理医药登记　青市府因市内庸医杀人，时常发现，特制定取缔办法，令中西医士，一律检定，合格者准予登记营业，不合格者勒令停止。中西药店，亦已检查，同人见已请领部证医士七十余人，请领部证药剂师十人，中西医士登记一百余人，助产士注册者九人，中西医商及医药器械注册者，不下二百余家。

第四项　关于工商业设施

一、市立民生工厂　该厂原为商办，自民国二十一年，收归官办后，市府即出资二十万元，令各乡区办事处，保送各乡子弟，入厂学习。学习科目分漂染，织布，织袜各艺，一年毕业后，并在厂服务一年。学习期间，伙食由厂供给，服务期间，除由厂供给伙食外，并稍有津贴。闻毕业两次共一百余人，市府择其成绩优良者，令其回乡，组织工厂，并每人给予机器一部。同人前往参观时，见内部分染布织布两室，染布室，有染缸五六口，打磙高架四五乘，撑布机二乘。织布室有织布机三四十乘，理线机数乘。所织之布，均约二尺三寸宽，极为精细，现在纯由保卫团挑选园丁入厂练习，每日四小时工作，期为四个月，仍支保卫团原饷。揆其意，即是令保卫园丁在训练时，兼学相当工艺，以便退伍后，能回家谋生。此种办法甚善，急应仿效。

二、市立国货陈列馆　该馆所陈国货，据云从前极为简陋，二十年始认真提倡，向各省市征集品质，分头陈列。同人前往参观时，见所分陈者，已有五类，二千七百余种，总共七千零十一件，虽不能称为琳琅满目，亦可谓罗列甚丰，该馆常年经费，一千九百零五元，设有专员管理。

三、市办莘县路市场　该市场原为摊商贩卖场所，市府因秩序紊乱，污秽不堪，特于民国二十二年，在原处建筑三层楼房四百零五间，共花建筑费十一万元，由商贩先行纳缴租金垫用，落成后廉价租住。同人前往参观时，业已完成，房间已全部租出，营业异常发达。鄂省武汉各商贩，沿街叫卖；既阻交通，又碍观瞻，即有少数市场，均嫌狭小，且无楼房，其秩序清洁，更未讲求，似应急于仿效改建。

四、商办交易所　青市从前中日合办之取引所，举凡钱币、证券、棉纱及一切土产，均归该所经纪，物价长跌，悉操日人掌握中。市商见此情形，特集资四十万元，组织交易所。青市社会局加以指导。

五、商办渔业公司　青市地处海滨，鱼盐丰富，日人特设水产组合所一所，市内鱼价高下，悉由日人操纵，我国渔民无过问之权。青市社会局指导商人宋雨亭等，集资二十万元，组织渔业股份有限公司，购置发动机渔轮二艘，每月可捕鱼一千余箱，年约可捕一万二千余箱，共值洋二十万元之谱。此种办注，既可解除渔民痛苦，又能挽回国家权利，一举两得，孰善于此。

六、商办国货公司　青岛为华北著名不冻良港，气候温和，景物宜人，市面繁荣，突飞猛进，因此商业地位之重要，益为生产过剩之各国所注目。故外货书量输入，国货无从销售，市府为提倡国货起见，特令巨商刘子山将市府发还于彼之房屋，与当地商人傅炳昭、苏子良，上海巨商杜月笙等，集资二十万元，组织国货公司，经销国货此外又令商人徐绍美集资三十万元在东镇建筑二层楼房共一百五十二间，为东镇市场，召集各商，麇集营业。是日由雷教育局长引导参观，复经该公司总经理，逐一说明，所有货品，极为精美。

七、商办制针工厂　该厂为华商尹致中所创办，共集资二十万元，由市府监督。同人前往参观时，见有自造新机器五部，每部值洋二千元，普通机器数十部，用德国钢丝制针。工人二百余人，每分可出针六百枚，行销各省市及南洋群岛。该厂为增加工人知识及技能起见，并设有学校，教训男女学徒，可谓办理得法。

八、商办华北火柴厂　该厂亦系华商周子西集资二十万元组织而成。同人前往参观时，见有男女工人五百人，专制硫化磷火柴，销售各省，获利甚厚。但近日各火柴，互相排挤，以致销路拥塞，营业不振，市府见此情形，特督促该同业公会，组织产销合作社，共同销售，以免互相倾轧。此种办法，可谓统制有法矣。

九、工商学会　该会系学术团体，由工商界及各团体联合而成，专研究工商业技术科学，以发展工商业。会员分二种，一种为个人会员，一种为团体会员；凡入会者，须有会员之介绍，经理事会通过者，方得为会员。同人前往参观时，查有会员三百余人，均系专门技术人员及富有实业经验者，内设有人才介绍委员会，棉业改良委员会，技术顾问委员会，及棉场一处常年经费八千四百元，棉场五千元。经费之来源，一方面由市府拨发；一方面由会员捐助，另一方面函请各机关补助。

十、中国石公司　该公司由华商姚华苏、方普声等，见青岛之崂山附近，发现花岗石，闪长石，大理石，玉沸石等十余种石料，曾经德人化验，认为世界唯一质料，遂毅然集资五十万元，买山设厂，组织中国石公司，同人前往参观时，见该公司石厂内，有电动机十二座，专制各种石器如石盾，（并赠本调查团石盾一面上镌心精力果四字）纪念碑，眼镜墨池镯头，笔筒，笔架，杯盘及各种器皿等等，精致异常，诚佳品也。现推销青岛、上海及国内各处，极有声誉。

十一、商办山东烟草公司　该公司为华商战警堂集资二十万元创办，同人前往参观时，见有男女工人三百七十余人，每分钟可出烟六百余根。（烟牌名一声雷）女工装烟，每日工资五角，男工资稍加多。每日工作时间，为八小时，每年计共出烟四千余箱，质料尚佳，销路亦广。

十二、屠兽场　该场为德管时代三大建筑之一，内部设备完善，故凡往青岛游览者，均将该场列为参观之一。同人前往参观时，见内部有大小营造物二十八所，即牛类系留场，豚类系留场，生体检查场，牛类屠宰室，豚类屠宰室，内脏整理室，病畜屠宰室，病畜解剖室，病肉焚化所，减杀所，牛皮整理场，内脏取扱场，病畜离隔室，小动物室，悬肉库，高架轨道，枝肉捆包场，毛虫检查室，汽罐室，机官室，冷藏送风室，冷藏室，制水所佣人宿舍，秤权所，仓库，木工铁工室，活水沉淀池等。所屠宰之牛，羊，豚，须经生体，枝肉内脏，三段检查；每日可屠牛八百头至一千头，羊八十头，豚二百头，屠毕，即运库悬挂；库中设备滑车二千个，悬挂牛羊。所屠各兽，均推销国外。闻全部建筑费；合德金八十五万马克，自我国收归后，改为中日合办。

第五项 乡区金融救济

一、信用合作社 乡区因农村金融枯窘，人民无法告贷，特筹资数千元，在沧口，李村，九水，阴岛，薛家岛各处，组设信用合作社，每社各分千余元，作为资金，（不足时向农工银行转借）转借人民。借款手续，农人由村长作保，田契作抵押，每人得任意借贷，但不得过一百元。月息九厘，期为四个月至八个月或一年。工人须觅殷实铺保，或正当职业人作保，至多不得过五十元，月息仍系九厘，期为三个月。该社附设消费合作社内，尚未完全举办。

二、农工银行各乡区办事处 该银行办事处之设立，系乡区办事处见乡村无活动金融机关，以辅助农民之生产，特请求市府准许设立，基金由农工总行统筹，人民以田契抵押贷款，月息一分期为六个月。其余手续，与市区总行同，开办以来，成绩甚佳。

三、消费合作社 该合作社，除市区各机关学校均有组织外；乡区各处，亦组织消费合作社，计沧口区有社员五百余人，每股一元，共集资二千余元。九水区有社员一千二百余人，每股一元，共收股金一千七百九十二元。李村（该处并办有牛乳业合作社所）有社员千余人，每股一元，共收股金千余元。阴岛区有社员三百余人，每股一元，共收股金一千余元。薛家岛区有社员五百余人，每股一元，共收股金六百余元。沧口区华新纱厂，有社员一千余人，共收股金一千余元。同人前往参观时，见所售物品，为米，面，油，化妆品，学校用具及其他各种应用必需品。每月营业流水，约有一千至三千元，办法与市场各消费合作社相同。

第六项 乡区公益设施

一、民众休息所 此项休息所同人往乡区参观时，曾于李村见之。建筑费一千四百元，（购置各种器具费在内）设管理员一人，月薪三十元。

所内购置各种书籍，壁上悬有关于卫生，农工商各种常识图书及新生活公约。并附设国术练习所，人民俱乐部。日夜开放，以便人民自由休息，借以增加普通常识。此种利民之事。无论任何地方，均可仿办。

二、民众澡堂　此项澡堂，亦曾于李村见之，名新华池。为商人租屋所设；公家虽无补助费，而一切捐税不收，以示提倡之意。价格普通每人六分，雅座一角，官座一角五角，磁盆三角。生意不甚发达，乃因取资嫌重所致。该管乡区办事处，现正设法改良救济。

第七项　乡区卫生设施

一、普设医院及治疗所　青市乡区如李村，沧口，阴岛，薛家岛，各处均设有医院一所。四方，九水，灵山岛，各处均设有诊疗所（或诊所）一所，以便人民就近医治，李村医院，设院长一人，助手一人，药剂师一人，书记事务各一人，看护三人，经费月支八百六十元，药费一百余元在内。药品挂号，均不收费；如需要药瓶时，仅收铜元四枚。沧口，薛家岛医院，内设院长一人助手一人，药剂师一人，看护一人至二人，设备与其他医院相同；并设有巡回治疗箱一个，每日往各乡应诊，此其优特之点；经费每月六百余元，对病人待遇，与他处亦同，其余之治疗所，设主任一人，医士一人，看护一人，工役一人，每月经费三百余元。设备除无爱克司光，太阳灯外，余均齐全。对病人待遇，亦与他处无异，同人前往参观时，见人民患病求治者，甚多逐一询问，均不收费。又因各学校学生，患疮疥，沙眼，毒疹，蛔虫等症者甚多，每日一人发生，即传染全班或全校。且各小学散处各村，道路不便，不易向医院或治疗所求治，特在各乡区设巡回医师，携带简便药品器具，分赴各校诊治。并于夏秋两季，注射防疫约针；至各乡人民，亦同时施以注射及治疗，药品不取费，诚乃仁术也。此种办法，无论何处，似有急急仿效之必要。

第二节　财政事项

第一项　青市财政之来源

全市岁收，以市区收入为大宗，乡区收入不过八百余元，市区收入，就名称与性质言，可分下列十二项：1. 田赋，2. 契税，3. 营业税，4.

屠宰，5. 赛马税，6. 车捐，7. 地方财产收入，8. 地方事业收入，9. 地方行政收入，10. 地方营业收入，11. 补助费收入，12. 其他收入。其中除营业税、屠宰税、赛马税、车捐为单纯收入外，若地税，地租，租权金及杂项租款均属田赋。登记费及凭照费等属之契税，他如地方财产收入计有市产房租及各项息金等项，地方事业收入计有港务之各项收入及农村畜产之变价等项，地方行政收入计有卫生费，执照费，各项罚款，采土砂石费，查验费，手续费等项，地方营业收入，计有水费及水道工料费等项，补助款收入，计有国库补助费，其他收入，计有售品收入，粪便收入，广告捐，测验费，电气公司屠宰公司报效金等项。此其大略也。

第二项　青岛最近三年财政概要

查青岛市二十年度，岁入共计六百零四万余元，岁出共计五百七十万余元，二十一年度岁入共计五百九十八万余元，岁出共计六百三十二万余元，二十二年度岁入共计五百二十余万元，岁出共计六百零六万余元，岁入以地方事业收入为大宗，年约一百七八十万元，次为地方财产收入，年约七十万至百余万元，田赋年约六十余万元，补助款收入年约六十万元，营业税年约五十余万元，再次为地方营业纯益及车捐契税等收入，三年以来，岁入之增加，最多者为地方财产收入，十九年度以前，每年仅收十余万元，近三年来增收至百万元左右，次为田赋，以新放公地甚多，较三年前亦增加二十万元，岁出以公安、教育、建设、交通等费为大宗，计公安费年约百十余万元，教育费七十余万元，建设费及交通费各六十余万元，次为行政、财务、实业、卫生等费，岁出之增加，最多者为教育费，在十八年度共支三十余万元，近则增至七十余万元，次为公安费，十八年度共支八十余万元，近则增加百十余万元，再次为建设费，较十八年度每年平均增加十七万余元，交通费增加六万余元，综观上述情形，收入虽逐年递增，而人民并未加重负担，支出各项，用之教育、公安、建设、交通等费最多行政支出，仅及总收入十分之一二，其不敷之数。现经中央核准，发行公债一百五十万元，以资弥补，并将二十三年度收支实况附后。

青島市二十三年度收支實況統計表

一月份起至十二月份止

科目	收入數		科目	支出數
田賦	760,062.00	經常費	黨務	67,200.00
			行政	440,103.00
契稅	50,800.00		公安	1101,385.00
			財務	103,878.00
營業	596,008.00		教育	706,513.00
			實業	132,507.00
印花	40,000.00		交通	530,088.00
			衛生	114,234.00
菸酒牌照	20,000.00		建設	333,524.00
			協助	1270,369.00
車捐	187,044.00		預備	114,615.00
地方財產收入	831,405.00	臨時費	行政	26,880.00
			公安	54,810.00
			財務	49,936.00
地方事業收入	1770,400.00		教育文化	116,921.00
地方行政收入	249,962.00		實業	18,667.00
			交通	10,960.00
			衛生	6,408.00
地方營業純益	468,764.00		建設	278,685.00
			協助	46,676.00
補助款	600,000.00		債務	953,500.00
其他收入	213,100.00	合計	經常	5767,595.00
			臨時	1653,383.00
統計	5767,594.00	統計		7420,978.00

第三项　地政事项

一、土地沿革之概略

青岛原系荒僻渔村，德人租借后，收买附近十一村庄，划为市区开辟商埠。复将所买土地，转租或出卖于市民，作为建筑之用。日人继之市区渐趋发达，故青岛市土地，相沿分为三种（一）民有地，多属市区以外乡村农地，为市民原有之土地。（二）公有地，系德日管理时所收买租与市民使用之土地。（三）私有地，为德日收买后复行卖出之土地。其地权完全属于私人所有。我国接收以来，地政初归胶澳商埠局主管，嗣属土地局。土地局裁并后，划归财政局管理。市府对于各种土地经费整理颇费匠心，如经界登记，移转放租，征税，评价等类，均有极良善之办法。

二、公有地之处理

公有土地，分别等级，租与市民使用，年征地租。在德日管理时代租定者一律改为租期三十年。其领租方法如下：1. 竞租公有地。市府以青市土地，向由市民自由请领，漫无标准。流弊滋生，近经划定经界，编列路号，并订立公地竞租章程，凡公地开放，先由主管机关登报公告，市民依期投标请领以超过底额最多者为得标。计自二十一年七月至二十三年十一月止计共放租公地十次，似此办理，市民均有领取土地机会，且以标价增高之故，市库收入，亦多裨益。2. 放租工场地。市府为奖励实业扩充工区起见，曾将蒙古路华阳路一带空间公地，辟为工厂区域。划段编号，公告放领，以利工商。惟开放工场地与建筑地性质不同，须由市民随时指请领租，方足供其需要，即经另定放租工场地简则，以便遵行，兹将征收地租暂行规则公地竞租章程暨放租工场地简则附后。

青岛市领租公有土地竞租章程

民国廿一年九月十七日修正公布

第一条　本市区域内公地放租时，由财政局分别路名地号等第，呈由市政府先行公告，定期用竞租方法由市民租领。

第二条　凡市民有愿领租指定开放之公地者，应于竞租日赴财政局，按照下列标准缴纳保证金，领取竞租单。

一、领租一等地至四等地者，应缴保证金五百元。

二、领租五等地至七等地者，应缴保证金二百四十元。

三、领租八等地至十一等地者，应缴保证金一百元。

前项保证金，不论地段面积之大小，统以一号为限，但所缴保证金数目，于开标后经查明不足定额作为无效，并没收之。

第三条　竞租人领得竞租单，须依式填写，用信套封固，面上填明竞租某路某号公地字样，当场投入财政局所设之标额内，待金数投毕后，当众开会决定，由市政府派员监视。

第四条　竞租以出价最高者得之，但不得少于规定之租权金额，（例如七项地，每公亩应缴金额七十九元，即此数为底额，互相竞租，以数目超过底额最多者得之）。

第五条　同一号公地，如竞租数目相同者，由抽签方法决定之。

第六条　每号公地须有二人以上之竞租，方生效力。

第七条　已经竞得之公地，承领人应于十日内具呈财政局，听候定期通知缴纳标认之租权金，领取凭照，其有中途反悔或延不缴款情事，得没收其全部保证金，该号公地，留待下届再行竞租。

第八条　竞租人所缴保证金于竞得后，得抵缴租权金，其未经竞得者，于五日内持原发收据赴财局领回。

第九条　本章程如有未尽事宜，得提出市政府会议修正之。

第十条　本章程自公布之日施行。

青岛市放租工场地简章

第一条　本市为奖励实业，增进工场起见，规定工场地区域，准由市民领租建筑。

第二条　凡志愿承租工场地者，须详照请领地点，需要面积，土地用途，资本额数，以及发起人姓名，连同草图，取具妥保，呈送财政局核办。

第三条　财政局应先审查设厂发起人身家，是否殷实，资本是否足额，用途是否正确，再行规定放租面积，批示核准。

第四条　凡已经核准领租者，由财政局通知各该厂商，依照领租公有土地规则，缴纳各项费款，填发图照。

第五条　各该厂商领得土地后，须按章建设工厂，不得变更用途。

第六条　各该厂商须按照定章依限建筑，其建筑工程之取缔，由工务局办理之。

第七条　工厂经商事业，应由社会局随时监督之。

第八条　本简章如有未尽事宜，得由财政局随时呈请修改。

第九条　本简章自呈奉核准之日施行。

青岛市私有地评价规则

第一条　本市私有地之地价，每五年评估一次，但有重大变更时不在此限。

第二条　评估私有地地价，由财政局组织私有地评价委员会办理，其规则另定之。

前项委员会之会期，以三个月为限。

第三条　评估私有地价，应先就市区辖境内私有地就其地段之良否，及繁盛之程度，划为等级区。

第四条　地价之评估，以同一等级区内土地最近买卖市价或业主申报之实值为标准，估定后分区公告为估定地价。

第五条　评价以级为单位，凡同一等级区内之土地，不得为两种之评价。

第六条　估定地价自公布之日起，十日内同一地价区内之土地所有权人，认为估计不当时，得以全体过半人数之连署，向评价委员会提出异议。

第七条　评价委员会接受土地所有权人之异议后，应为二次之复核评估并决定公告之。

第八条　本规则如有未尽事宜，得提出市政会议修正之。

第九条　本规则自公布之日施行。

青岛市征收地租暂行规则

民国廿一年六月修正公布

第一条　凡领租本市区域以内之公有土地，悉照本规则之规定，向财政局缴纳地租。

第二条　地租分为两种如下：

（一）租权金。

（二）常年租金。

第三条　租权金按下列区域等级征收之：

市区建筑地每公亩

　　　　特等　五百零八元

　　　　一等　四百六十九元

　　　　二等　三百五十二元

　　　　三等　三百七十四元

　　　　四等　一百九十六元

　　　　五等　一百五十七元

　　　　六等　一百十八元

　　　　七等　七十九元

　　　　八等　五十九元

　　　　九等　四十元

　　　　十等　二十元

　　市区工厂地

　　　　一等　三十二元

　　　　二等　二十四元

　　　　三等　二十元

　　乡区建筑地

　　　　四方村　三十二元

　　　　沧口附近李村河以北　一十六元

　　　　自李村河以南街道附近李村红石崖塔埠头　十二元

　　　　九水及其他地方　八元

　　乡区工场地

　　　　四方村　二十元

　　　　沧口附近李村河以北　八元

　　　　其他地方　四元

第四条　常年租金按下列区域等级征收之：

　　（一）市区建筑地每公亩

　　　　特等　二十五元四角

　　　　一等　二十三元五角

　　　　二等　二十一元五角

　　　　三等　十九元二角

　　　　四等　十七元六角

　　　　五等　十五元七角

　　　　六等　十三元七角

　　　　七等　十一元八角

　　　　八等　九元八角

　　　　九等　七元九角

　　　　十等　五元九角

　　　　十一等　四元

　　（二）市区工场地

　　　　一等　五元五角

　　　　二等　四元

　　　　三等　二元四角

　　（三）市区农地

　　　　一等　三角

　　　　二等　二角一分

　　　　三等　一角五分

　　　　四等　九分

　　　　五等　六分

　　（四）乡区建筑地

　　　　四方村　四元

　　　　沧口附近李村河以北　二元八角

　　　　自李村河以南街道附近红石崖塔埠头　二元

　　　　九水及其他地方　一元二角

　　（五）乡区工场地

　　　　沧口附近李村河以北　一元二角

　　　　其他地方　六角

　　（六）李村区农业地

　　　　一等　五角七分

　　　　二等　四角二分

　　　　三等　一角九分

　　　　四等　一角三分

　　（七）草地　四分

小港沿岸一带特等地及青岛乡区地，除四方外，未经清丈以前，暂按德日时代旧规征收，俟清丈完竣规定租期换置新照后，其常年租金按本规则征收。

第五条　凡租期满续租者，均须依照第三条之规定，缴纳租权金，此项续租租权金，市内租地各户得先缴金额三分之一，其余三分之二，分二十九年匀摊，于征收每年第一期年租时，同时缴纳，如租地移转，则由承受人继续摊缴，其愿一次缴足者听使。

第六条　凡租地移转过户，如原租人未经缴过空租或租权金者，应由承受人按照继承年限，摊缴租权金原额二分之一，如原租期不满三十年者，其租权金仍按三十年折算。

第七条　第四条之常年租金，属于（一）（二）（三）（四）（五）五项者，按期分缴，以一四七十等月为纳租期，属于（六）（七）两项者，按年汇缴，（六）项以十一月为纳租期，（七）项以七月为纳租期。

第八条　征收常年租金，应用五联单式，第一联存根，第二联报查，第三联收据，第四联纳租告知，第五联告知回执，由财政局编号盖印制发之。

政局发出　告知单后，纳租人须持单赴局缴款，如有遗失，应另为补发，但须征收补发告知手续费一角。

第九条　按期征收之常年地租，应于本期第一个月内一律缴清，纳租人无论按期按率，如逾定限三个月以外者，加征应纳租额二十分之一之滞纳金，六个月以外者，加征十分之一，以此类推，积欠租款等于三年应纳租额总数时，得由财政局将欠租土地及其定着物拍卖，以所得价款，抵偿欠租，余款交还原欠租人。

第十条　凡新领土地在本期白二两月以内起租者，将本期租款缴清，连同其他租权金，测绘费，照费，石标费等收据，持向财政局验明后，即发租照，若在本期第三个月内起租者，须连同下期租款，一并缴清，方发租照。

第十一条　如租地建筑之后，遇有移转让渡情事，须由原领租人将其本期租款缴清，始得双方呈报财政局，登记过户。

第十二条　本规则如有未尽事宜，得提出市政府会议修正之。

第十三条　本规则自公布之日施行。

三、私有地之评价

私有地按价征税，在德日管理时代，即已实行，我国接收，继续办理，故按照地价征收地税，国内以青岛为最早，此项土地，曾于民国二年，经德人评价一次，市府以历年过久，价税多失其平，因组设私有地评价委员会，重行估价，其地价以按照当时地方买卖情形为估价标准。同时因旧征税率为百分之六，与中央颁布土地法规定不符，遂将税率改为百分之二。税率虽减，而税额之征收，则加增矣。兹将青岛市征收地税暂行规则暨青岛市私有地评价规则附后。

青岛市征收地税暂行规则
民国二十一年六月修正公布

第一条　凡在本市区内私有民有之各地，应悉依本规则之规定，缴纳地税。

第二条　地税分两种如下：

（甲）按价征税。

（乙）分等征税。

第三条　前条甲种税，适用于前德国管理时代卖出之地亩，乙种税，适用于华人旧有之地亩。

第四条　甲种税按地价征收自百分之二起，如建筑延期，得递加至百分之十，乙种税按地亩之肥瘠分为三等，其征收税率如下：

一等园宅等地每亩年纳税银三角五分；

二等农地每亩年纳税银二角五分；

三等山林沙石地每亩年纳税银一角五分。

第五条　前项税率财政局认有必要时，得提出市政会议变更之。

第六条　甲种税每年分四期征收，以一四七十等月为纳税之期，乙种税每年征收一次，以十一月为纳税之期。

第七条　征收甲乙两种地税，均用五联单式，第一联存根，第二联报查，第三联收据，第四联纳税告知，第五联省知回执，由财政局编号盖印制发之。

财政局发出告知单后，纳税人须持单赴局缴款，如有遗失，应另为补发，但须补缴告知手续费一角。

第八条　按期征收之地税，应于本期第一个月内一律缴清，按年征收者，应于发出告知书后，两个月以内，一律缴清。

纳税人无论按期按年，如逾定限三个月以外者，加征应纳税额二十分之一之滞纳金，六个月以外者，加征十分之一；以此类推，积欠税款等于三年应纳税额总数时，得由财政局将欠税土地及其定着物拍卖，以所得价款抵偿欠税，余数交还原欠税人。

第九条　如地权有移转让渡情事，原地主须将所欠税款，并与地上建筑物有连带关系之其他费款，一并缴清，方得双方呈报财政局登记过户。

第十条　本规则如有未尽事宜，得提出市政会议修改之。

第十一条　本规则自公布之日施行。

青岛市私有地评价规则

民国二十年六月公布第九十四次市政会议通过

第一条　本市私有地之地价，每年评估一次，但有重大变更时，不在此限。

第二条　评估私有地地价，由财政局组织私有地评价委员会办理，其规则另定之。

前项委员会之会期，以三个月为限。

第三条　评估私有地价，应先就市区辖境内私有地，就其地段之良否，及繁盛之程度，划为等级区。

第四条　地价之评估，以同一等级区内，土地最近买卖市价或业主申报之实值为标准，估定后分区公告为估定地价。

第五条　评价以级为单位，凡同一等级区内之土地不得为两种之评价。

第六条　估定地价，自公布之日起，十月内同一地价区内之土地所有权人，认为评估不当时，得以全体过半人数之连署，向评价委员会提出异议。

第七条　评价委员会接受土地所有权人之异议后，应为二次之复核评估，并决定公布之。

第八条　本规则如有未尽事宜，得提出市政会议修正之。

第九条　本规则自公布之日施行。

四、民有地之清理

民有地多为市外农地，按亩分等征税，计一等，每亩纳税银三角五分，二等二角五分，三等一角五分，此外并无其他附捐杂税。乡民负担甚轻。近人谓青岛农民，不啻置身天国。称羡弗己。市府以民有土地，系沿用德日时代旧册，历年久远诸多变迁，与现时实际情况不符。因制定清理乡区民有土地规则，于二十年三月公布施行。在着手清理以前，由各乡区建设办事处，召集各该区村长首事会议，先将政府清理意义，及人民产权关系，凯切宣示。并声明土地应征地税，照旧完纳，任何费用，概不收取，人民中有地无契，或有契已失者，准备在照章公告两个月内，如无轇轕发生，即发管业凭照，会议结果，乡民佥表赞同，各乡村均次第设立土地临时登记处，由本村村长造具业户花名清册，连同产权证明文件，填具声请书，汇送建设办事处转呈财局查核登记后，分别免费发给查验证书。人民声请登记时，并由乡区小学教员分任指导。青市各乡区民地，现已清理完竣，计共发出查验证书二十五万张，更造有民地清册，以为整理地税，清丈面积切实根据。此青市办理地政之重要工作也。兹将青岛市清理乡区民有土地暂行规则附后。

青岛市清理乡区民有土地暂行规则

民国廿二年三月修正

第一条　青岛市政府为清理本市乡区民有土地，保护人民产权起见，由财政局核发查验证书，依照本规则办理之。

第二条　清理乡区土地，由财政局派员驻在各乡区办事处分期举办，自民国廿二年一月一日起，至四月底止，清理李村、沧口两区，五月一日起至六月底止，清理九水区，七月一日至九月底止，清理阴岛、薛家岛、灵山岛三区，均须依限办竣，但有特别情形时，得酌量展限。

第三条　现业户所有之土地，凡买卖移转继承以及其他合法取得者，无论以前曾经查验与否，在清理期内，概由本村村长造具业户花名清册，连同契据，（前商埠局所发之官契，暨财政局批准移转备案之批示均属之，）并依式填明声请书，汇送办事处，转呈财政局查核登记后，继填查验证书，由办事处转发，嗣后产权概以查验证书为主要文件，旧契加盖验讫戳记，一并发还。

第四条　凡旧契遗失者，得由四乡或亲族证明，村长担保，出具切结，经财政局揭示公告两个月，内确无第三者提出异议时，准予核发查验证书。

第五条　凡于清理期内声请为所有权之移转者，准予按照第三条办理。

第六条　在此次清理期内核发查验证书，概不征收费用。

第七条　在清理期内，旧契因抵押或诉讼不能呈验者，应于业户花名清册内详细注明，并须声明补验日期。

第八条　清理完竣后，各村地亩，不论短少或溢出，仍按旧额征税，俟日后清丈面积确定，发给正式证书地图时，再行□□，但此次填报面积，务须从实，不是有希图侵占或隐匿情事。

第九条　凡所领查验证书，如有遗失或损失时，按照第四条办理。

第十条　本规则如有未尽事宜，得提出市政会议修正之。

第十一条　本规则自公布之日施行。

五、土地之移转

土地业主，遇有买卖典当继承折居等事，声请地权移转时，市府即分别性质，按价收费。属于公有地者，填给移转凭照。属于私有地者，填给移转证明书。惟外侨私有地，前有不得再移转与外侨之规定。市府以外侨对于此事，争执颇力，案悬未决已历多年，因改定办法，凡外侨将私有地声请移转，买主如系外侨，得将该地改为公有地，准其移转使用，似此通融办理，既无损于主权，而悬案亦可解决，兹将青岛市不动产移转证明许可规则暨不动产移转评估暂行规则附后。

青岛市不动产移转证明许可规则
民国廿年五月修正公布

第一条　本规则所称不动产，以土地及建筑物为限。

第二条　不动产权利移转，或变更之证明许可及收费手续，以本市财政局为主管机关。

第三条　凡不动产权利之移转或变更，须于三个月内向财政局声请证明，其收费如下：

（一）凡赠予及其他无偿性质取得权利者，按价收千分之三十，但因公共事业捐助，经财政局审查属实者，不在此限。

（二）凡买卖性质者，按价收千分之十五。

（三）凡典当性质者，按价收千分之五。

（四）凡属合作继承者，按价收千分之十。

（五）凡析居者，按价收千分之三。

（六）凡共有物之分割者，按价收千分之二。

以上各项费款，均系由取得权利人缴纳。

第四条　凡不动产权利之移转或变更，如不依照限期声请证明者，每逾三个月，得由财政局加收证明费十分之一。

第五条　声请证明，须由双方当事人以声请书为之。

第六条　声请书之格式，由财政局印制发行，声请人应将附呈之证明文件及应载之声请各事项。依照声请书中说明之规定，分别详细填明。

第七条　声请书应用正副两本，连同证明文件，呈送财政局，先制收据，证明件数，俟查核手续完毕，将正本存案，副本及□发发还之证明文件，发交当事人，但须将收条缴销。

第八条　声请证明许可，须由本人自为之，如委托代表或代理人办理时，须有本人签名盖章之委托书。

第九条　移转证明许可手续，办理完毕，并填给领租公地移转凭照，或私地移转证明书，以资执证。

第十条　业经证明之声请书副本，及移转凭照或移转证明书，如有遗失损洇时，准由本人先行刊登市政公报及本市日报详细声请作废书，仍照声请证明手续，呈请财政局将原号注销，核明补发前项手续费，每件收银一元。

第十一条　凡不动产之证明，须据实报价，尚有匿报价额，希图省费情事，得按估定价额计算，或由官厅按照所报之价收买之。

第十二条　凡声请移转证明之让与人，如其所让与之不动产有未完之租税捐费，应于移转前，一律分别缴清，取得收据，随同声请书呈验，否则停止移转，并扣留其证明文件。

第十三条　本规则如有未尽事宜，得提出市政会议修正之。

第十四条　本规则自公布之日施行。

青岛市不动产移转评估暂行规则

第一条　本规则所称不动产，以土地及建筑物为限。

第二条　凡市民声请不动产权利之移转或变更时，其所报价值如认为不合时，应按照本规则之规定评估之。

前项规定之评估事宜，以本市财政局为主管机关

第三条　本市区内私有地之评估，依照呈请评价委员会所议决之等级价额，按公亩估计如下：

地区别

（一）青岛市东西镇及市街地

等级	每公亩详估价额
一等	一·五〇〇元
二等	一·三五〇元
三等	一·二〇〇元
四等	一·〇〇〇元
五等	八〇〇元
六等	六〇〇元
七等	四五〇元
八等	三五〇元
九等	二五〇元
十等	一五〇元
十一等	一〇〇元

本市区内公有地，依照征收地租暂行规则所定租权金标准，分等如下：

地区别

（一）小港沿岸一带地

（二）青岛台东四镇及市街地

等级	每公亩评估价额
特等	五〇八元
一等	四六九元
二等	三五二元
三等	二七四元
四等	一九六元
五等	一五七元
六等	一一八元
七等	七九元
八等	五九元

九等　　　　　　　　　四〇元
十等　　　　　　　　　二〇元
十一等（四方市街地同）　三二元

（三）工场地

一等　　　　　　　　　三二元
二等　　　　　　　　　二四元
三等　　　　　　　　　二八元

第四条　本市区内一切建筑物之价值，应按其建筑之种类与优劣，分别等级为评估之标准，但其价值概以每层平方公尺计算如下：

甲　德国式建筑物
　　一等　三十元
　　二等　二十六元
　　三等　二十二元

乙　日本式建筑物
　　一等　二十六元
　　二等　二十二元
　　三等　十四元
　　四等　十元

丙　中国式建筑物
　　一等　二十元
　　二等　十六元
　　三等　十二元
　　四等　八元

丁　旧房酌量减等估计之

前项旧房系指建筑年久陈迹显著者而言。

以前各种建筑物，如有地窖或普通简易之厕所厨房及储藏室等，得按本房每平方公尺或每间之时价折半计算。

第五条　前条规定之各种建筑物，如已经坍塌者，概免评估。

第六条　本规则根据不动产移转证明许可规则之规定，以私有地地价连同房价或公有地之租权金连同房价之总数，分别作为□计证明费之标准。

第八条　前条规定村民所有地亩之评估，共分三等，如次：

一上等地　房基、果树园、菜园、杨圃

二中等地　禾嫁田（旱田）

三下等地　山坡、河滩、草场等地

第九条　凡本市呈报移转之房地，由财政局主管科依本规则评估价格，经审核后，分别注册。

第十条　前条评定之房屋价格，遇有发生异议时，声请人得呈具理由书，由财政局移交土地评价委员会评定之。

第十一条　本规则如有未尽事宜，得提出市政会议修正之。

第十二条　本规则自公布之日施行。

六、地册契纸之整理

青市土地，无论公有，私有，民有，各种皆有地册，市府以历时久远，屡有变迁，国籍散佚，考查无所根据，且原有日文之土地台账，不能适用，亟应翻译成册，市区地名诸号，时有更易，亦须清查，因于土地局归并财政局后，分别清理，逐项编制，工作经年，始行竣事。计编定公有地册五十本，私有地册十八本，呈供查考。又鉴于土地文契，多系德日文字，经订立换领办法，通告限期换领凭照，截至现时，什九多已领换。又民间买卖房地，向用旧式契纸，不免芜杂错乱之弊，市府因即明定规则式样，设立契纸发行所，便于人民取购，较为划一。青岛市不动产契纸规则附后。

青岛市不动产契纸规则

十九年十二月公布第六十八次市政会议通过

第　条　本规则所定契纸，由财政局发行，准备青岛市管辖区域以内人民不动产典卖及其他移转或变更契据之用。

第二条　本规则所称不动产，包括土地及建筑物而言。

第三条　不动产契纸每纸收费二角

第四条　凡市人民，声请不动产权利之移转或变更时，应一律购用契纸，方予登记。

第五条　凡市区人民，声请不动产权利之移转或变更时，可径至财政局不动产契纸总发行所，购用此项契纸，其乡区人民可以财政局呈准指定之分发行所购用之。

第六条　本规则本有未尽事宜，得提出市政会议修正之。

第七条　本规则自公布之日施行。

七、全市土地清丈

青市土地之疆界，原依德日租占时代旧图为标准。报收后虽经两次清丈，均因故中辍，未竟厥功，历年既久，其间市政之进展，道路之开拓，人事之推移，经济之变更，今昔固不相同，爰于二十三年重行举办全市土地测丈，添购测量仪器，增加技术人员，划全市为六区，分六时期第一期市内区，第二期李村区，第三期沧口区，第四期九水区，第五期阴岛区，第六期海西区，按照秩序依次进行二十一年春季开始工作，先测小三角网，次测图根水平，再按区测地形图及户地图，地形图缩尺定百千分之一，户地图缩尺为五百分之二，每区测量完竣，合并地形户地，缩为二千五百分之一，制成分区图。迨各区测完，则合并缩为二万五千分之一，制成全市总图。第一期市区现已测量完毕，计测地形图一百六十余幅，户地图二百五十余幅，合并缩为五千分之一。制成市区新图，不惟土地状况，道路形势，均可按图索骥，了如指掌，即以公安工务及其他关于市政进行事项。亦均有所根据。

八、土地之拓展

土地拓展计有下列各项。

（一）开放填海地，青市自接管以来，间有放领之填海地，因牵涉以前外侨填埋地权之关系，放领甚少，市府近以市区贵州路迤南四川路附近及小港二路以北三处海滩，水量不深，距离航线尚远，或系沙滩，或为礁石，与码头航务均无妨碍，认为应予开放填埋，借资拓展土地，推广码头。爰将贵州路分为七段，四川路附近滩地分为二段，小港二路滩地分为五段规定放领填埋建筑，并以贵州路运南海滩，距市较远，地近住宅区域，定为商店及住宅用地，其余二处邻近小港之商业繁盛定为仓库及堆栈用地。

（二）填筑小港太平湾，小港一带地临海岸之商贾辐辏，运输纷繁，货栈仓库，鳞次栉比，已无余基，可资发展，然土地需要，至形急切，二十年冬曾由财政局计划将太平湾自行填平，际一部拨归海军工厂建筑船场外，余地开放，准由市民领租建筑，以供需要。二十一年四月，按照规定填奖计划，招商标办，先行建筑挡水坝一道，次则连同莘县路一号公地，一并填平，此项工作，业已完成。共计土地面积约八十一公亩。除留一部公用外，余则定为菏泽二路三路公地，划分段落，编列地号，以备竞租放领。

（三）新辟海水浴场。年来市区日见发达，户口增加，每届夏令，莅青避暑者，纷至沓来，多有请领公地，建筑浴室者。南海路旧有浴场，已无隙地，自外另行开辟，不足以应需求，市府以山海辟路迤南路海滩辽阔，沙细水清，极合浴场之用，经即勘定为第二海水浴场，同时并于湛山附近，择定地点，作为第三海水浴场，划分段落规定地号等级，计第二浴场九十一段，第三浴场一百五十四段，经于二十三年七月公告放领。除当时放出三十余段外，仍在续行办理中。

第三节　教育事项

第一项　教育概况

青岛在德日租占时代，无教育可言，中国接收后，教育经费既微，学校亦不甚发达。民十九年特别市政府成立，教育设局专管，始有一定系统之设施。二十一年以后市府对教育锐意经营，不遗余力，而尤注重乡村教育；如增设学校，推广班次，三年以来，教育事业，大有突飞猛进之势。在二十年度中学学生数约计一四四九人，小学生数约计一九四六五人，二十三年度中学生增至二三三九人，小学生增至二六五五一人。不惟数量有发展，即关于教学训育各种方法，亦随环境为转移，竭力整理，更求质的改进。故教育经费之增加，与教育事业之进展，适成一正比例。自二十年至二十三年，教育经临各费，由四十六万余元，增至八十一万余元，前后比较，几增一倍。其经费支配之概数，经常费六十三万九千余元，临时费五万一千余元，校舍建筑预备费六万七千余元，合计上列经费，用之于乡区学校及社会教育者，约占全数支出之半。

第二项　乡区教育

一、乡村学校状况

李村乡区，设有中学一所，高级三班（师范科）初级六班（农科一班乡师二班普通三班）学生三百六十三人。各乡区原有小学，班数无多，学额亦少。市府力加整顿，规定小学校每校至少须成立四班，不及四班者作为分校。三年来先后增广乡区小学班数，计达二百班。青市五乡区，现时市立者共有完全小学五十六所，初级小学二十六所内二部制小学一所，又私立华新小学一所，合计八十三校。此外分校另有一百一十一所。除分校设在各村外，每乡区小学校，各就区属村庄适中地点，分别设立，以便附近村庄儿童就学。在青岛全市管辖区域，三十户以上之村庄平均每一村庄，有一小学。其无学校之小村庄学生，可在附近村庄小学校入学。故乡村儿童，随处皆有求学机会。同人赴乡考察，除中学外，小学计达数十所。李村中学特点，在使乡民得受中等教育，一则研习农学，为造就改良农业之人才；一则训练师资，为推广小学教师之储备。小学共同之优点则有：（1）校内各种统计图表俱备，悬之壁间，不惟具有美观，一切设施，亦便考察比较。其他簿册，亦甚齐全。（2）学生足额，每班溢出原额者甚多，各班缺席人数甚少。（3）学校均有适宜的布置，及相当的设备，内容颇形整洁。（青岛市市立乡区小学校概况表附后）

（附表一）青岛市市立乡区小学校概况一览表　二十四年一月调查

二、乡区新校舍之建筑

乡学校舍，俱系新建。式样各有不同，而规模宏廓，形式整齐，各校均有同一之发皇气象。同人参观乡校，行至中途，或登高阜遥望，或立舟畔凭眺，每见粉墙红瓦，散峙于山隈水滢及林树村落间者皆学校也。触目可观，洵属蔚然大观。在市府当局之用意，闻有数点：（1）适合教学与卫生，可除民房祠庙简陋湫溢之弊，亦免租赁借用种种牵制之苦。（2）使人民瞻仰庄严整洁之学舍，油然生尊师重道、自立立人之心。（3）使学校精神有所寄托，易引起乡民向学之观念。（4）乡学日见发展必有广大校舍方可容多数学生。（5）便于民众集合，为训练自治之准备。具此数因，故有兴建之必要。同人初以如此巨量之建筑物，其款当由市库支给，继悉此项建筑费，系就地方自筹，市府不过酌量情形，与以补助通常为四分之一，其他较瘠苦者则二分之一，人民勇于从事之原因，并非地方富厚，亦非出于政府强迫，细加访查，一因近年以来，人民确得指导生产之利益，官方诚信已孚。（梨树除虫害人民获利匪轻详农林类）由是各乡村新校舍次第建立；二因乡民见他村建筑校舍，因比较心的关系而有所兴奋，相继自动的乐于轮助，遂观厥成。现计青市新建校舍，乡区学校占全数百分之九十，市区仅居百分之十。乡村中有此伟绩，他省实所罕观。

三、乡区小学学额之充实及效用

青市小学原定市区每班至少须达四十人，乡区每班至少须达三十人。市区学额易满，乡区小学，多数虽能足额，而学生就学，不如市区之踊跃。良由乡民，忽视教育之重要。二十一年市教育局制定乡区小学充实学额办法，交由各乡区建设办事处实行。其办法规定由各校于开学前，调查其附近村庄学龄儿童，计数入册，校内空有学额，即劝令学童入学，违则处家长以罚金，俟其子弟入学后，仍将罚金退还。如学校办理不力，则责在校长，市教育局即以各校学额能否充足为校长重大考成。此项办法，则以有限之经费，收容多量之学生，诚为强迫教育实施之初步，亦即义务教育普及之良规。施行以来，乡区各校学额增加，颇有显著之成效。

第三项　市区教育

市区中学，市立计有男女中学各一校。私立者，男中有礼贤、崇德二校。女中有文德、圣功二校。私校均受市教育局监督。除圣功经费充裕未予补助外，其余三校，礼贤年得补助一万〇二百元，文德女中补助六千元，崇德补助四千八百元，以扶助其发展，市区小学，共二十三所。计完全小学，市立八所，私立十一所。初级小学，市立三所（内二部制二所）私立一所。同人参观各校，如市立男中十班，学生四百〇二人，女中九班，学生三百五十三人，两校内容，均有优美之成绩。私立礼贤男中十二班，学生五百五十六人，圣功女中六班，学生一百五十九人，办理情形，与市立中学无甚差别。小学部分，以市立台东镇小学十八班，学生八百二十三人人数为最多。次如黄台路小学十五班，学生七百〇八人。再次如太平路小学十二班，附幼稚园一班，贵州路二部制小学十班，附短期一班，两校学生亦各达四百人以上，班多额广，甚形发达，其间小学办法最经济者为贵州路二部制小学，每日午前八时，至十一时，授甲部，午后一时至四时，授乙部，五时至七时，授短期班，晚七时至九时，授民众学校，是校教员七人轮流任课，日无暇暑。以上各校，除私立外，校舍有新建者，有旧校舍新修更为之扩充者。层楼峻宇，结构精良，就中尤以市立男女中学规模宏壮。一切设施，悉依市教育局新定教育改进办法办理。精神形式，俱有可观。

第四项　教育方法

一、精神训练

计分数项。（1）培养国家思想。市府以中国人民对于国家观念薄弱，意在训练学生明了人民与国家关系，关于古今仁人志士爱国事迹，及历史上富有国族性的名言伟论，作为教育材料，或采辑图说，或选择读物，施以有系统的研究，重在精神陶炼，以启发其民族意识。（2）提倡公民道德。市府以青市校风素坏，以前学生不能循礼安分，时有鼓动风潮侮辱师长情事。因极力整顿注重公民道德，举凡遵守纪律，崇尚礼节，讲孝友，重廉耻，敦信义，爱和平以及忠于奉公，勇于合作诸端。随时启迪，灌入学生脑筋，更利用机会，实施公民训练，务使学生言动纳于正轨。（3）扶植个人品性。市府以青市欧化太深，地方繁盛，人民骄奢游惰之习，在所不免，为挽回风气起见，对于学生勤学守规，励志向上，习劳，崇俭以及好整洁，务诚实各节，定为训育之要则。责由各校分项制成训语，张贴校壁，随处皆是，务使学生触目惊心，互相砥砺，严防沾染恶习及一切不正当行为，以养成其善良习惯。（4）注重团体活动。市府以团体活动训练为近代教育切要之方法。青市教育团体，除教学研究会教学观摩团，属于教师结合不计外，学生团体名义甚多，最要者有班会，级会自治会，辩论会，社会视察组织，各种文艺美术组织等，意在使学生与学生，彼此联络，互相研讨，以谋思想之沟通，学识之增进。

二、军事训练

市乡小学学生，自四年级起，授以军事训练，中等学校，除女校学习看护外，男于中学军训尤为注重。中小学军训教官，悉由海军人员调充。现有七十二人，分配全市学校，担任军事学术科之教授。训练范围，除学科术科外，并实行内务管理，各校学生，大部分依照军队编制，注重精神纪律，借军训规约，以严格锻炼青年生活。关于军训用具，各校均有适合需要足供练习之设备。集中军训，现已举行三次，同人到青，适值中小学校军训检阅。元月十九日中学学生在市区公共体育场举行。次日小学学生在乡区李村中校体育场举行。同人均如期往观，中学军训检阅，计市中、李中、礼贤、崇德四校。分十二学队，学生一千五百余人。军容壮肃，步伐整齐。初行分列式，继行部队连战斗教练，学生等精神奋发，如在疆场之上，其他演习枪法刀法拳术各节，亦均有精彩。小学军训检阅计到李村、沧口、四方、郝沟、河西、王埠庄六校，学生五百四十余人。分别作军事表演及国术操练，一般儿童，天真活泼，甚是可爱。表演成绩亦佳。两次会操，各历五小时，沈市长亲临校阅，共有海军谢司令参加，亦以军事教官多为海军人员也检阅毕，市长对于学生作极恳切之训话，听者颇为动容。

三、生计训练

市乡男女中学，均已实施生产教育，如市中之化学工艺科，崇德中学之商业科，礼贤中学之土木工程科，乡区李村中学之农业科，先后成立。又市立男中普通班，设有金工课程，女中设有家事课程，关于化学试验品，金工土木工大小机件以及家事应用之缝纫烹饪器具，均有设备。实习各有专室，小学方面劳作课目，除简易藤工、竹工、陶工、铁丝工、火柴盒工、理发业等项，各校分别设置，可在校内劳作室工作外，农业则有实习农场，工业则有实习染织工厂，此种办法，平时为学生劳作练习场所，以培植其生产技能，一面为毕业后无力升学者改习职业自谋生活之预备。

四、劳动及服务训练

劳动如筑路（李村中学曾筑路一段）开辟校园，清洁校舍等视学生体力之强弱，分配工作之轻重，他如家庭事务社会公益等类，亦由学生分别操作，使之吃苦耐劳成为习惯，服务各事，如教授民众识字，推行新生活运动，管理校内炊食部，办理消费合作社，举行各种游艺纪念集会等，悉由学生自行组合，共同工作，以练习其服务能力。

以上各项施行方法，关于教学方面，重在教授之改良，教材之选用，指导之方法，尤注重教师修养人格感化。关于训育方面，贵在顺应学生之个性适合学生之生活，因材施教，更考察学生社交情形，校内动作用具体方法做事实训导。抑或利用机会集会演讲以启发其意志其推行步骤，从小学入手做起，注重培养其根基。上列各项方法实施以来，三年之间，学生气质为之一变，校风日趋严整，学生生活简单（中校伙食每月四元），精神振奋，一切浮嚣颓废习气日见涤除。

第五项　社会教育

一、学校式之民众教育

1. 民众学校　青市民众学校，利用学校校舍及职教员，故均附设于市乡各区小学校内，每校一所，四十人为一班，修业四个月，各校班数多寡不等，授课分日班夜班各二小时，不识字民众无职业者列入日班，有职业者列入夜班。校长由附设所在地校长兼充，专任教员授课四小时，月薪二十元，兼任教员授课二小时，月薪十元。经费每班月支十二元。初办时偏重识字，近于识字外更注重生计自卫公民常识，课目分国语、算术、体育、音乐、书信等类，国语课本由市教育局编印。民校已办九期，本期为第十期。市区现成立一百零二班，乡区成立一百十四班，合计成立二百十六班，同时受教者约九千人。同人于夜间参观，计到小学附设之民校三处：1. 市立台西镇小学，内设七班，日课两班，夜课五班。2. 北平路小学，内设十班，日课两班，夜课八班。另附妇女职业补习学校夜课一班。3. 私立挪庄小学，内设四班，全系夜课。参观时各班均在上课，或讲国语，或演珠算，或习唱歌，或练体育，秩序整齐，各班人数，缺额甚少，受课学生均系十六岁以上四十岁以下多有职业之成人。乡区民校，办理情形亦与市区相同。以视徒挂校牌，形同虚设者，不可同日语也。青市民校发展，察其原因，计有下列各点：

甲、实施强迫民众入学办法　其办法由市教育局督促各区建设办事处，对于各该区内文盲，责成当地公安机关，挨户调查记数入册，民校成立时，除各校自组招生队外，公安机关，应于一周内，按册劝令入学，经劝告后两周内仍不就学，即由建设办事处会同公安机关，处以一元以上十元以下之罚金，仍限令入学，罚金作为推广民众教育之用。青市本期办理民校，得社会、公安两局之协助，进行深感便利，而各区建设处又与民众接近，感情亦颇融洽，推行尤为有效。政教合一，于此可见一斑。

乙、实施民众学校留生办法　其办法规定民校教法，避免注入讲解式，采用启发问答式，教材宜活用，多援引关于日常生活事项，引起学生兴趣。每月开娱乐会一次，讲述古今名人故事及笑林等，借以联络情感。更分组选举组长，除维持本组秩序外，对于同学功课操行，并负调查督促劝导辅助之责。再关于校内勤奋守规及成绩优良之学生，分别予以奖励，其无故缺席三日以上者，由校长通知该管公安机关加以警告，经警告后二日仍不回校复课，即依强迫民众入学办法处罚。

丙、利用以导生制办法　凡高级小学以上住校学生，组设民众识字处，附设校内，轮流担任教授。走读学生则教授家庭中雇工及邻户或戚友之不识字者，限定每学期中学生每人至少教授二人，小学生每人至少教授一人。其被教者之成绩，由原校校长定期召集开会考察，以资证实。此即家庭式之民众教育也。

2. 各种补习学校及盲童学校

甲、职工补习学校：此项学校系为一般工厂失学工人而设。由职工教育委员会组织成立，招收工厂工人，使有受教育机会，夜间授课，现计成立三十一所。

乙、职业补习学校：此项学校计分两种：（一）商业补习学校，招收市场商店学徒入校补习，授以商业、簿记、珠算、识字、常识等课现计成立四所。（二）妇女职业补习学校，专收成年失学妇女入校补习，授以家庭工艺，浅易文字普通常识等课，现计成立三所。

丙、平康女子补习学校，专为堕入青楼之妇女而设，专收市区平康里妓女，授以千字课、珠算、常识，并以缝纫、烹饪、音乐、体育为选修科，日间授课，使有自立的能力，以便改习正业，现已成立三所。

丁、盲童学校，现有一所，校长教员均系瞽目，学生二十余人，其识字之法，系以指代目，盲童依照所授注音符号用凿有多孔两小长方形铜片，叠齐置于硬纸上，复以铜签贯入铜片孔内，在硬纸上连续打字。同人参观时，命盲童书湖北考察团观光七字，顷刻立就。旋由教师于教室外另引一盲童以指按字念之，一字不误，此校开办仅及三月，识字成绩如此，可谓教授得法。校内陈列盲童所作藤器，与普通工人作品无异毕，另有哑生二名，学习棉织物，出品亦好。

二、社会式之民众教育

1. **民众教育馆**　市区设有民众教育馆一所，乡区沧口、阴岛、薛家岛三处，各设简易民众教育馆一所，市区民教馆组织，分总务研究推广讲演各部，并设有阅报、图书、游艺、科学、展览等室及儿童阅书处。沧口民教馆，除设有图书游艺各室民众学校及讲演部外，并分置下列各处（一）民众询问处，每日用黑牌书写一字，注明音义，悬馆门外，使民众识认，并派一人驻此，以便民众问字及备他事之询问。（二）代笔处，代替民众缮写日用文件。（三）民乐社，系民众自行组织，每日社员到社，举行各种正当娱乐。阴岛薛家岛两处民教馆组织较简。

2. **广播无线电台**　市区民教馆设有广播无线电台一座，及播音机一架。李村、沧口、九水、阴岛、薛家岛五乡区建设办事处，各设有收音机一架。播音节目，计分通俗讲演，社会新闻，行政工作，科学常识，气象，商情，工业，渔业，农林，音乐戏曲等类，由市区民教馆定期于晚间分别放送，民众乐于接受。（广播电台每月放送节目表附后）

3. 教育电影　市区民教馆购有小影片映放机一架。并与全国电影协会

曜日＼每週次	星期二	星期三	星期四	星期五	星期六	星期日	星期一
第一週	（學科）觀象台	（律法）律師公會	（常識）科學本館	（商工）工商學會	（平劇）物產社	（常識）科學本館	（講演）普通特約或本館
第二週	（林農）農林事務所	（律法）律師公會	（常識）科學本館	（業漁）漁工商學會	（國樂）平劇或不固定	（常識）科學本館	（講演）普通特約或本館
第三週	（教民）民本館	（律法）律師公會	（常識）科學本館	（業漁）漁工商學會	（唱歌）平劇或不固定	（常識）科學本館	（講演）普通特約或本館
第四週	（林農）農林事務所	（律法）律師公會	（常識）科學本館	（業漁）漁工商學會	（書鼓或青年樂）平劇或不固定	（常識）科學本館	（講演）普通特約或本館

〔附註〕本表每四週輪週一次　時間：每晚七時起

及金陵大学电影部订立合同，租用教育影片。除在该馆映放外，更分赴市乡各学校及市区戏院，各大市场演放，期间由市区民教馆定之。并于演放时加以说明及常识演讲，每次仅收铜元五枚，民众观览，极饶兴趣。

4. 乡区巡回讲演　市乡民教馆平时各就讲演部演讲外，每月并分赴各乡区举行巡回讲演一次，其讲题视各乡区地方需要情形而定。如李村九水等处，则讲演关于农业事项，四方沧口等处，则讲演关于工商业事项，阴岛、薛家岛等处则讲习关于渔业与农业事项遇有重要问题发生，或临时举行集会，即由市教育局督饬各该区民教馆全体讲员依照指定地点分途讲演。

5. 其余各项　（一）新建公共体育场，气势雄伟，建筑坚良，工程费计达二十万元。可供学校及民众体育运动之用。（二）流动书库，现有二十具分赴乡区各校流动，每年换发新书一次，已办三期。（三）民众憩游所，李村区设有一处，罗列书报挂图多种，供人阅读。并订戒约书之壁

上，儆惕民众。（四）民众阅报牌，张贴新闻纸，专供民众阅览。不惟设在市区，乡区各大村庄，皆有此种设备，所贴报章不一，由市教育局购寄分贴。此补助社会教育之可为纪述者也。

第四节　公安事项

第一项　保安及自卫

一、乡村警察

青岛全市近因道路日辟，人口增加，公安机关之设立，亦逐渐普遍于乡村。在市府公安局直接指挥之下，有各区公安分局六处，分驻所二十九处，（视地方繁简，每所设巡官一人或二人，长警二十四人至三十六人）派出所七十四处，（每所警长二人警士八名）复因事实上之需要设有分遣所（分遣所为分出警察宿舍随时可撤）与汽车检查处，并由公安局配发马巡消防侦缉清洁各队长警于乡区分驻所或派出所，务与市区消息灵通，打成一片，除市区不论外，所有各乡区公安机关之管界村庄及官警驻地，均属规划恰当，布置周密，村村有警察，其他各省市殊为鲜见。加以在乡服务之公安员警，极与民众竭诚合作，人民亦能互相帮助，勿论昼夜寒暑，一切巡逻防守之责任，均由公安员警担负，并有人民集资公建警察驻所请求派遣者，可以见其相需之一般，再滨海之第三第五第六等分局地段，恐有匪盗偷渡，为联络巡逻起见，设有巡舰二只，警艇巡船各四只，挑选熟习水性之公安长警轮流梭巡，归各地公安分局或分驻所管辖，平时则分段巡逻有警则立时出帆缉捕，使陆上公安兼及海面防务，以维治安，上项各级公安机关，经分别参观，（一二处）内外勤务，配置颇有条理。

二、乡区警电话

青岛警报电话，一名保安电话，由公安局直辖，专为保障乡村安宁而设，一旦有警，即由派出所或分驻所用警报电话报告主管机关，立即驰往救援。现查全市各乡村警报电话通讯网已有六十三所，海西阴岛薛家岛亦已设立，红石岩塔埠头则设保安无线电台，海南大麦岛燕儿岛则设讯鸽所，此项传达警报之工具，参观时每见重要地段，皆已设置，是以穷村孤岛，均能于五分钟内将消息传播全市，派队缉捕，奸宄自难匿迹。

三、乡区警备汽车及自行车队

青岛市区之警备汽车与自行车队设置齐全，姑置不论。其乡区之第六分局，由李村民众集资购置警备汽车一辆，第四分局所辖半市半乡，第五分局所辖完全为乡村，各该区民众亦鉴于警备汽车与地方治安关系甚巨，踊跃筹资，不足时由公安局补助，现在四五两分局，已由公安局与商民合力购置警备汽车各一辆。据引导人面称，每遇发生匪警火警，俱能登时扑灭，收效甚伟。又公安局及分局之自行车队，平时属于各分驻所及派出所与汽车检查处管理，由分局巡官充任队长，有警则集合工作，无事则分派各所担任传达报告任务。此种车辆，除公家购置外，亦有地方筹款置备以补助防务。

四、指纹警犬讯鸽

1. 指纹 青岛在德管时代，即设指纹班，用于司法上鉴定人别，最为相宜，我国接收后，聘德人安德和专管指纹，属公安局特务督察处，每获一案，取犯人捺印，其指纹单存储，计有三万五千张，将来犯人重犯，即以此作为证据。公安局曾举办指纹传习班两次，分为学员班，学警班，由各分局保送，毕业后仍回原局兼任指纹，于分局内设指纹橱，以存储指纹纸。参观时，经安君（以中国语）讲述，颇为详尽。彼时适有张兰延因案带局，经安君按下指纹，查对底册号数，及背面粘贴之相片，两相符合，乃知其人曾犯窃盗案四次。足见实行颇有成绩。2. 警犬 青市公安局最初购德国狼犬四只，其价值低者为六百元，高者达二千元，现增至二十只，牧犬训练较易，六个月即能使用。其设置警犬之作用，在利其嗅觉及夜间能视以补助警探侦察之不及。并经警犬训练员在广场命令警犬表演跳墙搜查毒品及行跪坐卧为主人解缚各种动作，极为驯熟。3. 讯鸽 青市公安局设讯鸽总所，有鸽七十只，派专警饲养训练。其训练方法，据主管人当场报告，系于每日清晨强制向舍外飞翔，使熟习舍外附近情形，借以运动发育其身体。继则以笼携往各分驻所及派出所，缮写报告装入信袋，挂其腹前。或用轻铁信筒附着其腿部，放之使自行飞回，由近渐远。其速度，每小时约飞行八十余里，各乡区与公安局均能通讯自如。

五、乡区保卫团

青岛之乡村警备，从前仅有警察分驻所，常驻较大村庄，负治安责任。二十一年以后，市政府计划普设保卫团以补警力之不足，遂组织保卫团部总团部，令委总团长一员，副团长二员，直属市府管辖，并以保卫团总团部任指挥训练之全责。其组织分甲乙二种，（1）甲种保卫团，（即常驻保卫团）由市府公安局直属之保安队改编为三中队，一机关枪队，系募勇性质，分驻市乡各要隘布防，与保安警察意义相同，以备有警时调遣及冬防之用。（2）乙种保卫团，（即征集保卫团）系征集各乡村壮丁加以政治军事公民常识等学科之三个月严格训练，与甲种保卫团同在一处，并以其官长充乙种保卫团之大中队长，使平时互相认识，有事则能相辅为用，训练期间以不妨农忙渔忙为主，在每年十一月十日起迄次年二月十日止，伙食服装等费均由市府供给，不收分文，其一二两期结业之园丁，均已毕业回乡务农，每月仍由各该乡区建设办事处召集会操一次藉资历练。又市府复就训练毕业之壮丁中挑选一百二十人作干部训练班，充各乡村分队长，受当地公安机关之指导，辅助执行其职务。本届各乡区征送之园丁八百人正集中市体育场训练，较前更为严厉，除授以军事国术知识外，并课以农艺技术合作须知等学科，务令回乡足以指导村民组织合作社，改良作物，使农村经济得以普遍进展。本团参观乙种保卫团时，见其演习军事操，动作敏捷，精神饱满。又赴李村参观乙种保卫团队会操，动作亦颇合度。兹将青岛保卫团实施条例草案附后。

青岛市保卫团实施条例草案

中华民国二十三年十一月十九日公布第三百二十九次市政会议通过

第一条　保卫团以充实人民自卫能力，保卫地方安宁，并普及国民军事教育为宗旨。

第二条　凡保卫团之征集编制训练调遣及其他事宜，在中央市保卫团法未公布前，均依本条例办理。

第三条　保卫团分甲乙两种：

甲种保卫团就原有之保安队改编，训练两年，作为基本队，负训练乙种保卫团之责。

乙种保卫团就本市所辖各乡区壮丁编制，于每年十一月至次年二月间征集训练之，负补助警察维持地方治安之责。

第四条　凡世居本市之男子，年满二十岁至四十岁者，均有编入乙种保卫团受训练及服役之义务。

第五条　乙种保卫团，分为常备队，预备队，后备队。

常备队以训练期满，经检阅者充之。

预备队以常备期满，经检阅者充之。

后备队以预备期满，经检阅者充之。

第六条　常备队预备队役期均为三年，后备队役期以届满服役年龄为准。

第七条　各队服役期间虽已届满，但因非常事故，得由市政府命令延长之。

第八条　在市政府直辖之下，设保卫团总团部，承市政府之命令，专任训练之责，关于未训练前之征集及训练后之分布设防各事宜，应与公安局及乡区建设办事处，商酌处理之。

第九条　总团部设总团长一人，秉承市政府综理全部事务，并指导监督所属职员团士，副团长二人，辅助总团长处理全部事务指挥监督所属职员团士，并担任学术两科之训练。

第十条　总团部设办事员二人，书记二人，中西医二人，传达三人，号兵二人，秉承总副团长分办各种事务。

第十一条　总副团长由市政府委派办事员以下，由总团长分别委聘，并呈报市政府。

第十二条　甲种保卫团共分五队，每队设队长一人，班长三人，团士三十人。

第十三条　乙种保卫团，常备队以十人为一班，另设班长一人，三班为一分队，另设分队长一人，三分队为一中队，另设中队长一人，三中队为一大队，另设大队长一人。

前项之大队长中队长，以甲种保卫团之队长班长分别兼充，分队长由总团部就训练期满之乙种壮丁中，择选一百二十人，成立干部训练班，再加六个月之训练后，派充之。

第十四条　乙种保卫团，暂分为海东六区，编练六大队，海西二区，编练四大队，红石崖塔埠头合编一中队，黄岛水灵山岛，各编一中队，俟有必要，再行酌量增加，前项团丁，均各就附近公安局分驻所派出所之适中地点，集合，以便训练，直接受总团部之指挥。

第十五条　乙种保卫团训练期间，以甲种保卫团之官长团士，分任队长班长等职。

第十六条　乙种保卫团征集时，由总团部于一个月前，通知公安局及乡区建设办事处，由公安局令行各分局会同乡区建设办事处，就区内已届服役年龄尚未受训练之壮丁征集，移送总团部，分别训练之。

第十七条 应征壮丁超过定额时，以抽签法定其号数，号数在后者。留待下期训练。

第十八条 应征壮丁，不得临时规定，或雇人替代，违则罚其家长。

第十九条 应征壮丁，如实因疾病或特殊情形不能应征时，由家长报请村长，加具切结，呈请缓征，但病愈或情形终了时，仍应补征之。

第二十条 保卫团训练之课目如下：

1. 政治训练

一、公民常识，（中国历史地理摘要及国民对于国家社会之责任与其应尽之义务）。

二、党义

三、匪贼罪恶

四、民众自卫组织纲要

五、农林建设概要

六、新生活运动纲要，及新生活须知

七、国耻痛史

八、军人千字课

九、其他

2. 军事训练

（1）术科

一、技术，（国术刺枪体操）

二、射击，（预行习演实弹射击）

三、制式教练

四、战斗教练

五、警戒勤务

六、防空防毒临时要务之演习

七、行军

八、夜间教育

九、工作实施，（除一般作业外并练习碉寨之构筑）

十、其他

（2）学科

一、步兵操典摘要

二、野外勤务摘要

三、射击教范摘要

四、工作教范摘要

五、坑道作业实施

六、陆军礼节摘要

七、防空防毒教范

八、军队内务条例摘要

九、体操教范摘要

十、军警惩罚法令摘要

十一、卫生摘要

十二、步兵夜间教育摘要

十三、游击战术

十四、军语释要

十五、旗语

十六、侦探学

十七、通信联络

十八、目测

十九、自卫新知摘要

二十、练兵实纪与纪效新书摘要。

廿一、警察服务须知

廿二、狱兵服务须知

廿三、其他

前项课目得斟酌情形由总团部呈准市政府增减之。

第二十一条　保卫团训练进展表及实施状况，应按月呈报市政府。

第二十二条　乙种保卫团训练期满，由总团部核定成绩造册，呈请市政府检阅后，发给训练期满证书，编入常备队。

第二十三条　常备队各分队每年会操六次，其举行时期以不抵触农忙渔忙及总会操之时期为准。

总会操二次，于三十两个月内举行。

前项会操之地点时期，由总团部临时以命令定之。

第二十四条　预备队每年会操二次后备队每年会操一次,其地点时期由总团部于一个月前,以命令定之。

第二十五条　二十三条之总会操,二十四条之会操,海东海四得分别举行之。

第二十六条　各队会操,不得托故不到,违者从重处罚。

第二十七条　各队会操,由总团部派遣职员,或甲种保卫团官长团士,分往督饬训练。

第二十八条　常备队或预备队役期届满,由总团部呈请市政府检阅后,发给退伍证书,改编为预备队或后备队。

第二十九条　常备队在本区内补助警察绥靖地方,遇有水火盗贼绑架抢劫及其他非常事变时,应以一定警号集合协同公安分局分任消防围捕各事,同时并飞报总团部。

第三十条　常备预备后备各队,平常对于所在乡村之农产改良农村合作,及其他农村自治等事业,应秉承长官之意旨协助进行。

第三十一条　常备队闻邻区集合警号时,应不待总团部命令立即前往协助,同时飞报总团部。

第三十二条　常备预备后备各队遇有下列情事之一时,均应随时向公安分局及建设办事处密报,但不得擅自传讯究办。

一、窝藏盗匪,或寄存贼物者

二、有反革命嫌疑者

三、煽惑扰乱或秘密集结图谋不轨者

四、携带违禁物品者

前项各款之诬告者反坐之。

第三十三条　因剿匪所获之军火赃物,应报由总团部呈请市政府核办,不得有私自没收情事违者,依法惩罚之。

第三十四条　常备队预备队后备队之总集合由市政府以命令行之。

第三十五条　保卫团之旗帜服装符号,在中央未颁布式样以前,由总团部呈请市政府核定颁发之。

第三十六条　甲种保卫团之枪械子弹,及工作器具等,由市政府发给应用。

第三十七条　乙种保卫团之枪械子弹,以由各乡村依照军政部购枪条例，自行集合资金，报由总团部呈请市政府，核准购办为主，在未能购办以前，得由总团部呈请市政府酌借应用。

第三十八条 乙种保卫团之枪械子弹，因剿匪损失消耗时，由市政府酌量补充之。

第三十九条 乙种保卫团之自备枪械，得由总团部呈准市府存放于就近指定地点以便集中管理，其枪械执照仍由人民自行保存，此项执照，如有遗失，应依条例声请补领。

第四十条 乙种保卫团之枪械子弹，不准有私卖情事每届会操均须分别检查，如与执照不符当即从严罚办。

第四十一条 总团部甲种保卫团暨乙种保卫团训练及会操时所需一切经费，均由市政府支给。

第四十二条 保卫团所需经费应编制预算，呈送市政府核定。

第四十三条 本条例如有未尽事宜，随时提出市政会议修正之。

第四十四条 本条例自公布之日施行之。

六、村民巡更办法

每年冬防，各乡区建设办事处，恐警力单薄，或有疏虞，特联合各村村民轮流推派更夫四名或六名，分前后夜两组，共同梭巡，以保安全。倘遇本村住户有聚赌情事，应即劝其解散，或报请乡区建设办事处处理，不得自己径行抓赌，其巡更期间，以十一月一日起至次年二月一日止，非必要时不得延长。

第二项　户籍

一、户籍章则

青岛整理户籍，悉按照户籍法，并酌斟地方情形，制定户口调查及编订门牌各项细则，以为单行法规，缜密检查。故户籍一项，较任何地方均为翔实。

二、门牌及户主牌

编订门牌，亦为整理户籍之重要设施。现由公安机关按所辖区域之各户本质木牌，一律改蓝磁牌，另行编订，逐号衔接。其户主牌则同时钉于门牌下方，以便稽考。

三、户籍器具及册簿

青岛调查户口所用册簿，如户口总簿，身份登记簿，长警日记簿，死亡稽数册，收养弃儿稽数册，他往人口稽数册，失踪人口稽数册，分居户口稽数册，承继人口稽数册，男婚人口稽数册，女嫁人口稽数册，出生人口稽数册，迁出户口稽数册，迁移户口稽数册，迁入户口稽数册等，均制办齐全，由公安局购置户籍册簿橱，各分局则置十五屉及二十屉橱各一，各分驻所派出所则置十二屉小橱各一，又制发各种调查表，重造新册，并于长警携册调查时，另由分局制簿夹板以免损坏。在分局内设户籍官警三名，对所辖分驻所每月抽查一次。各分驻所设户籍专警二名，对所辖派出所半月抽查一次。而派出所各长警，输流办理对于管界各村庄每星期逐户复查一次。市区联合办事处及乡区建设办事处对所辖地之分驻所与派出所，又随时抽查，是以得悉户口动态静态之一切情形。

四、铁质村牌

青岛乡区村名，悉由乡村建设办事处会同当地公安机关制定铁质长方村牌，钉于各村村首冲要地方，以更识别而利交通。其价值每个二元，以村之大小定村牌之多寡，小村一个，大村两个或三个。此款由村中公摊，各村均已钉挂齐全。

第三项　消防

一、救火器具之设备与分配

公安局设有消防组，及台东李村两分组，长警均常川驻队，由主管人员授以各种消防练习，并随时讲授消防人员之责任与道德，务使对于职务上有真切之认识。关于各项消防器具，其重要者，计有最新马机卢斯汽车二部，葛士林救火汽车三部，蒸气救火汽车二部，大号小号人力唧筒各三部，马拉大梯二架，各项附件均属齐全。近来市府于警备汽车内设置铁梯，装卸容易，并于消防队内装设电话，灵通消息，遇有火警，驰往救护，异常敏捷。同人参观台东镇消防组时，见长警等表演升降梯，吸筒机，蒸汽机，跳高及保险绳，救火袋保险兜诸动作，极尽灵敏活跃之能事。

二、消火栓

青岛市一届冬令，均设火炉。因之各街道里院之消火栓，设置普遍。倘有损坏及水量不足时由公安工务两局先事查明修理，以免火警发生，使用不灵。关于乡村旧有房屋，亦逐渐促人民自动改良，并为消防之设备。

第四项 保健

一、麻醉毒品戒验所

青岛毒品，以海洛因吗啡为大宗，鸦片次之，多系某国浪人私售。公安局以法权关系，只能在各毒品商户门外严密伺查，遇有此项购吸之人即予拘捕，并成立麻醉毒品戒验所一处。现经公安局详细调查，市内吸售毒品人犯约四千人左右，均与某国浪人有关，市府当局乃与驻青日领数度交涉，结果准由公安局会同日警捉拿。同时因毒品戒验所地址狭小，仅能收容毒品犯二百人，不敷分配，遂在公安局直属之保安警察第一中队队部内，添设毒品戒验所一处，能容八百人左右。其拟定计划，系规定以一个半月戒除一千人，按四千毒品犯计算，六个月内即可一律戒除净尽。团员等参观该两戒验所时，见实收毒品犯满七百人，均已脱离烟籍，变为身体肥硕之男子。关于犯人入所出所之程序，系公安局将毒品犯逮捕后发交麻醉毒品戒验所，于三个月内戒除，戒除后并在身上刺有符号，再犯检出，依法枪决。再即依照所定办法由公安局分别移送法院（有犯罪证据之毒品犯则送法院）与感化所（使之学习机织、木工、藤工、缝纫等职业，）或遣送同籍。（外籍有确实职业住址之人，）又毒品犯入所后，每日早晚必朗读宣誓词，原文如下：我从此以后，要作一个好人，出所后再吃吗啡海洛因被抓获时，处我死刑，心里无怨。

二、清洁检查

如市区各杂院积存垃圾粪土，由清洁队逐日派丁运除，并建设焚秽炉焚烧市内垃圾，酒楼饭店澡堂理发所一切设备责成卫生警逐日分别查看，鲜牛乳场出品有无掺杂新陈他物在内，亦由卫生官警随时检验就近取缔。又如乡区饮料之改良污水垃圾雨水尘埃等之处置，各乡区建设办事处不时召集村长地保开会，宣布清洁简便办法，村民均切实遵行，各办事处人员亦常赴乡村讲演清洁要义，以故乡村间均整洁异常。

第五项 交通警察

一、交通警察组

青市市乡，交通发达，为应市面需要整理交通起见，成立交通警察组。其编制系由保安警察队拨长警轮流充任，即以公安局督察长及主管科长科员分任教练，授以整理交通技能，一月期满，即行服务。故关于交通上之指挥管理诸端，应付极为得法。

二、模范汽车乡区及路灯

青岛乡村道路，建设完成，为便利交通起见，创设模范汽车，并督促各商依照模范汽车式样一律改良。又乡区之重要村内外道路一律置备路灯，行旅极为利便。

第六项　警察训练及甄用

一、警士教练所

青岛公安局所属长警，额设二千七百余名，从前系就各分局设警士补习班，使所有长警轮流入学，授以相当之警察教育，由局派员分门考试，评定优劣，发给补习证书。廿二年起，公安局开办警士教练所，嗣后各分局警士，则由教练所毕业学警拨派，绝对不准募补或各方推荐无资格之人承充。

二、甄别委员会

附设公安局内，以局长为委员长，秘书科长督察长及资深职员或富有学验者为委员组织之。所有长警之学历及服务成绩与升降标准，均属该会掌管。

第七项　警察救恤建筑物

一、警察家属住舍

由警察共济社（警察官员每月抽百分之一，长警抽千分之五为公积金，以互相励志共同扶济为目的，附设公安局，）积存之四千余元，经市政府提倡，分向各方募集捐款，共凑银七万余元，建造警察家属住舍三百余所，概属西式平房，室宇整洁，适合卫生，每所月租二元，分住两家，此为下层工作人员解决住所问题。关于地产，则组织警察住舍保管会，设市商会内。（以捐助人民及捐助团体之代表为会员并由会员中选任董事，组织董事会，再由董事推选常委，执行董事会议决事项。）

二、警察公墓

系公安局呈由市政府拨给公地，加以建筑，专为服务青市员警死后安葬之所，由公安局长指定该管巡官一人负责管理。

第五节　港务事项

第一项　建筑船坞

青岛虽有模范港之美名，然向无船坞之设备，船舶如有损坏，须北走大连，南赴淞沪，方有修理之场所。青岛港务局二十二年度系埠输船只数及吨数之统计，为二七五二只三六〇一八九七吨。出入船舶既多，船坞之需要益切，市府乃于二十二年筹划开工，至二十三年九月工竣，建筑及设备费共计四十万元，能容五千吨以下之船只。参观时，永翔军舰正入坞修理。

第二项　添建码头

青岛在大港方面，原有码头四座，第一码头，（第二码头，第三码头，第四码头，系德国建造，又修防波堤一道，共用一万万六千万马克，）年来进出船舶加多，码头船位不敷分配，市府于二十一年筹建第五码头，即时动工，参观时尚未完成，据云本年底可以修竣，将来完成后，同时可系七八千吨之船八艘。建造费系招商包办，计三百九十万元，此款来源，系港务局将每月收入之款储存六万元，现已积存四年，共计二百八十八万元，其不敷之百余万，仍继续储存，不向市府另行请款。

第三项　增筑栈桥

青岛帆船，向无停泊之所，市府特于小港建筑栈桥一座以利航商。又前海栈桥，年久朽坏，市府以二十五万八千元包由德商启建，至二十二年四月完成。参观时，见其前端筑有三角防波堤岸，为各栈桥所无之设备，又于堤端建造二层八角洋灰亭，颜其额曰回澜阁，凭眺全港，风景绝佳。

第四项　增筑码头之仓库等

青岛出入定期船舶，均系靠第二码头，旅客上下，货物装卸，甚为拥挤，港务局为安全与便利起见，特于第二码头南面增筑走廊一座，候船室一所，又于码头沿线建筑围墙，更于小港方面建筑仓库一段，大港方面添建一所，此外在大桥岛建设灯台，沿港浮标之位置不符者均予纠正，以策航路之安全。

第五项　增加航线

青岛所辖区域为胶州湾全境。海西之阴岛薛家岛原为荒岛，市府为开发各岛计，饬港务局抽拨小轮分期航行。又崂山为风景区域，虽陆路方面筑有汽车道，而海上交通，尚付阙如，游客仍感不便，市府特令港务局与航商接洽，派轮定期航行。

第六项　疏浚与测量港滩

港湾泥沙淤积，船舶有搁浅之虞，港务局置有挖泥船，时加疏浚，以利航商。又四方一带海滩，加以填筑，可作工厂用地，市府预为测量，以资开发，业于二十二年测量完竣，旋即施工填筑。

第七项　扶助本国航业

我国航业尚未发达，市府为奖励本国轮船航青起见，对于招商局定期来青轮船，给以津贴。其余本国航行到青者，在航务及营业上，亦均予以便利，借资提倡。

第八项　改进工人生活

市府鉴于工人生活困苦，知识欠缺，殊无向上之可能，为谋改进其生活计，特建工人休息室以为业余憩息之所。又设立工人补习学校，以增进其知识。他如卫生设备，体育设备，莫不力事改善以增工人之健康。又以工人子弟多因经济环境关系，未能就学，特设工人子弟学校，免费入学，一切支用，均由公家供给。

第六节　工务事项

第一项　市区设施

一、道路

青岛道路，可略分为柏油路，沙石路，小方石路，青砖路，混凝土路五种。在未接收以前，德日管理时期，二十五年之间，共有土路基十万〇〇三百六十八公尺。接收后十二年至二十年九年之间，共辟土路基二万

○九百一十二公尺。二十一年至二十三年三年间，新辟市内路基三万一千四百九十六公尺。宽度由五公尺至十二公尺不等。

二、自来水

青岛负山面海，市区附近，无溪流湖泊，饮料素感缺乏。故德管时代即辟海泊河为第一水源地，李村为第二水源地，日管时代又于白沙河辟置第三水源地，藉于数十里外，汲取淡水。其取水方法，系在水源地穿凿多数水井，安置吸水送水等管，用升水机将井水升送至市内贮水山上之贮水池，再用配水管及专用水管分布于全市各用户。我国接收以后，户口逐年增多，原有水量，不敷分配，市政府为救济水荒起见，特拟具治本治标两种计划。其治本办法，系在白沙河上游筑坝蓄水，刻已钻验坝基三十处，治标办法，系在白沙河水源地添设电动机，以增加送水力。又在蒙古路地方安设升水机，将白沙河水源地送来之水，流入水池，再用该机力量，转送至贮水山，使白沙河送水压力减低，每日可增加水量三千吨。又在太平角设立升水机室，汲取新井之水，以分配于各用户。其市内地面较高地方，贮水池压力不能达到者，则另设贮水池及送水管，以便源源供给。此外关于水源设备方面，如水井水管水表及各种机件之设置，不一而足。现在公用上水道一万七千二百四十七公尺，专用上水道，十四万五千三百二十九公尺，全市需水每日约二万吨，供给量达二万四五千吨，每吨价目至多不过一角八分，少者一角一分二厘。

三、下水道

青岛下水道，现共有雨水管九万零五百九十一公尺，污水管八万〇九百七十六公尺，混合管二万三千三百五十六公尺，近三年来添设者，计一万八千六百九十三公尺。又德管时代即设有污水排泄处四所，市府为增进排泄效率计，近复购置电机，增加设备，并整理各处污水出口，建筑运粪栈桥，及二孔平桥，雨水暗沟等项，以重卫生。

按污水排泄处办法，系将市面污水经总管输入滤沙地，污水挟带之混沙污物，即沉入池内，用挖沙机挖出存于蓄粪池，可作肥料之用，污水经过铁笼，所有浮物，均可留于笼前，再经过细密之铜筛，则细微浮物，亦不放过，然后用唧筒抽送入海。

运粪栈桥，在青市无线电台海岸，桥长八十四公尺，顶宽五公尺，高六公尺，末端有一蓄粪筒，伸入海中，径八寸，深四公尺二十五公分，另修一蓄粪池于栈桥附近，长三十公尺，宽四十公尺，高三公尺，为冬季蓄粪之用，春夏秋三季则粪便可装于筒内，粪船直接停于筒傍，龙头一开，即可流入船中，不但转运便捷，且免臭气腾溢，苍蝇集聚之患。

四、公私建筑

1. 公有建筑之最重要者，近三年来，有体育场一所，观象山贮水山看守室二间，薛家岛营房二十间，太平镇特勤工人宿舍一所，水源地工人子弟校舍及工人宿舍七所，办公室房五处，工区仓库三所，公共大礼堂一所，海水浴场四处，公园三处，公厕五处。

按体育场之建筑，系仿世界运动会洛杉矶运动场之式样，而将规模缩小，外为堡垒式之围墙，望之如小城一座，围场以内为看台，看台共十五级，约可容一万六千人至一万八千人上下，看台之内为跑道，周围四百二十公尺，另设网球场二所，排球场二所，又建大门门楼一座，无线电播音台一座，看台为钢骨混凝土及石墙砖墙建造，看台内部有房间甚多，可作运动员休沐之用，大门门楼上亦有房间可为办公之用，在华北各省运动场中，允称首屈一指。

2. 私有建筑，近年日见发展，二十三年建筑金额达四百六十万元之巨，惟市府对于私人建筑，颇有严格之规定，凡市民有所修造，必经绘图呈准方得动工，如有变更亦须呈核。此外并随时体察实际需要，拟具取缔整顿种种办法。不但市容日以整齐，即各区卫生亦大有裨益，现在市乡营造民房，均系遵照政府规划办理，并能多开窗户，以便接收日光，流通空气，不似已往之闭塞黑暗矣。

五、电气及路灯

1. 青岛电气事业，系由中日合组之胶澳公司经营，资本二百万元，每日平均发电量为八七·四一五度，市府监督管理，极为周密，刻止计划普及乡村。

2. 青胶长途电话系为便利省市交通之用，大部分由山东省架设管理，惟即墨流亭地方至青岛工务局一段，则归市府架设，计长二十八公里。

3. 青岛路灯，极为普遍，全市共有一千八百七十八盏。

第二项　乡区设施

一、道路

乡区道路，在二十一年以前，仅只十八条，长十八万三千公尺，二十一年以后，积极发展，乡村交通，除加宽旧有马路外，并另辟沙土路一百五十九条，长三十二万一千二百七十四公尺，四境纵横，人民称便，兹将新辟道路列表如下。

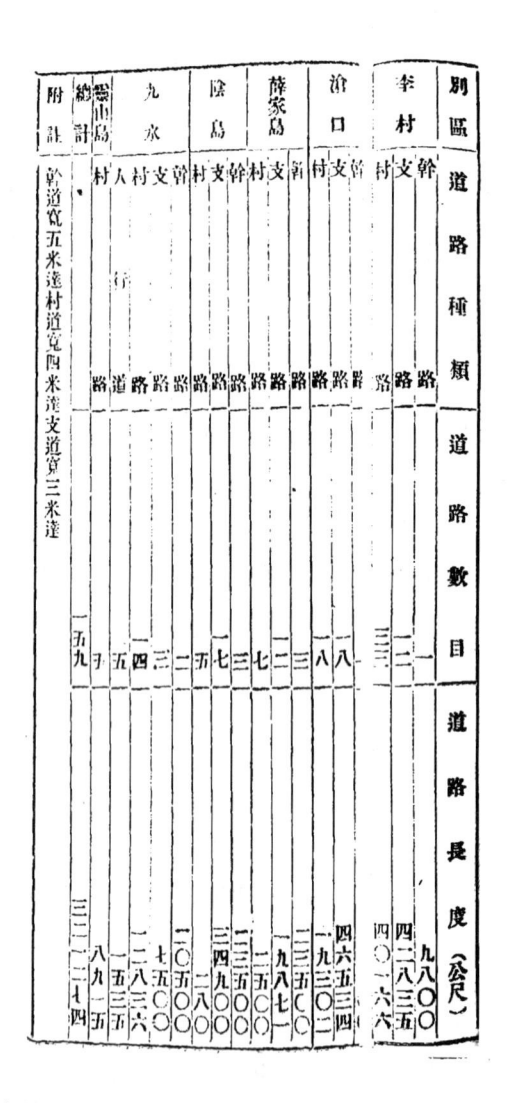

区别	道路种类	道路数目	道路长度（公尺）	附注
李村	干路	一	四〇一六	干道宽五米达村道宽四米达支道宽三米达
	支路	三	九八三五	
沧口	干路	八	四五八〇	
	支路	八	一六三〇	
薛家岛	干路	三	一九八七	
	支路	二	一三五〇	
	新路	七	二三九〇	
阴岛	干路	三	三三〇〇	
	支路	五	二二八〇	
九永	支路	四	一七五六	
崂山岛	干路	七	五八五〇	
	人行路	九	八九一五	
总计				三二一二七四

乡村道路之修筑，关于桥梁涵洞及石工用费，概归市府拨款，惟土工则由各村按照户口或地亩于农隙时征派，大抵宽五公尺之道路，平均每公里用款二百七十元，调用民夫约一千二百名，道路筑成以后，即由市府拨

款修养，并责成各村分段维持。

筑路占用民地，除免粮外，并酌给地价，上等每亩三百元，中等每亩二百元，下等每亩一百元，其迁移坟墓者，则给予迁移费。

道路经过之处，每长一公里，树立里程石一座，以志道路之远近，路之起点终点及交叉点，各树方向石一座，以办道路之纵横，村落分段维持路面之处，各树分界石一座，以确定人民护路之义务，又凡宽度在五公尺以上之道路两侧，每隔三尺栽刺槐或杨柳一株，以培植沿道途之风景，其经过山沟急流之处，则建筑挡水坝，以免山水之冲刷，并于沿途开凿水井，以为洒路及灌溉行树之用。

二、桥梁涵洞

乡区桥梁涵洞，有二十一年以前，仅九水李村沧口三区，共有一百三十三座，二十一年至二十三年，加修桥梁二百一五十座，涵洞二百五十五座，总计现有桥梁涵洞共六百〇三座。

青岛桥梁可分为河底桥、平桥、拱桥、涵洞四种，就中河底桥一项，尚为湖北所罕见，因青岛乡区，地势高峻，河流污沙甚多，雨水不能停留，仅夏秋大雨时河面有少量之水，然雨过未久，旋即干涸，故凡道路经过河槽之处，类皆不设高桥，而用条石铺砌河底，名为河底桥，大雨时水由桥上漫过，平时小水则于桥底酌留涵洞，以资宣泄其建筑方法，因地势及水势情形而异，大抵先将河底掘挖至相当程度，用乱石及混凝土垒砌桥基，每隔一二至一六公尺，砌桥托石一道，用洋灰固结，上安口形桥卡石，再上安桥板石，桥宽通常约三公尺，故桥板石多属宽三三公寸厚二五公寸，两侧用乱石砌宽一公尺之短坡，两端砌桥翅，亦有因河底集沙甚浅，地基坚固，而不用乱石砌基，或不用桥托石者，其余构造方法，与普通石桥无异，该桥每长一公尺，约需洋三十元。

三、支水坝

支水坝之作用，在能改变河流，防止堤岸崩溃，在土质轻松，河流泛溢地方，最为适用。其作法系就河道急湾地点，掘挖坝基，使与水势成相当角度，用大块乱石及洋灰浆垒砌至水平面后，再用乱石及洋灰浆垒砌坝身，其两侧坡度为一比一；此项工程，每立方公尺，约需工料洋四元，青岛九水区毕家村大崂村等处，共筑有支水坝十三道，长二百八十一公尺。

四、蓄水坝及水井

青岛因河流稀少，且易干涸之故，乡村饮料，每感缺乏，灌溉尤苦不足，救济办法，首在凿井，各区通常凿井口径约八十公分，井底径约一公尺，井深随地质及水源而异，但水深至少二公尺以上，井身用青砖或乱石垒砌，靠近井底部分，用柳枝编织，井口处用乱石及混凝土砌井台，高五十公分三公尺见方，上面用洋灰漫平，并用混凝土作高五十公分厚十公分之井圈，坎入井台上，以防污水之流入，凿井工程，平均每深一公尺，约需费十五元，井台及井圈每座约二十元，此项水井如人民在马路附近开凿者，得请求市府，补助资金四分之一，三年来乡区开凿水井，共计七十眼。

蓄水坝系于山口掘井困难地方，筑坝蓄积雨水，以供当地之需要，阴岛区业经筑成一处，可容水量三百五十立方公尺。

总上甲乙两项，系就具体工程，由工务局直接办理者，择要言之，余如平民住所，中小学校舍，船坞码头，各区公安廨舍，等营缮事宜，皆系工务局先为计划，再交主管机关遵照动工。另有报告，兹不赘述。

第七节　农林事项

第一项　农林机组织及系统

青岛乡区农林事业，自沈鸿烈氏接事后，即异常注意，深以德日时代之农林机关，不足以综理乡村农业之改进，特于李村、沧口、九水、阴岛、薛家岛五处，设立乡村建设办事处，处内于社会、公安、工务、教育四股之外，复设农林一股。股内设主任一人，由市长遴委，总理全处事务。农林各股，由主管各局所推荐一人，呈请市长核委，受主任之指挥监督，办理各主管事务。又农林股，仅负农林行政责任，而技术人员之下乡指导，树苗种子种牛等之供给支配，事务至繁，非农林股一二人员所能胜任，农林事务所，有见及此，特于李村九水分设农林事务分所，派定技术人员，平时播植果木树苗，繁殖小麦玉米荷兰乳用牛种，来克行寿光鸡种，美国羊种，以便农民之领取与配种。值相当季节时，应下乡指导农作物之改良，此农林事务所及乡区两级农林机关之组织情形也。李村、沧口、九水、阴岛、薛家岛乡区农民，约计二十万人，户约三万余，同时实施农业改良，副业推进，人力财力，均有未逮，且农民对新法之信仰，尚未普遍，故农林事务所就本身力量所及，酌定区内人民素来栽种之小麦、梨、桃等，划定小麦、玉米、卵用鸡、梨、葡萄、樱桃、水蜜桃等试验区，以便逐步改进。实验区划定后，人民对农作物或果实之改良，未必信仰农林事务分所，有如何妥善办法。农林股及分所为表证科学效用，远胜陈旧方法，并引起农民之信任起见，特于实验区内，租用民地。设立若干农林中心区，（该地租金数，即全年收获数）令地主种植原来作物，由农林事务分所派定指导员，依据呈准计划，采用科学方法，指导地方栽种，所需种子苗木肥料，均由农林事务分所无偿发给。依新法栽种果麦等之收获，实较用旧法为丰，农林事务分所，虽租用民田，付给租金，而该租用田所有收获，复全数给与田主，以示推广农林，全为人民谋利之意。此后中心区附近人民，见科学栽种之合理，与获利之确有把握，于是纷为中心区之划定。而农林股及分所见人民信任新法，推广有效，而又不能普遍的供给各农民以肥料及多金租用民田，复于中心区之外，设立特约农田二种：一为采种田，其收获农林物，由分所收买，作为种子推广之用。二为试验田，专供有意改良农作物果木等之试验，均由农民呈请办事处予以允许，其田地肥料人力，由特约农民自备，办事处仅供给种苗或种畜，派指导员为之指导一切，丰收则归农家，歉收则由办事处保证补偿。此推广农林技术之组织情形也。兹将市政府各局所，与乡村建设办事处农林股，农林分所组织系统，列表于后。

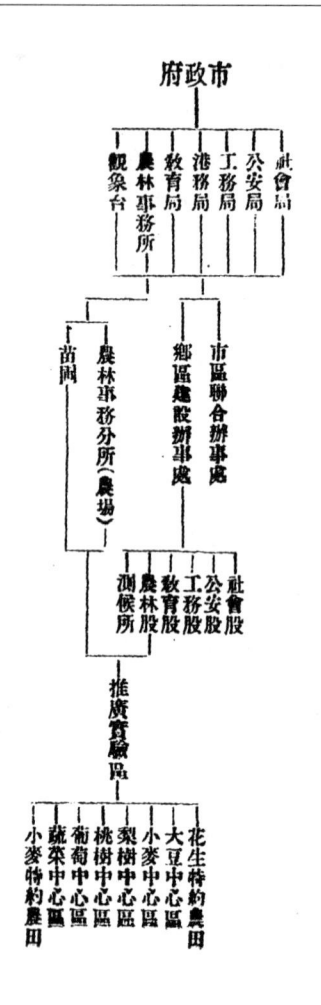

```
                              市政府
          ┌────┬────┬────┬────┬────┬────┐
         社  公  工  港  教  農  觀
         會  安  務  務  育  林  象
         局  局  局  局  局  事  台
                          務
                          所
                    ┌─────┴──────┐
              市區聯合辦事處   鄉區建設辦事處
                    │              │
              ┌─────┴─────┐    農林事務分所(農場)
             苗                    │
             圃              ┌──┬──┬──┬──┐
                            測 農 教 工 公 社
                            候 林 育 務 安 會
                            所 股 股 股 股 股
                                 │
                              推廣實驗品
              ┌────┬────┬────┬────┬────┬────┐
             小  蔬  桃  葡  梨  小  大  花
             麥  菜  樹  萄  樹  麥  豆  生
             特  中  中  中  中  中  中  特
             約  心  心  心  心  心  心  約
             農  區  區  區  區  區  區  農
             田                              田
```

第二项　提倡项目

青岛乡区农民，约共二十万口，田约十万亩，平均每人有田五分，十分七之土地，栽种小麦。全年丰收，尚不足以供一家之温饱。农林事务所明了此中真相，除一面繁殖优良麦种，以淘汰原有杂劣小麦，增加收获外；复积极提倡农家副业，补助农民经济，如栽种高等蔬菜花木，供给外商需要，育成葡萄、樱桃、梨、杏、苹果苗，无偿分给农民领栽，又繁殖牛羊猪鸡蜂纯种，以为改良本地动物之准备。其他广植森林，推行信用生产消费运销合作，直接间接与农民经济有裨益者，无一不在提倡推广之列。

第三项　推广办法

乡区农林之推广，首在技术。前言中心区及特约农田之栽种作物，均由农林事务分所，派定指导员，分别予以技术之指示，此为实地之推广。但区域广阔，农户甚多，徒恃少数之指导员指导，在最短期间内，势必难于普及，故农林事务所，先后设立冬期农事讲习会及技术训练班，授农村青年以选种育苗施肥除虫等技术，分令逐项实习，期能实地应用，担负农林改进责任。并由教育局通令各村小学，凡小学高级班添授农林科目，增设简易农场，由农林事务所技术员分赴各校设计，随时指导其经营管理，一面使学生获得农业技术，将来不能升学时，尚可归家耕种。一面使农民观摩学校农场，使得有所取法，此为学术方面之推广。以上推广方法，实施以来，人民争请订立中心区及特约农田契约，以改良作物外：遇讲习班招考时，亦踊跃报名，争先恐后。兹将特约农田简则列后。

青岛市特约农田简则

第一条　本所为应事实之需要，及农民之请求，得依照本规则于各乡区设置特约农田，以补农事试验场及推广实验区之不足。

第二条　特约农田，由本所专派农业推广指导员监督指导之。

第三条　特约农田之经营人称，为特约农户。

第四条　特约农田分下列二种：

甲种　采种田　在本所指导及监察下栽培特种作物，由本所保证其最低收获量，并收买其生产品，以供推广之用。

乙种　试验田　由本所指导施行各项技术上之改进，其最低收获量，由本所保证之。

第五条　特约农户由农业推广指导员于本市各乡村选择之，须合于下列之各项。

一、勤奋忠实，能得农民信用者。

二、有进取精神，能恪遵指导，并广为宣传者。

三、对于特约农田，有充分资力合理经营者。

四、特约农田交通上之位置，便于管理者。

第六条　本所为应采种上之必需，得于市区外设置甲种特约农田。

第七条　特约农户除由本所选定外，农民得自动请求，经本所核准后充任之。

第八条　特约农户经本所核定后，应填具志愿书，由本所发给执照。

第九条　特约期间在特约事件之性质，由本所随时定之。

第十条　特约农田所需之一切土地资本及劳力，不分甲乙两种，完全由特约农户自给，但其未备之种苗材料及用具，得由本所酌量发给或借给之。

第十一条　特约农田之收获量，如不及保证数额时，由本所补偿比较不足之同等产品或现金，但其收获减少原因，在天灾或外力损害者，本所不负保证责任。

第十二条　特约农户不遵本所之指导监督者，得随时取消其特约权利。

第十三条　本简则如有未尽事宜，得随时修正之。

第十四条　本简则自呈奉核准之日施行。

第四项　推广概况及效果

一、农作物方面

青岛乡区农作物，如小麦棉花大豆等，品种杂劣，收获歉薄，农人终岁所得，尚难维持一家生活。农林事务所特在李村分所，设场播育各项种籽；又以该场之土地有限，种籽不易繁殖，推广难于普遍，复添设小麦采种特约农田六处，农作物推广实验区五十九处。三年以来，人民见农林事务分所所发麦种优良，（年约发七千斤以上）收获增加，一变从来怀疑与不信任心理，而为极力拥护新法选种施肥除虫之农民。青岛农作物改进前途，至可乐观。

二、蔬菜花木方面

乡区农民田土，平均每人只半亩之数，且地质硗薄，农作物收入极微。市府特计划离市较远乡村，提倡栽植各种果树；距市近者推广菜蔬花木，以补助农家收入。同时令农林事务所于李村、九水、沧口、薛家岛、阴岛各区，每年无偿供给茄子、甘蓝、大椒、花椰菜、西瓜、南瓜、生菜、酸菜、明水大葱、油菜、黄瓜、早生菜、番茄、甜瓜、牛蒡、丝瓜、红水萝卜、洋芹菜、长瓠、山药、马铃薯种子，及桃、梨、樱桃、葡萄、苹果、杏须具利树苗。计李村区种植蔬菜农民，推广已至二百余户，栽培面积多至三百余亩；其他四区，为数亦复不少。花卉之培植，以李村之枯桃村为较多，约计二百余户，以前仅有普通花草者，现已设置温室，栽培珍贵花木，所有播种插扞压条接木分根整形方法，及盆栽之多干寄植悬崖攀石露根水盘时栽植法，复有指导员为之指示，桃梨栽培，各区均有，惟午山及法海寺一带之桃梨，尤享盛名，每年收入，约在五十万元以上。以是土地少地质薄之农民，生计渐臻充裕境地。

三、收畜家禽方面

青岛经济凋敝，原因在于地狭人稠，拯救之方，除改良农作物，推广高收益园艺果木外，饲养牛、羊、猪、鸡、蜂，实为必要。盖饲养家畜等，一方可使经济上得到相当之补助，一可使肥料充裕，改善硗瘠土壤。又养畜养鸡，首在优良纯种之供给，因之农林事务所，特繁殖乳用牛种、乳用山羊种、毛用绵羊种、肉用猪种，以备农人之配种。孵养种鸡，分给农人饲养，从事品种改良，增加产卵数目，将来只须缴还小鸡一对，以便转发他人。种牛、种猪之推广，农民离事务总分所远者，亦可由人民领喂种牛一头、种猪一对，供给附近农民，配种或繁殖，在饲养期间内所得收益，概归饲领农民。又本地与荷兰乳用牛一代杂交中之产乳量，每日可至四十磅。瑞士乳用羊日可产乳八磅。力行鸡年可养卵三百枚，且较本地鸡卵为大。在同一饲料及期间内，一代杂交猪较本地猪所长之肉，约多三分之一，因之乡区农民见利益甚大，遂极力推广；数年之后，青岛全市家畜，必可完全改善矣。兹将免费给发种畜办法附后。

青岛市免费给发种畜暂行办法

民国二十二年二月十二日公布施行

第　条　本办法以在本市辖境内推广优良畜种，并谋本地畜种之改进为目的。

第二条　本所分发畜种，暂以乳用牛、乳用山羊、毛用绵羊及猪为限，并依照下列二种方法分发之。

第一种　发给牡畜一头，牛羊猪适用之。

第二种　发给牡畜牝畜各一头，暂以猪为限。

第三条　凡本市市民或机关团体有欲领饲前项种畜者，须先填具领种畜声请书，直接或经由各乡区建设办事处呈请本所核办。

第四条　前项请求人经本所审查合格而得许可者，须填具领饲种畜愿书，然后由本所发给领饲种畜许可证，于本所指定之地点及时日具领之。

第五条　依据本办法领饲之种畜，及其所生幼畜之继还，与饲养管理时所需费用，概由领饲人负担之。

第六条　凡种畜在领饲期间中所生之收益，概归领饲人所得，惟依第二条第二种方法领饲种猪者，须于领饲期间□回本所幼猪一对。

第七条　凡依据第二条第二种方法分发种畜所产之幼畜，非先经本所许可，领饲人不得擅行去势。

第八条　领饲人须将下开各项，确实记录，按季直接报告本所，或送由各乡区建设办事处转报。

一、种牡畜之配种事项。

二、种牝畜之受配及生产事项。

三、由第二条第二种方法分发种畜所产幼畜之生死发育及处分事项，本条所用各种表式，由本所于分发种畜时附发之。

第九条　关于所发种畜及其幼畜之饲养管理及配种，本所有所指示时，领饲人不得故意违抗，否则本所得随时责令缴还，而承领人不得请求贴偿因此所受之损失。

第十条　领饲人故意或由其重大过失而使种畜发生损害时，本所得酌量情形，令其赔偿损失。

第十一条　种畜遇有遗失死毙或重大疾患时，领饲人须即时报告本所，或主管乡区建设办事处，不得延误，乡区建设办事处，接得上项报告后，须以便捷方法，转报本所。

第十二条　领饲人如无力或不愿继续饲养所领种畜时，可于请得本所许可后退还本所，或将领饲机转给他人继续。

第十三条　领饲种牛以五年为期，种猪及种羊以三年为期，如于期中领饲人确能遵守本所之规定及指示而成绩良好者，本所得酌量情形即将所领种畜，完全免偿让与该领饲人，以示奖励。

第十四条　本办法如有未尽事宜，得随时呈请修正之。

第十五条　本办法自呈奉核准之日施行。

四、森林方面

青岛森林，在德管时代，略其规模；沈市长接事后复增设东镇、李村、崂山、阴岛、薛家岛苗圃，积极育苗，计廿一二年中，公家造成之风景林，有太平山、青岛山炮台旧址、观象山、会牲岬九山、庵封山、团岛数处。水源林有蔚儿铺、卧狼齿、老鸦岭数处，共计占地约三千余亩。人民栽植树有二百八十一万余株。其他修整林象，搜杀害虫，进行积极，成效尤著。

五、医治病虫害

青岛森林，受松蚣嘶害者，区域甚广，后经市政府多方筹划，官林则由农林事务所督工捕杀，民林则令人民自行诊治，乃逐年减少。近年复发明冬则诱杀法，收效尤宏。诱杀之方，值严冬时，将受害树株离地尺许之树干，东以野草，虫遇寒冷，遂纷纷下树，另觅暖处，遇东草以为安乐窝也，翌年正二月间，解草取虫，悉投火中烧之，无一幸免者。十七年后，赤星病□死梨树，为数甚多，人民纷纷砍伐，改种杂类。二十二年春，沈市长以梨之收入，年约六十余万元，裨益农民，实非浅鲜，今砍梨种麦，必不足以维持人民生活。特令农林事务所，拟具救治计划，组织梨赤星病防除队，购备喷雾器六十具，药品六千四百磅，为民园喷射药剂，计工作六十二日，喷药三次，征用民夫四千余名，共喷梨十一万余株，结果多年不实之梨树，一变为累累之果树。此种补助青岛乡村经济办法，至今口碑载道。

第八节　观测事项

第一项　海面暨高空气象之测量

青岛为我国北方通商巨埠，各国船舶往来，年有增加，其海面气候风力风向，动辄有关航海者之安全。日管时代，每日虽有大气图之报告，但纯用口文；公布范围，小仅及于日本船舶；我国及他国船舶，不能得此利益，商民苦之。自民国十一年收回后，即将每日测得气压、气温、水蒸气、风力、风向、云量、雨量、日照时数等，按时公布，以利商民。又以高空气象，关系航空甚大，以前地面测候所测得普通风力风向，不足以供航空之用，且夏令飓风观测，尤关重要，特向德国购到高空经纬仪方向距离计算盘各一具，观测高空风力风向，以电话报告青岛航空公司；并以无组电广播各地，于是航海航空之安全，更得有效之保障。

第二项　海温海底地质之测量

青岛地临黄海，海产丰富，欲事开采，非先测得海水温度，海底地质，不足以定开发之方针。二十年一月一日，青岛观众台，特规定每日正午十二时，在前后海施行同时测验，以比较其温度之差；并赴前后海测量海底地质，结果汇泉湾全为沙质，小青岛附近为泥质，杂有软壳类之遗壳，小青岛西南则为酸酱介之遗壳。

第三项　地震中星及山东沿海地磁力之测量

青岛地处海滨，为测远地震适宜之地，观象台有鉴及此，特购水平动地震仪器一具，实行测验，成绩亦尚良好。二十一二三年每月地震次数，业经向世界公布。中星观测，自二十一年购到超人子午仪后，始间日为中星六座至八座之观测，用资授时。又青岛各处磁力，业经测量。惟山东沿海磁力，观象台以经济关系，未能早日测量，二十一年五月经种种之努力，始派技士技佐各一人，携带地磁力仪，前往高密潍县、蓬莱掖县、烟台、威海荣成、石岛、海阳、金口、石臼等处，实行测量，经两个月之时日，始行测毕，磁力成绩总表，业编经制报告，公布于世矣。

第四项　简单测候所之设立及人员之训练

青岛所属之阴岛、薛家岛居民，向以捕鱼为业，风力风向，与渔民有密切之关系，观象台特于二十二年五六两月，先后于该两岛办事处内，设立简单测候所，由该两办事处代为观测，每日三次；并将观测结果，以气象无线电报告该台，观象台又以气象无线电公布本台所测天气，该两办事处收得天气电报后，即将报告揭示，渔民称便。李村为农业区域，农林种植，时时与气候有重大关系，又于李村农林分所阴岛办事处由观象台设立简单测候所，由该二分所代为观测，公告农民。观象台以各简单测候所，纷纷应环境之需要而成立，观测人员，随时增加，原有人员，不敷应用，特先后招考练习生，由技士授以观测之理论与技术，自二十一年迄现今止，受训练者计十有五人，分配于各台所服务。

第九节　司法事项

青岛司法方面，分青岛地方法院，山东第五监狱，青岛地方法院看守所三部，兹分述于下。

第一项　地方法院

一、沿革及组织

该院设在青市德县路南端，自德人管理时即设此裁判机关，日人仍之，迨经我国收回后，改为地方审判厅及检察厅，民国十八年春经国民政府接收，遂改称青岛地方法院，内分审检两部，一面管理青岛市区中国人民及无约国人民第一审诉讼事件，一面管理平度、昌邑、昌乐、胶县、即墨、诸诚等县初级管辖之第二审案件。关于审判部分，设院长一员庭长一员，推事五员，候补推事二员，学习推员一员，书记官长一员，书记官十员，候补书记官二员，学习书记官二员，翻译官一员，承发吏十名，登记员二名，庭丁十名，公丁十二名。关于检察部分，该首席检察官一员，检察官三员，候补检察官三员，学习检察官一员，主任书记官一员，书记官七员，候补书记官二员，学习书记官二员，翻译官一员，警长一名，法警二十名，公丁十名。

二、经费及设备

关于审判部分，月支四千九百三十八元，关于检察部分，月支三千六百零九元，共八千五百四十七元整。该院院址为德人所建，西式楼房，尚属整洁合用，除民刑法庭及各小办公室，人概与我国新建各法院无甚出入者，惟有保险室一间，为石铁构筑，能保险重要卷证，可为各法院之模范，其登记处除登记各种不动产种种利权设定外，并登记公私证书，每次仅收登记费五角，尤为各院所应行仿办。

第二项　第五监狱

一、沿革及组织

设于距青市三十里之李村乡区，亦为德人所建，名为拘禁所，规模虽小，但甚坚固，日管时代仍为拘禁所，自我国收回后，称为山东第四监狱分监，民国十三年改为山东第六监狱，增建南监女号，民国二十三年改为少年监，旋又改名为山东第五监狱，内设典狱长一员，第一第二第三各科，各设看守长一名，教诲师一名，医士一名，主任看守四名，看守三十名，监丁四名。

二、经济及设备

每月额支二千四百二十二元，全监面积九亩五分，监房为丁字形，有工厂五处，内有女工厂一处，其作业共分木工、鞋工、缝纫、制面、染织、糊子盒、石印、洗濯八科，另有教务所、医务所、行刑室、浴室晒场及运动场，均极完善，其厕所炊场，尤为清洁，人称为洋式监。

三、在监人犯种类

（1）男犯：内乱罪六，渎职罪一，妨害秩序罪二，脱逃罪一，藏匿犯人及湮没证据罪二，伪证及诬告罪四，公共危险罪一，伪造货币罪二八，妨害风化罪一，妨害婚姻及家庭罪七，鸦片烟罪十，杀人罪十二，伤害罪八，妨害自由罪六，窃盗罪四六，抢夺强盗及海盗罪五三，侵占罪四，诈欺及背信罪四，恐吓罪八，赃物罪三，盗匪罪五三，私盐罪七，危害民国罪五，军用枪炮罪二，共二百七十四名，（2）女犯：妨害风化罪三，杀人罪二，伤害罪二，妨害自由罪三，诈欺及背信罪二，盗匪罪一，共十三口。

第三项　地方法院看守所

一、沿革及组织

原为德人管理时之监狱，日人仍之，我国接收后，因该所与地院甚近，遂改作地院看守所，以便就近羁押未决人犯，内置所长一员，所官一员，医士一名，主任看守五名，看守五十名，所丁五名。

二、经费及设备

每月额支三千二百八十九元，该所为三字形之楼房，楼上楼下，均为押犯号舍，并有火柴盒缝纫种种作业，与监狱内作业无异，惟缺乏工厂地址，故各就号舍内作业，其医务所配置各种西药及施用手术之器具，极为完备，至浴堂炊场厕所均属洋式，实为中国看守所中不可多观。

三、在押人犯种类

该所原为羁押未决人犯，时收时提，本难统计，兹就其概况言：鸦片百分之五十，窃盗百分之三十，诈欺百分之六，私盐百分之三，妨害婚姻及家庭百分之三，抢夺百分之三，伤害百分之二，伪造货币百分之二，其余百分之一。

第四编　上海

第一章 山海工学团

第一节 缘起及理论

山海工学团之成立，距今不过三年，在廿一年夏季，一般热心教育人士，始在上海组织乡村改造社筹备会，是为工学团发动之□矢。当时工学团同志，分队下乡，经三月之久，始获得余庆桥二华里内之区域为试办地点，同时成立青年儿童工学团各一所。但在政府备案，仍为实验乡村学校名义，并不称为工学团。迨二十二年中华基督教女青年会，联合工学团为妇女运动，同年十一月实由县教育局，应农民之请求，恢复萧场小学校，改为萧场工学团，并请求山海工作人员出面辅导，工学团之旗帜，始鲜明于社会。廿三年一月，确定小先生之名称与办法，负普及教育责任。于是儿童工学团，相继成立者不下十余所，与妇女工学团青年工学团互相提携，而工学团之活动，遂愈演愈进展，为海内人士所注意。

工学团之意义，初见于陶知行氏所著之古庙敲钟录，即是以学校工场社会打成一片，内容包含有生产的，长进的，平等互助自卫卫人三种意义，可以简称为三一主义。与普通工厂制度，工读学校，绝不相同。普通所办之学校与工厂，是割裂人生，使活的细胞解体。乡村工学团之办法，是以学校工场社会镕冶为一，成为改造乡村富有生活力之新细胞。其采取方法，与中国传统方法，绝对歧异。(1) 以社会为学校，与传统方法之学校与社会隔离者不同。(2) 生活即教育，与传统方法之生活与教育分家者不同。(3) 会的教人，不会的跟人学，与传统的方法之师生界限太严不同。(4) 教与学都做为中心，与传统方法之先生教而不做，学生学而不做者不同。(5) 在劳力上劳心，与传统方法之教劳心者不劳力，不教劳力者劳心不同。(6) 行是知之始，与传统方法之将知识装满然后去做者不同。

（7）与大众同甘苦，共休戚，与传统方法，教少数人升官发财者不同。其教学方针，守定即知即传人的宗旨。所谓来者不拒，不来者送上门去。一扫数千年来学而不往教之旧习。观陶先生在少年工学团讲词"工学团为什么办在乡村里，工学团是为农人服务，帮助农人，解除痛苦，增进幸福，这是从晓庄到这里一贯的方针。"又谓"做学问要有先生，谁是我的先生，农人教我种田，农妇教我养蚕，木匠司务教我做桌凳，裁缝司务教我做衣服，字典教我认字，七十二行都能教我，都是我的先生。"又谓"自己求得学问，要告诉别人，我们要五分钟前认识的字，五分钟后就传给别人。先生多，自己学问广，学生多，社会有进步。学问来自世界，学问还给农人。"就陶先生讲词，诠释意义，即所谓学无常师，师无常业，无事非学，无人非师，皆发人所未发，为扫除文盲普及教育辟一康庄大道。其方法分别详述于后。

第二节　工学团成立之步骤及其组织

（甲）步骤

第一步骤　由发起人组织乡村改造社，掌管筹款用人指导事宜，同时认识本村真正农人。

第二步骤　由真正农人，产生董事会，接收改造社补助款项聘任总指导，再由总指导聘任指导员。

第三步骤　本村工学团经济独立，改造社得以此款，创办其他工学团。

（乙）组织

A 实验乡村学校（即山海工学团）董事会之组织

本校董事会设董事九人，其中至少五人，为学校所在地之农人任之，会内设董事长副董事长会计书记各一人，主持会内一切进行事宜，其人选由董事互推，但必须为真正农人。校董会之任期三年，惟第一届之董事，任期一年二年三年者各三人，于第一次开会时，抽签定之。校董会之职权，（1）规定教育方针及进行计划，（2）任免校长，（3）核准校长任免人员建议，（4）审核预算决算，（5）监察全校实施状况与成绩，（6）审核各种重要规程，（7）报告校务进行，（8）筹集经费，（9）其他重要事项。

B 青年工学团之组织

青年工学团，在种菜、养鱼、种棉各工学团组织。但成立最久，而又著成效者，则为棉花工学团。现有团员卅二人，互推团长一人，干事三人，其统系如下表。

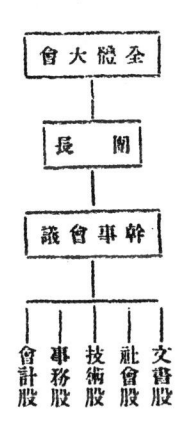

```
        ┌─────────┐
        │ 全体大会 │
        └────┬────┘
             │
        ┌────┴────┐
        │  团 长  │
        └────┬────┘
             │
        ┌────┴────┐
        │ 干事会议 │
        └────┬────┘
     ┌───┬──┼──┬───┐
     │   │  │  │   │
   文书 社会 技术 事务 会计
    股   股   股   股   股
```

棉花工学团组织系统表

C 儿童工学团之组织

本工学团设小团长一人，小团副一人，担任全团的指挥，由全体团员公举任之。设小工师小先生若干人，分司技术或文字指导之职。凡有一技之长，或粗识文艺者，皆可担任。团部会议，为工学团最高机关，制定全团共同遵守之规约及进行之计划。并公推考核员二人，以监督全体团员的行为；每团设指导员一人，由导师担任。儿童工学团与成人工学团，遇必要时，得开联席会议，以谋互助。

第三节 工学团之工作计划

工学团之计划，散见于山海工学团者，有少年工学团四个月计划，（二十三年九月至十二月）鹤侠的个人四个月生活计划，廿三年山海工学团联合事业计划大纲，山海儿童团寒期生活计划，宝山县试办儿童工学团组织大纲草案，乡村幼儿团计划大纲，五月生活计划大纲，自俺五月生活计划大纲，铭阁的五月生活，锦璋团长教学的计划大纲。群绎其意旨，无非根据工学团所主张七种原则，以表演各个团体各个人之实际生活。就中关于团体者，以计划讨论会所提举之十端，具有统一性；及宝山儿童工学团组织大纲较为适当。摘录于下，以明梗概。

第一项　计划讨论会提举各工学团应办事项

（一）乡村卫生　种牛痘打霍乱预防针灭蝇灭蚊妇女卫生，接生。

（二）共济事项　本村孤苦鳏寡衰老无依的农人，缺乏衣食，应设法共济。

（三）土布运动　用各种有用政策，提高土布地位。

（四）种树　可以调节气候，培植风景，兴养木材。

（五）播种除虫菊　上海银行春秋二季，可送给种子，均可播种。

（六）联村运动会　可以增加乡村运动兴趣，增进感情。

（七）人寿社会保险　可以增进社会康宁，减少死亡。

（八）消防队缓急相助。

（九）信用兼用合作社　改进乡村经济，增加生产。

（十）自然科学与做工联合　科学工人，创造科学的中华民族，以建立科学平等互助社会。

第二项　宝山县乡村儿童工学团之工作计划

（一）调查本村实况，以创造自知的村庄。

（二）培养本村的体力，以创造健康的村庄。

（三）开发本村交通，以创造四通八达的村庄。

（四）增进本村生产，以创造衣食丰足的村庄。

（五）启发本村知识，以创造科学的村庄。

（六）改良本村风俗嗜好，以创造进步的村庄。

（七）提倡本村艺术，以创造美的村庄。

（八）锻炼本村武艺，以创造自卫卫人的村庄。

（九）共济本村急难，以创造互助的村庄。

（十）报告现代大事，以创造与大的世界沟通的村庄。

第三项　锦璋团长个人之生活计划

（一）和同工合作之事

（1）洗晒收检幼儿被褥

（2）整理儿童生活计划室

（3）整理儿童图书馆

（4）举行户口调查

（5）参加救济旱灾运动

（6）调查幼儿竹床的借户

（7）出发探访幼儿暑期生活

（8）整理上月份报纸

（9）举行幼儿团物品登记

（二）个人负责之事

（1）召集全体同工，计划工作。

（2）调查幼儿团生活日记。

（3）写幼儿团大事记。及生活日记。

（4）参加小团员的集团活动。

第四节　工学团之工作实施概况

第一项　共和茶园

侯家宅茶园，是由农人感觉有团结之必要，故由会议而产生。此茶园后又改名为互助会，订有互助会简章。规定每会员月纳会金二角，为茶园经费，凡会员大小事件，须提出本会讨论处置。并同时组织夜校，国术会，谈心会，娱乐会，时事研究会。不惟为侯家宅管理政治的场所，亦可为教育之场所，是为青年工学团工作之表见。

第二项　修筑路堤

修路，筑路，做水门汀，救旱运动，其工作程序甚繁，列表以明之。

工學團鄉村活動工作表

工作種類	地點	寬長度	完成日期	擔任團體	工作方法	經費
公路	由山海工學團起到源太汽車路	公尺長一三〇五	完成二十八人一週		平基填煤屑理溝	一五八.八一元
公路	山石開坎由鮑家橋至候家宅全村	公長一五二.六 寬二	候家宅全村日成每家一人三	兒童少年工學團	填煤屑	七五元
公路	從孟家樓至沈家木橋至候家宅	公尺長五四三八	四〇日	棉花工學團	收水疏泥打木樁	與前項共計
塘堤	沈家樓未詳		一二〇天	棉花工學團	繁鐵絲二四銅二分黃沙四分 除人工不給外共費六元	
做水閘汀	山海工學團非面	五六方尺	二四天	工學團	分水泥石子	四〇元
救旱運動	寶山二區之一部共五鄉	稻田二九畝豆地二〇畝池濱九個	一〇四日夜工工	五個工學團和辦事處	用一部引擎三匹馬力的抽水機每日灌溉四〇畝	機值四〇元

第三项　普及教育动员令

普及教育办法,即每村庄办一个儿童自动工学团,推举一人至三人负责筹备;规定每天每人费一小时,教不识字的小朋友,至少二人。施教场所,不论在太阳下,空余房子,竹篱边均可。学生不问是弟弟妹妹拾粪的,放牛的,一村的儿童,都罩在自动工学团教育纲里。并依照军队组织,(见前组织篇)行宣誓授旗典礼,制有绿色徽章,实行奖惩考成条例。(凡团员入团,在工作上有手脑并用之证据,继续一星期者,得开始挂绿布条徽章，上书某某儿童自动工学团某某人凡以一种技术或文字，至少教两人者，得在徽章上加一金星。其学生又教人，则是第二代学生，得在徽章上加两金星。第三代学生，则加三个金星。违背本团宗旨者，得由团部会议，撤销其徽章。）结果山海工学团成立儿童自动工学团十一处。（杨木园与赵家宅归并）萧场工学团成立六处列表于下。

山海萧场儿童自动工学团表

工学团地点	团长姓名	团员名数	备考
山海盛家角村	侯富保	三四人	小先生六人分组教人
山海夏家宅村	周金生	一五	由孟家木桥三村共同创办
沈家楼村	沈正荣	四一	他们用程度分组每组有组长一人
小陈家宅村	金文才	二〇	小先生三人其场所即在村前空场
大陈家宅村	陈宝琦	八	小先生四人
东赵溇巷村	王仁根	一〇	小先生二人
西赵溇巷村	刘守仁	二二	小先生四人
红庙	金成根	四〇	由四位小朋友组织在共和茶园之空场
孟江春	俞少卿	八	以长凳做桌子别有风味
大俞家宅村	俞金保	一〇	由赵全根五位朋友成立有自治公约
赵家宅	赵全根	一五	
萧场陆家宅	陆锡涛	一八	负责原有三八，教法系用自己装订本子
商马庙	跟鸿章	一六	亦有三人主持对于手工图画特觉
濮家宅	濮鸿章	一六	
李家宅	戴毛大	一八	时由副团长徐梓仙负责
胡家宅	姚文祥	五	
姚家宅	姚文祥	一八	原与胡家宅合办

第四项　红庙合作社

合作社之范围，以山海工学团所在地之二十五方里为区域。其动机以上海一二八战事以后，农人经济枯竭，无法救济，故奚阿二、买金生、陆贵祥、蔡协生农友等发起组织合作社。其进行步骤，一面征求社员，一面呈请市政府备案，一面与上海银行接洽，发生关系。其办理手续，悉依据

449

二十年实业部公布之农村合作社暂行规程第八条之规定，与普通信用兼营合作社性质同，毋庸赘叙。该社初步成立，即向上海银行成立八百元信用借款，活动该处金融。

（五）山海工学团团单位及小先生统计表（姓名从略）

地点团	单位	小先生数	小先生的年岁统计	性别	所教学生数	备考
孟家木桥	1.幼童工学团一所 2.儿童工学团四所 3.青年工学团一所 4.妇女工学团一所 5.合作社一所	共二人	大者十岁 小者七岁	男七 女五	共二四人	
沈家楼	1.幼童工学团一所 2.儿童工学团四所 3.青年工学团一所 4.妇女工学团一所 5.合作社一所	二八人	大者十九岁 小者八岁	男二一 女七	一一二人	内三十小先生其余徐笔耀者面年岁不过十九岁最多者九岁至十三岁者为大宗
红庙	1.幼童工学团一所 2.儿童工学团四所 3.青年工学团一所 4.妇女工学团一所 5.合作社一所	一八人	大者十四岁 小者十岁	均男	共三八人	
赵泾巷	1.儿童工学团四所 2.青年工学团一所 3.妇女工学团一所	一〇人	大者十四岁 小者九岁	均男	三六人	
薝场	1.儿童工学团一所 2.青年工学团一所 3.妇女工学团一所	二〇人	大者十四岁 小者九岁	男十六 女四	四〇人	
山海	1.合作社一所 2.木工场一所 3.阀教揭室一所 4.电脑耕联化育工学团一所					
合计		八八人		男一七〇 女一八〇	一三〇	

附　陶先生小先生歌四首

1. 我是小学生，变做小先生，粉碎那私有知识，要把时代儿划分。
2. 我是小先生，读书不害耕，你没有工夫来学，我教你牛背上哼。
3. 我是小先生，看见鸟笼头昏，爱把小鸟放出，飞向森林去奔。
4. 我是小先生，这样指导学生，学会赶快去教人，教了又来做学生。

陶先生所著之千字课（老少通）摘录于下：

1. 青菜　豆腐　青菜汤　青菜豆腐汤
2. 起得早　睡得早　省油省灯草
3. 多谢你家茶　多谢你家烟　多谢你家板凳坐半天
4. 一天开门七件事　油盐柴米酱醋茶

原书四册，生字甚多，易读易记，洵平民课本中之最精要者，故录数则以见一斑。

第五节　访小先生纪实

同人自元月三十日到上海，翌日即由黄警顽先生引导至孟家木桥参观山海工学团，从繁华市场中，忽至清静乡村，心境顿为快爽，及至该团本部后，黄先生云，此即山海工学团，仅见一编竹为墙之数间小房，和四不等之小池塘一方，冷冷凄凄，几位男女学生在内，有洗衣者，有种菜者，有打水者，绝然不似学校的景象，及到客厅静坐，有位年约十三四岁的小学生，身穿一旧而且破的小长衫，态度非常安闲。黄先生云："这就是小先生了。"问之姓张名健，在此已有两年。他说"我是安徽人，初在南京住学，不久来到此地。"同仁遂将来意说明，并请小先生将工学团之经过及其组织见告。小先生说，"我们起初的时候，有戴自俺、马兴贤、王作舟三位先生，自苏州来此地寻找实验地方，二十一年找到一个古庙，以为在此可以为实验地点，哪知道地方人怀疑我们，叫另找村庄，于是才到这里，租得一座姓张的房子；以附近五十个村庄作为试验的地方。开始从工业着手，有藤工竹工木工；同时指导农村，就是一个种蔬菜的，也有相当的指导。继而看见附近可以养鱼，又指导他们组织养鱼工学团。榜宝山的地方多种棉，又组织棉业工学团，教他改良棉种；结果改良棉种，较本地种每亩可多收棉二十六斤。再因为宝山及此地人上街及吃茶的关系，又组织一个茶园，及筑路合作社，于是工学团在宝山及此地有两个了。团内工作，指导农工，学习技术，增加生产，是主要的，读书是附带的。"谈毕，看见傍面有一位木匠，正在作工，问之姓王，他说"我教小先生做木工；小先生教他认字，两不取费。"又经小先生引导到漊家宅，参观他们的茶园：里面有桌子六七张，茅房一大间，茶灶一座，别无所有。小先生云，"他们社员有七八十人，每人每月取洋二角，免致他们到街上浪费，（以前到街上吃茶，多有赌博及酗酒的事），并可于吃茶时演讲，施以相当的教育"。同人看过漾家宅后，随又参观诊疗所，与主任操先生谈叙诊疗民众普及卫生事宜。旋回工学团午餐。团内无一雇工，均是学生自炊自□，自行打水，另是一种社会风味，为参观以来所仅见。继而问及工学团经费，小先生云，"就是这件事，比较困难，除非陶先生在外劝募，或各方热心的人自动资助一点外，别无办法。"此种穷干精神，不能不令人叹服。惜为时太短，对于附近各村庄小先生之实际活动，未及一一观察，至为遗憾。

第二章　中华职业教育社

第一节　缘起

中华职业教育社，系由教育实业两界人士黄炎培、王正延、严修、蔡元培、余日章、蒋梦鳞、钱永铭、郭秉文、聂其杰诸氏所发起，盖鉴于国家贫弱日甚，由于社会上无业失业者日多，无业失业之原因，半由于政府实业政策未定，实业不兴，半由私人所办事业，以经管人员平时未受职业教育，一经主持，不特无整理发展智能，与欧美并驾齐驱，且骄奢淫逸，因循敷衍，至事业废坏无余而止。已办者维持艰难，欲办者望而却步，帝国主义之经济侵略，更无相当之事业及人才为之防御抵制矣。实业前途，危险殊甚。黄氏等特于民国六年五月组织此社，以挽救现有之颓势，其主旨一，为个人谋生计之准备，使升官发财心理，变为从事生产，独立生活意志。二，为谋个人服务社会之准备，即谋服务社会技术之充实。三，为谋增进国家生产力之准备，即人人有职业，实业均开发，而国家生产，自能同时增进。成立以后，精神所注，全在于工商职业教育问题，民国七年即有中华职业学校之设立，经费捐自国内外热心人士及华侨，办理科目为铁工、木工、珐琅工、纽扣工等工科，留法勤工预备科，职业教员养成科，商科，职业师范科，文书科等。民国十五年以后，该社人员，鉴于都市职业教育，仅能解决一部分人职业问题，增进国家一部分之生产；而占全人口百分八十五以上农人生产教育不解决，原标之第三项目的，依然难以达到，特分其注重一部分职业问题之精神，而注重全体农人之生产教育，订立农村事业实施办法，（办法附后）先后选定实验区，分别实行。兹将该社所办实验区已著成绩者，分别叙述于后。

第二节　徐公桥乡村改进区

民国十五年十月，中华职业教育社为改进乡村事业起见，特联合志同道合之中华平民教育促进社东南大学农科，组织董事会，举黄炎培为会长，选定崐山县之徐公桥为试验区，成立徐公桥联合改进农村生活事务所，从事进行。十六年终，因环境困难，团体众多，即行停顿。十七年春，复由中华职业教育社独自办理，成立乡村改进会，办理改进事宜。综计全区面积四十方里，人口三千五百三十六人，试验期为六年。二十一年度经费为二千四百元，二十二年度则减为一千五百元，二十三年七月一日起，则完全交付地方自理。六年以来，所花经费虽不多，而事业足述者，大致如下。

1. 建筑路桥：该区新筑石路计有公安观澜二路，共长六华里；徐珠等泥路，共长九华里，费银四千九百余元。又建木石桥二十九座，费洋二千一百八十余元，其费用以人民自筹为原则，改进会区公所辅助为例外。

2. 讲求农事：该会计有农场二十亩，作为试验品种之用，计先后育有树苗，分给农民栽植，推行优良种子，增加农作物收获。他如养鸡养蜂养鱼各副业，无不研究试验，极力提倡，使乡民相率仿办，增加收入。

3. 公共仓库：乡间谷价，秋收后每以供多求少，价格低廉，农民又须多数金钱，缴税完粮，及购置日用服御各品，每每减价出售，损失不资。该会有见及此，特筹集资金，组织公共仓库，凡农民于秋冬谷钱需款时，得以白米向该仓库押款，俟春季米价增高时，再行赎回出售，计春季卖得之价，扣除典押期间利息，以二十一年春米价论，每石尚可多得洋四元一角，因之农民获益不少。

4. 教育情形：该区学校，民十七年度时，仅有公立私立小学各一所，至二十一年度时，则增至公立小学四，私立小学二，学生则由一百人增至四百一十二人。发展情形，尚称迅速。再社会教育之民众学校，附设于各小学中，民校教员，亦由小学教员兼任，推进方面，尤称便利。

其他设立公共医诊所，为全区人民诊治疾病；组织青年服务团，婚嫁改良会，省节会，体育场，阅报处，调解会，民众公园茶园，问字处等，无一不有裨于人民健康及智慧。

第三节　上海曹河泾农学团

团内设有学校二：（一）农村服务专修科，专注重乡村服务人员之训练。（二）鸿英乡村师范训练所，注重于乡村教育经济组织之研究。前者为中华职业教育社筹资自办。后者为实业界巨子叶鸿英捐资十万元，委托该社代办。两方员生，合一训练，总名之曰农学团。二十二年十一月成立，功课注重实习，并以实地难于解决之问题，作为研究之对象。在团员生，均系服务社会多年，有志改革农村，挽救国家颓势之士。现师范训练所学生，早经派往上海至闵行公路沿线各乡村，办理小学；农村服务专修科学生，亦分组出发至上述地点，与乡农合办学校合作社农场等，从事改进事业。总之职业教育社所训练之人才，在校出校，无时不与农民接近，启发农民改进本身事务，而从旁为之协助也。

第四节　中华新农具推行所

中华职业教育社抱"富教"合一宗旨，凡不能生产之人，则教以生产知识技能，使能设法生产；已能生产者，则拟精纯其技能，减少其生产费，使之成本少出品精。我国农民，技术陈腐，一切耕耘灌溉，悉赖人力，投资既多，收积又少，每致亏折资本，难于支持。因之农民背井离乡，奔往城市谋生者日众。年来出品滞销，工厂倒闭，市内工人，已感谋生无路，遂成农工商交痛之象。中华职业教育社，特于十八年二三月间，费七十日之时间，用十九人之精力，调查江苏情形不同之十七县农田一万九千二百余亩，计每亩田平均须雇工费二元八角，特设厂制造新式农具，代替人工，以减少生产费用。现已获得人民信用者，则为机器打稻机，吸水机。如三匹马力之发动机，配四吋吸水管，花洋四百五十五元，能灌田三百亩，每亩即可省去二元以上工资。以是农民组织利用合作社，购买新农具者日多，江浙两省，有水可吸，用以灌田者，均已设置吸水机器。该农具推行所自十八年迄二十二年六月止，售出机器，共值洋十七万余元；售品种类，以发动机，打稻机，碾米机，砻谷机，弹棉机为多。兹将出品种类价值列后，用资参考。

1. 发动机类

三匹马力发动机（用沙拉油）　每部洋三百十五元

四匹马力发动机（用沙拉油）　每部洋四百元

六匹马力发动机（用沙拉油）　每部五百二十元

九匹马力发动机（用沙拉油）（用柴油）　每部七百元　九百元

2. 汲水机类

四吋吸水机（三匹）　每部一百四十元

五吋吸水机（三匹）（四匹）　每部一百八十元

六吋吸水机（六匹）　每部二百二十元

八吋吸水机（九匹）　每部二百八十元

3. 杂类

大号碾米机　一百二十五元

甲种六号碾米机　一百十二元

乙种六号碾米机　八十五元

三碾米机　七十五元

砻谷机　三百五十元

二十六吋轧棉机　五十元

弹棉机　八十五元

打稻机　二十六元

播种机　四元

剥玉黍机　十二元

磨碎机　二十五元

八戒耙　一元八角

附　中华职业教育社农村事业实施办法

一、办理农村改进事业，为集中精神及财力计，得由主办机关择定一区或数区实行之。

二、办理农村改进事业，应邀集专家及有关系者，组织各种委员会，分别办理调查设计等事。

三、办理农村改进事业，应以经济文化政治三者连锁合一，改进农民整个生活，达到真正自治为目标，例如：

甲、提倡合作事业，以发展农村经济为基础，同时注重文化及政治之改进。

乙、推广民众教育，以促进农村文化为方法，同时注重政治及经济之改进。

丙、实行农村自治，以改良农村政治原则，同时注重经济及文化之改进。

四、对于农村改进事业之成功标准，以土无旷荒，民无游荡，人无不学，事无不举。全村呈康乐和亲安平之象为合格。

五、办理农村改进事业应取之程序如下：

甲、联合地方中心人物；乙、调查该地概况；丙、划定改进区域；丁、筹定可靠经费；戊、组织改进机关；己、订定分年计划；庚、详细调查农家状况——以后每二年举行一次，第一次不妨简略；辛、测量土地，绘制地图，——如力有不胜，不妨从简，或分年进行；壬、订定信条及公约。

六、办理农村改进事业，除前项规定外，列举如下，视人才经济及当地情形次第举办之：

甲、促进文化

1. 推行义务教育，设立小学，凡学龄儿童，不论男女，设法使之入学。

2. 推行成人教育，设立民众学校，凡年长失学勒令入学。设立补习学校，授予人民生活上必要之知能。

3. 推行通俗教育，设图书报室，讲演所，露天讲演，改良茶园，陈列所，展览会，及询问处等。

4. 推行健康教育，设体育场，提倡国术，旅行，田径赛，并讲演健康常识，检查体格，举行儿童健康比赛等。

5. 推行卫生教育，设小规模医院或诊疗所，对道路及沟渠之清洁，饮食之检查，厕所之改良，蚊蝇之驱除，牛痘之布种，公墓之设立，医生产婆之检定与训练，及各种疾病预防之指导讲演等，均须注意。

6. 凡受相当教育而欲升学或就业者，分别施行指导。

7. 保存善良礼俗，而劝导改正其不良，如迷信之破除，节俭之提倡，义举之奖励，烟赌之劝戒，国货之提倡，旧式文书及仪式之改良，新年喜庆联语之代拟等，均须逐渐实行。

8. 岁时娱乐方法，根据不多费钱，不多费时，不涉迷信，有益身心之四原则，如旧习惯之说书演戏宴会庆祝等，则改良其内容，如新方法之同乐会，垦亲会，消寒会，纳凉会，新剧团，公园等，则提倡其实行。

9. 农民之宗教观念，各依其自由信仰，但随时以教育方法，养成其高尚正确之人生观，及相当之责任心。

10. 提倡慈善事业，如周恤疾病残废，救济贫苦无告，设立养老院慈幼院，游民习艺所等。

乙、发展经济

1. 设立农场，或特约农田繁殖优良品种，以有效之方法推行于农家。

2. 散给优良种苗，推选优良器具，指导防除病虫害之方法。

3. 荒地荒山，尤须充分利用，植树开垦，均宜设法实行。

4. 经营公有企业，保管公有财产。

5. 改进原有之副业，如猪羊鱼鸡之畜养，果木蒲藕之种植等，推行新式有利之副业，如花边、草帽、养蜂、机织等。

6. 举行悬赏劝农会，及农艺展览会，农产家禽比赛会，农事比赛会等。

7. 设立公共仓库，以备农产品之堆贮。

8. 指导组织各种合作社。

9. 厉行购用国货。

10. 提倡实行家庭预算及决算。

11. 提倡诊治道路桥梁建设农村电话，提倡购用脚踏车，及介绍各种新式交通器具，以求交通之便利。

12. 研究改良水利，疏浚河道沟渠，使减免水旱灾害，兼利船舶交通。

13. 设立职业介绍机关。

丙、推进自治

1. 联合筹备地方自治人员，完成各级自治组织。

2. 组织保卫团，施行严格之军事训练。

3. 提倡消防队，以防火灾之发生。

4. 提倡青年服务团，以养成其努力为公之精神。

七、办理农村改进事业，应注意下列两大原则：

甲、在事务上，期使改进期间终了后，能以当地人才继续举办为度，故一切设施，以本区人为主体。

乙、在经济上，期使改进期间终了后，能以当地财力继续为度，故一切设施，以本区财力能负担为标准。

八、办理农村改进事业，对于农民应注意之点如次：

甲、时时至农家访问，时时与农民访问态度温和言语诚恳，为农民之朋友，勿使农民误认为长官。

乙、务使农民欢欣安适，勿使农民□疑烦扰，信用既立，进行自利。

丙、凡事以身作则，自己不赌钱，方可劝人戒赌，自己不吸烟，方可劝人戒烟，劝农民整洁，先自本身及办事机关处开始，劝农民节俭，先自本身及家庭始。

丁、处处表同情于农民，代为解决种种困难，一一代为代阅信函，代写婚书，代写契约，代完钱粮，代解纷争，襄助丧庆，医治疾病等，处处重其原有习习惯，即有必须改革者，亦当用潜移默化工夫，不可操之过急。

九、农村改进业之经费，得由主办机关视其事业之范围规定之，但须注意各点：

甲、办理乡村改进事业，如已筹有的款，其办事费不得超过事业费十分之五，但办事员只支少数薪俸，而无事业经费者，不在此例。

乙、办理农村改进事业，应联合机关职员学校教员，分尽义务以期节省经费。

丙、办理农村改进事业，应以地方自任经费为原则，如经费不充时，应逐年设法筹集公款公产，以确立经费之基础。

丁、办理农村改进推行，应取下列之方式。

十、农村改进事业之推行，应取下列之方式：

甲、以地方原有教育或自治机关为中心，实行农村事业之改进。

乙、由各县行政机关，教育机关，农事机关，在经费人才范围内，分别举办或联合举办，否则先从筹领经济，培育人才入手。

十一、施行农村改进事业，应预定期间，以完成农村自治为度，但遇不得已时，得酌量延长之。

第三章　江苏俞塘民众教育馆

第一节　缘起及理论

俞塘民众教育馆系于民国十八年冬，由上海钮先生永建，鉴于乡民愚昧无知，生产微薄，终年勤劳，难谋一饱，乃集亲友赙赠其尊人味三先生暨母氏王太夫人百旬冥庆之款，所创办，以普及民众之公民生产等教育，谋民族之自强。十九年五月，聘请董事及正副馆长，正式开馆，经常费用，亦由钮氏捐助。二十二年夏，董事会以经费有限，馆务难期发展，经创办人之同意，呈请省教育厅收归省办，七月省府决议照准，于是私立之民教馆，遂变为省立机关。开办迄今，对人民确有不少利益，各省民教馆皆可资为比较。

俞塘民众教育馆鉴于国势阽危，缘于人民贫愚，由于生产技术陈腐及经济组织欠缺，演成现时不可终日之现象。今为补救及创办人民所需事业计，特以"富的教育""强的教育"适合现代文化之"公民教育"为骨干，"教""学""作"一贯为原则，实用之农工商业为科目。教授科目时，随令加入农场工厂及商业机关实习，俾"学""作"不致分离，学科得以实用。同时根据互助及合作原则，训练民众有具体之组织与纪律，期于较短时间内，达到农村得以繁荣，地利得以开发，伟大固有之人力国力，得以养成；使教育机关，不致虚设，教育内容方免空虚，教育之万能与伟大得以实现。

第二节　组织情形

俞塘民教馆，根据上面学理原则及最后目的，所订实施事项，完全注重本地能逐一施行农工商等学识与实习；因之内部组织，除总务部之事务、会计、文书三股办理常事务外，复设训练部之政治、经济、文化、健康、农艺、园艺、工艺、妇女八股，以训练各项人员；推广部之研究、出版、图书展览、社会活动四股及辅导部为之协助一切。计拟订计划现已实施者有瓶山、荷溪两分馆，农艺、园艺、合作、妇女四专馆，西村、沙溪两农民夜校，兹将组织系统列表于后。

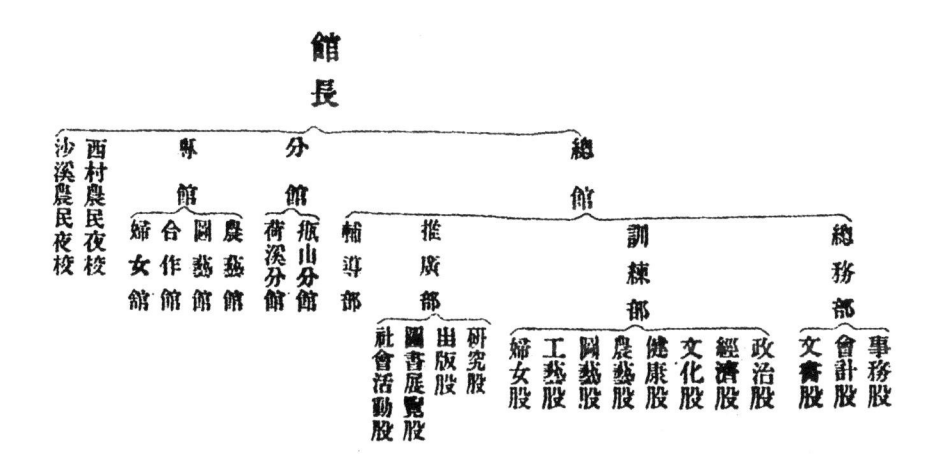

```
                              馆长
      ┌──────────────┬────────┬──────────────┐
   专馆            分馆      推广部         训练部        总务部
 ┌──┬──┬──┬──┐  ┌──┬──┐  ┌──┬──┬──┬──┐ ┌──┬──┬──┬──┬──┬──┬──┬──┐ ┌──┬──┬──┐
沙 西 妇 合 园 农 荷 瓶  辅 研 出 图 社  妇 工 园 农 健 文 经 政  事 会 文
溪 村 女 作 艺 艺 溪 山  导 究 版 书 会  女 艺 艺 艺 康 化 济 治  务 计 书
农 农 馆 馆 馆 馆 分 分  部 股 股 展 活  股 股 股 股 股 股 股 股  股 股 股
民 民              馆 馆      览 动
夜 夜                         股 股
校 校
```

第三节　办理事项

俞塘民教馆经费，在私立时代，由创办人钮永建氏经常捐助外，江苏教育厅亦有相当之补助，二十一年度，即有一万二千元之巨。省办以后，每月经常费不过二千余元，因之创办人年亦捐助八千元或九千元以为扩充事业之用。该馆试验区域虽只九方里，人数二千三百余人，而施教范围，期以俞塘全区为学校，全区人民为学生，全区田野村庄为教室，而以乡村建设事业为其课程。先从调查访问，联络感情为入手方法，继以组织训练人民，使之齐心向上，为其基本功夫，授以农工商学识技术，使能增加生产，充实富力，培植国家力量为最后目的。以故专馆学校等均依照上项宗旨，分别施教，计所办事项已著成效者，约有下列数项：

（1）瓶山分馆：该馆位于上海县治西侧北桥镇上，成立以来，曾先后举办农民学校二班，合作通讯处一所。分馆内并附民众茶园，国民训练讲堂等。

（2）荷溪分馆：该馆在县属之荷巷桥，以荷巷桥及韩仓彭渡二乡为施教区域。已办农民学校二班，流动学校三班。此外若婴孩健康比赛，珠算默字比赛，国术表演，捕蝇运动，防痧清洁运动等，均已举行。并附有民众茶园，阅书报室，代笔处，民众诊疗所，民众体育场等。合做事业，则合作馆派有专员指导，协同进行。

（3）农艺馆：该专馆系与上海农业推广所联合办理，主要任务，在授农村子弟以改良农林知识及技术，以其试验有效之成绩方法，作为示范及推广之张本。现有学生十五人，白日在农场实习，晚间或雨天则教以农林自然数学等功课。农场占地八万九千余亩，历年采种育苗，试验及推广各项品种，颇得人信仰，著有相当成绩。

（4）园艺馆：该馆系与强恕学校合作办理，位于总馆东侧，现有房舍花房温室等四十余间，示范地百余亩，实习生二班，共四十五人，皆系农村子弟，园艺学识而外，兼授普通学科，一切田野劳作皆由学生操勤，并分组指定实习田亩，规定分红办法，使学生各自独立经营，养成主持能力，办理较有成效者，花卉而外，言实验则有芦笋，草莓，番茄之耕种，得以畅销于外埠。言推广，曾育桃苗二万株，葡萄五百株，青松翠柏八百株，准备分给人民栽植。他若肥料之试验，种籽之栽培，罐头之制造，鱼种之培养，皆有相当之收获。

（5）合作馆：俞塘合作社，系合作馆之实验机关，预备以实验之结果，推进合做事业，树立农村经济基础，并以经济上之合作组织，训练人民以农林改良地方自治各方法，现招有高小及初中毕业学生十四人为练习生，由馆给予津贴，经理俞塘合作社事务。该社兼办信用运销生产等部；信用部系为人民存储或贷借款项之所。运销部系恐农民零碎卖出产品，受购买商人剥削，特由储有同一产品之农人集合出卖产品，自行运往市场，向公司趸售，省去行商佣金，并可售得较高价值。俞塘棉花运销合作社，计二十二年秋会运销棉花二千担，值银七万余元，免去中间人需索与留难甚多，引起农民之信仰与兴趣不少。其他利用不能即时出卖之产品，加工制造，即可获得较厚利益者，现有碾米榨油两项，一用电机，一用土法，其出品虽不甚多，然对农村经济，不无相当裨益。生产合作社，计有桃树合作，养鱼合作等，办理未久，因之成绩尚未大著。

（6）妇女馆：该馆与妇女半日学校联合办理，现有学生四十五人，均系农村妇女，其课程为国语、算术、家政、音乐、工艺五项，半日之内，二小时读书，二小时作工，作工又分织袜织布二种，学生择习一种，成绩优者分别予以奖学金。织布部现备有平布机改良机十二架，已出大衣单呢、斜布、府绸、花旗布等十余种，每日出品，平均在三十码以上。织袜机现有袜机三十四部，每日出品平均十五打，销售甚速，不够门市，亦乡村妇女有希望之职业也。

（7）西村沙溪两农民夜校：该两校为收容农民夜间研读之所，西村夜校学生毕业者，计有六十余人，沙溪亦举办两班，惟因经费不足，设备较简。

第五编 无锡

第一章　江苏省立教育学院

第一节　沿革与概况

　　江苏省立教育学院之前身，在民国十七年春为江苏大学民众教育学校，是时以苏州前省立医专为校舍。同年六月江大改称国立中央大学，该民众教育学校遂更名为中央大学区立民众教育院，八月由苏州迁至无锡荣巷。是时中央大学区筹备劳农学院，遂以民众教育院院长兼任筹备事宜。十一月劳农学院筹备竣事，购置通惠路社桥前为两院院址。翌年一月两院由荣巷迁入新院址，劳农学院即于是时开始招生。八月苏省停止试行大学区制，两院改隶教育厅，易名为江苏省立民众教育院，江苏省立劳农学院。十九年六月教育部令遵照大学组织法，合并两院，以资整理，遂定名为江苏省立教育学院。此该院变迁大概情形也。

　　院舍占地凡一百零三亩有奇，房屋约二百数十间。总计有礼堂一，教室七，科学馆一，教职员宿舍三，男生宿舍二，女生宿舍一，办公室及膳堂，农事试验场办公处，图书馆，实验工场，医院，调养室各一。此外厨房男女生浴室及盥洗室均备。体育场凡二百方丈，院内实习农田三十余亩，院外农场平田山地二百余亩。至各种民众教育农事教育之实验实习地段，犹未计及在内。

　　院中经费，均系省款。二十二年度经常费预算为二十万零一千元，临时费尚未核定。自十七年度至廿一年度经常费共支出八十余万元以上。研究实验费，历年均有增加，平均约占总支出七分之一。至学生纳费，分公额生、县额生两种。县额生由县保送，二十一年度以前入学者，其厅缴各费及学生往返舟车费，均由县支给。二十二年度起，膳费实验费，由县负担，余由学生自行缴纳。二十三年度，膳宿费免缴，仅纳杂费十元，损失费三元而已。外省前往就学之公费额生，每学期应缴各费，约计七十余元。

毕业学生先后凡八届，二百零八名。其服务状况，大抵充任江苏各县民教馆农教馆馆长，或办民众学校农业推广等职务。该院宗旨，在养成苏省六十一县民众教育农事教育服务人才，按毕业学生服务情形，与原宗旨似不甚远。尤以学生离校后，其因活动而发生之疑难问题，学校仍负有协助指导之责，是则该院之优点也。

第二节　组织系统

表列如次：

（江苏省立教育学院组织系统表）

江苏省立教育学院
│
院长
│
院务会议
├── 研究实验会议／教务会议／总务会议
├── 研究实验部 ── 各种民众教育实验机关
├── 教务部
│   ├── 民众医院
│   ├── 实验工场／图书馆／农事指导实验委员会／农事教育学系／民众教育学系
└── 总务部
    ├── 民众医院
    ├── 社会教育辅导委员会／经济稽核委员会／院务设计委员会／庶务训练委员会
    └── 文书股／会计股／卫生股／庶务股／注册股／训育股／课务股／视导股／编辑股／通讯股／发行股／研究图书室

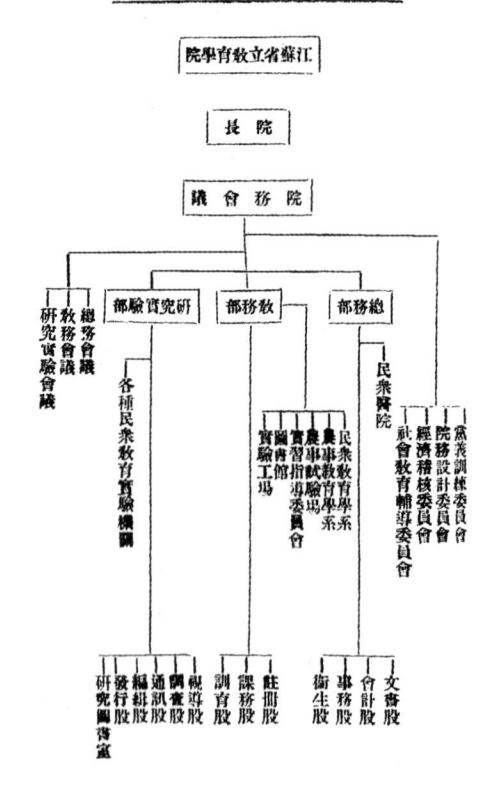

第三节 教学与训育

教学方面,不特重视学生知识之培养,尤着重于学生精神之陶炼。其教学方针如次:

一、精神方面本革命精神,作人格修养,使学生有服务民众教育,农事教育之决心与毅力。

二、知识方面本创造精神,作学术研究,讲习基本及民众教育农事教育等课程。

三、实习方面本科学精神,作实地练习,养成学生实施民众教育农事教育之能力。

基于是项教学方针,而确定训育原则。其实施办法,可分为三:政治的训练,军事的实习,品性的陶冶。又鉴于训育主任一人,不能处理周详,因采训教合一制度,组织生活指导委员会,共同负责担任学生训育事宜。训育股则偏于寻常工作。其训育目标如次:

(1) 思想——主义化

1. 认识国民革命,为中国唯一之出路。

2. 认识三民主义,为建设新中国之原则。

3. 认识民众教育农事教育,为建设新中国之唯一基本工作。

(2) 行动

科学化——养成有目的有方法有步骤的行动。

纪律化——破除极端的个人的自由行动,养成个性的团体化。

养成遵守纪律的习惯,养成感情理智化。

(3) 生活

平民化——革除一切腐化的特殊的生活习惯,养成节俭储蓄的美德。

劳动化——锻炼刻苦耐劳,战胜艰难的体魄,养成实际劳动的习惯。

第四节 农场工厂

农事试验场之目标,以研究推广农业,供给学生实习,与谋江苏全省农业之改进为主旨。农场面积,计院内三十五亩,院外连林场约计二百亩，并划分学生实习区，种子繁殖区，作物试验区，作物育种区，蔬菜，果树区，花卉区，森林育苗区，标本区，畜牧区等。其分组推广，及院外各作试验情形，表列如次：

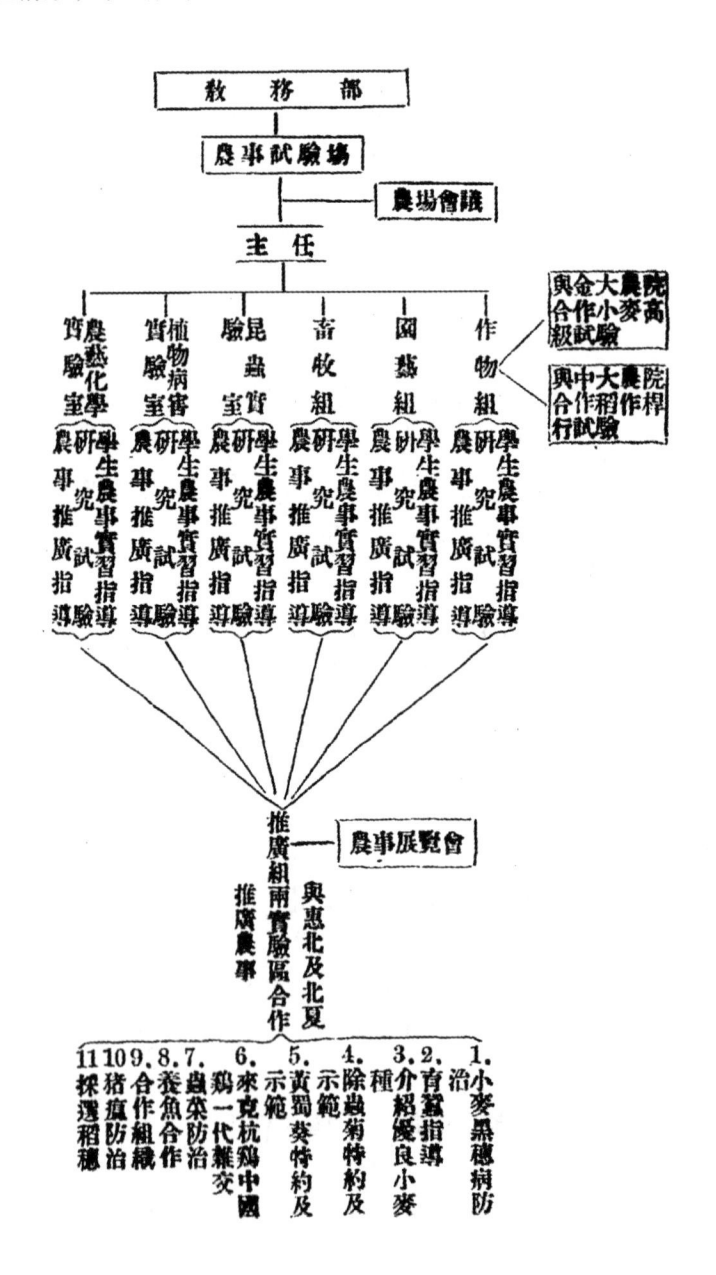

```
                    ┌─────────┐
                    │ 教 务 部 │
                    └────┬────┘
                    ┌────┴────┐
                    │農事試驗場├──────┐
                    └────┬────┘  ┌───┴───┐
                         │       │農場會議│
                    ┌────┴────┐  └───────┘
                    │  主 任  │
                    └────┬────┘       ┌──────────┐
     ┌──────┬──────┬──────┼──────┬──────┐    │與金大農院│
     │      │      │      │      │      │    │合作小麥高│
    農     植     昆     畜     園     作    │級試驗    │
    藝     物     蟲     牧     藝     物    └──────────┘
    化     病     實     組     組     組    ┌──────────┐
    學     害     驗                          │與中大農院│
    實     實     室                          │合作稻作桿│
    驗     驗                                 │行試驗    │
    室     室                                 └──────────┘
    ...（各組下列：學生農事實習指導／研究／農事推廣試驗）
                         │
                    ┌────┴────┐
                    │ 推廣組兩實驗區合作──農事展覽會
                    │ 與惠北及北夏
                    │ 推廣農事
                    │
                    1. 小麥黑穗病防治
                    2. 育鷺指導
                    3. 介紹優良小麥
                    4. 除蟲菊特約及示範
                    5. 蜀黍特約及示範
                    6. 來克杭鷄中國鷄一代雜交
                    7. 養魚合作
                    8. 蠶桑合作
                    9. 鷄瘟防治
                    10. 猪瘟防治
                    11. 探選稻穗
```

470

实验工场之目标，在求如何证实吾人之信仰，因此，一方面从事研究实验，一方面并培养人才，更进而从事推广，使科学教育，得以普及民间。该厂创始于二十年，迭经扩张，遂有金工木工场，陈列室，材料房，办公室，实用品制造部，二十三年并添辟民众科学馆，实验以科学力量，推动民众教育。编就五十余种民众科学读物，并设厂自制各种仪器。另有教育用品多种，日用品，药品，化妆品各若干种，教育枪，收音机等等。无论仿造发明，俱能利用废物，成本既低，故各方采购至伙。其各部组织系统有如下表：

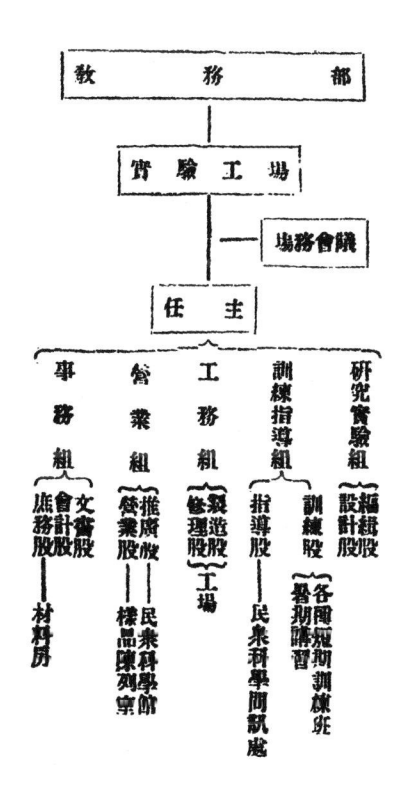

```
                    教  务  部
                        │
                    实 验 工 场 ──── 场务会议
                        │
                      主  任
    ┌───────────┬───────────┬───────────┬───────────┐
  研究实验组   训练指导组    工务机     营业组      事务组
   ├编辑股     ├指导股      ├制造股    ├推广股     ├文书股
   ├设计股     ├训练股      ├整理股    ├营业股     ├会计股
   │各国短期    │暑期讲习    │工场      │民众科学馆  │庶务股
   │训练班     │             │          │样品陈列室  │材料房
   │民众科学
   │问讯处
```

第五节　研究实验事业

该院既以养成民众教育农事教育服务人才为主旨，故开办以来，即本此主旨以从事研究与实验。惟该院师生之研究兴趣，几年之中，颇有转

471

变，故实验事业之设施，历年亦多更易。其详细情形，有如下列第二表。至指导实验事业之实验部，民国十七年开始设立，十八年因感研究工作之重要，复添设研究部。十九年以研究实验事业之不宜分离，乃将两部合并，改称研究实验部。其用意在从研究中，探求实验之方法，于实验中找出研究之问题，俾研究与实验镕成一片。其组织有如下列第一表。至若该部所属实验机关，北夏区，惠北区，南门教育馆，实验民众学校四处，以及黄巷辅导区等等，俱分陈如后。

江苏教育学院研究实验部组织系统：

本院研究实验部组织系统

```
                    研究实验部
                      主任
        ┌──────────────┼──────────────┐
   研究实验会议              辅导委员会
        │
   学术讨论会
        ┌───────────────────────┬──────────────────┐
   ┌────┼────┬────┐      ┌────┬────┬────┬────┬────┬────┐
  北  惠  南  乡      研  发  通  编  调  视
  夏  北  门  村      究  行  讯  辑  查  导
  普  民  实  自      图  股  股  股  股  股
  及  众  验  治      书
  民  教  城  协      室
  众  育  市  助
  教  实  民  处
  育  验  众
  实  区  教
  验      育
  区      馆
        │
  ┌─────┴─────┐
  研究实验联席会议    部务会议
```

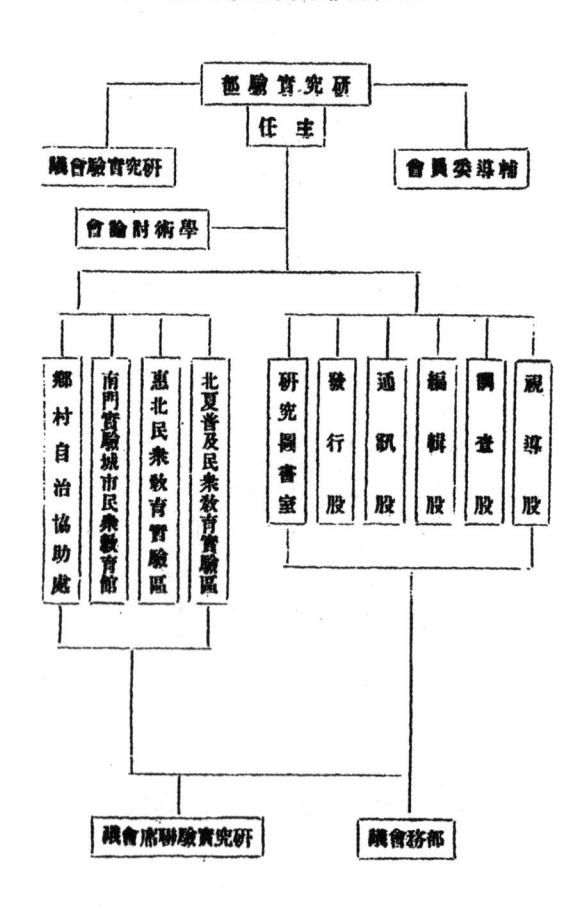

历年实验机关变迁表

年度	学期						
十六年度	下学期	实验民众学校五所					
十七年度	上学期	民众学校二所	民众图书馆三所	民众茶园一所	妇女教育处一处		
	下学期						
十八年度	上学期	黄巷民众教育实验区	农民教育馆				
	下学期		服务村前处				
十九年度	上学期			新路工人教育实验区	尚民民众学教育实验馆	社会民教馆教育实验馆	实验卫生模范区	江阴巷实验民众图书馆	南门育婴实验城市民教	崇安寺民众茶
	下学期					刘大惠北	实验处			
二十年度	上学期									
	下学期									
廿一年度	上学期							实验学民众校	工运八民教育	民众茶教育园
	下学期									
廿二年度	上学期								黄巷乡助自治处 民众教育 思区北民众教育实验处	实验普及区民众教育	乡村协助自治处
	下学期									

第二章 黄巷辅导区

第一节 辅导区之意义

教育学院办理民众教育之目的，在运用团体力量，以解决社会问题。运用团体力量步骤，必先训练民众，使有组织能力。其团体力量之引发，是出于大众自动，团体间各个分子之自动；而非少数人动，多数人不动或被动。因此教育学院在恪守辅导民众自动之原则下，就民众实际生活情形，以引发民众自动集议想办法，而自居于从旁协助领导之地位。并规定每个实验区域，只办三年，以后即交当地人民自办。万一当地民众能力不能独立办理，只留一二人员，极少经费，赓续辅导，是即辅导区之意义。

第二节 辅导事项

黄巷实验区结束，远在二十一年秋。因感黄巷民众尚有赓续辅导之必要，故有黄巷辅导区之设立。其所拟辅导事项，约可分为三类：

第一辅导之机关或团体，有工余学社，少年励志社，黄巷小学，冬防队，扛重队，信用合作社，改进会，调解委员会，黄巷乡公所，识字处，乡村小学，救熄会，储蓄会，联村自治协进会，协作小学，私塾等等。

第二辅导各乡共同办理者；有各项中心运动，分区会议，辅导研究会，民众教育推广，通俗讲演，乡村教育联合会，巡回药库，巡回书库，开映幻灯，推广改良种子，稻作展览，冬防队联合会，民众健康比赛，民众辩论会，民众同乐会，乡村改进会，救熄会，合作社联合会等等。

第三辅导各乡分别办理者；有同乐会，妇女传习处，借贷所，灌溉会，合作社，储蓄会，养蚕合作社，养猪合作社，音乐社等等。

第三节　南徐桥之民众活动

南徐桥属黄巷辅导区。其经乡村改进会办理完竣者，有道路一条，桥梁两座，吾等皆躬亲涉足其间。并参与扛重队谈话会，会众颇能自动活动。在扛重队事务讨论毕，有人谈及学校缺少之事，当时列席指导之黄先生。因之提出讨论，结果成立三年集款，举办小学一所决议案，是不背从旁协助之意义，而善于因势利导之一例也。

第三章　北夏普及民众教育实验区

第一节　沿革

　　该院为实验以乡村民众教育改进乡村社会起见，当民国十八年三月即有黄巷民众教育实验区之设立，作乡单位之实验，惟范围太小，难收普及之效，遂于二十一年秋，将黄巷实验事业，交当地人士办理，另划无锡县第十自治区作实验区，定名为北夏普及民众教育实验区，借该区内东亭镇华氏西祠为总办事处，因区域太广，第一学期暂以西部六乡一镇约当全区三分之一为集中实验区域，而以东部十乡三镇为推广区，第二学期将全区划作六分区，除第六分区因经费支绌，暂缓设支部外，其一，二，三，四，五各分区各设支部，主持各该乡镇教育事项，第三学期为深入农村起见，复将总部（即系办事处）迁至蠡埠。

第二节　背景

　　全区面积约一三八·五华方里，除东北有一童山外，皆属平原，共四镇十六乡，三百四十二大小村落，五万九千八十二户，二十七万零一百六十四人，耕地四十三万五百八十八亩，农作物以稻麦为主，兼养蚕、养猪、养鸡等项。设有区公所，区长由县政府委任，乡镇长皆民选，雇用团丁约三十人，有枪二十七支，小学十一所，私塾十一处，居民业农者占百分之七一，七岁以上未受教育者百分之七二·七二，受教育一年至四年者，百分之二〇·八四，受教育五年以上者，仅有百分之六·四四。经济状况：稍有盈余者占分百之五，收支相抵者，占百分之二八，亏空者占百分之四三，尚有百分二四无法查明。

第三节　宗旨及组织

主旨在用教育方法，组织民众，培养民力，以促成自治，复兴民族。经费每年一万三千三百三十二元，由教育学院拨给，职员专任二十一人，兼任二人，实习生五人，其组织系统如下表。

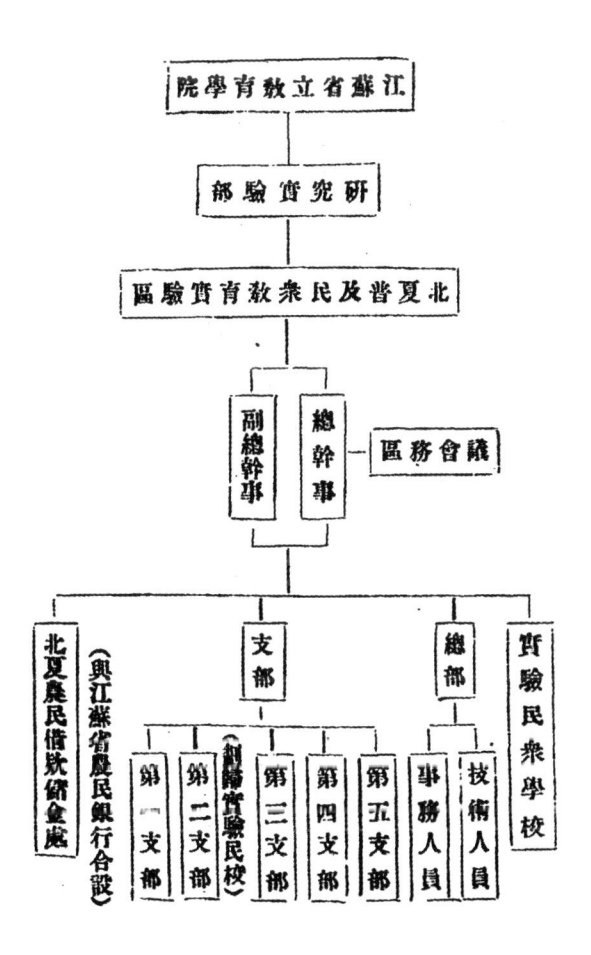

```
                江苏省立教育学院
                      |
                  研究实验部
                      |
              北夏普及民众教育实验区
                      |
              总干事 — 副总干事 — 区务会议
                      |
    ┌────────┬────────┬────────┬────────┐
  北夏农民   支部              总部    实验民众学校
  借贷储金庭                           
 （与江苏省  ┌──┬──┬──┬──┬──┐  事务人员
  农民银行  第 第 第 第 第   技术人员
  合设）    一 二 三 四 五
            支 支 支 支 支
            部 部 部 部 部
           （刊归实验民校）
```

办事机关，总部设降蠡坝，第一支部设东亭镇，第二支部设蠡坝，第三支部设查家砺，第四支部设东堰乡堰下村，第五支部设版村乡马家里。

477

第四节　实验事业

兹将实验事业，分别叙述于后：

1. 区办民众学校十四班，共六百四十二人，内第一支部成人三班一百七十七人，青年一班四十五人，第二支部成人二班六十一人，儿童班七十八人，第三支部成人二班六十五人，第四支部成人二班一百一十三人，第五支部成人二班一百零三人。

2. 合作民众学校十班共四百一十四人，内第一支部成人一班三十四人，第二支部成人二班九十一人，儿童班四十人，第三支部成人一班四十八人，第四支部成人三班一百一十三人，第五支部成人二班八十八名。

3. 民众读书会三处，四十七人，内福庄读书会十六人，行余读书会十三人，查家硚读书会十八人。

4. 民众阅书报处一处

5. 问字代笔处一处

6. 新北夏半月刊，已出至三十期，每期一张。

7. 乡村建设协进会一处，联络本区优秀民众组织之。

8. 乡村自治改进会六处，民众自动组成，由该实验区指导之。

9. 养鱼合作社六处，社员二百三十四人。

10. 蚕业产销合作社一处，社员五十三人。

11. 畜牧合作社一处社员十二人。

12. 育蚕指导所四处。

13. 倡修横贯全区由东亭至西仓之区道长约十八华里，宽三尺。

14. 布种全区春秋两季牛痘。

15. 合作讲习会，训练合作社职员。

16. 造林共植麻栎一千一百株，枫杨二百株，洋槐一百五十株，马尾松千株。

17. 民众教育研究会，每两星期开会一次，借作民校教师进修之机会。

18. 借款联合会，系与江苏农民银行合办借款，前三期贷出款九千四百七十一元，现在组织借款联合会七十八所，会员八百四十八人，借款总额七千一百四十二元。

19. 产品展览会。

参观印象：该实验区实验事业之多，已如上述，惟本团前往考察时，正值废历正月二日，故各项事业均少活动，该区负责人张君引同人至总办事部及第二中心民众学校参观时，虽未见学生上课及其他种种活动，但各项布置，均井井有条，如该区实验性质，分政治，文化，经济三方面，关于农村经济，尤为注重，但办小本借贷，其用途限作农本、畜本、蚕本三项，月息一分三厘，（内以一分缴银行，以三厘作办事费）所办小学，四五年级小学生，每人课余之暇，负担教不识字二人以上之文字教育，即导生制性质；其成绩如何，每月由各校分别普遍测验一次，以杜敷衍，而求实效。

第四章　惠北民众教育实验区

第一节　沿革

该区自民国十八年起，已有一部分乡村由江苏教育学院员生办理民众教育，至二十一年夏始正式成立实验区，划设三分区，一为五河乡，一为高长岸乡。三为周龙岸乡，翌年将高长岸乡区，改归地方自治协助处接办，而五河及周龙两分区，仍继续办理，另在梅泾与岸底里两乡各设分区，范围较前增大，本年度因五河及周龙岸两乡区实验计划已完成，交归地方人士办理，该实验区仅派员协助，而梅泾与岸底里两分区，仍继续办理，又在王家岩，西漳，胡家渡，杨巷四处，新设分区，而地方自治协助处亦于本夏年归并该实验区，称为辅导区，范围较前益大。

第二节　背景

全区面积八十八方里，地势平坦，交通便利，大小村落一百零六个，四千三百八十一户，三万二千四百零五人，耕地二万八千二百七十六亩，农业者占百分之六十一，业工者百分之十，业商者百分之十一，业船者百分之九，其他百分之九。副业以养蚕搓绳织袜为多，农产以米麦为大宗，经济状况，大多数不充裕，民情和善，迷信颇深，区乡镇公所均成立，有公立小学十五所，私立小学四所，私塾十四所，教育程度甚低，失学者尤众。

第三节 宗旨及组织

该区与北夏实验区不同，北夏为江苏教育学院事业实验区，该区为江苏教育学院学生练习实验区，故该区主旨有二：（一）为借学生实习，办理民众教育场所，借由实际上获得理论上之验证，（二）为实验各种方式的民众教育，以训练民众智能，充实农民生活，培养国民力量，辅导地方自治，期达借团体力量，解决社会问题。经费每年八千八百八十元，由教育学院拨给。职员有专任六人，兼任二人，实习生二十四人。其组织系统如列表：

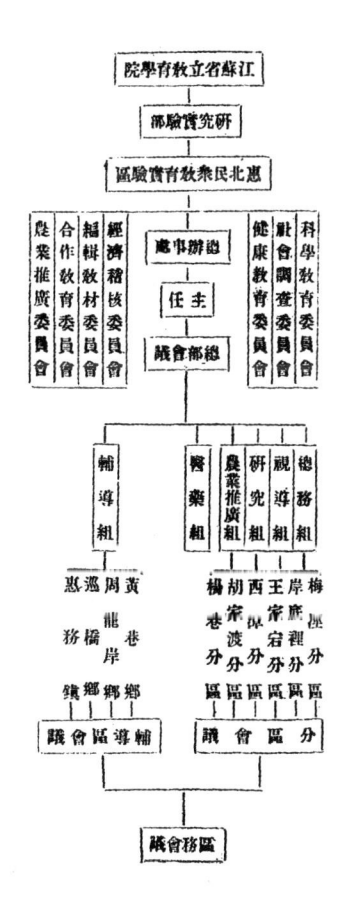

```
                江苏省立教育学院
                      │
                  研究实验部
                      │
               惠北民众教育实验区
    ┌──────┬──────┬──────┬──────┬──────┐
  实业   合作   经济   总务   社会   科学
  推广   教育   稽核   办事   调查   教育
  委员   编辑   委员   处     委员   委员
  会     委员   会           健康   会
         会          主任    教育
                     │      委员会
                  总部会议
                     │
    ┌──────┬──────┬──────┬──────┐
   辅    医    农    研    视    德
   导    药    业    究    导    务
   组    组    推    组    组    组
              广
              组
    │                    │
  黄周巡惠             梅王西胡杨
  巷桥龙              涇岸宅宅巷
  岸  务              观宕渡宅分
  筑乡乡             分分分    区
  乡                 区区区
    │                    │
  辅导区会议            分区会议
         └──────┬──────┘
              区务会议
```

481

办事机关：总办事处设西漳，所有分区如梅泾、岸底里、胡家渡、杨巷、王家岩、西漳各设分区办事处，其余皆为辅导区。

第四节　实验事业

兹将实验，分别叙述于后。

1. 梅泾分区，（一）民众学校两班，学生七十二名，（二）流动教学，分自教，民校小学学生教，（三）图书室，（四）娱乐室，（五）信用合作社，（六）蔬菜示范场一处，面积二分。

2. 岸底里分区，（一）乡村改进会会员六十四名，办修桥筑路等事，（二）信用生产合作社社员四十二名，股金八十四元，借款千元，（三）养鱼合作社社员二十九名，股金五百八十五元，（四）音乐会会员十三名，（五）武术团正在筹备，（六）妇女一班，学生四十名，（七）民众茶园一所，（八）蔬菜示范场一处，面积二分。

3. 胡家渡分区（一）民众学校两班学生七十二名，（二）儿童农艺竞进团团员三十名，（三）信用生产合作社社员四十名，股金九十一元，借款二百九十七元，（四）稻作地域适应试验区，（五）养猪示范区，（六）养鸡示范区，（七）蔬菜示范场一处，面积五分。

4. 杨巷分区，（一）信用合作社筹办中，（二）民众学校一班，学生六十名，（三）流动教学由十个小学生作导师，教一百成年农人，（四）读书会会员三十名，（五）民众茶园一所，（六）娱乐室一间，（七）简易体育场筹备中。

5. 王家岩分区，（一）初级小学单级学生七十一名，（二）义务试验班一班，学生三十四名，（三）职业指导班一班，学生十二名，（四）妇女班一班，学生二十四名，（五）教导团员二十名，（六）合作社筹备中，（七）农村改进会筹备中。

6. 西漳分区，（一）公共体育场一处，面积十二亩，兼乡村公园，（二）保卫团筹备中，（三）武术团筹备中，（四）民众学校两班，学生四十七名，（五）乡村妇女家事学校两所，学生九十六名，（六）信用合作社筹备中，（七）养鱼合作社筹备中，（八）特约茶园两所，（九）园艺示范场一处面积三分。

7. 辅导区，（一）乡村改进会九所，（二）调解委员会一所，（三）协作小学三所，（四）读书会二所，（五）合作社八所社员一百八十人，（六）储蓄会三所，（七）合作社联合会筹备中，（八）乡村改进会联合会筹备中，（九）救火联合会。

第五节　参观印象

本团前往该区考查时，正值废历元旦，故各项事业，略有停顿，该区主任喻君引同人等至北西漳村参观农业仓库，系以农家谷麦棉豆等类，装袋存库，作为小本借款抵押品，由该区办事处向上海银行接洽投费，月息一分五厘，内以九厘交银行作息，以六厘存区办公。旋又引观西漳分区办事处与王家岩民众学校两处，虽未见学生上课及其他种种活动，惟其机关组织，与工作分配，均极完备，如学校除办教育外，所教地方上□种应改进事宜，均由学校负责办理，又如小学生回家均负转教家庭中或村邻之文盲，其采用政教合一及导生制之办法，与定县、邹平、青岛及山海工学团同一精神。

第五章　南门实验民众教育馆

第一节　沿革

该馆原成立于十九年八月,地点在无锡南门外吊桥下。廿二年三月,改变实验方针与计划,迁移在南门外南新桥堍办理;并于是年九月起,分设市民教育劳工教育蓬户教育三部,作精确之实验与研究。又于廿三年四月起,与无锡县第二区公所,合设自治实验乡于潮音乡,实验以政教合一之力量,完成乡村建设工作方法。

第二节　背景

(1) 区域　市民教育部,以北长街,南长街,薛家弄,黄泥降为施教区域,附设崇安寺茶园,即以其附近一带为区域。

劳工教育部,以鼎昌丝厂工房为施教区域。

蓬户教育部,以炒米浜灰场浜为施教区域。

(2) 面积　方三里

(3) 户口　市民教育部施教区　七九一户　三九六五人

劳工教育部施教区　一〇一户　八四五人

蓬户教育部施教区炒米场　二一六户　一〇四二人　灰场浜　八一户　四三七人

(4) 经济　市民区为商业与住户区域,生活当能自给,劳工区为工人区域,年来因工厂停闭,生活不无困难,蓬户区为江北客籍苦力集居之处,大抵以拉车为主,生活最为困难。

(5) 政治　市民区有镇公所二,组织完备,惟自治事业甚少,劳工部无组织，蓬户区虽有保甲组织，但有名无实。

（6）教育　其有县立小学一所，教会立小学一所，私立小学二所，私塾一所。

第三节　宗旨及组织

实验以民众教育之力量，培起民众组织能力。改善民众经济组织，充实民众知识学问，增进民众身体健康，改良民众家庭管理，丰富民众生活意义。其施教原则：（1）教育之实施，以大众之生活为根据，并深入民间，活用教育方法，以扩展教育之效能；（2）做学教合一，从做上教，做上学，渐为引导，使其自动自治；（3）注重教育力量之普及，务使大众生活，普遍的向上；（4）联络地方领袖，化阻力为助力；（5）注重于精的深的实施，再为广的大的推行。

该教育馆经费，由教育学院年拨四千二百元，鼎昌丝厂年助八百廿元，共计五千零廿元，内有职员七人（内兼职者一人）实习生四人。馆址在南门外南新桥挽，馆内设总务处，另有分处三部。

（1）市民教育部　南新桥
（2）劳工教育部　鼎昌丝厂工房
（3）蓬户教育部　炒米浜
（4）民众茶园　崇安寺

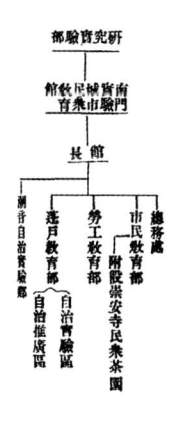

行政组织系统

第四节　实验工作概况

第一项　市民教育部

（一）民众图书馆：藏书三千一百册，采民众图书分类法，每二周提出一类图书中心陈列，并从事阅读指导，每日借书平均三十五人。

（二）巡回文库：现有文库二十架，散布于北店南里一带商店中，每周巡回一次。

（三）民众阅报处：部内一处报纸九种，每日平均阅览有一百十九人，部外露天阅报三处。

（四）南里各界联席会：每月十五日举行，已举行十五次，讨论建设问题。

（五）励志救国会：现有会员十五人，作心身修养之指导，与社会复务之训练。

（六）代笔处：为民众代写书信文件，每月受托平均数廿三人。

（七）民众保健处：分预防诊疗灌输卫生知识三部。

（八）民众博物馆：藏民众博物一千零六十七件，定期举行展览。

（九）民众法律顾问处：聘请义务律师，对法律上有疑惑而来问询者，即与详细之答复。

（十）民众武术团：已办有太极拳二届，腰腿班一届，学员共七十人，每日清晨六时，在公园中训练。

（十一）民众健身操团：团员廿人每日上午五时至六时训练。

（十二）民众茶园：园中备有报纸及娱乐用具，每日游览者达百人，并可于民众集合时，随时演讲，施以相当之训练。

（十三）民众游历团：已办十一届，游历锡地名胜古迹，又办理杭州游历团二届，每届平均参加有八十二人。

第二项　劳工教育部

（一）劳工男校：现有学生卅五人，复式编制，每晚七时至九时为上课时间。

（二）劳工女校：现有学生五十人，复式编制，上课时间同上。

（三）劳工晨校：现有学生十八人，编制同前，每早九时至十一时上课。

（四）劳工小学：现有学生四十人，单级编制。

（五）劳工托儿所：现受托幼儿廿人，所内寝室游戏场清洁，用具完备。

（六）母姊会：已举行过四次，出席者每次平均四十二人，讨论家事问题。

（七）劳工同乐会：已举行八次，有戏剧化装表演，科学表演。

（八）劳工访问：每日举行，同时从事指导。

（九）校友会：会员现有五十二人，每月举行大会一次。

（十）周会：每二星期一次，有时事报告，演说，成绩表演，每次参加劳工达三百人。

第三项　潮音乡自治实验部

（一）民众夜校：现有男女生五十人，复式教授，下午七时至九时上课。

（二）育蚕指导：蚕种购买合作，共同催青，受指导者有五十五户。

（三）农业推广：特约农田廿亩，从事稻作试验。

（四）闾邻长会议：已举行一次。

（五）信用兼营业合作社：社员卅七人，每一次办理肥料信用放款。

第四项　蓬户教育部

本部系联合当地党部公安局，合力运用保甲制度，谋蓬户生活之改进，与自治工作之完成，其成绩较他部为特优。

（一）自治之组织　该部系采用保甲制，是以十户为一甲，十甲为一保，甲有甲长，保有保长，共计区内有保长二人，甲长二十人，均能按时出席会议。成立后，已举行会议十一次，解决要案甚多。

（二）委员会之活动　该实验区在民众组织，为保甲，在教育馆方面，系采委员会制，以党政教三部及蓬户的领袖组织委员会，为实验区活动之中心。另聘主任秉承委员会的意志负责执行区务。试列表于下。

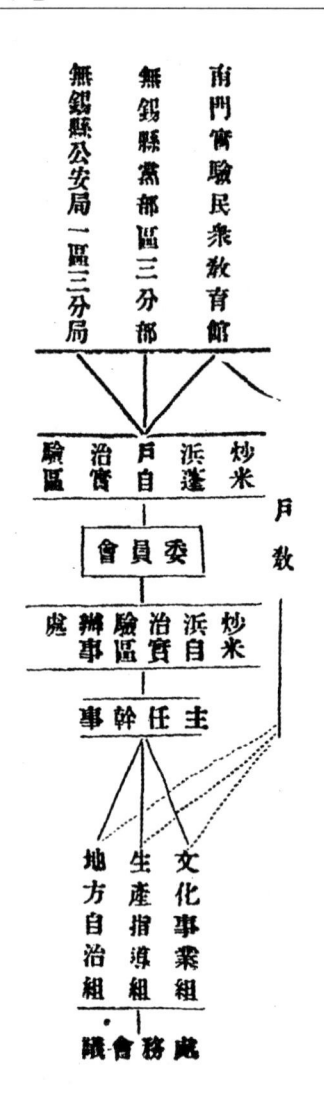

```
南門寶塔民衆教育館    無錫縣黨部區三分部    無錫縣公安局一區三分局
             │               │                    │
             └───────────────┼────────────────────┘
                             ↓
        炒米浜  戶自治  驗區
             │
          委員會          月敎
             │
        炒米浜 自治 驗區 辦事處
             │
          主任幹事
          ╱   │   ╲
     文化事業組 生產指導組 地方自治組
             │
          處務會議
```

（三）调查委员会　委员七人，由区民选出，调解民众纠纷，自成立后，调解事件二十九起。

（四）人事登记处之成立　采用人事登记卡片排列法，办理民众出生死亡婚姻迁移旅行及亲友来往等人事的登记与统计，均称便利。因之实验区中，每日人数多少，均能详细报告。对于教育普及，卫生设施，均有帮助。

（五）消防队之组织　蓬户安全问题，最大的即是火警。炒米浜人民，自经保甲组织后，稍有自觉力；感觉到非组织消防队不可。于是踊跃捐输，一星期中已捐到四十六元七角。随即购买消防工具，计笆斗二十只，水枪二根，梯二张，铁勾十五把，锣二面，灯四盏，警笛十只，斧头二把，同仁参观时，均见陈列室内。另有救火简章，名为消防公约，词长不及备载。

（六）冬防队之出动　炒米浜的民众，自经有很好的组织后，每为附近流氓忌视，往往放火烧屋，为害社会。故彼等又组织冬防队，订立公约八条，即轮班守夜，以甲为单位，每天一甲，以甲长为队长。后因感觉不便，又变更轮值方法，推选二人负责，供给生活费用，而冬防遂告安全。

（七）金融流通组织　此项组织又分两部。一为俭德储蓄会，提倡人民节省储蓄，吸收游资。一为民众贷款处放款贫民，活动劳工金融。其贷款简章第七款，关于贷款数目，分为一元二元四元三种，月息四厘。偿还办法，分为十项，每期为一周，还款十分之一，十周还完；并以营业正当者为限。法良意美，似可仿行。至于储蓄会储款办法，系于暮春初夏时，将所省之钱，积储会内用作严冬无收入时用项。其储蓄规则，有强迫性质，所以劝俭德而为蓬户谋生计者，其心至苦。凡通都大邑，有职业者均可借钱。

（八）模范家庭　本实验区内，共有模范家庭十家，系由委员与保甲长选举而出，其选举标准，有下列八项：（1）待人和气（2）清洁卫生（3）无不良嗜好（4）有正当职业（5）及时受教育（6）热心公益（7）能互助合作（8）能诚意受本区指挥。查炒米浜十家之内，其合于模范标准者，有五家为车夫。其余多为工人。可见受相当的教育者无论何人，均有向上的可能。

（九）民众学校　蓬户人民，多以卖工拉车为业，故施教宜于夜间，或半日为宜。本区民校，计有男校一所，学生四十人，女校一所，学生三十六人。其编制一为复式，一为单式，均为夜课。其训练方法，专注重于社会活动之参加，另有半日一所，学生四十五人，半日上课，半日工作，亦系单式编制。

（十）灰场浜之推广　灰场浜在炒米浜之对岸，该处人民自见炒米浜教育和自治有益于地方后，兴高采烈，自愿建盖草蓬，成立办事处，请求民教馆，予以教育及指导。故灰场浜自治组织，亦采保甲制，兴炒米浜相同。共编为八甲一保，订有办事要则十条，共同遵守。成立不及两月，并且开会议三次，可谓进展猛勇，办理者有民众学校，和半日学校各一所。试用男女混合制，结果并无十分困难，不能不谓是炒米浜实验之所赐。

此外关于调查统计，计有概况的观察六种，方面的观察五种，区民对于故乡之关系四种，经济状况三种，对于离乡之意见两种。其设计之精密，尤为仅见。故同人自参观惠北北夏实验区后，觉实际工作，虽各有独到之处，但其精神团结，似以蓬户教育为最云。

第六编　江宁

第一章　江宁实验县概况

第一节　县府组织及运用

江宁居首都附郭，民国十七年即有筹办模范县之规划，当时设有村治育才馆，训练自治人员，乡村组织，略已就绪，历年以来，迄未中断，二十二年始改组为自治实验县，由江苏省政府聘任委员九人，组织县政委员会代表省政府，全权指挥监督县政之进行。推定委员梅思平兼任县长，县政府除秉承省政府命令及县政委员会指导外，不受其他上级机关之督率，省政府并赋予江宁以较广泛之自由决定权。凡省政府令办事件，该县得斟酌本县情形，呈明理由，展缓执行，更由省政府会议决定，江宁省税，概免报解，留该县发展教育建设之用，以故一切设施，尚无经费困难之累。实验县成立后，首先裁并各局，于县政府内设立民政、财政、教育、建设、公安、土地六科，各科又分设二股或三股，实行合署办公，上下员司，约百余人，行政经费月支六千二百元。关于县政进行，亦与其他实验县不尽相同，梅县长讲词云："江宁不是像定县那样先求增进农民的知识程度，所谓除义盲作新民使成为良好的公民，然后才叫人去做事，更不像邹平先对农人作一翻精神的训练，使农村社会成为有教化有精神的社会，然后使有精神的农人自动组织起来做事，江宁事实上，与邹平定县不同，江宁与社会运动，是不生关系的。他是用政府力量来作，大家到江宁，应从这一点去看，因为政府给我们的事，让我们去作，我们认为用社会运动的方式，或者从精神方面训练民众，都来不及。所以用政府力量，一边做事，一边造人，这是我们的出发点。因为如此，故我们用政府的力量，去推动乡村，而不是用社会的力量，去促进乡村组织。……"（见乡村建设第四卷）可知江宁实验工作完全系就政府的立场，用政治的力量，以推动一切政治，所谓"大推则大动，小推则小动，不推则不动，"初不注重训练民从之组织，亦不注重启发民众之自动，与普通各县之行政方式，并无二致。其所异于普通各县者，一为县府权力之扩大，二为地方财力之充裕，三为公务人员之众多。有此三大特点，故行政推选，异常顺利，殊非普通各县力量所能企及。兹将江宁自治实验县组织规程附后，用资参考。

江苏省江宁自治实验县组织规程

第一条　江苏省政府为改善县政，推进县治起见，设置江宁自治实验县，直属省政府，其实验期间，以四年为限。

第二条　江宁自治实验县，设县政委员会，由省政府聘任委员九人至十三人组织之。

第三条　县政委员会，设正副委员长各一人，由省政府于委员中聘任之。

第四条　县政委员会，受省政府之委托，负责全权指导监督江宁县政之推行。

第五条　江宁自治实验县，设县长一人，由县政委员会，提出省政府任免之。

第六条　江宁自治实验县县长，秉承省政府之命令及县政委员会之指导，处理全县政务。

第七条　省政府行文，对县政委员会用函，对县政府，概以府令行之。

第八条　江宁县政府，对省政府令办之事，遇有特殊困难情形时得叙明理由，呈覆请予展缓执行。

第九条　江宁县政府，对县政府推进之状况，每三个月须向省政府报告一次。

第十条　本规程由江苏省政府委员会决议施行。

二十三，一，九，江苏省政府委员会第六二五次会议通过

第二节　自治行政

江宁自十七年创办自治，县以下有区乡镇间邻等阶级，其中间邻编

制，本不合实际需要，故该县即于二十二年六月废除闾邻，而用自然形成之村里。但村里为构成乡镇之分子，并非自治之一级。二十三年内政部通令废除区制，该县首先遵行，确定县与乡镇为两级制，县政府与乡镇公所为直接关系，中间仍按原有区域，设自治指导员一人，指导员类似区长，但非自治之一级，乃代表县政府为乡镇协办自治，为民众解除痛苦。乡镇既为下层基本团体，有指导员协助于上，有村里长辅佐于下，上下共谋乡镇之健全，自治制度，于是确立。惟人民自治观念幼稚，故乡镇自治事业，尚无特殊成绩。至乡镇办公费及事业费，规定统筹统支：甲等乡；月支办公费三十二元，乙等乡二十八元，丙等乡二十四元，由县府支领。此外关于乡镇教育建设皆归县政府筹措，乡镇不得借自治事业之名，擅行筹集，即各乡镇之公款公产，亦非呈准，不得动支。此种限制，当系侧重防弊之一面，将来如顾及乡镇本身之活动，则必另订较完善之方法，方为适合。

第三节　自卫行政

江宁接近首都，军警密布，向无股匪发生，然抢劫绑票案件，亦时有所闻。保卫团皆雇庸性质，积弊颇深，江宁县政概况云："……鱼肉乡民，包庇烟赌，鲜能加以训练，遇有匪警，逃遁惟恐不及，……"是江宁原有之保卫团，与普通各县，原无少异。二十二年六月撤销全县保卫委员会，将全县保卫事宜，统由民政科办理。总团部虽有机关之名，并不另支经费，总团部公文归民政科保卫股承办。总团部以下有区团部，区团部以下，则由乡镇公所兼办，并无若何组织，因乡镇团工，名额尚少，无须另立组织故也。二十二年二月将原有"保卫团特务训练班"另行改组，更名为"保卫团训练所"，以期造成本县自卫干部人才。六个月训练期满，分发各区，担任保卫团训练员职务，旋即招收第二期学生训练。各训练员经派赴各区后，即协助各区团长及训练主任，按照本县团士抽调办法，依乡镇户数多寡之标准，先尽较有财产者抽调训练；一百户以下之乡，每年抽调一人，百户至二百户之乡每年抽调一人，二百户至四百户之乡每年抽调二人，以后每加二百户增抽一人，至一千户以上每年抽调六人。于各区设"团士教练所"，训练期为三个月，计第一期受过训练之团士五百三十五人,均已各回本乡。现又抽调四百名集中禄口镇训练,月各津贴伙食费五元,由县府给领。

第四节　土地陈报

江宁举办土地陈报,系参考浙江办法,采长补短,另订规章,其事前筹尽之周密,宣传之普遍,自系成功迅速之原因;尤其对于农民心理上顾虑,事先明白通告,化除疑阻:如1.依限填缴陈报单者,概免缴纳手续费。2.契串及实在亩数不相符者,应据实填明,从前如有短契短粮,此时概不追究。3.未经税验之白契,准予呈验,并准暂缓补税。4.人民呈验契据,即由乡镇长负责核验,加盖验还戳记,当场发还。有此四种便利,故进行异常敏捷。土地陈报总办事处主任,由县长兼任,限期五个月,每月经费三百元。各区办事处主任,由区长兼任,限期四个月,每月经费二十元或三十元。乡镇办事处主任,由乡镇长兼任,限期三个月,每月经费十元。业主填报限期一个半月。自民国二十二年四月十六日起,至五月底止,人民填缴陈报单者竟达十分之九,其余十分之一皆为土地较多之业主,因绘图稽延。县府为催促陈报起见,乃规定逾限填报者,每亩征收手续费五分,截至六月底皆陈报完毕。统计额征田亩,为百三十余万亩,增出田亩约二十万亩有奇。同时派员分赴各乡调查田地等则,其方法为选择地自相同之区域为一地段,在该地段内调查各业户之旧粮串,并参照旧征册订定田地科则,将原来四十余种不同田地,改订为三等九则,以期便于征收。办理就绪,实支经费一万八千二百余元。至关于产权移转推割各手续,该县亦有周密之规划,继续推行。

第五节　田赋征收

江宁田赋总额,原在百万元以上。只以历年积弊太深,交相联混;如减报成数,浮报缺额,颠倒山圩,移熟作荒,隐册传嗣,赂绅贿官,飞洒隐匿,私征浮冒,种种弊端,不一而足。以致县库每年收入,仅三十余万至四十万元不等。至二十二年度,因举办土地陈报,改革征收制度,田赋收入,突增至九十余万元,实为最显著之成绩。兹将整理田赋征收办法摘要述之：

一、城内设征收总处，四乡适中地点，设立四个征收分处；各处主任直接对县政府负责，司账由县政府直接派用；出纳管册管串等职员，均由主任□请核用，以收联络之效。

二、征收处职员，均予以短期训练，俾对于新征收制度，有充分运用之能力，旧日之柜书册书及财务警催征吏等，均经严格甄别，分别去留，再行加以训练。

三、税率采一条鞭制，按三等九则计算，其他附税名称概行取消。

四、实行自封投柜，厉行滞纳罚金，使之家喻户晓。

五、废除旧日征收地域之图名，改以乡镇为单位；以乡镇长为督催员，按其催征成数之大小，酌给公费。

1. 布告开征日期。
2. 印发业户通知单。
3. 业户持通知单赴征收处，首由编号处编订号码，发给铜牌交业主收执。
4. 将通知单送管册员查对征册，核算税款后，由出纳员按照单截数目，验收税款，并由司账员记入已完业户账。
5. 记账后发由管照员截发串票，并将串票与已完业户账核对。
6. 核对单，即交出纳员唱明号码姓名，一方收回铜牌，同时发串票给业户收执。
7. 通知单由管串司账登记后，送由管册员按乡分别编订，统计税款，并逐户注销其征册。

六、征收经费，每届会计年度，拟具全年度征收费预算书并入全县总预算，作正开支，其经费支配如次：

1. 俸给费二万二千二百余元。
2. 工饷费二千三百余元。
3. 征收处办公费一千八百余元。
4. 租赁费六百余元。
5. 督征公费及奖金八千七百元。
6. 册串费三千二百元。
7. 印刷费七百元。

8. 变通提运费一千五百元。

9. 设备及修缮费七百五十元。

10. 催征杂费一千元。

11. 预备费一千元。

总共田赋征收经费税契及款产处经费约计四万六千数百元。

第六节　教育行政

江宁小学教育，规定以每一乡镇有一县立小学为原则；如同一乡镇另有二小学，不便合并者，即定为该乡镇某一小学之分院。自省市划界后，全县有小学八十七校，其中完全小学三十四校，余皆初级小学。全县划七个中心学区，每区有一中心小学，做示范工作，以为区内各小学之观摩；校长就近指导监督各小学及私塾。该县并提倡乡村自动设学，以谋教育之普及，至二十二年度终了，已成立乡立小学百余所之谱，但内容多属简陋。全县有私立小学三所办理成绩较好，县府已按等给予补助金。私塾最多，塾师成绩优良者，亦分四种给金奖励，此奖励私立小学及私塾教师情形也。据该县统计各校学生约一万八千人，全县学龄儿童失学者，仍有百分之五十，若与普通各县比较，则江宁小学在数量上并不为少，但就办理精神及设备视察，则与吾鄂外县小学不相悬殊。民众教育之推行，该县则规定凡实验小学及中心小学，每年开办民众夜校二班，普通小学开办一班，惟招生不易，皆始盛终衰，不能持久，亦与各县情形相同。该县视导制度，尚称周密，自二十二年度起，将督学教委名义一律取消，另设教育视导员数人，每人分任若干视导区。视导区域，以学区为单位，每人每月至少视导学校八所，私塾若干所，县属学校，视导员每学期至少视导一次，每次至少停留该校一日，此视导员每学期巡视情形也。但县府又恐地域广阔，视导员督察难周，又规定各中心小学校长，每月巡回各该区学校及私塾一周，每学期巡回五周，以补视导员精力之不及，此中心小学校长每学期巡视情形也。中心小学校长可称第一级视导，视导员除视导各教育机关外，并视察中心小学校长之勤惰得失，可称为第二级视导。

第七节 农村金融

江宁关于救济农村金融事业：有抵押贷款，农产仓库，青苗贷款，合作社，耕牛会。兹择其成绩较著者，分述如下：

一、农民抵押贷款所

上海银行南京分行，原设有农业合作贷款部，办理农村贷款事项，江宁县政府划为实验县后，即与该行协商，在县属湖熟镇设立农民抵押贷款所，资本定为二十万元，由上海银行供给，并由县府与银行商定贷款所办法大纲，会同任命所长，开办费用，概由县府拨付。该所营业，先办衣类及金银铜器抵押贷款，旋办农产抵押仓库及银行承认之合作社贷款。资金由上海银行借来时，利息原止九厘，贷款所贷给农民，计息则为一分四厘，多收之五厘息金，即作该所营业费用；自二十三年七月起，鉴于以前亏耗不少；特将贷款利息增加二厘，以资弥补，还款期限六个月，到期不能归还时，展期亦为六个月。县政府津贴该所经费，自二十二年七月至二十三年六月每月四百元，以后减为每月二百元。

二、合作社

江宁合作事业，于民国十七年开始提倡，现已成立之合作社，除划交市府者外，计有一百三十三所，信用合作社居多。初为农民银行指导创办，第一区因逼近城市，合作社数目，增加特快。惟人民目的，只有"合借"，不在合作，故不能发挥合作社之效能，其后经省立指导所担任指导工作，乃逐渐推行于各区。生产消费利用等合作，亦渐次成立，除少数有相当成绩外，据江宁县政概况所载："合作社多数成绩不良，且发生理监事挪用社款，及开支浮滥情事，虽云农民知识太低，及受农村经济破产之影响，究亦人力未尽，制度未尝不善也。"自改组实验县以来，更组织养蚕合作社七，植棉合作社三，该县鉴于过去合作社之放任太过，成绩不佳，现规定派合作指导员每两月视察各社一次，并责令各地小学校协助指导及监督工作。

三、耕牛会

该县政府为活动贫苦农民金融计，特令农民组织耕牛会，以有牛之人七八人至二三十人不等组织之呈经县政府备案后，即以会员之牛，作为第一抵押品，共同向贷款所借款，期限六月，惟牛仍由各自饲养管理，与其他抵押品交由放款机关保管者不同。借款交付时，贷款所深恐牛有死亡时，死牛之农民，无力偿还借款，则贷款所将受重大损失，特规定耕牛会会员，同负连带责任，于耕牛会领出借款时，每人均存五元，作为第二担保品，以为连带偿还之用。七人之牛，如多数死亡，贷款所不能拍卖耕牛还债时，又于每人扣存五元之外，规定各会员于借款时，各自缴付倍于借额之田契于耕牛会理事部，作为第三担保品，但有牛无田之佃农，信用素著，虽无契据，亦可入会借款，此为优待贫苦佃农办法。借款约合耕牛之半，如牛值洋五十元，借额则为二十五元，二十五元之中，须扣除五元，作为连带责任保证。耕牛会自二十三年旱灾后，为应事实之需要，先由湖熟农民抵押贷款所主办，日来渐有增加，计入会之牛，约有二万余头，借款约五十余万元，各耕牛会为谋本身及贷款所利益计，组织湖熟耕牛联合会，以期双方办事之便利。银行借给贷款所之款，利息九厘。贷款所借给耕牛会利息则为一分，耕牛会转借与会员利息则为一分四厘，多收之四厘，用作耕牛会办公费也。至该会设立之原因，据县府主管人员面述作用三：一、可以训练农民使知联环保证无限责任之真谛，而为将来组织合作社之预备。二、江宁农民，往往冬季贱价卖牛，春季高价买牛，其中损失甚巨，耕牛会特设此会保护。三、佃农加入耕牛会，可同样享受借款利益，而无另觅担保及抵押田产之烦。

第二章　结论

前述各类，皆就成效较著之事项报告，其他政绩尚多，未及备列。至于江宁实验工作之得失，梅县长思平，已有较公平之报告，吾人不欲以一时之短长，遽下批评，特将梅县长报告摘录如次："1. 江宁不受省政府的指挥，而受县政委员会的指挥，但县政委员会，不如邹平研究院的充实，也不同于定县研究院，在本身方面，至多不过是拟具讨论的机关。2. 江宁是有钱有势，一面有政府的力量，一面因为江宁的收入有九十六万元，怎不会做事呢，所以江宁在物质上的成就，并不算稀奇。3. 江宁的保卫团去年退伍的六百名预备队，完全没有了，并不是人没有了，人是存在的，但是没有组织，因为我们不知道像邹平联庄会那样，每月召集在相当地点，会操打靶聚餐，并由县长学长训话；我们的保卫团退伍之后，就没有人去管他。4. 又如我们全县合作社数目，连我也记不清楚，但没有邹平棉业合作那样好的组织，使农民在精神上有一种结合，以共谋事业的发展。……所以我常觉得江宁物质的条件有了，精神的条件还没有；因为我们太由上而下了，太重政府的力量了，我们的大缺点，是对民众没有精神的训练，与精密的组织！对于民众教育，在全国也可称二三等，但在教育上没有新的创造，使在精神方面发生作用！"（节录乡村建设四卷）梅县长此项报告，可谓知己知彼，无所隐饰，将来必能取人之长，补己之短，以谋县政之改进，吾人似不必更置一词。惟江宁举办土地陈报，整顿田赋征收，皆有特殊之成绩，足资各县之仿效。至于自治制度采两级制，县与乡镇为直接关系，上有指导员之协助，下有村里长之辅佐；上下共促乡镇之发展，而无阶级重复，运用不灵之弊，可称自治制度之合理化。诚能本此基础，提携指导，则自治前途，定有生机！此外如耕牛会之组织，自耕农佃农，均能享受贷款利益，可免冬季卖牛，春季买牛之损失；于活动金融之中，兼寓保护耕牛之意，在灾歉时期，效用更著，亦救济农村之一法。

附　　录

燕京大学清河社会实验区概况

　　清河镇实验区位于北平市兴昌平宛平之间，共计四十村；内十六村属宛平，九村属昌平，属北平市之北部者则为十五村。全区四千五百户，二万二千五百人。清河镇居全区之中央，为交通与商业之中心。其社会情形，与一般华北农村情形，大致相同。民国十九年二月，燕京大学社会学系，为训练领导社会人才起见，因选定是镇为试验区，盖欲借实际社会作教室，使学理实际，两相映证，以求社会问题之研究与解决也。试验期间，定为七年，工作计划，因地设施，大半商诸本地之人士。至其人员之设置，除常川驻区者由社会学系派充外，余均为社会学系来区实习之男女学生。试验经费，据清河社会试验载明"前四年由燕京大学社会学系负担，至第五年由本地筹四分之一，七年后即全交本地筹款办理。筹款方法，一为本区各种生利事业之收入，一为本地热心此项工作，而愿自动筹助之款项。再七年期满，已无试验与训练等开支，已受训练之当地人，由此推行无碍，经常费自能锐减"。等语，同人于本年元月二日前往参观，时值新年，又兼大雪，该区办事处有燕大社会学系毕业同学蒋子昂君，在区指导，承殷勤招待介绍，至可感谢。室内设备简单，盖本农村俭朴之生活，追求农人生活之知识，制定容易推行之方法。兹将其组织系统表及工做事项，分列于下：

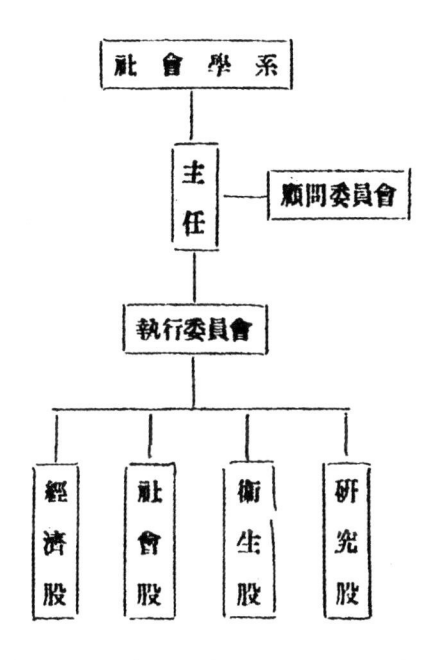

燕京大学社会学系清河试验区组织系统表

工作事项

一、经济股主办下列各事

（甲）合作指导

（乙）小本贷款

（丙）家庭毛织业

（丁）妇女手工

（戊）畜牧

（己）果树，凿井

（庚）农业指导

二、社会股主办下列各事

（甲）幼稚园

（乙）幼女班

（丙）女子手工班

（丁）母亲会

（戊）家政训练班

（己）小学教师训练班

（庚）图书馆与阅报室

（辛）旬刊与壁报

（壬）娱乐与运动

三、卫生股主办下列各事

（甲）防疫统计

（乙）环境卫生

（丙）保健

（丁）助产

（戊）卫生教育

（己）医务

四、研究股主办下列各事

（甲）概况调查

（乙）人口调查

（丙）人事登记

（丁）青苗会

（戊）乡村诉讼

以上组织系统表及工作事项，为其试验进行之大纲，兹再就闻见所及者，分别陈之。

一、经济方面

（甲）合作社——清河镇试验区，于民国十八年与华洋义赈会协作，试办农村信用合作社。社员资格，凡区内居民，年满二十岁，有正当职业，无恶劣嗜好者，均可入社。社员每股一元，每人至多不得过五十股，社员借款每人至多不得过二十元，利息分一分八厘及二分两种。社员储金，月息一分二厘。起初借款太易，发生毛病，后来不敢大事扩充，因严定其借款手续。并稽查其借款用途。现在信用合作，已进而为生产，消费，工业，运销等合作，例如东北旺合作社设立生产部，成立合作农场；黄土南店设有消费部，成立合作商店；黄土北店设有工业部，成立合作工厂；唐家岭村设有运销部，成立运销合作，是其明效。

（乙）小本贷款处——此处于民国二十年开始试验，最初由社会学系发出资本二百四十元，后由某热心家无利息借本三千元。前一时期，每人借款不得超过十元，后一时期，每人借款不得超过二十元，均以生产事业为限，分按月按季按年归还三类。按月归还者，每月摊还十分之一，十一个月本利还清，如借本十元者，则还本利十一元；借本二十元者，则还本利二十二元是。按季归还者，以月息一分五厘计算。按年归还者，年息十分之二，如借本二十元，连利息共还二十四元是也。此种贷款意义，固在便利小本经营之活动，以期生产事业之改进，尤在铲除乡村普通之高利贷及试验农村放款，以备银行界将来筹设农民银行之参考。

（丙）家庭毛织业——清河镇试验毛织业之动机，以该实验区农民副业缺乏，又见于羊毛输往欧美，其利甚微，特于民国二十一年九月，派学生二名，至北平华北工程学校，专习毛织工艺三月毕业，回区，随即开设家庭毛织业训练班，招收农民，分男女两班学习，三月毕业，学成后即可成立毛织合作社，共谋生活。同人参观时，见有农民正用力转动轮轴，使铁机自行梳刷羊毛，由粗及细，与用弦弹棉相似。又有搓毛，纺毛，与染洗毛者；又有在木机铁机织呢者。出品有毛呢，物美而价亦廉。毛类为北方出产，就地取材，轻而易举，将来出品日广，行销日远，裨益农村，洵非浅鲜。

（丁）妇女手工——有地毯，国布印花与挑花及花生酱三项：地毯一项，系用棉线为经，毛线为纬，组织而成，中织各色花样，华美可爱，妇女有参加工作者。国布印花与挑花，系用本地粗布，或印染，或刺绣，以作桌布与窗幔之用。各厂工资，约计每人月可得六七元不等。至花生酱一项，即磨花生作酱，形似芝麻酱，味香可口，尤合西餐之用。每瓶（与□蜜蜂之糖水瓶同）售大洋二角，可得利四五分，磨花生酱之女工，每日可得工资三角，若由个人自制，每日可磨九瓶至十瓶，获利更大，以上三项，除磨花生酱外，均有幼女班毕业生随班学习，由燕大派来女生指导，使其有吃苦耐劳的精神，和养成生产的能力，并且酌给适当之工资，以备对家庭生活稍有补助。尤有应注意之点，蒋指导员云："现在机器工业发达，我们反提倡手工业，似乎不合时宜。但是提倡手工业，并不是与机器工业争胜，因深入民间，知道无力购办机器。与其游手好闲，不如请求手工业，俾农隙时，男女努力工作，补助家庭之收益，挽回利权于万一。"等语；际此农村破产之时，果能各执一业，自食其力，日计不足，月计有余；发端虽微，收效实大。甘地在印度，提倡手工业，家给人足，无他奇异也！

（戊）凿井——去年异常旱干，许多田地，皆苦无水灌救，华北尤甚。清河镇试验区深知凿井利大，因在办公处后面隙地，开凿自流水井，系按洋井作法，以铁管穿入地下水层，但露在地面铁管，未装开关龙头，故水流日夜不息，水源亦亟旺盛，普通每日只能灌田二十余亩，此井可灌田五六十亩。附近驻扎军队一师，皆仰赖此井生活，表证具在，可以仿行。并闻该区拟与华洋义赈会协同办理凿井贷款，如能早日实现，利益尤薄。

二、社会方面

（甲）幼稚园——要使儿童由小学便养成良好公民之基础能力，当然有幼稚园之设立。试验区幼稚园的学生，是招收五岁至七岁的男女活泼小孩，上午八时至十二时为认字常识（由教员担任教授），下午二时至四时，为唱歌游戏（要使本校毕业生有实习的机会，下午即由彼等轮流担任教授），现在幼稚园的学生，常有增加。

（乙）幼女班——幼稚园毕业学生，便可升入幼女班，此班不收男生，完全是七岁至十五岁的女生。上午上课，有千字文，算术，常识，卫生，习字及体育；下午作活，有简单手工及缝纫，都是由教员担任教授。限期六个月毕业，不收学费。在每星期中，有一次下午野外生活，要使学生对自然界有接触，能引起她们的注意力；同时借此机会，可以随地讲解常识，这野外生活须幼稚园及地毯班等全体参加。

（丙）女子手工班——此班系于民国十九年秋间开设，使十五岁至二十五岁不识字之妇女，学习手工，如地毯，国布印花绣花暨呢布等（前面妇女手工项下业已说明，兹不复赘），教以读书，识字，算术，记账等课。每日上午十时至下午四时，为上课时间，六个月毕业，不收学费。在学习三个月后，手工成绩较优者，可酌给工资，以资鼓励。

（丁）图书馆与阅报室——清河实验区办公处，设有阅报室，陈列报纸数份，杂志数份，任民众阅览。附有图书馆，分儿童部，成人部，任其取阅，亦可借出。并有巡回书库，轮送农村，使均有读书机会。

（戊）旬报与壁报——清河镇有清河旬刊一种，截至去年十二月三十一日止，已出至第五十四期，由清河旬刊委员会办理。内容系将区内应兴应革诸事暨国内外发生重大事件，简明登出，使民众对于实验工作与世界大势发生观感而免隔阂。至于壁报，系用黑板以粉笔写明国内外及本地最近发生重要新闻，悬诸通卫，俾行人就便浏览。

（己）娱乐与运动——乡民普通习惯，多为不正当之游戏，实验区则提倡拳术，改良戏剧及实际之运动与组织。以转移趋向，挽救颓风。

三、卫生方面

（甲）保健——清河区实验成立后，即设有卫生所，因办有成效，又扩充为医院，聘有专任医生（原有医生护士，均由北平市公安局第一卫生事务所及协和医院派员兼任），内外等科，设置完备，以前每星期六诊病一天，不取药费，只收挂号铜元十枚。自改为医院后，每星期有四天门诊，次数加多，初诊取号金二十枚，复诊十枚，药费半价。余两天下乡诊治，因乡村设有分诊所也。遇有重病，介绍北平协和医院治疗。至于平时，讲演卫生常识，注射预防药针，或拜访家庭，或清洁环境，都有成绩。

（乙）助产——产生婴儿，旧由产婆接生，危害实大—该区助产方法，一面用新法接生，一面调产婆训练，不惟不使产婆失业，且可使之因以谋生，而产母与婴儿之死亡率亦可减少矣。蒋指导员云"我们由前年至去年，接生一百二十多个，均获安全。"等语，可见人民信仰西法助产者日深，因之请求助产者日多。又医院设有产妇科，置有产床数张，设备完善，乡民称便。

孙廉泉先生讲述菏泽实验县概况

菏泽与邹平，同为山东乡村建设研究院（以后简称研究院）之实验县。研究院设于邹平，以梁漱溟先生为院长，另设分院于菏泽。本团参观路线，规定先邹平而后菏泽者，实欲先聆梁先生之理论演讲与工作介绍，而后实地观察，易于明了。不意抵邹后，雨雪载涂，泥深没辖，道路迂远，势难成行。幸当时孙廉泉先生因公来邹，为本团讲述菏泽县经过情形，足资借镜。孙先生原任研究分院院长兼菏泽实验县县长，廿三年冬，始调任鲁西十县自卫训练实验区指导专员，菏泽实验工作，孙先生实为主干，兹录其报告之大概于次：

菏泽在鲁省之西，与河南河北接壤，幅员广袤，较邹平大三倍，计有大小村庄一千八百余处，人口四十二万有奇，人民十九务农，业工商者甚少。经济状况，因连年受天灾人祸影响，不能自给自足，较之邹平，相差甚远。

菏泽实验县开幕，系于廿二年七月一日，而八月十三日黄河溃口，淹没村庄一千四百余处，房屋倒塌六万九千余栋，全县十七沦于水中。故一年以来，仅为救灾工作，同时将乡村建设寓于其中。同人对于菏泽乡村建设，现在还是做探讨的工作，少宣传，少著述，无印刷品问世，预备经过三年，再向各方请教。

菏泽实验县工作经过，可分两方面说明，一为县政改革方面，一为乡村改进方面。

（一）县政改革方面

1. 县政组织沿革：山东各县裁局设科，早经明令实行。菏泽原有财政建设，教育各局，名义上虽已遵令改为三，四，五等科，事实上各科仍保持其独立状态，并未移入县府办公。经费依旧独立，对外仍发生关系，一切事件，县长莫能支配，且各科各有界限，各有所属机关，而当科长者好闹意气，分派别，树党羽，争权利，纵横搭击，各不相能。对于所管事务，非敷衍即推诿，其自号做事者，亦不过扩大预算，竞争经费而已，是皆足以阻碍地方事业之改进。同时，骈枝机关甚多，靡费亦不在少数。以故实验县开幕，即将各科完全移入县府，合署办公，各科原管经费，不许独立，所属机关，直隶县府，一切统在县长支配之下。并将公安局警士七十名，民团大队部团丁三百一十名，裁并为警卫队，将三个系统合为一个系统，仅留队士一百人，直属县长，不另设机关。其他如民众教育馆，度量衡检定所，合作社指导所等，概行撤销，并入县政范围。城内行政机关，仅一县政府，完成行政组织简单化，行政效能于是大增，而地方财政亦因此得为合理之分配。盖菏泽地方收入，年达二十一万余元，来源如田赋附加，几全为农民所负担。在未成立实验县以前，机关林立，用款众多，计当时用于城区者达十四万余元，乡区不过六万余元。实验县成立后，机关简单，城区仅开支县政府之四万元，警卫队之二万元，共六万元，其余十四五万元，概划用于乡区，取诸农村者，仍用之于农村。完成地方财政分配合理化。

2. 县府预算改革：山东各县行政经费，大县一千五百余元，中县一千二百余元，小县不及千元，照额支报，形同包办，此项数目，实属不敷开支。上级政府亦明知其不敷，乃不于预算上量为增加，而以征收提成方法弥补，经征田赋有百分三之提成，契牙屠宰等税，提成数目尤大，盈收者并另外提给奖金，上下交征利，县长已成为聚敛之臣。县长为免预算亏赔计，为自身利益计，不得不毕其心力于财务行政之中，而不遑他务。于是上级政令，木非尽属催科，而县长惟催科之令是务，人民只见催科之令，不闻抚字之声，致视政府为剥削机关，而漠视，而嫉恶，而离叛，此皆预算不确实所造成，非县长之过也。故实验县成立之初，即按事务所需，编列预算，计增经费三千余元，职员薪俸，亦量为增加，所有提成提奖办法，概行废止，俾县长对于庶政，等量齐观，同流并进，以挽从前专注财政之弊。

（二）乡村改进方面

改进乡村之中心机关为乡农学校，其组织是很彻底的政教富卫合一之机关。换言之，以教学方式谋合理的改进，即所谓行政教育化。菏泽全县有二十乡，每乡设一乡农学校，类似自治机关，又设一校董会，将一乡领袖人物，罗致校董会内，以引其对于新制度之同情。乡农学校校长，原规定由校董会选聘，现改由县府聘任，校长负改进乡村责任，校董会立于协助地位。校长下有总务处和教务处，总务处辅助校长办理校区一切行政，教务处辅助校长办理校内外一切教务，处设主任一人，由校长选聘。教学方面，分高级部，普遍部，小学部三部，高级部，培养中坚分子，招取一般高小毕业生，办法采书院制。普通部，为一般农民技术训练，按乡村问题开班，如自卫训练班，机织训练班等皆是。修业期限亦无一定，如自卫址四个月，机织班三个月，铲除黑穗病班三天，系按照问题需要技能，定其修业程限。小学部，即完全小学，纯收学龄儿童，并指导一乡中各村小学。每个乡农学校有一个图书馆及十亩或八亩的农场。现在，成人教育中妇女班，尚未开办，职业教育，正在着手进行。小学教育，已由二百个小学增至五百个小学，入学儿童超过全县学龄儿童半数以上。社会教育，已与学校教育混成一片，看不出来。

菏泽划作实验县，不及两年，均有相当成绩，尤以办理自卫见称于人。上述自卫训练，语焉不详，复经同人要请，承其见告如次：

"菏泽从前维持地方治安，系民团大队部，公安局，联庄会。民团大队部三百余人，年支四万八千七百余元，公安局七十余人，年支一万三千元，联庄会组织，县城设有总会，各乡设有分会，有警则临时召集会员，计年需四万元，花费多而收效少，就觉得机关要简单，才有力量。同时，又觉得公安局是都市的产物，不是乡村的需要，百姓不知道如何为违警，动辄得咎而不知措其手足。所以实验县开办之初，即将此三种机关裁并，留下一百人作为警卫队，维持城内治安，并含有干部训练的意思。乡村治安，则归自卫训练班同学负责。

自卫训练班，属于乡农学校普通部，设训练主任一人，教练一人，班长三四人。廿个乡农学校各设自卫训练班一班计廿班。每班原定学生七十人，黄灾后改为五十人，共计一千人，以四个月为期，依次征训。

征调办法：凡十八岁以上三十岁以下之青年，均须依次征调受训，此项青年，全县约有六万余人，每期征训一千左右。征调次序，以地亩为标准，地亩多者在前，少者在后。黄河流域之农民，自耕农占百分之八十以上，地主甚少，被征者皆为有地之人。计第一期被征调者，多系百亩以上之户，二期次之，现征至第五期，亦系有地五十亩左右之子弟。预备征训九期，俾廿亩之子弟，均可受训。第一期至第五期受训农民，生活相差不远，训练科目亦同，以后数期，当有变更，因其需要与前期不同，须附带予以职业训练。至征调次序以地亩多寡为先后之原因，一因乡间有田产者希望治安最殷切，二因自耕农为生产力最强的分子，三因自耕农是社会上最多数，四自耕农是最安分的人民，故先使其有组织，有训练，有力量，而有奠定社会治安之工具。征调办法初行时，亦曾发生困难，以后进行甚利，农民起初不明征训意义，又值东北事变之后，多疑系政府征兵与日本开战，存着恐惧怀疑心理，几经剀切解说，而雇人顶替之事，仍未能免。计第一期受训者雇觅占十之三四，第二期则甚少，至三期不但无雇觅之人，并有从前雇觅者三百余人，自动要求补受训，盖因从前恐惧怀疑心理，已有事实证明，而一方见受训人之知识技能，言语，容止胜于从前，令人羡慕故也。

训练方法：是根据开办自卫训练班之意思而定，开办的意思有三，一、是想奠定乡村治安基础，以民众自身力量维持乡村治安。二、是因乡村散漫无纪律，想在自卫训练中，培养民众生活纪律化。三、是以四个月的学习，作为成人义务教育。故规定课程有军事训练，识字，精神陶炼，农村问题，及珠算等项。军事训练一门，不但训练军事学术，并对于学生生活一切，严厉的使其纪律化，识字一门，对于未受教育者，使其在四个月内能识千八百个字。其曾在高小或中学毕业者，则为特别班，授以解决乡村问题的知识与技能。精神陶炼一门，教以处乡党邻里之道，以历史人物故事为教材，以本乡历史人物作证验。同时，指示个人与国家及社会之关系，以县志上伟大的光荣的历史，引发其国族思想。农村问题一门，把本地的问题提出讲解。自卫训练班之教学人等，不用军队上称谓，而加以师生名义。盖因我国素来尊师，师生之名义一立，师生之关系长存，即出校之学生，老师仍能发生约束之效力。同学关系，亦极团结，极能表现互相亲爱，互相扶助之精神而历久不渝。故将自卫寓于学校之中，使其观感不同，易于领导，易于团结并能维持永远而不坠。

自卫训练班学生之伙食，（三元二角），制服（蓝布衣一套），书籍，均由公家发给，年需经费六万余元，在裁撤公安局，大队部，联庄会经费项下开支，枪支则归学生自备。菏泽有枪支甚多，总计约一万八千以上，凡五十亩之户，多有枪支保家。各村最少有枪一支，为全村共有，其被征而无枪者，亦可持来受训。

菏泽廿校自卫训练班，时常有一二校会操，分向四处举行，全县俨然完成自卫网。毕业后，即组织同学会，每月除农忙外有定期集合，又有县府规定之春操秋操，有事时，由老师知会队长，队长转知班长，班长通知同学，若于八小时内将五期毕业同学四千五百人全数集合，并能于三四小时内将全县边境完全封锁。

菏泽旧为曹州府治，素号多匪之区，自办理自卫后，匪徒完全消灭。去年，刘桂堂股匪图犯邻邑，菏泽为其必由之路，竟绕道以去，不敢窥境。五月间，邻县告警，匪众五百余人，势甚猖獗，经同学往剿，毙匪无算。现在菏泽农民，不但能自卫，并能为邻县剿匪也。

日　　记

民国二十三年十二月二十五日—二十七日

本会为调查定县邹平江宁实验县之设施，青岛、无锡等处之乡村建设，特由会员吴春霖、戴齐亚、叶鸿洲、张炳曜、张四维、罗之巻、刘翰华、曾操、巩江、万里、萧焜、柳鼎、胡咸吉、张庸、郑邦治、胡以平、张廑轩、江龙蟠、吴秉忠、黄为纶、姚芝、尹鸣珂二十一人前往考查，用资借镜，遂于本日晚十一时由吴副主任瀛率领，搭平汉车北上。同行者另有教育厅派往考查教育之督学王介菴，民政厅派往考查卫生之省立医院院长吴硕佐两君，沿途庶务则由本会事务员刘季初担任。在出发之前一日，民政厅长兼本会主任孟剑涛先生召集谈话，剀切训勉，以壮行色。武汉报纸连日亦有本会考察团赴定县、邹平、青岛、无锡等地参观之记载，可见省政当局及社会人士注重县政建设，对于本会考察之热烈同情也。是以吾人亦极感动奋发，冀有以答各方之希望，车初行，乘客不甚拥挤，以故本团同人无形中取得"虚左以待之便，共同团集于一列车中，或促膝谈天，或持书披览，抑或开窗赏玩把酒敲诗，不三日而安抵定州矣。

是日午后一时，本团初抵定州车站，中华平民教育促进会干事长兼河北省县政建设研究院院长晏阳初先生，特派代表汤茂如先生到站招待，表示欢迎。并代雇人力车多辆，分别乘坐，鱼贯而入。行三里始达定县城，下榻鸿宾楼，停留片刻，即赴平教会拜访晏先生，参观各项设施。该会房屋，系就旧日考棚修理改造，前门照壁上有八幅教育图书，中间标有"除文盲，作新民"六大字，左方标有"愚贫弱私"，右方标有"智富强公"等八字，其各幅图画，即按此描写，惟妙惟肖。二门上额书"勿忘九一八"，两旁书"生聚教训""卧薪尝胆"等字。是亦该会艺术教育之一种也。嗣由该会招待人员引导至接待室，室内满挂社会调查或研究设计之图表，琳琅满目，美不胜收。

少顷，晏阳初先生出而相见，与吾人一一握手为礼毕，即为吾人作一概括而有系统之演说，大意是讲明"平教会之缘起及其理论根据"，晏先生本平教会之创造者，所言皆根据社会事实，切合中国需要，故娓娓陈词，能令人听而忘倦。最后又谓"敝会各部主干人员，因接北平政整会电召，前往担任河北农村指导人员训练所教授。昨晚本人闻知诸位来定消息，特去电促其抽暇返定，详为报告各部工作"云云，由此可见晏先生对于本团同人之诚恳周至，其厚谊高情，殊为可感也。

是晚六时，返鸿宾楼晚膳，八时，仍赴平教会，听该会调查部主任李景汉先生报告调查工作大概情形，大意谓"社会调查之任务，是搜集各项统计材料，作为各项设施之初步，要调查能精确彻底，必须恢复人民信仰，与人民打成一片。要县单位统计圆满，然后全省及全国之统计才可成功。调查工作，大致可分为六种，即政治、经济、教育、卫生、自卫、礼俗等是。"并说明各种调查经过困难及着手办法颇详，末谓已将各种社会调查材料，搜集出版者，有"定县社会概况调查"两巨册，其他特种调查所得，印有单行本者尚多，可供参考云。其调查经过及其概要，已编入报告，兹不多叙。

二十八日　晴

上午七时，接孟厅长来电，言张主席现已由沪转平赴定，将顺道至定县参观后回鄂。上午八时，赴平教会听各部主干人员讲述各该部工作情形。下午即参观平教会各部及附属机关，如保健院，农场，工厂，仓库，合作社联合会，民众教育馆等。兹将本日听讲或参观之时间及经过，纪其大略如次：

上午八时至九时许，听孙伏园先生讲文艺教育。九时至十时许，听郑絅裳先生讲艺术教育，随承引导至该会图书陈列室及广播无线电收音机制造厂参观。（所有听讲及参观所得，另详报告正文文艺教育项内）

下午一时，参观保健院，该院与普通医院大致相若，惟悬挂关于卫生教育之图画表解，调查统计等类则较多。嗣由该院负责人员报告其工作概况及保健制度大要。（已摘要编入报告卫生教育项内）二时许，由保健院转赴农场参观，该场有地八十余亩，以值冬令农隙之时，各项农作物均已收割，未能亲见。惟办公室内尚陈列有少数农产标本物，如脱字棉粟麦等类，其质色均较普通为佳，可供表证。余如该场附设之苗圃，有树苗多种，因深冬叶脱，其名颇难辨识。现时继续不断之主要工作，为波支猪与本地猪配合之试验，并有华北各地猪，用作比较，据云，大名猪亦不弱。又如羊及鸡，亦有多种为比较之实验。该场负责人并为吾人作一关于生计教育之简明介绍，办法尚多切实可行，如生计巡回训练及表证农家种种，可视为农场与农村打成一片，以谋农业改良及推广之惟一途径。旋参观各村表证农家在该农场开会，报告种棉情形，讨论改善问题，亦觉有秩序有条理，殆非训练有素者不能也。四时许，由该农场折转，赴平民工厂参观，厂内设备颇属简单，仅工人十余，纺织机数架，余如肥皂等制造，出品尚欠精良，有扩充改进必要。后又参观农业仓库，及农村合作社县联合会。（详情编入报告生计教育项内）六时许，同人步回鸿宾楼晚餐。

是晚，闻平教会翟菊农先生由北平回县，将为吾人作一工作介绍。吾人遂于晚膳后，再赴平教会，由该会招待人员引导入会议室内小憩，初由汤茂如先生报告介绍工作题为"教育实施方式，"继由翟先生就题讲演，语多精彩。

二十九日　阴

本日，因昨晚得确息，张主席乘平汉列车南下，于本晨五时到达定县。同人均往迎接，至站时，适值张主席下车。即由吴副主任代表同人，略致数语，张主席亦略谈数分钟，即偕晏先生乘平教会特备之车进城。

本晨，赴各乡参观平民教育活动及农村建设工作，并为节省时间计，分为两组，分途并进。于九时许，一组由南门随同吴副主任出发，计共十人，预定参观者为西平朱顾牛村等地，一组由东门出发，计共十二人，预定参观者为高头西建阳等地。各由平教会派员引导，相约于是日午后将以上所列各村参观完毕，转赴小陈村集合。盖初则由合而分，后则由分而合也。当各组同人之出发参观也，分乘旧式骡车各二，初出城门外，一望平原，时值积雪初晴，虽当冬令，并不感觉寒冷，惟道路泥泞，车行颇不便利。行经四十余里，两组同人均已按照所定地点，参观完毕，（其详见定县报告）先后抵小陈村。是时已过午矣，该村居民八十余户，人口七百二十人，风气向称淳朴，平教会以为乡村经济活动之中心。到村时，即由何晴波君出而招待，导观各处；是日，张主席亦往该村参观，另由晏先生引导。何晴波君引导同人参观各处，凡经济之组织，学校之内容，导生制之表演，均有详细报告。（见定县报告）。未几夕阳西下，天色渐晚，遂由原道高头村等地，遄返城内。

是晚八时，赴平教会及研究院之宴，席设研究院内，宴毕，承研究院副院长陈筑山先生介绍该院工作进行概况。（其要点编入报告，兹不赘述。）

三十日　雪

本日上午，赴研究院听陈筑山先生讲述公民教育，经过一二小时，旋返客邸午膳，预备饭后赴研究院实验部定县县政府及其所属各局监所参观。

下午一时，参观定县县政府，该府门前设有民众招待所，民众茶室，其内部设备，尚觉简单，招待所及茶室之民众，斯时不甚拥挤，亦是清平景象也。该府首门有一城楼，上有"古中山国"四字，楼悬古物陈列所匾，因吾人参观意在考察政务设施情形，故对此等设备，未暇探讨。拾级而上跻该府正堂，观其堂上仍悬有旧时"清慎勤"三字之横匾一，两楹木刻有联，语颇妙，书法亦工，其一为陈筑山先生赠吕复县长者，文云"本愚公移山之精神，扫除五千年积弊"；"铸文翁化蜀之矩范，作育四百兆新民"。其二乃吕县长自撰者，文云"为奉常博士见宰官身，庶政本相通，岂惟听讼催科应知其事"；"此河朔名州古中山国，斯民何憔悴，愿与邦人君子共起而图。"

继至该府接待室，由该府秘书代表接见，据谈吕县长因事外出。继为吾人报告该府内部组织，经过时间约二三十分，语未毕，吕县长回到接待室，接续说明各项设施情形，关于教育部分之事，并另请教育局长列席报告，共经过二三小时之久，同人于谈次，对于有关县政之疑难问题，提出讨论，请教者亦颇多，是以此次与吕县长等相见，一问一答之间，适成为一谈话式之集会，时间不觉其延长也，末承检送各项统计表件，用备参考。

旋至研究院右侧，参观定县公安局毕，觉定县县政府方面工作，大致以公安一项为最有成绩，局长邵清淮君，办事卓有精神，该局内部一切颇有条理，普通县份之公安局，殆罕有其匹者。嗣参观定县监狱，规模亦颇宏大，并附设有工厂一，织布机声，洋洋盈耳，其他手工业亦有多种。（以上两项，详报告书公安及司法内）

本晚，朔风凛冽，大雪忽降，乃吾人北游以来气候最寒之一日。同人共幸参观乡村已毕，不至因雪而阻其进行。又幸值参观县政府时，在此参天古柏之下，领略雪地风光，适足以助其清兴，供其点缀。因在雪地摄影而返。返寓后闻张主席于本日天未明时乘车南下，本团同人亦以考察定县日内完竣，拟于明日午间，车赴北平，乃于晚间各自整理报告后就寝。

三十一日　雪

本晨早起，各自检点行装，准备正午以前，齐集西门外车站候车，转赴北平。有多数同人以午前约有二三小时之空间，拟至中山靖王陵，瞭敌台，白果树等处参观，因沿途积雪甚厚，行步维艰，未果。九时许，雇齐人力车，车夫从容踏雪而行，吾人乃乘便浏览以上诸名胜。所谓墓地，塔也，一若"横看成岭侧成峰"焉。所谓白果树者，不过叶落枝枯，昂然独存于平原大野中，一数百年前之古树而已，惟定县人民对此树，不惟勿剪勿伐，且为之立庙奉祀，香火不绝，此其异也。汉中山靖王陵高两丈余，占地约二三亩，历二千余年，仍巍然存于城内，是为定县有名古迹。瞭敌塔在城内东南隅，闻为华北各塔之冠，据定县志书所载，宋真宗时开元寺僧会能尝往西竺取经，得舍利子以归，咸平四年，诏会能建塔，经五十余年，塔始告成，当时民谚有之曰，"砍尽嘉山木，修成定州塔"，工程之浩大可知。塔成后，因契丹入寇，或用以瞭望敌人，故名瞭敌塔云。至白果树究系何时栽植，何时枯死，均无可考，惟据民间传说，"先有白果树，后有定州城"，是经历年代，亦已久矣，宜其视为古迹之一也。

本日傍午，集于定县西门外车站，就站傍一旅馆午餐，午后二时半，平汉车北行，至北平前门西站，已夜晚七时，旋雇车至东城亮果厂京兆寓下榻。

二十四年一月一日　阴

本日为元旦，各机关学校团体均已放假，无处作调查工作，乘此暇日，赴故宫博物院游览。院之大门，旧紫禁城之神武门也。按紫禁城，明永乐中建，成祖初封于燕，其邸乃元代隆福兴圣诸宫遗址，位于皇城之中，凡四门：南曰午门，北曰神武，东曰东华，西曰西华。神武门与景山之南面相对，景山亦称煤山，明称万岁山，思宗殉国于此，追怀遗烈，为之黯然。

故宫系民国十三年十一月五日，宣统出宫，清室善后委员会封点宝物，原备异日开设博物院之用。乃请求参观者多，迫不及待，爰于十四年四月十二日起，先行开放内中路弘德昭仁等殿，陈列铜器，磁器，字画等件，为古物部；内西路咸福宫等陈列宋元明清各版书籍，及经卷等，为图书部；外东路皇极养性等殿陈列册宝，冠服，御容等件为文献部，是年双十节，又将外西路，内东路各宫殿全体开放为博物院。同人由神武门进贞顺门，循规定路线游览，见其陈列珍奇瑰异，不可方物，洵历代文明精粹之所在也！其中宫殿繁多，"五步一楼，十步一阁"，非笔墨所能形容，记载所能详尽，以其非此行之所注重，故略而不书，兹约纪所经之处为御花园，奉先殿，乾清宫，养心殿，坤宁宫，交泰殿，弘德殿，翊坤宫，储秀宫，龙景轩，英华殿，雨花阁等处，是为旧日之内庭。出乾清门，穿内左门过古物陈列所之武英殿右侧至香妃浴室，设备无存，不似溥仪妻浴室，有洋式磁盆，隔以雕花屏风，悬以绯色帐幔也。但浴室前屋，陈列亦极美观，中有香妃图像，感其报国有心，矢志不屈，凛凛生气，足以警醒国人！故特述之：据王湘绮集载香妃，准回女也。天生丽质，体有异香，清高宗定回疆，将军兆惠生得之，辇送京师，高宗纳之为纪，处于西内，宠冠后宫，而誓死不从！彼怀其家国，恨于破亡，复仇之志，未尝稍懈！每岁时令节，辄思故乡风物，潸然泪下。高宗闻之，则于西苑中妃所居楼外，建西域式之市肆室厅礼拜堂，以悦其意。其思养可谓至矣！卒之不能转移其复仇雪耻之心。孝圣宪皇后，高宗之母也，知之，每召香妃，高宗辄左右之。会高宗至园丘大祀，园丘在北平正阳门外南郊，高宗先期出正阳门，赴齐宫，太后伺其出宿，急令人召香妃至慈宁宫并严令扁门，虽上至不得纳。正绞杀香妃时，高宗闻报，仓皇命驾回救，宫门固闭不得入，以额触扉，臣御号泣，闻于内外，太后仍俟香妃气绝乃启门，高宗入内号泣，太后亦抚尸哀恸。王湘绮谓天子有圣母，吾人谓准回有烈女也。

香妃以一弱女子，不忘故国，矢志复仇，竟不为富贵所淫，威武所屈，真女中豪杰也！吾国当此多难期间，凡我男女同胞，皆应卧薪尝胆，以求复兴民族。一人如是，人人如是，四万万整个民族无不于是，百折而不回，自众志以成城，以此图功，何功不克。今则榆关外侮犹亟，内地农村崩溃无以为救，顾此壮丽殿庭，惨烈遗迹，令人有不如妇人之感，吾人记香妃，正所以自励而励国人也。

同人伤感之余，不复尽情游览，过此则为外朝，经保和殿，有洪宪国旗军旗印玺及武器等……陈列左右两殿。前行为中和殿，再前进出太和殿，循东庑体仁阁（西庑为弘文阁）转太和门，由午门而出。闻太庙有木刻展览会，导者嘱绕道一行，究之满怀凄楚，怏怏回寓。

一月二日　雪

早起大雪纷飞，正午仍赴清河镇，此镇距北平西直门十八里，有一小河，发源于玉泉山，横贯镇地，向东北流，水清彻底，故名清河。前清光绪初年，全镇只有店铺二十余家，为旅客往来西北与北平间停憩之所。清末在镇设立军官学校，飞机场及织呢厂等机关，市况遂日形发展。燕京大学社会学系设乡村社会实验区于此，其地点坐落，乡村数目，与户口多寡，已见报告书"清和社会实验概况"中，兹不复述，仅记所以创办试验区于此之缘由如次：

（一）清河镇虽近城市，但社会情形，尚与华北各农村情形相合。

（二）清河靠近北平，有汽车路，由北平东城根青年会乘车，四十分钟即能到达，交通方便，易与北平各专门机关合作。

（三）交通既便，参观自易，一面易使外界认识，一面易得多方建议，使工作日臻进步，方法逐渐改良。

（四）清河与燕京大学相距不过八里，道路虽不平坦，人力车至多四十分钟即可到达，脚踏车只需二十分钟，学生实习，教员指导，往返均甚便利。

此其大略也。其尤令人注意者，该镇实验期限定为七年，多用本地人才，加以训练，试验期满，自可接收照常办理。至一切设施，力求简单与经济，用奠自立自营之始基。惟本日大雪，仅参观清河局部试验，其有乡村全部试验，未及前往考察，冒雪而返。

今日为国历元旦第二日，吴副主任以昨日征车甫卸，又值国难严重，停止庆祝，于是萧瑟而过；然亦不可毫无纪念，遂改于今日下午集宴于东兴楼，原意强颜为欢，且以慰劳征程辛苦。席间乃以昨日参加行政院驻平政务整理委员会元旦团拜典礼，所闻榆关内外严重情形，介绍于同人，感觉国难之重，责任之巨，不禁泪随声下，同人亦复相对唏嘘不已。原计本团亲往榆关参观，以相激励，至此则所受刺激，已不胜其痛楚，乃决计中止榆关之行。

一月三日　晴

上午八时，驱车前往香山慈幼院参观，出西直门外，遥望宫殿巍峨，绿瓦红墙，阔大而美丽者，颐和园也。园在万寿山麓，昆明湖畔，旧名清漪园，清孝钦后常避暑于此，光绪朝，孝钦后六旬万寿，重加修葺，始改名颐和园。行至青龙桥，过园门不暇入览。

北望玉泉山，山巅有塔，高七级，闻内有螺旋梯，塔最高层设佛一尊。山之以泉得名者，因北平市各水，以此泉为最甘冽，故名玉泉，山亦名曰玉泉山。西行数里，则为香山。

香山距平城三十余里，形如坐椅，坐西北向东南，立而四望，如在山口中，慈幼院在焉。院为熊秉三先生所创建，是日年假，由李秘书子安招待，略告本院设院长秘书，以下有婴儿保养园，蒙养院，小学部，中学部，专门工艺部等。专门工艺，有印刷，陶工，化学织染，挑花，铁木工，制革，地毯等工厂。现在此地为小学部，仅就小学部言之：小学校设主任一人，管理校务。分设教务，家务，事务三课，又各设主任一人暨课员教员若干人。教务课职权，统理校中一切教学做之计划，编辑设置研究及课外活动等事宜；家务课职权，管理学生衣食住清洁卫生疾病请假，并会同教务课指导课外活动；事务课职权，统理庶务，会计，购置保管等事宜。小学教授，分单式复式；小学宿舍，以乡村户口编制，寓有自治组织；学生特重劳动，节俭，吃苦等训练。

参观至食堂，见有高年级学生照料低年级学生，凡清洁如洗刷食具，抹桌扫地等事，均由学生工作。有儿童图书馆，分高，中，低三部，除星期三整理图书不开馆外，其余日期均按规定时间阅览，但低级儿童不准到高中两级阅览室；高中两级儿童亦不准到低级阅览室——因低级儿童多好出声，恐妨高中两级儿童静阅也。馆员由三年级以上学生选任，担任值日及出席会议各事项，养成其服务精神。其余各部，因假期未得参观，回车沿旧路东行，偶一西顾，不知路远，而万寿，玉泉，香山等均在苍茫中矣。

一月四，五日　晴

两日整理调查定县笔记，同人日夕为劳，颇有扁门应试风味，亦乐事也。

一月六日　晴

上午束装，饭后乘北宁车启行，下午五时到天津总站下车，赴天津旅馆下榻。

一月七日　雪

上午六时起床，九时乘津浦车南行，晚七时到济南下车，山东省政府韩主席派张交际员在站招待，领至中西旅社食宿。适馆授餐，至感东道主人盛情。

济南在济水即今黄河之南，故名济南。汉置济南群，后魏曰青州，宋升为济南府，清为山东省治，民国废府改为历城县。十七年北伐成功，设济南市，二十年市县划分区域，省政府各厅及济南市政府，历城县政府，均驻于此。

济南据平浥中区，津胶要道，是黄河右岸之重镇。津浦铁路通过于其西，胶济铁路直达于其东，黄河潆洄于其右，小清河流贯于其后，水陆交通，极为便利，故此地为我国北方商业中心。自前清光绪三十年开为商埠后，（我国自开商埠四处，即潍县，周村，长沙，济南。）从前荒烟蔓草之地。筑广坦马路，高大楼房，一切交易，非常繁盛，外人营商此地者以日本人最多。同人所寓中西旅社，即在商埠第一大马路也。

一月八日　晴

今日上午，本调查团吴主任，与湖北教育厅王督学介庵拜谒韩主席暨各厅厅长。回寓后，即由张交际员领导参观下之各处：

一、图书馆——在大明湖南隅，前清贡院旧址，飞桥杰阁，水谢花畦，景致清幽，路径纡曲，洵瑯环福地也。中有阅报室陈列中外报章，杂志；另有图书阅览室，储藏古今中外图书，至为宏富；并有碑龛，罗列汉魏六朝唐宋诸石刻，不仅摹本石鼓文已也。馆内东院为博物馆，或陈列金石书画磁器古物，如博艺堂是；或陈列汉画石刻，如汉画堂是；或陈列古泉及钱币参考书籍，如罗泉楼是。出博物馆东行，为儿童图书阅览室，亦设备美富。总之搜罗完备，布置周详，入此室处，殊令人启考古之幽情，发读书之清趣！我等过客，惜不能日往来于其间，一广知识也。

一、民众教育馆——在旧贡院墙根，院落宏敞，高阜曲水，随在设置石桌木椅，民众多有借曝日而围棋，及其他娱乐者，内设卫生，植物，矿物，艺术，国货省产品，儿童玩具，通俗图书等馆；其最发人深省者有国耻馆，举凡关于国耻案件，陈列其中如"九一八""一二八"济南"五三"等惨案,制作模型,绘其画图,均令人不忍目睹,更令当地民众永矢勿忘!至附设民众学校,民众问字处,民众代笔处,通俗讲演所,或在大街,或在趵突泉,虽未及参观,闻经营周至,裨益民众者大!

二、千佛山——一名历山,又名舜耕山,相传虞舜少时躬耕于此。在城南五里,十分高峻,上有千佛寺,依山之形势,刻有多尊佛像,因以为名;又有关帝庙,文殊殿,鲁班庙,舜祠等。游人众多,近为省市各机关,各学校植树节造林之地。

三、大明湖——在济南城内西北隅,周围十余里,湖水清浅,望之见底,水草游鱼,相映成趣。湖上风景,天然可爱,四季游人众多,夏日尤络绎不绝。湖边停有画舫,专供游客乘载之用,玲珑清洁,足与西子湖,秦淮河游船争胜。

四、历下亭,今名古历亭,在大明湖中偏西,面山环水,实为胜地!但不知建自何代,门所挂杜工部诗"海右此亭古,岱南名士多。"两句,是不惟不始于唐,在工部时已称为古,其古可知矣。清高宗东巡经此,题有历下诗三首,刻碑立于亭中。亭后为名士轩,中悬挂佳联甚多,偶读一过,未及记录,事后追维,悔不及矣!

五、北极阁——亦为大明湖名胜地方,有阶数十级,拾级而登,推窗四望,近则一片清波,远则千佛名山,尽入眼底,实眺览之佳处也!

六、城垣汽车道——济南城垣,周二十余里,是明朝初年所建,向只东西南三面城壁围绕,独缺北面。城墙宽厚坚固,自十七年国民革命军北伐成功后,各省皆主张拆城筑路,惟山东省政府韩主席莅任后,只将"五三"惨变,被日本军队炮轰残破之西门城墙拆除,在未拆城垣上改修马路,就残破西门修筑极小角度之斜坡,以便上下。同人出北极阁,乘汽车上城,疾驶之余,觉湖光山色,与城内外房屋栉比,有如一幅图画。似此办理,较拆城筑路者,费力小而收利快,且常则可便交通,变则足资捍卫,一举数得,莫善于此。汽车行至西门,顺斜坡徐徐而下。

七、趵突泉——在历城县西,原有天然三泉,水势涌出,高出地面二三尺,形状各如车轮。近又用人工造六泉,浪花跳跃,较原有三泉尤高。水声潺潺,可听可爱,相传为济南名泉七十二中之最著者,旁竖石碑刻"第一泉"三字,信而有征。济南市政府现正在此开凿自来水源头,转瞬成功,饮料甘美,无以加焉。

八、白云楼——在趵突泉东北角，南向，楼上下各五间。张交际员告同人曰：此系明朝嘉靖进士，累官河南按察使李攀龙字于麟号沧溟先生读书处也。先生历城人，九岁而孤，家贫自奋于学，稍长为诸生，好为诗古文，诗以声调胜，文则鳌牙戟口，好之者推为一代宗匠，与谢榛、吴维岳、王世贞、宗臣、梁有誉、徐中行、吴国伦号称七才子，名播天下。先生在官念母心切，谢病告归，构白云楼以养其亲。迄今年历数百，朝更几代，中间不知经过几许兵燹，而白云楼犹巍然独存，洵德泽及人，故无敢毁其墙屋也！居是楼者，皆先生后裔，虽云式微，而能世守先人敝庐，亦难能也。闻之殊令游子与望云之感！楼前有碑数石，本可永垂不朽，惟年代久远，楼台寂寞，而又僻在一隅，未经政府表扬，以故人多知有趵突泉，而不知有白云楼也，设非张交际员绕道指点，无从瞻仰门墙矣。

济南名胜古迹，名闻中外，原非一半日所能寻求万一，上述各处，不过略窥一斑。古人借游历以增长学识，今游历而少见若此，益渐谫陋矣！

一月九日　晴

上午六时，由济南登胶济路火车，七时开行，九时二十分到周村。下车，即有长山县公安局巡官率警士在站照料一切，问其何以知本团来此，则云由省来电告知也。周村系长山县辖境，距邹平县城三十五里，有公共汽车往来，同人即由周村换汽车启行。大雪初霁，道路泥泞，而土质多沙，未铺石子；加以本地旧式大车铁包木轮，将道路压坏，车行颠簸，比乘北平之碰头骡车尤有过之。去周村数里，轮陷泥中，任司机者如何用汽力鼓动，不能前进，同人遂下车齐力推行，十一时始抵山东乡村建设研究院，院址在邹平县东关也。

邹平县城无旅馆，有一两家饭店招牌，屋宇狭小，不过如吾鄂乡村之饭馆，不能容留多客。研究院秘书徐树人先生，殷勤招待，并留同人在院居住，临时派人在教室环设铺板，俾宾至如归，洵可感也。

同人居研究院，又值该院召集已在训练部毕业而分散各县乡村工作之同学会开会时期，因之，院内不便作饭，同人遂在乡治门（即东门）内之邹平饭店为食客，有时踏雪去来，至饶兴趣。

邹平乡村风俗纯美，城厢人民衣履朴质，毫无奢靡习气，妇女鲜在外游行者，其家政之整饬，可以概见。过公安局门首，见其空虚无人，询诸士人，据称：地方安宁，奸宄不作，已由县政府呈奉省府令准裁撤，将其消耗经费，挪作县政建设之用云。

邹平古称"梁邹县"，位居山东全省之中心，水陆交通，尚称便利，全境东西四十三里，南北八十里，面积二千六百二十三方里，耕地七十一万亩，人口十五万五千七百六十八人，于鲁省列三等县。

本日下午三时，访研究院梁院长漱溟先生，当蒙降阶出见，梁先生精光内敛，态度谦和，见同人一一握手，延之入座，寒暄后即正式讲话，说明所以来山东办"乡村建设"的意义和工作概略，概系根据学理，切合实际。讲至五时三十分，因乡村服务同学会开会时间已届，不能延误，遂将今日尚未讲完的话，约定明日续讲而散。

十日　晴

上午八时，梁先生续讲昨日未尽之词。十时，赴邹平实验县政府参观，承县长王怡柯先生报告办理地方自卫方法，与县政改进情形；并领导参观监狱看守所等。监狱人犯，学习纺织印刷等工作，成绩颇佳。监所宿舍铺盖，均极整洁。似此将一般已决未决各犯，养成良好习惯，一旦释放回乡，定不再作奸犯科，为害社会，其造福不仅在人犯已也。十二时回院休息。

下午二时，研究院农场主任于鲁溪先生来院，报告办理农业改良情形，（记录另详）解说周详，讲毕已四时矣。先生布衣布服，冬不御袭，而言论丰采，迥不犹人，随领同人赴农场，参观作物育种，猪种试验成绩及邹平改良猪种头数比较。其他养蚕，烘茧，制丝，织绸，养鸡，养羊，养兔，养蜂……无不研究改良，极力推广。蜂群不在该农场，但云每蜂一箱可酿蜜四五十磅，每磅值洋二三角云云。出农场时，日已暮矣。

本日午后，闻江陵县同乡段继李君，在研究院考取官费，系去年四月来此，段君毕业于武昌中华大学，曾在湖北教育界服务，目视地方糜烂，有志于农村建设，特辞去职务，来院研究，拟为人民解除痛苦，其志大愿宏，洵青年有为之人力，同人正拟晚间往访，而段君闻信先来，详述一切，他乡聚首，一种喜出望外情形，不可言状。并邀同人次日晚餐，殷勤备至，感谢同深！

十一日 阴

本日天阴，风雾交加，大有欲雪之势，上午八时乘公共汽车赴县属十一乡之孙家镇。此镇在城北四十里，即古梁邹旧县治所在。汉伏生传经，为文化史上可纪之事，其故里亦在此，历代以其子孙为奉祀官以祀焉。又宋范文正公仲淹随母改嫁长山朱氏，尝读书醴泉寺，寺在城西南三十里□堂岭下，故今有范公读书处及范公祠，其遗念在民者盖甚深也。

孙家镇设有梁邹美棉运销合作社联合会，会内指导员陈镜人君，领导参观"轧花""打包"各厂；暨附设酱油厂，说明制造大略。出联合会赴村学暨共学处参观，村学课程，与普通初级小学无大歧异，其组织及办理自治情形，另详报告中，共学处，即村学三四年级学生于正午回家饭后，利用休息时间，以四十分钟在门楼或屋角，教不识字之男女小学生数人，故谓之共学处，即马相柏陶知行诸先生所办之小先生制也。有一小先生写"雪""屋""石""风"等字于小黑板上，就现有景物，作实地教授，小先生颇喜领受，而小先生善诱之态，尤为可爱。

午后车行距孙家镇八里之王伍庄，参观乡学村学，回研究院时，已三时三十分，适联庄会组长副在院后操场演习枪刀拳术等，咸往观焉。此项人员曾在征训队受过训练，派往各村充当村正副组长，此时调回更受高深训练者，技术娴熟，练习功深。参观毕又往研究院会议室，听前任研究院副院长现任菏泽县县长孙廉泉先生演讲，办理菏泽县政经过情形。

十二日 阴

孙先生于上午八时，继续讲述办理鲁西自卫实验情形。十时，赴城内参观研究院设立之医院，暨县立简易乡村师范学校，下午一时，由院内徐秘书领导参观研究院，办公室，讲堂，图书馆，阅报室宿舍等，二时，又赴城内实验小学校参观，此校为县立简易乡村师范学校之一部，师范学校设在圣庙之内，此校则别设一处也，一面又分班参观金融流通处，县商会，访问一切。四时，梁先生召集同人询问有无疑难问题，并有陕西视察各省乡建人员参加，交互接谈，约一小时而散。

本日为人民赶集之期，市而平日无事，惯例五日一集，附近乡村赶集者，肩摩谷声，交易繁盛；其余四天，在家安心工作，不以实重之光阴，虚掷于城乡往来之中，时间颇为经济。

十三日　雪

本日大雪，上午七时整理行装，十时，分乘汽车两辆，一声笛鸣，匆匆别研究院向周村而去。回顾院宇，遥望送行诸先生，直有依依不舍之概，同乡段继李先生，亦在客中送客，惜不能携手同行！但彼前程远大，后会自有期也。原定下午一时在周村站搭火车至青岛，汽车行至李参店（邹平境地）附近，轮没泥中，较来时在长山县境阻碍更甚，同日无法推进，而两足已成印雪泥爪矣，旋雇民夫数名，用木杵绳索，竭力相助，前者引，后者拨，多时乃得成行，火车钟点遂致延误数时，不能搭下午一时车东行，只得在周村暂住，至夜晚一时五十六分始行登车。是时大雪盈尺，同人先在站鹄立候车，满身皆雪，形如鹭鸶，诵袁枚咏雪诗"客来都带鹭鸶容"之句，不啻为同人写照也。

元月十四日　雪

本日晨八时，同人由胶济路抵青岛。在雪花缤纷，朔风怒号中下车。沈成章市长偕同教育局雷局长，冒雪到站欢迎。并指定第一旅社为本团寓所。同人至旅舍稍憩，九时即往市政府晋谒沈市长，当蒙详述青岛市近三年来施政方针及建设状况，词意恳挚详尽。沈氏年五十余，神足体健，叙事极有条理，有见地，明于国内外政治经济大势，述乡村建设事业，津津如数家珍。讲话历三小时之久，毫无倦容。并谓市府所属各局一所及各区建设办事处主办事项，计分市乡两部，至少须留半月，方可看完。约定考察日程，由市府各就性质，按照路线，排定程序，每日列表印送，以便依次往观。午后参观市府内部各科处，暨财政社会两局，各由主管人员，分别指导，并说明工作情形。六时回寓。

3 元月十五日　晴

本日天霁，地面雪深盈尺，寒风刺骨。气温降至零点下六度。早八时，由雷教育局长，储社会局长，指导参观社会局主管事项。午前计到市区第一建设联合办事处，小本借贷处，新建平民住宅，感化所，残□组，毒品戒验所，习艺所，济良所等处。午后计到屠兽场，文兴中和两里院改良中等住宅，国货公司，农工银行，交易所，国货陈列馆等处。每至一处，必详询经过及办法。踏雪返寓，天已昏黑。本日参观事项，各有特色。其中尤以小本借贷处，平民住宅，感化院，毒品戒验所等，意美法良，最为恤民化民切合需要之善政。

元月十六日　晴

本日北风凛冽，雪冻甚坚。清晨八时，仍由雷储两局长，乡导参观市立医院，火柴产销合作社，救济院，工商学会，渔业公司，山东烟草公司，莘县路市场，冀鲁针厂，华北火柴厂，中国石公司，民生染织工厂，改良棚户，劳动休息亭，东镇商业市场，市民大礼堂等处。社会局主管事项，均已考察完毕。午后赴观象台湛山两处参观。观象台为研究天文观测气候之所，台居市区最高处，登台四望，全市在目。台内重要设备甚多，系属专门学术，同人分组轮替参观，详加查询，历时甚久。湛山林木茂密，风景绝佳，为青市颐养之中心区，西人避暑，多集于此，是处新建湛山寺。规范廊大，尚未完成。并设有小学一所。距市街约二十余里。晚六时返寓。

元月十七日　晴

本日大风，檐溜成冰，早八时，由雷局长及公安局王局长，引导参观公安局主管事项。同人至公安局，其时局内大操场，计有警备车队，交通车队，马巡队，自行车队，以及音乐，机枪，步枪，警犬，手枪，各队。消防，清洁各组。集合操练，整齐严肃，诚为壮观。参观毕。旋即分至局内各科处，指纹室，警犬舍，讯鸽舍，教练所，特务队，拘留所，第三分驻所，第一分遣所，曲阜路消防组，第十一派出所，登州路保安队，麻醉毒品戒验分所，警察宿舍等处，顺道考察。就中以警犬队动作表演，饶有异致。消防组救护演习，更见精神。晚七时归寓。

元月十八日　晴

寒威未减，雪稍融，后凝冰。马路仿佛铺上玻璃，晶莹照眼，时虞滑跌。清晨八时，至教育局。由雷局长报告教育设施情形，旋即引导参观教育局主管事项。计到教育局各科室；市立太平路小学，市立男女中学，平康女子补习学校，台东镇小学，盲童学校，私立礼贤中学，圣功女中，市区民众教育馆等处。盲童学校参观毕，由盲校长嘱盲教员表演梵卧林，并奏乐歌一曲，圣功女校亦于参观后，由女校长命两女士以梵卧林与钢琴合奏，音韵铿锵，懿美合度，两校意在慰劳本团也。晚间八时至十时，复参观北平路民众学校，妇女职业补习学校，台西镇民众学校，柳庄民众学校等处，学生踊跃，各有优点。戴月归来，同人精神尚极振奋。

元月十九日　晴

上午八时，由港务局张科长引导先至港务局各科室参观，即赴新修第五码头，第二码头走廊，青岛船坞等处，观其工程伟大，建筑精良，为之景慕者久之。同时仵见港湾环抱，水清天碧，风景秀美，宛然海滨一幅天然图画，更令人赏玩弗置。然同人，性非游览，未便久留。旋即转赴农林事务所，是处松柏繁茂，花果错落，景物清幽，引人入胜。诚一优良研究场所也。下午一时，赴公共体育场，参观中校学生军训检阅，每见学生演至冲锋陷阵时，敌忾同仇，如临大敌，观众掌声雷动，空气紧张。五时校阅毕，沈市长训话，语意沉痛，颇能启发群众爱国心及自信心。六时返寓。

元月二十日　晴

本日大风，清晨八时，由雷局长邀同前往距市区四十里之李村乡区，先至乡区建设办事处，由郭主任介绍工作情形，颇为详尽。旋赴李村中学体育场，参观各乡区小学军训检阅，沈市长戎装莅场，精神奕奕，举行校阅后，儿童分班操练，均有特色之表现。最后市长复作极恳切之精神讲话，谆谆训勖，观众肃然。是日复有曾经受过乙种保卫团训练之退武壮丁数百人，由该团大队长率领到场，演习分列式，战斗式，具见精彩。准此以观，全国各省市民众，果能精神团结，组织训练，一如青岛，寓兵于农不难也。日晡返市，抵寓夜已七时矣。

元月二十一日　晴

本日早八时，由工务局邢局长引导参观工务局主管事项，午前先到局内各科室参观图表，继赴第一污水排泄处，运粪栈桥，海水提用处，水表试验室，海军栈桥等处。午后计到第一区工厂，海滨公园，海浴场，特勤工人宿舍，山顶贮水池，蒙古路升水机厂，白沙河水源地，工人子弟学校等处参观。白沙河水源距市六十里，凿井引泉，设有东西两吸水厂。青市自来水除李村河水源外，全赖此处。缘青市滨海，吸取淡水不易。水源甚远，故工程较巨。六时参观毕，日暮言旋，沿路村庄，灯光掩映，亦殊有致。

元月二十二日　晴

本日早八时，由雷局长引导参观李村乡区建设事项。顺次计到吴家村蔬菜推广中心区，只双山葡萄推广中心区，河西小学，河东卵用鸡推广中心区，韩哥庄小学分校，李村农林分所，李村电话分局，李村民众浴塘，李村民众憩游所，李村消费合作社，李医院，驻李村第六公安分局，李村实验小学，小学实习染织工厂，小学实习农场，新农果园，枯桃村花卉区，张村小学，午山桃树推广中心区，石老人村东山头大麦岛浮山所各小学，以及沿途道具路桥梁涵洞等类。生计教育，推广已著成效。学校如林，各村弦诵不辍。同人到此，不禁有世外桃源之想。七时附车返市，途次谈话，同人啧啧称道各处建设弗已。

元月二十三日　晴

早八时，仍由雷局长引导参观沧口乡区建设事项，沧口距青岛约四十里。顺道计到大康桥派出所，市立医院诊疗所，四方小学，大水清沟小学，遵化路新建平桥，公安第五分局第六派出所，沧口消费合作社，农工银行沧口办事处，沧口简易民众教育馆，沧口乡区建设办事处，沧口医院，板桥坊桃园中心区，仙家寨小学，劳工休息亭，公安第五分局第五分驻所，赵哥庄黄埠夏庄法海寺各小学参观。法海寺小学校舍系寺僧捐款兴建。寺为北魏时创建，立有魏碑元碑各一座，魏碑字体隽逸，惜强半被风雨剥蚀，所存者不过百余字耳。元碑字迹明显。当嘱寺用金刚砂重镌，修亭护之，以期古物永久保存。又寺内古柏四株，系元人所植，其中一株，一本而四干各别一为刺柏，一为侧柏，一为扁柏，一为桧柏，传增湘氏曾游此间，对魏碑古柏，赞赏不已。择记书丹，早碧纱笼之矣，时天色傍晚，附车遄返，一路见梨林无垠，纵横不断，年约五十余万元之果实收入，系以此为集中地。行程三十余里，抵市已万家灯火矣。

元月二十四日　晴

上午八时，由雷局长引导参观九水区建设事项。是处距市区约七十里。地多崇山，树林阴翳，积雪未消。道路泥泞，艰于行步。先到九水乡区建设办事处，由林主任报告工作情形。复参观农工银行九水办事处，汉河段家埠两处洋梨实验区，支水壩，松山后登瀛洲等处梨树剪枝，于哥庄董家埠段家埠大河东姜哥庄各小学，登瀛洲樱桃中心区，除虫菊试验区，沙子口公安分驻所，九水诊疗所，九水农村有限合作社，九水菴松毛虫潜伏所，九水至板房葡萄樱桃中心区，柳北北定两马路工程。此乡山陵起伏，树密泉清，与崂山相接，市府划为风景区，借以招致游客，繁荣市面，嘉惠肩与劳工。林主任年近六十，精神矍铄，办事颇有条理。是日因崂山风景过多，仅攀登至崂山饭店北九水等名胜而止。入夜归来，同人就以未游遍崂山为憾。

元月二十五日　晴

早八时，由青岛大港乘小轮，行约四十里，至阴岛。小轮因水浅礁多，不能抵岸。改用舢板渡达海滨，其时海潮新退，同人踏礁行里许登岸。迳赴大西洋村小学校参观。半小时，旋由阴岛建设办事处胡主任引导至邹哥庄小学，市立阴岛医院，千佛桥新凿水井，萧家小学，阴岛简易民众教育馆，消费合作社等处次第参观。顺道至阴岛北部，望见盐田纵横万顷，排列海边。吸水风车，自由旋转，极饶兴味。参观毕，复由北部折而南行。沿路参观阴岛乡区建设办事处，阴岛保安无线电台，农工银行阴岛办事处，第三公安分局第六分驻所，等处。辗转步行，约四五十里。积雪溶解，道路泥滑，颇有行路难之概。同人初行时，精神奋发，勇往直前，及归渐觉负重为累，于是其状乃如罢猎归来，弥复可笑。傍晚复至海岸码头。仍登原轮回寓。是时日甫西坠，海天一色，观此景象，不觉于身体困倦中，胸襟顿为之一开也。天暮始达，寒风袭人，船而不能久立，小轮行驶一时许，遥见青岛高阜电灯与天际星光，互争灿烂，颇有异致，未抵几市，入夜已八旬钟矣。

元月二十六日　晴

上午八时，由青市律师公会牟会长，引导参观青岛地方法院及看守所，考察司法事项。午后柬约旅青两湖同乡暨各机关长官职员开茶话会，答谢各方连日招待盛意。

元月二十七日　晴

整理连日考察材料。

元月二十八日　晴

今日气候因海风关系，较前数日稍冷。早八时，至市立国术馆参观，馆长向禹九先生临时召集市区武士，表演国术，演员多系出席华北运动会选手曾奔锦标者，其中有女士二人。是日武术，如大刀摔跤，虎头钩，九节鞭，双刀拨枪，徒手夺枪诸技，最为出色。至十一时至国立山东大学参观，下午一时，沈市长约开讨论会，由同人发表意见，作个别之谈话，沈市长识大思精，多有独到处，其施政方针，系参酌古今中外贤哲学理，而成其一贯思想，个人道德，尤属高尚，故外侨及市民均极端信仰，是日与同人谈话，历四小时，苦口婆心，殷殷浩诫，殊令人钦感无既。六时返寓，收拾行李。八时登招商局安兴轮。九时启椗，遂离青岛。

一月二十九日　晴

昨晚十时上安兴轮后，即觉该轮系多年陈旧货船，近始改载旅客；官舱客舱，皆系临时装改，光线既暗，各处复欠清洁。晨起，同人借货舱小孔之光，整理青岛报告。船略震簸，写字即觉头昏，但终日工作，迄未少辍。

一月三十日　晴

上午八时开分组考察谈话会，议定分江宁及上海无锡两组考察，以省时间经费。十一时船抵上海，寓爱多亚路亚洲饭店，因该饭店招待员，在青已承揽就绪也。下午三时，上海无锡组拜访中华职业教育社人员及商务印书馆交际干事黄警顽君。商洽下乡考察日程。下午十一时，江宁考察组登轮出发。

一月三十一日　晴　上海无锡组日记

上午八时黄警顽君来寓，约往孟家木桥参观工学团，行抵该团本部后，旋由小先生张健出而招待并报告办理工学团经过及成绩，略谓"……工学团之组织，系陶知行先生等，鉴于乡村农民知识技术缺乏，特成立本团，使无知农民，一面作工，一面求学，并为之训练组织，促其健全有力，增加生产，负起复兴民族之责。现孟家木桥周围五十余村庄，早经呈准为本团实验区域，组有养鱼蔬菜棉花等工学团，一切用费，由陶氏等捐助，医诊所医师，及托儿所之保姆教师等，均由热心赞助本团宗旨者分别义务担任"。下午一时，折至中华职业教育社，约同姚惠泉君，参观该社之农学团，农场，赵家桥实验区改进会，及江苏省立俞塘民众教育馆。六时回寓，已灯光辉煌矣。

二月一日　晴　上海无锡组日记

上午八时，仍由黄警顽君引导参观上海市民众教育馆及托儿所。托儿所之设，系为贫苦妇女上工厂时寄托儿童之所，每月收费一元至二元不等，时值废历年底，妇女多在家中，故儿童寄托该所者仅只十二人，据云平时则多至四五十人也。旋参观上海动物园，狮，虎，猩匕，及水陆珍禽奇兽，无不齐备，而私人捐赠者亦多。十一时参观上海尚文小学，该校班次较多，校舍宏大，建筑费采分年摊缴办法。参观毕，至国货商场午餐，下午一时参观中华职业教育社之职业学校，该校尚未开学，工厂停止工作，仅与校长谈数分钟而别。旋又参观天主堂办理之普育堂，该堂系教养贫苦孤儿，老人诊治疯人之所，孤儿组授以国语习字刺绣及制造纽扣胶梳工艺。疯人叫嚣呻吟，至堪怜悯。惟老人或把杯闲谈，或高卧榻上。已无工作能力矣。此种慈善事业，惜国人少有创设，不能广庇天下无告之穷民耳。

二月二日　阴雨　上海无锡组日记

上午整理报告，下午六时搭沪宁车至无锡。今日为星期六日，下午一时，前往北站接洽半价乘车事，该站即云未奉上项命令；二时至路局交涉，则全局即已寂无一人，据云星期六下午，该局向不办公，买卒全价车票至锡。抵无锡车站，已夜十一时，江苏省立教育学院院长高践四先生派人到站招待，引导至铁路饭店下榻。

二月三日　晴　上海无锡组日记

上午八时，驱车至江苏省立教育学院，访晤高践四先生，寒暄毕，随由姜尚愚君引导参观各教室，图书馆，种牛，种鸡，农场，及自制出售之各种益害虫标本，制造仪器工厂。益害虫标本，系学生采集之虫，经药水浸制而成，种类至繁，销行亦广，诚可谓善于利用者，制造仪器工厂之设立，系鉴于国内学校，购置外国仪器，价格昂贵，无力购置齐全，致科学之效用难著；尤以民众学校及小学初中为最。高氏特设该厂，以国内原料，制造价廉于外货三分二之仪器农具，以供给上项学校需要。出品计有民众科学馆陈列应用仪器四十八种，民众科学讲演材料第一集一百四十六种，小学初中物理简要仪器一百四十种，小学初中化学仪器七十二种，农业用品三十六种，军事训练用品二十三种，每年营业收入为五千四百余元。查该厂起初设备，为数不及五百元，人员仅主任木工各一人，历年营业渐好，设备亦增，现已年获巨利矣。以教育学院而制造仪器，已属别开生面，售卖出品而获利益，更见该院善于经营，具有陶朱遗风。下午二时，由朱秉国君引导至太湖，游览梅园锦园灶头渚太湖别墅一带风景。梅园为上海纱商荣宗敬氏别墅，历年开放，游人如织，中植花万株，俨然香海，台谢竹石，布置幽绝。园占一山，遥望太湖如镜，登高远眺，超然出尘。园中有太湖饭店，价廉而室雅，游客咸乐下榻于此，同人以今日为旧历除夕，决议夜宿此店，领略山中风味，出梅园至锦园，该园位于太湖中之高阜，亦荣宗敬氏最近新筑，占地较梅园为小，而风景别具，大约梅园以山色长，锦园以湖光胜也。然荣氏能一律开放，公之好友，诚能与众共乐者。离锦园，买棹至灶头渚，遍游充山广福寺太湖别墅，该山伸入湖中，远望湖水荡漾，近山环拱，置身其中，胸襟顿开，名利之客，应欢清福不如此山僧矣。夕阳西下，独山万顷堂诸名胜，无暇往游。即循原路至太湖饭店晚餐。入夜，鞭炮声音，不绝于耳，送旧习惯，似未稍改。

二月四日　晴　上海无锡组日记

今日为旧历元旦，九时坐车至蠡园，该园面临太湖之五里湖，远对长广溪，形势风景，较充山一带为逊。园内山石，全系人工作成，略欠自然；而一二佳处，不亚锦园也。园为王禹卿氏建筑，入门须购券，不及梅园锦园之开放，自由出入。据传王氏为荣宗敬各纱厂总经理，不知确否。十一时别蠡园后，至惠山麓之第二泉。据志载该泉经唐人陆羽品定为天下第二泉。旁有元翰林承旨赵孟頫所书天下第二泉额，字极劲秀。出第二泉后，至惠山公园，该园系县立公园，于十八年以李公祠改建，园内亭榭怪石，曲折有致，距城里许，为锡人朝夕游憩之处。下午二时，雇人力车至惠北教育实验区办事处，及西漳王家岩分区，参观各项事业，六时回寓。

二月五日　晴　上海无锡组日记

上午七时雇人力车至距二三十里之北夏普及民众教育区，参观各学校，并承该区办事处招待午餐，情至可感。下午二时，参观黄巷辅导区人民筹办学校会议。今日虽为旧历正月，而乡村办事人员及民众，仍能致力职务，改进农村，深为可敬。下午六时，同人赴高践四先生之宴，八时参加教育学院之民众教育馆开学典礼，该馆男女学生演说，尚有条理，足见训练有素。

二月六日　雨　上海无锡组日记

上午九时，赴无锡县政府，拜访严县长，询问各项县政。据谈田赋年收白二十余万元，屠宰税完全充地方教育经费。上地测量，已包与航空公司为初步之测量，费为十一万元。下午二时，搭车至南京，下午十一时，抵下关，寓天与旅馆。

二月七日　阴　上海无锡组日记

上午八时访江宁组考察结果。下午整理报告。

二月八日　晴　上海无锡组日记

上午十时搭江新轮返省，上船后，得知新任第八区程专员亦同乘此船赴任，旋由吴副主任介绍同人与程专员相见，畅谈邹平青岛定县无锡江宁等处建设成绩。程专员对改进乡村，甚有兴趣。

二月九日　雨　上海无锡组日记
终日大雨，同人在船整理报告。

二月十日　雨　上海无锡组日记
附江宁考察组日记

元月三十一日　晴　江宁组日记
　　昨晚九时三十分，由上海亚洲饭店赴沪宁车站乘车，十一时启行，旅客众多，拥挤不堪。此路平日座位宽舒，行人称便，为全国火车之冠，今日适得其反。车声隆隆中，偶过村庄，即闻腊鼓频敲，乃知为旧历十二月二十六日，人多归家预备度新春生活也。
　　本日上午七时抵南京车站，随进城寓白下路交通旅馆，馆人由车站运回行李，已至十一时，午饭后即往谒江宁县政府，适县长梅思平先生公出，由土地科长兼秘书李君新銮接谈，报告县政概略（已编入报告），并领导参观各科。
　　一、民政科——掌理地方自治及选举，地方保卫团，社会救济，户籍，宗教，礼俗，著作出版，保存古物事项。
　　二、财政科——掌理征税，理管公产，预算决算之编制，审核款项之出纳保管，收支之登记及其他地方财政事项。
　　三、公安科——掌理警卫消防，防疫卫生，救济及保护森林，渔猎等事项。
　　四、教育科——掌理学校，图书馆，公共体育场，公园等事项，及其他文化事业。
　　五、土地科——掌理土地调查，测丈登记，厘定经界事项。
　　此外尚有建设一科，不在县政府内，办公处设于夫子庙，以时逾下午五时，办公人员，均已散值。致未前往参观。
　　江宁县境，东接句容，南连溧水，西界江浦，北与仪征六合隔江相续。在前清设府，置江宁上元二县，民国以来，裁府并元宁二县为江宁县，原属江苏民政厅。自二十一年，由江苏省政府筹办实验县，省府因颁布江苏省江宁自治实验县组织规程十条（录入报告江宁县政府组织文后），江宁自治实验县政府于二十二年二月十日成立，直隶江苏省政府。

民国奠都南京，于十七年后设南京市。查江宁全县面积共二千二百二十七方公里，分为十区，二百九十五乡镇，后将二三两区并为第二区，并将全县二百九十五乡镇并为一百零九乡镇，人口共为十一万六千九百一十六户，五十六万二千零六十四人。市县划界，县府划出二十一乡镇与市府管辖，已于二十三年九月一日划清。现在全县面积共一千八百三十七方公里，乡镇仅有八十八个，人口共四十三万四千四百八十，县治移至土山镇。

土山镇全境，曾派员测量，制成图说，从事市政之设计，分全市为行政，教育，园林，商业，住宅，河港，等区。一面建筑街道，整理土地，并于二十三年七月，开始建造县府新屋，现正积极进行，将告完成，拟于四月一日实行迁治。

江宁为禹贡扬州之域，春秋时盖进退吴楚之间，左传襄公三年，楚子重伐吴，克鸠兹，至于衡山，衡山，今江宁溧水两县所管之横山也，由此可知楚庄王时，师尝至此。

二月一日　江宁组日记

本日上午八时，本拟前住乡村考察一切，因未接到县政府介绍函件，午饭后改往夫子庙江宁县政府建设科办公处参观（建设科工程处附设于此），科长陈君敦仁殷勤招待！是科掌农矿，森林，水利，道路，桥梁，建筑公用事业及农工商行政事项。以前系由建设局办理，自成立实验县，改局为科，内分实业，工程两股，后又添设合作股。实业项下，凡农业，渔业，蚕业，度量衡等行政事务属之。工程项下，道路，水利，市政属之。陈科长正报告后，由合作股赵主任玉林报告农村金融，如农民抵押贷款所，农产抵押仓库，以及合作社，耕牛会，种种救济事业（已编入报告内）；并检送合作社组织章程一册，农村信用无限合作社模范章程一册，信用生产无限合作社模范章程一册，暨农产储藏，养鱼，养鸡，垦殖，消费，运销，森林等有限合作社模范章程各一册，殷殷讲述，令人钦感！

江宁地处通衢，规模宏伟，官斯土者，每感建设为难！然亦视乎进行工作若何，忆昔我山先生姓傅名璋，天门人，嘉庆中，知江宁县事，聚宝门为往来要道，石路损坏日久，行者若之！傅公自长干桥至镇淮桥，皆填以麻石，坚厚耐久，款大工巨，不数月而事竣；又重建南门城楼，危栏杰栋，巍焕古今。此外百废俱举，政绩昭著，难以殚述，未几升邠州去。迄今地方人士，犹称道不衰！傅公为吾鄂先正，江宁贤宰，兼为建设名家，我辈观光来此，观建设之鸿业，因追念夫乡贤，忆孟浩然登岘山读羊公碑咏有"江山留胜迹，我辈复登临"之句，不禁感怀傅公，低回流连不忍去！

二月二日　江宁组日记

昨晚接江宁县政府李秘书致江宁镇自治指导员钟君家洲函一件，大意谓我等系作农村建设考察，请其接待，并导观各处所等语。同人于本日上午七时乘汽车出首都南门前去。江宁镇距首都六十里，八时三十分到镇，在京芜汽车路江宁镇站，访问自治指导员办公处，适钟指导员在站候车，当将介绍函递阅，据云："刻有紧急要公赴芜湖接洽，即时乘汽车前往，不能在此招待"。因转托办公处翟助理员代为接待，适翟助理员正排解修路饥民索资纠纷，彼又请办公处书记乔君接待，辗转委托，东奔西驰，为时不少矣！幸乔先生指点一切，并导观镇公所，中心小学，卫生所，所得概略，分述于下：

镇公所——该所与自治指导员办公处同院分居，镇长姓张名仲奇，所内经费，月由县政府发给二十八元，地方公益捐三十元，共五十八元。设支付书记一名，月薪十八元，房租四元，笔纸四元，茶水二元，清道夫二名共十三元，公役一名十元，路灯费七元，两品无存。镇长办理自治事项，如登记人事，抽查户口，检查公枪，催收积谷，其大要也。

中心小学——学校放假，全体教职员均不在校，无从参观！

卫生所——所长陈少怀君，原在栖霞乡办事，调来此所，不过旬日。门诊收挂号费，初诊铜元十枚，复诊半数，药品按原价减半，但花柳病仍收全费。每日就诊者，平均二十余人，设有内外科，皮肤花柳科，产科。另有母亲会以灌输妇女普通卫生常识，注意育儿方法，并使知儿童生理智力，及感情上正当发育情形，俾儿童能在适当环境下，自然成长为宗旨。又有儿童会，定期令小儿来所，养成讲求卫生习惯，并拟用留声机之戏剧，或收音机之音乐以娱乐之。出所时日西斜矣。

二月三日　晴　江宁组日记

距江宁县城八里之上新河划入市区后，南京市政府对于乡村建设，甫经着手。其进行工作，有小本借贷，有耕牛贷款，有卫生分所，保卫团，暨市立小学，同人特前往参观，到时日已正午。又本日为腊月三十日，人皆沿旧习忙年，李区长隽则执行颇殷勤！

一、参观借贷处，及耕牛会办事手续，并表格式样。

二、参观卫生分所，赵分所长长荣讲述工作如下：

（甲）门诊——赤贫者免费，普通初诊收挂号铜元十枚，复诊五枚，急症号金与普通号金同，药费完全免收，但花柳病注射，每针仍收三元，此于治疗之中，仍寓儆戒之意，若不收注射费，则是奖励花柳病害矣！

（乙）巡回治疗——派员按所管区域，携带药物，定期周转治疗，系便于农忙，或道路较远，不便来所诊视者；一而利用时间，讲述卫生常识。

（丙）转院治疗——本所不能治疗之重病，转送医院。

（丁）家庭访视治疗——凡有关于砂眼及寄生虫，与一切需要诊治之病类，必须访视治疗。至于产后访视产母之血量，乳量，及大小便等，以及婴儿哺乳状况，并脐部情形如何，尤为重要！

此外尚有学校诊治，农村救急，与夫举行母亲会，儿童会等项，均为卫生分所之责任。总之人少事多，任繁责重，而费用又极节省，非具救世婆心，不克臻此，洵可法也！

三、参观保卫团——团士一白一十人，有招募者，亦有由乡村征调农民受训者，完全注重军事训练，成立仅两个月，军容整齐，无异正式军队！同人参观时，该团全体整队欢迎，精诚亲爱之精神，于此可见，转弱为强，吾民族其努力奋门！

四、参观市立小学——校舍系借用庙宇，与湖北乡区小学略同，本日星期，学生未上课，仅与校长谈询校务，午后六时回城。

二月四日　晴　江宁组日记

本日为旧历正月初一日，本拟启行回鄂，因上海例不开船，于整理报告之余，敬谒总理陵墓，陵墓位于紫金山麓。全部工程，融会中国古代与西洋建筑之精神，庄严简朴，别创新格，殊足表示一时代之艺术！因本日非开放墓门时期，不得入内瞻仰，谨于祭堂内静默致敬而退！

出祭堂外，东西瞭望，东有前行政院院长谭延闿先生之墓，西有国民革命军阵亡将士纪念塔，胜境清幽，层楼突兀，有如拱卫。行至塔前，门常关锁，环绕三匝，凭吊久之！

转谒谭墓，祭堂亦取宫殿式，祭堂下，山路迂回，与总理陵墓，拾级直上者不同，左右有楼台亭阁，互相掩映；又有小桥曲涧，蜿蜒生姿，加以花木点缀，时正梅柳迎春，绿萼红蕊，争艳于青山白雪中，尤有天然景色。至墓门，有大石坊，外镌"凤翔鹰扬，一代羽仪尊上国""龙盘虎踞，千秋陵墓傍中山"联。谒陵毕，顺道游灵谷寺明孝陵回城。

二月五日　晴　江宁组日记

早六时出城赴下关，天尚未明，一路灯火，与寥天星辰，壮我行色！少顷，招商局江顺轮船，由上海来抵码头，同人鱼贯而上，解缆疾驶，回望燕子矶石，兀立江上，大有轻燕飞飞之势，惜未及登临，一览胜概，我等与之作别，劳燕东西，曷胜喟然！

二月六日　晴　江宁组日记

风雪交加，春寒料峭，偶步舱外，见上下两层有多数客人，在舱外风雪中拥被寝食，人穷命贱，于此可窥一班！感怀破产农村，其颠沛流离，更不知若何痛苦！晚泊黄石港江中，闻黄州有沙滩，恐夜间上行搁浅也。倘不从事疏浚，不惟有碍行旅，且恐桃泛忽至，江高垸低，淹及田庐，廿年之险象又呈矣！

二月七日　雪　江宁组日记

本日黎明在黄石港开船，午后三时始到汉口，风雪仍如昨日，诗云："昔我往矣，杨柳依依，今我来思，雨雪霏霏"。同人归来，虽是雨雪载涂，而杨柳千丝，已足繁驻征鞍矣，改乘武汉轮渡过江至汉阳门上岸，欣欣然向政务研究会而归。